U1016165

普通高等教育“十二五”住建部规划教材
高等职业技术教育建筑设备类专业规划教材

电工与电子技术

（第 2 版）

主　编　李　文　王庆良
副主编　孙全江　韦　宇
参　编　周友初　张　键　刘志新
主　审　于昆伦

武汉理工大学出版社

内 容 简 介

本书是高等职业技术教育建筑设备类专业规划教材之一。全书共分10个单元，内容包括电工学和工业电子学两大部分。第一部分介绍了直流电路、单相交流电路、三相交流电路、磁路和变压器、电动机；第二部分介绍了半导体二极管与直流稳压电源、半导体三极管及其放大电路、负反馈放大电路和集成运算放大器、晶闸管及其应用、数字电路基础等。

本书反映了建筑设备类专业教学内容和课程体系的改革成果，内容取材合理，注重应用，实用性强。本书可作为建筑设备工程技术、楼宇智能化专业及其他相关专业的教材，也可供从事相关工作的工程技术人员参考。

图书在版编目(CIP)数据

电工与电子技术/李文，王庆良主编. —2版. —武汉：武汉理工大学出版社，2015.7
高等职业技术教育建筑设备类专业规划教材
ISBN 978-7-5629-4823-0

Ⅰ.①电… Ⅱ.①李… ②王… Ⅲ.①电工技术-高等职业教育-教材 ②电子技术-高等职业教育-教材 Ⅳ.①TM ②TN

中国版本图书馆CIP数据核字(2015)第051095号

项目负责人：杨学忠 张淑芳　　**责任编辑**：王 体
责 任 校 对：刘 凯　　**装帧设计**：一 尘
出 版 发 行：武汉理工大学出版社
社　　址：武汉市洪山区珞狮路122号
邮　　编：430070
网　　址：http://www.techbook.com.cn
印　　刷：湖北恒泰印务有限公司
经　　销：各地新华书店
开　　本：787×1092 1/16
印　　张：14
字　　数：349千字
版　　次：2015年7月第2版
印　　次：2015年7月第1次印刷 总第3次印刷
印　　数：6001—9000册
定　　价：28.00元

凡购本书，如有缺页、倒页、脱页等印装质量问题，请向出版社发行部调换。
本社购书热线：027-87515778 87523148 87785758 87165708(传真)
·版权所有 盗版必究·

高等职业技术教育建筑设备类专业规划教材
出版说明

随着教学改革的不断深化和社会发展对人才的现实需求，根据教育部“高等职业教育应以服务为宗旨，以就业为导向，走产学研结合的发展道路”的办学方向和“要加强学生实践能力、技术运用能力的培养，充分反映新兴技术、新兴产业对技能培养的要求，满足经济结构战略性调整、技术结构优化升级和高科技产业迅速发展对人才培养的要求”的职业技术教育培养目标，以及职业技术教育“要逐步建立以能力培养为基础的、特色鲜明的专业教材和实训指导教材”的教材建设要求，武汉理工大学出版社经过广泛地调查研究，与全国二十多所高等专科学校、高等职业技术学院的建筑设备和建筑电气工程技术方面的教育专家、学者共同探讨，于2007年组织编写了一套适应高等职业教育建筑设备相关专业人才培养和教学要求的、具有鲜明职业教育特色的实用性教材《高等职业技术教育建筑设备类专业规划教材》。

本套教材是根据教育部、住房和城乡建设部高职高专建筑设备类专业教学指导委员会制订的培养方案和各课程教学大纲组织编写的，具有如下特点：

(1)教材的编写坚持“以应用为目的，专业理论知识以必需、够用为度”的原则，着重培养学生从事工程设计、施工和管理等方面的专项能力，体现能力本位的教育思想。

(2)教材的理论体系、组织结构、编写方法，以突出实践性教学和使学生容易掌握为准则，同时全面体现本领域的新法规、新规范、新方法、新成果，与施工企业和机构的生产、工作实际紧密结合，力求达到学以致用的目的。

(3)本套教材努力使用和推广现代化教学手段，将分步组织编写、制作和出版与教材配套的案例、实训教材、模拟试题、教学大纲及电子教案。

本套教材出版后被多所院校长期使用，普遍反映内容质量良好，突出了职业教育注重能力培养的特点，符合当前职业教育的教学要求，其中多种教材被评为普通高等教育“十二五”住房和城乡建设部规划教材，《建筑给水排水工程》被评为“十二五”职业教育国家规划教材。

随着国家标准、技术规范的不断更新，近期我们对本套教材进行了全面修订，以适应经济技术发展和职业教育对技能型应用人才培养的需要。

高等职业技术教育建筑设备类专业规划教材编委会

2015 年 1 月

高等职业技术教育建筑设备类专业规划教材

编委会名单

顾　　问：杜国城　刘春泽

主任委员：高文安　杨学忠

副主任委员：（按姓氏笔画为序）

王蒙田　朱向军　危道军　李宏魁　李高斗　何　辉
季　翔　范柳先　胡兴福　贺俊杰　黄珍珍

委　　员：（按姓氏笔画为序）

丁文华　弓中伟　王　丽　王庆良　王国平　王晓燕
白　桦　孙　毅　孙景芝　冯光灿　李　文　李仁全
李庆武　李绍军　刘　兵　刘　玲　刘子林　刘华斌
汤延庆　邢玉林　苏　娟　张风琴　张宝军　张贵芳
张铁东　张思忠　张毅敏　陈　旭　陈旭平　陈宏振
陈志佳　陈思荣　吴建敏　余增元　郑　云　姚世昌
赵　亮　赵岐华　郭自灿　胡联红　贾永康　徐红梅
黄奕云　龚明树　谢社初　喻建华　鲍东杰　裴　涛
熊德敏　黎福梅　戴安全

总责任编辑：张淑芳

前　言

为了适应《电工与电子技术》“以项目为导向、任务为载体”的课程体系改革，结合《电工与电子技术》(第一版)教材使用情况，与企业专家合作研讨，修订完善本教材，教材在修订后主要体现了以下方面的特点：

1. 突破传统职业教育的课程体系，加强职业技能的培养，突出职业教育的特色，全面培养学生的职业素质与职业能力。

2. 教材内容充分体现建筑设备行业的最新知识和成果，将传统的理论和技术结合最新的成果形成新的体系。

3. 编写中注重理论联系实际，本着理论知识以必需、够用为度。在原教材的基础上进行知识的重组，补充了单结晶体管触发电路、逻辑代数的基本公式和规则、译码器和编码器、寄存器。并进一步对教材内容的深度、难度作出相应的调整，尽量采用定性分析，弱化定量的分析计算，减轻学生的理论学习压力，提高学生的学习兴趣。同时又补充了一些例题，便于学生理解所学理论知识，提高学生综合运用所学知识的能力。

4. 突出实践性和实用性，并精选一些工程上的实际应用电路作为例子，注重对学生实践应用能力的培养。

5. 力求构建项目教学的知识体系，每个项目内容以任务驱动法进行，编写有教学过程设计与建议及工作页。每个项目明确学习任务，每个任务通过问题引入，方便引导学习。

6. 为了提高学生的实际动手能力，每个项目均编写有实践与能力训练项目，所选实践与能力训练项目侧重于基本技能的训练，同时注意综合性、工程性，以达到工程应用能力的培养。

本教材可作为高职高专建筑设备工程技术、楼宇智能化专业及其他相关专业的教材。全书共分 10 个单元，36 个任务，按 75 学时讲授。通过本教材的学习，使学生掌握电工与电子技术的基本理论、基本知识和基本技能，具有对一般电路进行分析、计算和实验操作的能力，为学习后续课程和专业知识及今后从事工程技术工作打下坚实基础。

湖南城建职业技术学院李文副教授与沈阳建筑职业技术学院王庆良副教授担任主编。本教材编写分工为：单元 1、8 由广西建设职业技术学院韦宇编写，单元 2、3 由湖南城建职业技术学院李文编写，单元 4 由浙江建设职业技术学院孙全江编写，单元 5 由湖南城建职业技术学院周友初编写，单元 6、7 由沈阳建筑职业技术学院王庆良编写，单元 9、10 由沈阳建筑职业技术学院张键和湖南城建职业技术学院刘志新编写。

本书由湖南城建职业技术学院于昆伦副教授主审，主审认真审阅了全书，并提出了许多宝贵意见和建议。参与本教材大纲编写与审定的还有沈阳建筑职业技术学院的王庆良及湖南城建职业技术学院的谢社初、吴云祥、左宗泽、于昆伦、周友初，在此一并向他们表示诚挚的感谢！

本书在编写过程中，得到了湖南城建职业技术学院、沈阳建筑职业技术学院、浙江建设职业技术学院、广西建设职业技术学院、武汉理工大学出版社等单位领导的关心和大力支持，谨在此表示衷心的感谢！

在本书编写过程中参考了大量的书刊资料，并引用了部分资料，除在参考文献中列出外，在此谨向这些书刊资料的作者表示衷心的感谢！

由于编者水平有限和时间仓促，书中难免有错漏之处，敬请广大读者批评指正。

编　者

2015 年 1 月

目　录

上篇　电工学

下篇 工业电子学

上篇 电 工 学

单元1 直流电路

知识目标

电路的组成及基本物理量；线性和非线性电阻的概念；电气设备的额定值；电路的工作状态；欧姆定律；基尔霍夫定律；戴维南定律；电压源和电流源及等效变换；电路分析计算方法。

技能目标

熟练掌握直流电路的分析、计算及实际运用。

1.1 电路的组成及基本概念

1.1.1 电路的组成

1.1.1.1 电路组成

电流流经的途径叫作电路。电路的主要作用是对电能进行传输、分配和转换，如图 1.1(a)为电力系统传输原理图，电路主要起电能的远距离传输作用。其次是能实现信号的传递和处理。如图 1.1(b)是扩音机电路原理图，电路由电源提供能量，放大电路与反馈网络负责将自然界的非电信号(如声音)转换成电信号，并进行放大、处理，再由扬声器转换成非电信号(声音)，以方便人们的工作与生活等。例如，利用电灯可以将电能转换成光能提供照明；电话机可以将接收到的信号进行处理，转换成声音。

电路主要由电源、中间环节、负载等电气设备或元件组成。电路中的电源主要提供电能，电能可以由其他形式的能量转换而来，也可以由交流电转换成为直流电，如发电机、电池和话筒等；中间环节起到传输、分配及控制电能的作用。负载，也称用电器，是取用电能的装置。如小灯泡将电能转换成为光能，电炉将电能转换成为热能，而扬声器接收放大后的电信号并转换成放大的声音信号。

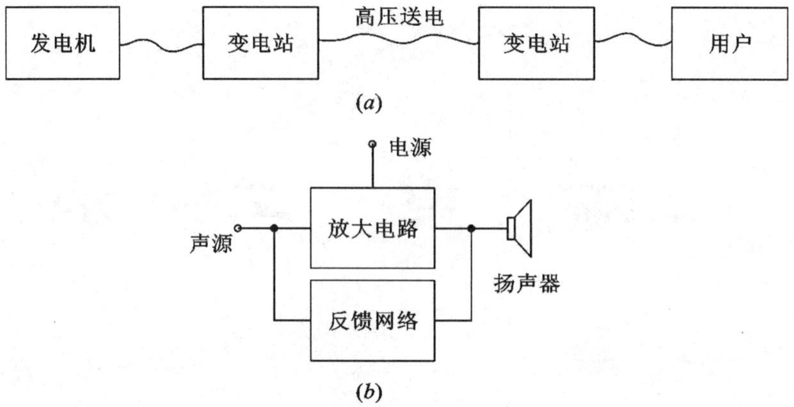

图 1.1 电路组成示意图

(a)电力系统传输原理图;(b)扩音机电路原理图

1.1.1.2　电路模型

为了便于对电路进行分析和计算,人们将实际电路中的元件进行简化,忽略其次要因素,将它们视为理想电路元件,并用规定的图形和符号表示,建立了电路模型。

如图 1.2(a)所示为一简单的实际照明电路,电路模型则如图 1.2(b)所示。

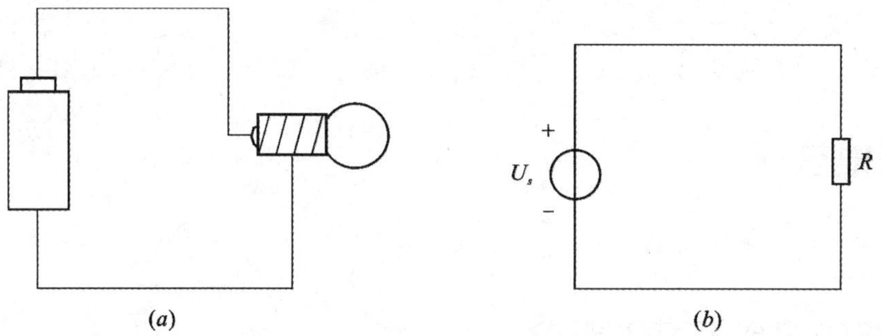

图 1.2　简单的实际照明电路及电路模型

(a)简单的实际照明电路;(b)电路模型

1.1.2　电路的基本物理量

1.1.2.1　电流

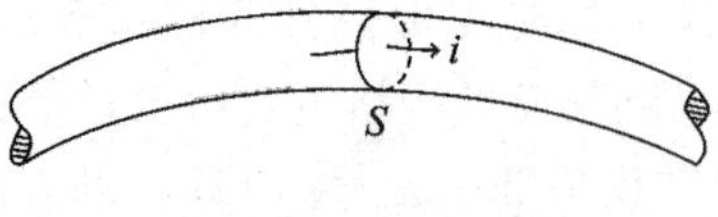

图 1.3　导体中的电流

电流是由电荷定向运动形成的。为了表达电流的强弱,规定了电流强度这一物理量。

电流强度是指在电场的作用下,单位时间内通过导体某一横截面的电量。若在 $\mathrm{d}t$ 时间内,通过导体某一截面 S 的电量为 $\mathrm{d}q$(图 1.3),则电流强度为:

$$i=\frac{\mathrm{d}q}{\mathrm{d}t} \tag{1.1}$$

电流强度是时间的函数,是随时间变化的。若电流强度不随时间变化,即$\frac{\mathrm{d}q}{\mathrm{d}t}$为常数,则这种电流称为恒定电流,也称为直流。直流常用大写字母 I 来表示,则式(1.1)可以写成:

$$I = \frac{q}{t} \tag{1.2}$$

在国际单位制中，电流的单位是安培(A)，电量的单位是库仑(C)，时间的单位是秒(s)。电流还有毫安(mA)和微安(μA)两个常用单位，它们和安培的关系是：$1A=10^3mA=10^6\mu A$。

在分析简单电路时，通常规定正电荷的运动方向为电流的方向。但在分析复杂电路时，通常难以确定电路中电流的方向，于是引入了电流的参考方向这一概念。参考方向为假设的电路中电流的方向。

参考方向可以人为选定。在分析、计算过程中，若电流的实际方向和参考方向一致，电流的值为正；若电流的实际方向和参考方向相反，则电流的值为负。在假定了电路中电流的参考方向后，就可以根据电流的正负值来判断电流的实际方向，如图1.4所示。

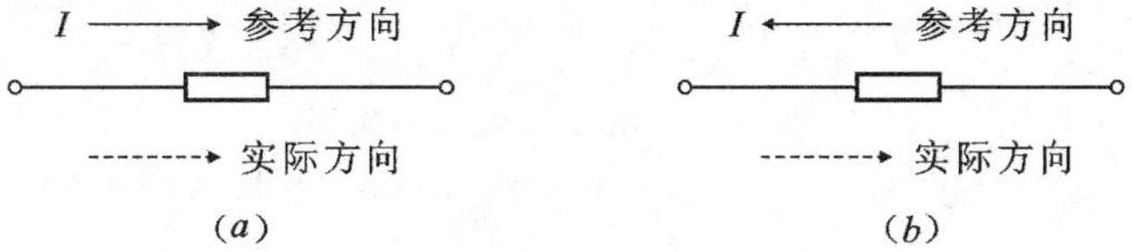

图1.4 电流的参考方向和实际方向

(a) $I>0$；(b) $I<0$

1.1.2.2 电压

电压是电路中一个重要的物理量。如图1.5所示，电场力把单位正电荷从电场中的a点移到b点所做的功称为a、b两点间的电压U_{ab}。电压的定义可以用下式表示：

$$U_{ab} = \frac{\mathrm{d}W}{\mathrm{d}q} \tag{1.3}$$

式中 U_{ab}——a、b两点的电压，V；

dW——电场力将正电荷从a点移到b点所做的功，J；

dq——电场力所移动的正电荷的电荷量，C。

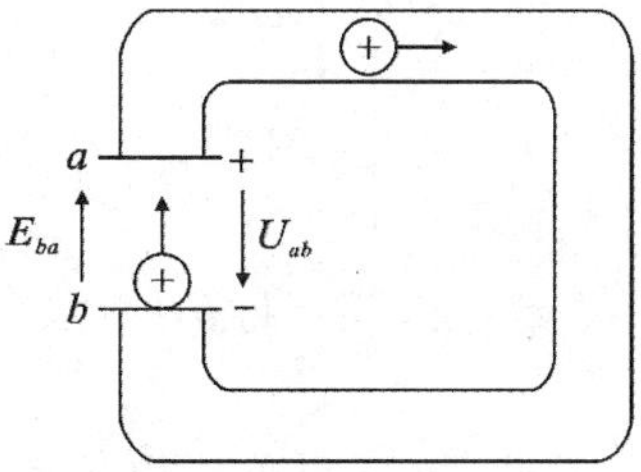

图1.5 电压与电动势

在国际单位制中，电压的单位为伏特(V)。电压的常用单位还有毫伏(mV)、千伏(kV)等，它们的关系为：$1kV=10^3V=10^6mV$。

习惯上，人们把电位下降的方向规定为电压的方向，可以用"+""−"号表示，也可以用箭头表示。在复杂电路中，某元件的电压实际方向难以确定，可引用电压的参考方向这个概念来帮助分析电路。电压的参考方向是为了分析和计算方便而假定的电路中某元件或者某段电路的电压方向。若在计算结果中，电压的值为正，则参考电压方向与实际电压方向一致；若电压的值为负，则参考电压方向与实际电压方向相反。在图1.6(a)所示的电压参考方向下，计算得到的电压结果$U>0$；在图1.6(b)所示的电压参考方向下，计算得到的电压结果$U<0$。

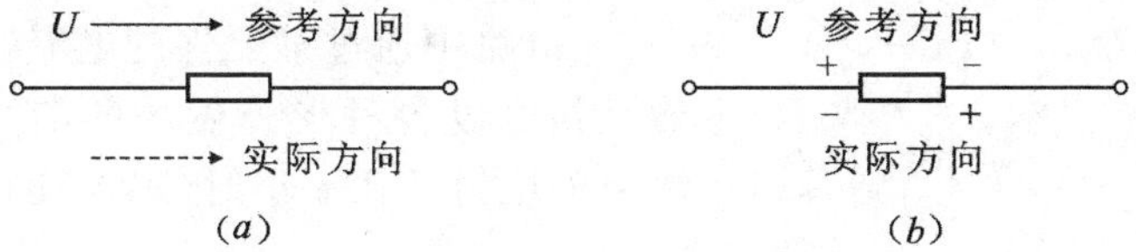

图1.6 电压的参考方向和实际方向

1.1.2.3 电动势

非电场力把单位正电荷在电源内部由低电位点 b 端移到高电位点 a 端所做的功，称为电动势，用字母 $e(E)$ 表示。

电动势的实际方向是电源内部从低电位指向高电位，单位与电压相同，用伏特(V)表示。

1.1.2.4 关联正方向

如图 1.7 所示，电路中，若电压和电流的参考方向一致时，称为关联参考方向，也称关联正方向；若电压和电流参考方向不一致时，称为非关联参考方向。

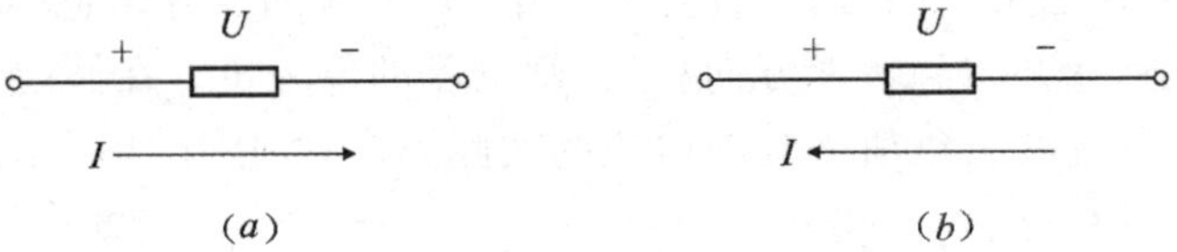

图 1.7 电压和电流的关系

(a)电压和电流为关联参考方向；(b)电压和电流为非关联参考方向

1.1.2.5 电位

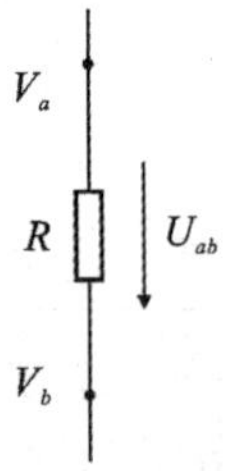

图 1.8 电压和电位

把单位正电荷从某位置带到无限远处(零电位处)时所耗的电能，称为该点的电位。电位的单位是伏特(V)。

电压也可以利用电路两点间电位的差来计算，如图 1.8 所示。

$$U_{ab} = V_a - V_b \tag{1.4}$$

式中 U_{ab}——电路中 a、b 两点的电压，V；

V_a——电路中 a 点的电位，V；

V_b——电路中 b 点的电位，V。

因此，电压也称为电位差。

在电路中通常会假设某点的电位为零，则该点称为电路中的零电位点。为计算方便，通常会选择电源负极或电路中的公共接地点为零电位点。

1.1.2.6 电功率和电能

电场力在单位时间内所做的功，称为电功率 $p(P)$。

$$p = \frac{dW}{dt} = ui \tag{1.5}$$

在国际单位制中，电功率的单位为瓦特(W)。

如图 1.9 所示直流电路，电路中电阻所吸收的电功率也可以利用下式计算：

$$P = UI \tag{1.6}$$

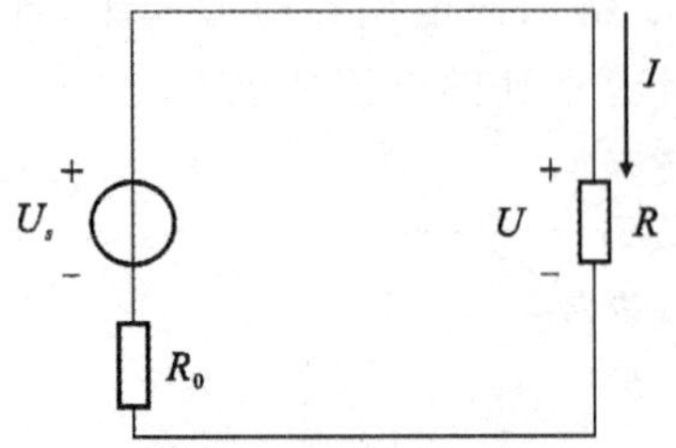

图 1.9 电能和电功率

式中 P——电路中某元件吸收的功率，W；

U——电路中某元件两端的电压，V；

I——电路中通过某元件的电流，A。

电能是指电以各种形式做功的能力。国际制单位为焦耳(J)，常用单位为千瓦·小时(kW·h)。

$$W = \int_{t_1}^{t_2} P dt \tag{1.7}$$

在图 1.9 中，电阻所消耗的电能为：

$$W = Pt = UIt \tag{1.8}$$

在电路元件两端电压和电流关联参考方向下，如图 1.7(*a*)，$P=UI>0$，元件吸收功率；$P=UI<0$，元件发出功率。在电路元件两端电压和电流非关联参考方向下，如图 1.7(*b*)，$P=UI>0$，元件发出功率；$P=UI<0$，元件吸收功率。

例 1.1　试判断图 1.10 中的元件是吸收功率还是发出功率。

解　在图 1.10(*a*)中的电压和电流方向是关联参考方向，$P=UI=5\text{W}>0$，则元件吸收功率。在图 1.10(*b*)中的电压和电流方向是非关联参考方向，$P=UI=5\text{W}>0$，则元件发出功率。

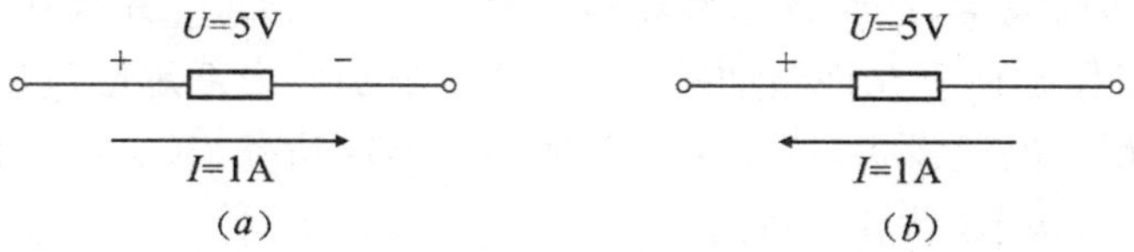

图 1.10　功率的计算

1.1.3　电路的工作状态

电路通常有开路、短路和负载三种工作状态。

1.1.3.1　开路(空载)状态

在图 1.11 所示电路中，当开关处于打开状态时，外电路与电源断开，电路工作在开路状态，也称为空载状态。

电路处于开路状态时，电路中的电流 I 为 0，电源的端电压 U 等于电源电动势 U_s，负载 R 的端电压 U_0 为 0，此时，外电路元件的功率 P 也为 0。

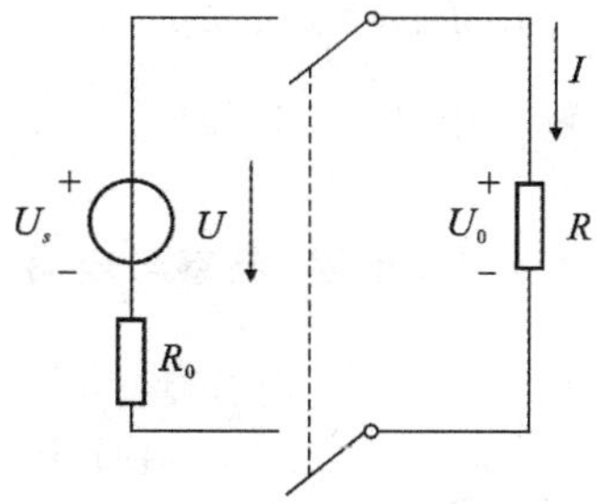

图 1.11　电路的开路状态

1.1.3.2　短路状态

在图 1.12 中，负载电阻 R 被导线短接时，电流不流经负载电阻 R 而直接流回电源，电路的这种工作状态称为短路。

电路处于短路状态时，具有以下特征：通过负载电阻 R 的电流 $I=0$；负载 R 的端电压 $U_0=0$；通过电源的电流 $I_s=U_s/R_0$；电源消耗的功率 $P=I_s^2R_0$，R_0 为电源的等效内阻。

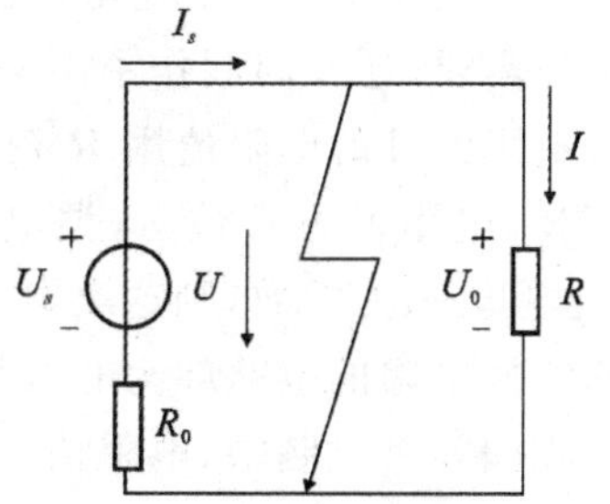

图 1.12　电路的短路状态

电路短路状态，由于外电路电阻近似为 0，电路中通过电源的电流 I_s 远远超过电源的额定电流值，容易造成电源及线路的损坏，并造成火灾事故。为避免短路事故的发生，可以在电源输出端上串接熔断器等以保护电器。

1.1.3.3　负载状态

在图 1.11 中，若将电路中的开关合上，电源就会向负载 R 输出电流，此时，电路处于负载状态：

$$U_0 = IR = U_s - IR_0$$

$$P = P_E - \Delta P$$

U_0 为负载电阻的端电压，R_0 为电源的等效内阻，P 为电源的输出功率，P_E 为电源能提供的总功率，ΔP 为电源自身消耗的功率。

例 1.2 若电源的开路电压 U 为 15V，其短路电流 I_s 为 30A，则该电源的电动势和内阻各为多少？

解 电源的电动势 $U_s = U = 15\text{V}$

电源的内阻 $R_0 = \frac{U_s}{I_s} = \frac{15}{30}\Omega = 0.5\Omega$

1.1.3.4 电气设备的额定值

对于实际的电气设备，为了达到最好的经济效能，制造厂家对它的性能、使用条件等都采用一些技术参数来加以规定，这些技术参数称为额定值。例如，某元件在正常条件下允许通过的电流值 I_N、正常工作条件下允许施加的电压值 U_N 分别称为额定电流、额定电压。在额定电压及额定电流下工作的电气设备，所产生的功率称为额定功率 P_N。电气设备在这些额定值下工作时，称为额定工作状态（满载运行）。

为保证电气设备能长期正常运行，用户必须按照制造厂家给定的额定值来使用设备，绝对不允许超过额定值运行。

例 1.3 若某电气设备上的铭牌注明额定电压 U_N 为 220V，额定功率 P_N 为 100W，则在正常工作条件下，其额定电流是多少？

解 由 $P = UI$，得 $I_N = \frac{P_N}{U_N} = \frac{100}{220}\text{A} \approx 0.45\text{A}$

1.1.4 电阻、电感与电容元件

1.1.4.1 电阻元件

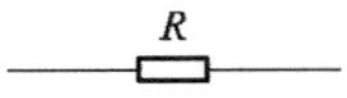

图 1.13 电阻

在实际电路中，负载元件的种类很多，电阻元件是比较常见的一种，符号如图 1.13 所示。

通常情况下白炽灯、扬声器、电炉丝等负载都可以等效为电阻。为了电路工作需要，还专门制作了不同型号、规格的电阻元件，称为电阻器，简称为电阻。

电阻元件的电阻值用 R 表示。一般所说的电阻元件，其电阻两端电压与通过电阻的电流成正比，电阻值为常数，这类电阻称为线性电阻。若电阻两端电压与通过电阻的电流不成正比，电阻值不为常数，则这类电阻称为非线性电阻。由线性电阻组成的电路即为线性电路，含有非线性电阻的电路即为非线性电路。

在国际单位制中，电阻值的单位为欧姆（Ω），常用的单位还有千欧（kΩ）、兆欧（MΩ）。

$$1\text{M}\Omega = 10^3\text{k}\Omega = 10^6\Omega$$

电阻元件也可以用另一个参数——电导来表示，其定义为

$$G = \frac{1}{R} \tag{1.9}$$

电导的单位是西门子，简称西（S）。

1.4.1.2 电感元件

电感元件是反映电流周围存在磁场，而且可以存储磁场能量的理想电路元件。将导线绕成线圈，即组成电感元件，符号如图 1.14 所示。

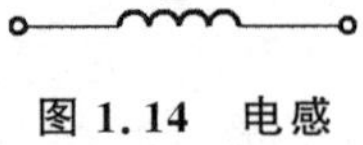

图 1.14 电感

电感元件主要参数是电感量，用 L 表示，定义为线圈中通过单位电流

所产生的磁通量，即：

$$L = \frac{\Psi}{i}$$

一般所说的电感元件，电感量为常数，这类电感称为线性电感。电感量单位是亨利，简称亨，用 H 表示，常用单位为毫亨(mH)。

$$1\text{H} = 10^3\text{mH}$$

对于线性电感，当电压与电流取关联参考方向时，电感元件两端的电压与该时刻的电流变化率成正比，如式 1.10 所列。

$$u = \frac{\mathrm{d}\Psi}{\mathrm{d}t} = L\frac{\mathrm{d}i}{\mathrm{d}t} \tag{1.10}$$

当通过电感元件的电流不随时间变化时(直流电流)，则电感元件两端的电压为零，即电感元件在直流电路中，相当于短路。

1.1.4.3 电容元件

电容元件是反映电荷产生电场，存储电场能量这一物理现象的理想电路元件。两块金属极板间填充绝缘介质可组成电容器，图 1.15 为电容元件的符号。

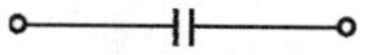

图 1.15 电容

当在电容元件两端加上电压时，电容器极板集聚的电荷量 q 与其两端电压 u 有以下关系：

$$C = \frac{q}{u}$$

C 称为电容元件的电容量。一般所说的电容元件，电容量为常数，这类电容称为线性电容。电容量单位是法拉，简称法，用 F 表示，常用单位有微法(μF)、皮法(pF)。

$$1\text{F} = 10^6\mu\text{F} = 10^{12}\text{pF}$$

对于线性电容，当电压与电流取关联参考方向时，电流与电容两端的电压变化率成正比，如式 1.11 所列。

$$i = \frac{\mathrm{d}q}{\mathrm{d}t} = C\frac{\mathrm{d}u}{\mathrm{d}t} \tag{1.11}$$

当电容两端的电压不随时间变化时(直流电压)，则通过电容元件的电流为零，即电容元件在直流电路中，相当于开路。

1.2 电路的基本定律

1.2.1 欧姆定律

对线性电阻而言，通过电阻的电流与电阻两端的电压成正比，这就是欧姆定律。它是分析电路的基本定律之一。如图 1.16(a)，欧姆定律可以用下式表示：

$$R = \frac{U}{I} \tag{1.12}$$

根据所选的电压和电流的参考方向不同，欧姆定律可以带有正号或者负号。如图 1.16(a)所示，电压和电流的参考方向为关联参考方向，则欧姆定律写为：

$$U = RI \tag{1.13}$$

如图 1.16(*b*)和图 1.16(*c*)所示，当电压和电流的参考方向为非关联方向时，欧姆定律则写为：

$$U=-RI \tag{1.14}$$

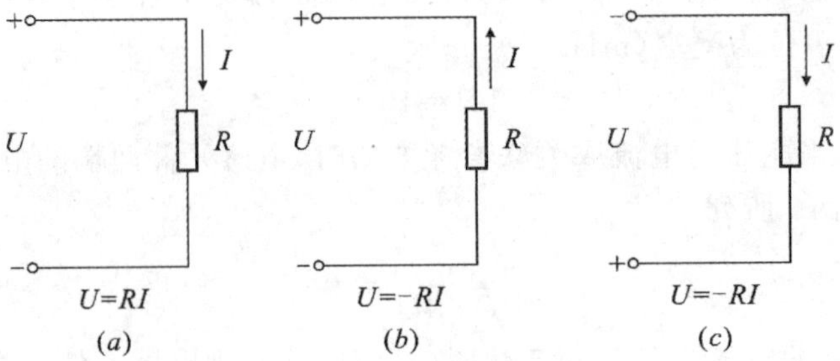

图 1.16 欧姆定律

例 1.4 如图 1.17 所示，根据欧姆定律，求出电阻的阻值。

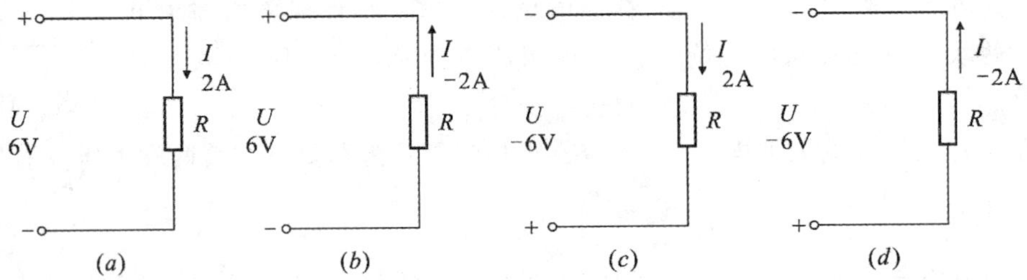

图 1.17 例 1.4 图

解 图 1.17(*a*)：$R=\frac{U}{I}=\frac{6V}{2A}=3\Omega$

图 1.17(*b*)：$R=-\frac{U}{I}=-\frac{6V}{-2A}=3\Omega$

图 1.17(*c*)：$R=-\frac{U}{I}=-\frac{-6V}{2A}=3\Omega$

图 1.17(*d*)：$R=\frac{U}{I}=\frac{-6V}{-2A}=3\Omega$

1.2.2 基尔霍夫定律

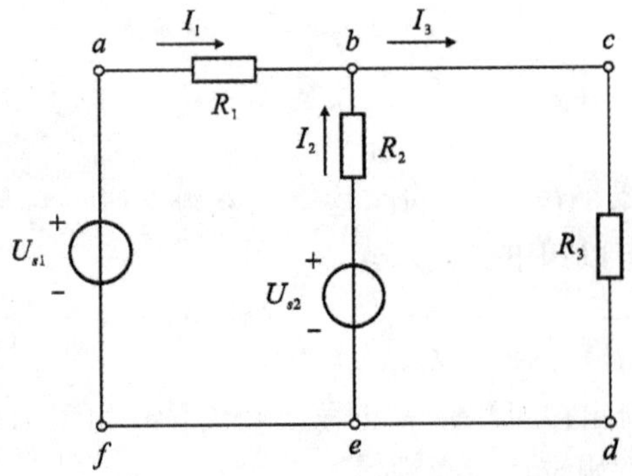

图 1.18 基尔霍夫定律

分析与计算电路的基本定律，除了欧姆定律以外，还有基尔霍夫定律。基尔霍夫定律分为电流定律和电压定律。

电路中通以相同的电流且没有分支的一段电路，称为支路。支路中通过的电流称为支路电流。图 1.18 的电路中共有 *b*—*a*—*f*—*e*、*b*—*e*、*b*—*c*—*d*—*e* 三条支路。

电路中三条或者三条以上的支路的连接点称为节点。图 1.18 电路中有 *b*、*e* 两个节点。

电路中任意一条或者多条支路组成的闭合的电路称为回路。如图1.18中的 $a—b—e—f—a$ 回路、$b—c—d—e—b$ 回路、$a—b—c—d—e—f—a$ 回路。

基尔霍夫电流定律是用来确定连接在同一节点各支路的电流间关系的。由于电流的连续性，电路中任何一个节点都不能堆积电荷。因此，在任意一瞬间，流入节点的电流和流出节点的电流是相等的。这就是基尔霍夫电流定律(KCL)。

对于图1.18的节点 b，可得下式：

$$I_1 + I_2 = I_3$$

也可以写成：

$$I_1 + I_2 - I_3 = 0$$

即：

$$\sum I = 0 \tag{1.15}$$

就是在任意一时刻，一个节点上电流的代数和等于零。

根据式(1.15)，规定了电流的参考方向，即流入节点的电流取正号，流出节点的电流取负号。由于这个参考方向的规定，有时计算出来的电流是负值，这是由于规定的电流参考方向与电流实际方向不一致造成的。

基尔霍夫电流定律也可以推广应用于包含部分电路的二端网络。如图1.19所示的闭合面包含的是一条复杂电路，应用KCL可列出：

$$I_A = I_{AB} - I_{BA}$$
$$I_C = I_{CB} - I_{AB}$$
$$I_B = I_{BA} - I_{CB}$$

上列三式相加，便得：

$$I_A + I_B + I_C = 0$$

即：

$$\sum I = 0 \tag{1.16}$$

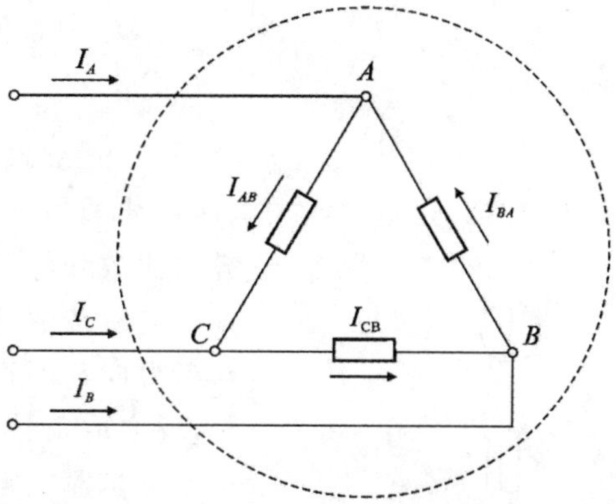

图1.19　基尔霍夫电流定律的推广

由此可见，在任一瞬间，通过任一闭合面的电流的代数和也恒等于零。

例1.5　在图1.20中，已知 $I_1 = 1A$，$I_2 = -5A$，$I_3 = 4A$，试求 I。

解　在图1.20中，有 a、b 两个点，实际上是同一个节点。

对节点应用KCL，得：

$$I_1 - I_2 - I_3 - I = 0$$
$$I = I_1 - I_2 - I_3$$
$$I = 1 - (-5) - 4 = 2A$$

基尔霍夫定律的另一个内容是针对回路电压的。对于电路中的任意一条回路，如果从回路中的任一点出发沿回路绕行一圈，则回路中的电位升之和等于电位降之和，这个定律称为基尔霍夫电压定律(KVL)。

如图1.21所示回路，在图示的电流参考方向和电源电动势方向下，按虚线方向绕行一周，有：

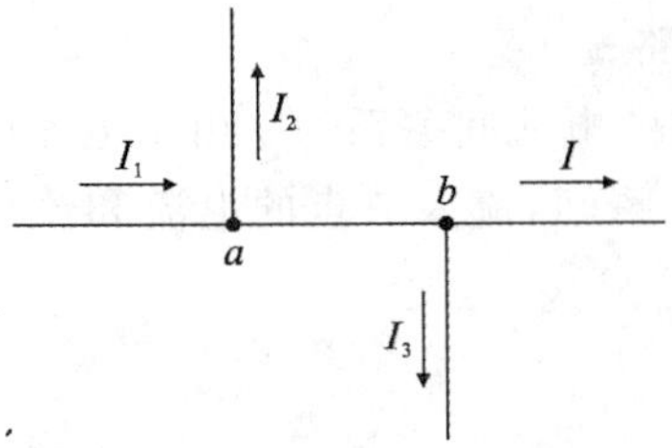

图 1.20 例 1.5 图

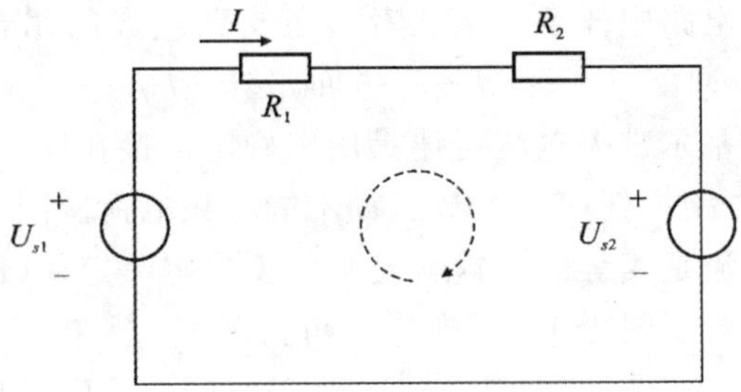

图 1.21 基尔霍夫电压定律

$$U_{s1} = U_{R1} + U_{R2} + U_{s2}$$

上式也可以写成：

$$U_{s1} - U_{R1} - U_{R2} - U_{s2} = 0$$

即：

$$\sum U = 0 \tag{1.17}$$

式(1.17)表明，沿电路中的任一回路绕行一周，回路中各段电压的代数和恒等于零。

根据欧姆定律，上式可以写成：

$$U_{s1} - U_{s2} - IR_1 - IR_2 = 0$$

或

$$\sum U_s = \sum (IR) \tag{1.18}$$

式(1.18)是基尔霍夫电压定律的另一种表达方式。在电路中的任意一条回路，电源电动势的代数和等于电阻元件电压的代数和。在此，凡是电动势的参考方向与所选取的绕行方向一致者，取正号，反之取负号；凡是电流的参考方向与所选取的绕行方向一致的，在电阻上产生的电压取正号，反之取负号。

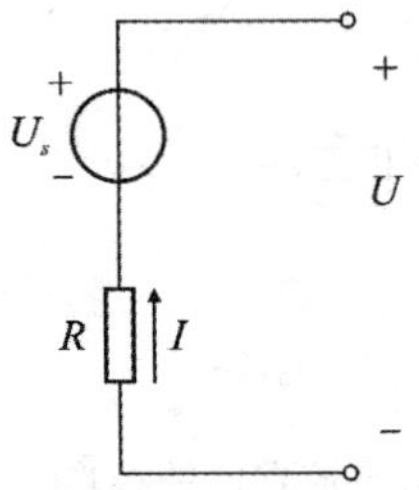

图 1.22 基尔霍夫定律的推广应用

基尔霍夫定律也可以应用于回路的一部分电路，如图 1.22 所示，选择顺时针绕行方向可得：

$$U_s - U + IR = 0$$

或

$$U = U_s + IR$$

例 1.6 如图 1.18 所示，根据 KVL 分别列出所有回路电压方程。

解 根据 KVL，选定顺时针绕行方向得回路电压方程：

对 $a—b—e—f—a$ 回路：$U_{s1} - U_{s2} = I_1 R_1 - I_2 R_2$

对 $b—c—d—e—b$ 回路：$U_{s2} = I_2 R_2 + I_3 R_3$

对 $a—b—c—d—e—f—a$ 回路：$U_{s1} = I_1 R_1 + I_3 R_3$

1.3 电路的分析与计算

电阻是电路中常见的元件。电阻在电路中主要有串联和并联两种连接方式。

1.3.1　简单电路的分析与计算

1.3.1.1　电阻的串联

两个或者两个以上的电阻依次相连，流过同一电流，这种连接方式叫电阻的串联。如图 1.23所示，图 1.23(*b*)是图 1.23(*a*)的等效电路。

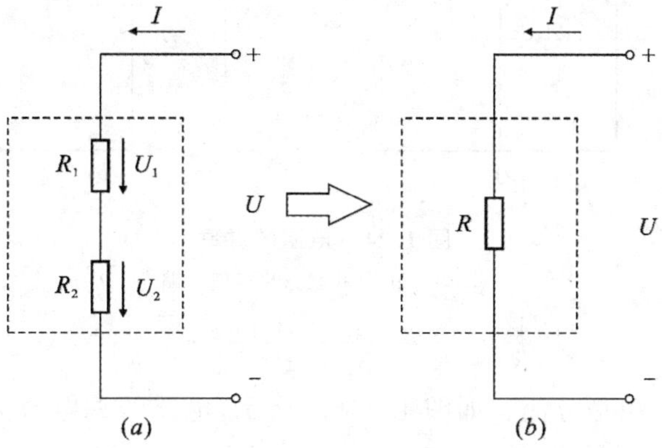

图 1.23　电阻的串联

(*a*)两个电阻串联；(*b*)等效电路

电阻串联电路有以下性质：

①n个电阻串联，则各电阻中电流处处相等，并等于电路的总电流。

$$I = I_1 = I_2 = I_3 = \cdots = I_n \tag{1.19}$$

②串联电路两端的总电压 U 等于各电阻的电压之和。

$$U = U_1 + U_2 + U_3 + \cdots + U_n \tag{1.20}$$

③n个电阻串联，其等效电阻 R 等于各电阻之和。

$$R = R_1 + R_2 + R_3 + \cdots + R_n \tag{1.21}$$

利用电阻的串联可以起到分压作用。如图 1.23(*a*)，电路两端的总电压为 U，而电阻 R_1 和 R_2 的电压 U_1、U_2 分别为：

$$U_1 = IR_1 = \frac{R_1 U}{R} \tag{1.22}$$

$$U_2 = IR_2 = \frac{R_2 U}{R} \tag{1.23}$$

1.3.1.2　电阻的并联

两个或者两个以上电阻接在相同的两点之间，其两端电压相同，这种连接方式叫作电阻的并联。如图 1.24 所示，图 1.24(*b*)是图 1.24(*a*)的等效电路。

并联电路有以下特点：

①n个电阻并联，电路的总电流 I 等于各电阻上的电流之和。

$$I = I_1 + I_2 + I_3 + \cdots + I_n \tag{1.24}$$

②n个电阻并联，电路两端的总电压 U 等于各电阻两端电压。

$$U = U_1 = U_2 = U_3 = \cdots = U_n \tag{1.25}$$

③n个电阻并联，电路的等效电阻 R 的倒数等于各电阻倒数之和。

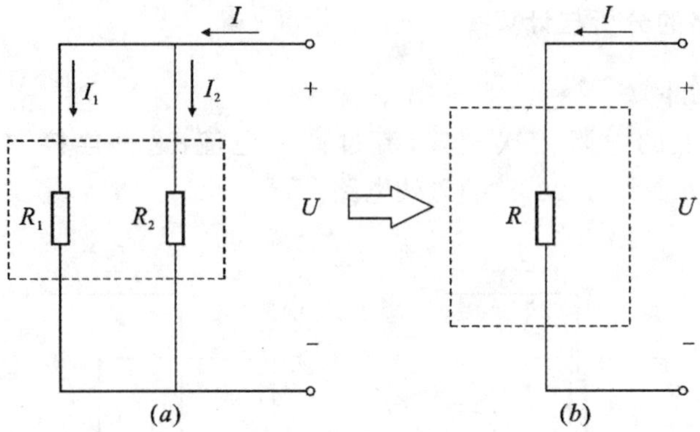

图 1.24 电阻的并联

(a)两个电阻并联;(b)等效电路

$$\frac{1}{R}=\frac{1}{R_1}+\frac{1}{R_2}+\frac{1}{R_3}+\cdots+\frac{1}{R_n} \tag{1.26}$$

并联电路的主要作用是分流。如图 1.24(a)所示,电路的总电流为 I,两个电阻上的电流分别为 I_1 和 I_2。当两个电阻并联时,有:

$$R=\frac{R_1R_2}{R_1+R_2} \tag{1.27}$$

$$U=IR=I\frac{R_1R_2}{R_1+R_2}$$

则

$$I_1=\frac{U}{R_1}=\frac{R_2}{R_1+R_2}I \tag{1.28}$$

$$I_2=\frac{U}{R_2}=\frac{R_1}{R_1+R_2}I \tag{1.29}$$

在实际电路中,电阻的连接方式并不是简单的只有串联或者并联,如图 1.25 所示,电路中既有电阻的串联,也有电阻的并联。

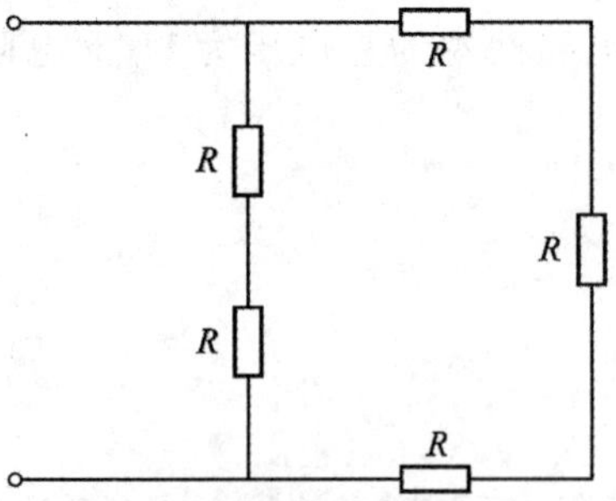

图 1.25 混联电阻电路

例 1.7 电路如图 1.25 所示,求电路的等效电阻 R。

解 图 1.25 是一个混联电阻电路,其中每个电阻的阻值都为 R,电路中有两条支路的等效电阻分别为 $2R$ 和 $3R$。则$\frac{1}{R_{总}}=\frac{1}{2R}+\frac{1}{3R}=\frac{5}{6R}$

故电路的等效电阻为:$R_{总}=\frac{6}{5}R$

分析混联电路应注意把电路整理和简化成容易看清的串联或者并联关系的电路,然后再弄清楚电路中电阻之间的连接关系。

1.3.2 复杂电路的分析与计算

1.3.2.1 电压源、电流源及其等效变换

电源是电路中能量的来源。在直流电路中，电流有两种不同的电路模型。一种是用电压的形式来表示，称为电压源；另一种是用电流的形式来表示，称为电流源。

实际的电源，都含有电动势 U_s 和内阻 R_0。在分析与计算电路时，往往把它们分开，组成由 U_s 和 R_0 串联的电源电路模型，这就是电压源，如图 1.26 所示。在图中，U 即电压源输出电压，R_L 为负载电阻。

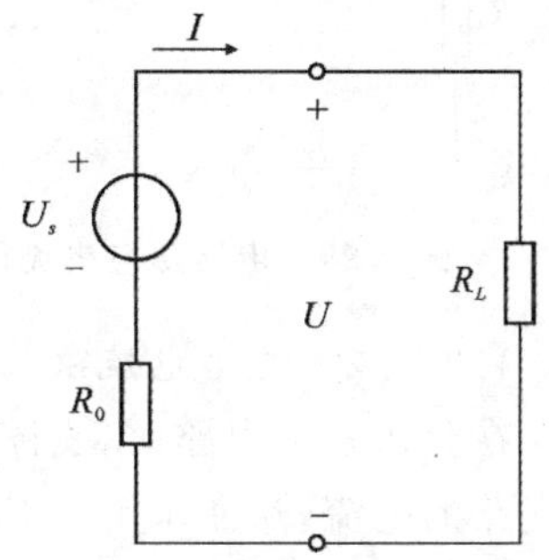

图 1.26 电压源电路

根据图 1.26 电路可得：

$$U = U_s - IR_0 \tag{1.30}$$

由此，可得电压的输出电压特性曲线，也称电压源外部特性曲线，如图 1.27 所示。当电压源开路时，$I=0, U=U_s$；当电压源短路时，$U=0, I=I_s=\frac{U_s}{R_0}$。由此可见，电压源内阻越小，曲线越平缓。

当 $R_0=0$ 时，电压源输出电压 U 恒等于电动势 U_s，是一个定值，而其中的电流 I 则由负载电阻 R_L 确定，这样的电源称为理想电压源，也称为恒压源。

电源除了可以用电压源的形式表示外，还可以用电流源的形式来表示。

根据式(1.30)，如果在式子两端分别除以 R_0，则可得：

$$\frac{U}{R_0} = \frac{U_s}{R_0} - I = I_s - I$$

即

$$I_s = \frac{U}{R_0} + I \tag{1.31}$$

式中，I_s 为电源短路电流，I 为负载电流，而$\frac{U}{R_0}$是引出的另一个电流，用电路来表示，如图 1.28 所示，则为电源的另一种表达形式——电流源。

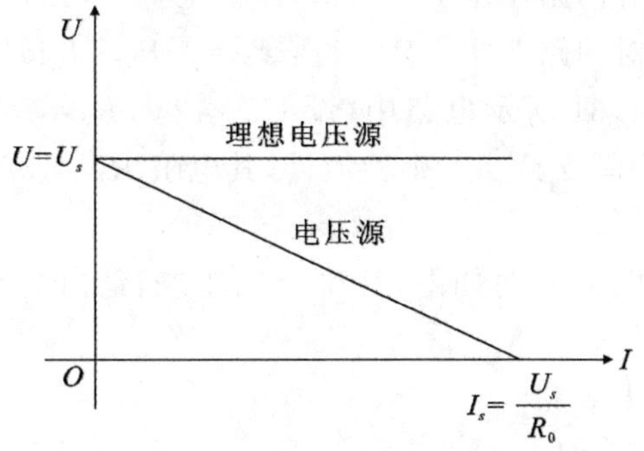

图 1.27 电压源输出电压特性曲线

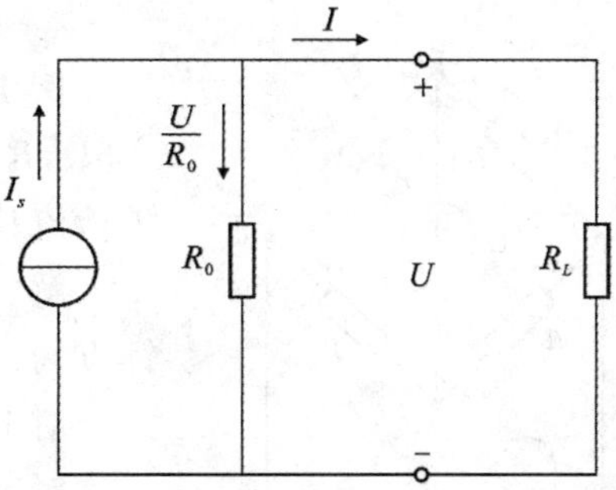

图 1.28 电流源电路

在电流源电路中，可以看出若电源内阻 R_0 开路，即 $R_0=\infty$ 时，电流 I 恒等于电流 I_s，此时，电流源的输出电流与外电路结构无关，称为理想电流源，也称为恒流源。

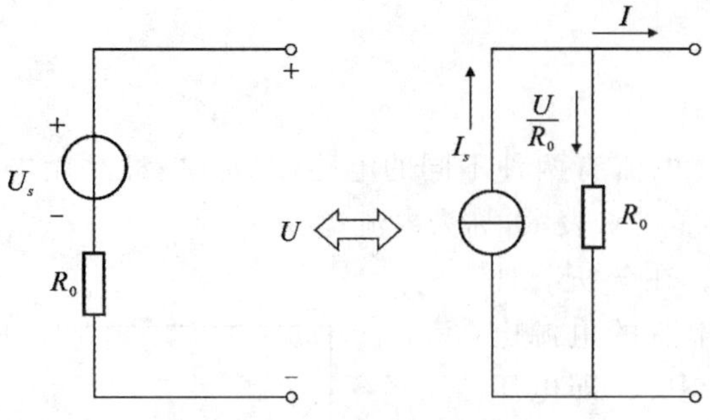

图 1.29 电压源与电流源的等效变换

在电路分析过程中，为了方便，常常将电压源和电流源进行变换。这种变换对外部电路而言是等效的，但对电源内部而言，则是不等效的。

电压源和电流源的等效变换如图 1.29 所示，其中：

$$I_s = \frac{U_s}{R_0} \text{ 或 } U_s = I_s R_0 \qquad (1.32)$$

需要指出的是，理想电压源和电流源本身之间没有等效关系，不能进行等效变换。

1.3.2.2 支路电流法

在分析复杂电路时，支路电流法是最基本方法。支路电流法主要是通过求解出电路中所有支路的电流，从而求解出其他的电路参数。

应用支路电流法的基本步骤为：

①确定电路中的全部支路数 N；

②确定电路中的全部节点数 m，并根据 KCL 列出$(m-1)$个节点电流方程；

③再根据电路中的回路，根据 KVL 列出 $N-(m-1)$个回路电压方程；

④联立以上 N 个方程，组成方程组并解方程组。

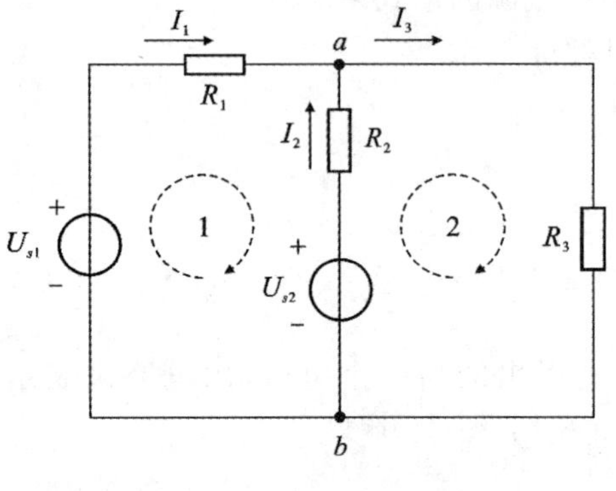

图 1.30 支路电流法

例 1.8 电路如图 1.30 所示，根据支路电流法，列出求解全部支路电流的方程。

解 在图 1.30 所示电路中，确定电路的全部支路数为 3，全部节点数为 2，因此可以根据 KCL 列出 1 个节点电流方程，根据 KVL 列出 2 个回路电压方程。规定电流的参考方向，并选择较小的两条回路，规定回路绕行方向为顺时针方向，如图 1.30 所示。

对节点 a 用 KCL，得：$I_1 + I_2 - I_3 = 0$

对回路 1 用 KVL，得：$U_{s1} - U_{s2} = I_1 R_1 - I_2 R_2$

对回路 2 用 KVL，得：$U_{s2} = I_2 R_2 + I_3 R_3$

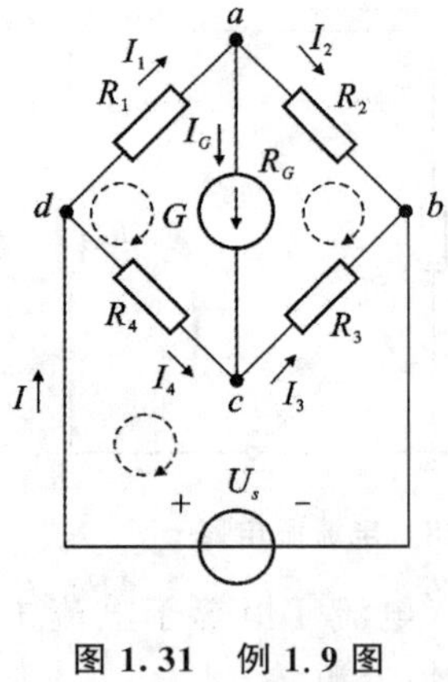

图 1.31 例 1.9 图

例 1.9 在图 1.31 所示电路中，设 $U_s = 12V$，$R_1 = R_2 = R_4 = 5\Omega$，$R_3 = 10\Omega$。中间支路是一个检流计，其电阻 $R_G = 10\Omega$。试求检流计电流 I_G。

解 规定参考电流方向如图，并确定回路绕行方向为顺时针方向。

对节点 a：$I_1 = I_2 + I_G$

对节点 b：$I_2 + I_3 = I$

对节点 c：$I_G + I_4 = I_3$

对 $a—c—d—a$ 回路：$I_1 R_1 + I_G R_G - I_4 R_4 = 0$

对 $a—b—c—a$ 回路：$I_2 R_2 - I_3 R_3 - I_G R_G = 0$

对 $d—c—b—d$ 回路：$U_s = I_4R_4 + I_3R_3$

根据以上六式代入已知数，求得：$I_G = 0.13\text{A}$

1.3.2.3　戴维南定理

戴维南定理也称有源二端网络或等效电源定理。任何有源二端网络对其网络以外的电路，相当于一个电源，其等效电源电动势等于有源二端网络的开路电压，而等效电源的内阻等于网络内各电源用电阻代替时网络的开路端等效电阻。假如有源二端网络能够简化为一个等效电源，则复杂电路就变成一个等效电源和待求支路相串联的简单电路，如图 1.32 所示。

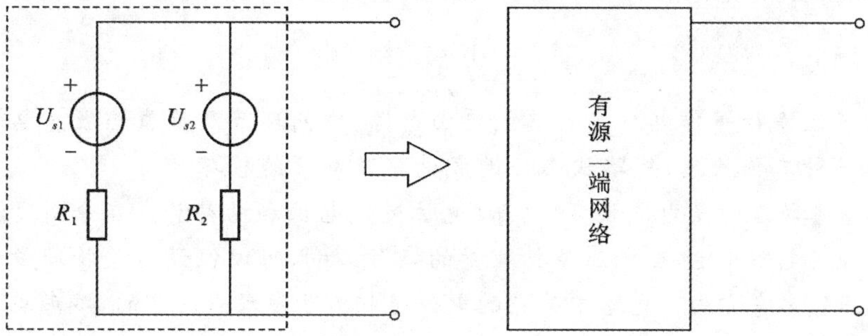

图 1.32　戴维南定理

所谓二端网络是指任何具有两个接线头的部分电路。若在此部分电路中包含有电源存在，这个二端网络称为有源二端网络。

下面通过一个例子来说明如何利用戴维南定理来分析电路。

例 1.10　如图 1.33 所示，已知 $U_{s1}=15\text{V}$，$U_{s2}=12\text{V}$，$R_1=1\Omega$，$R_2=2\Omega$，$R=30\Omega$，试利用戴维南定理求负载电阻 R 中的电流。

解　(1)将图 1.33(a)的 R 支路开路去掉，形成有源二端网络，如图 1.33(b)所示。计算 A、B 两点端电压，即等效电动势 U_0，假设回路电流方向按顺时针方向，则回路中的电流 I'为：

$$I' = \frac{U_{s1} - U_{s2}}{R_1 + R_2} = \frac{15 - 12}{1 + 2} = 1\text{A}$$

A、B 两点端电压为：$U_{AB} = U_{s2} + I'R_2 = 12 + 1 \times 2 = 14\text{V}$

即等效电源的电动势 U_0 为 14V。

(2)将图 1.33(a)中的电源 U_{s1} 及 U_{s2} 短路，保留电阻 R_1 及 R_2，如图 1.33(c)所示，求 R_{AB}，即等效电阻 R_0。

$$R_0 = R_{AB} = \frac{R_1 \cdot R_2}{R_1 + R_2} = \frac{2}{3} = 0.67\Omega$$

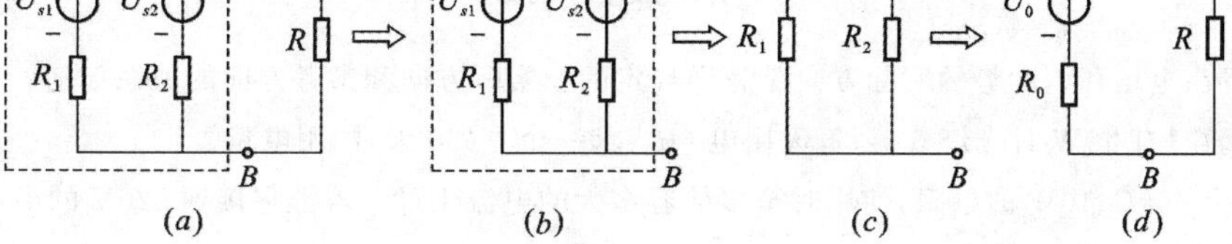

图 1.33　例 1.10 图

(3)用等效电源代替原有源二端网络,求出电阻 R 的电流 I,如图 1.33(d)所示。

$$I=\frac{U_0}{R+R_0}=\frac{14}{30+0.67}=0.46\text{A}$$

应用戴维南定理分析复杂电路时,如某支路开路的有源二端网络仍为复杂电路,可再次运用戴维南定理,直到电路容易计算为止。

在计算有源二端网络的等效电阻时,应该注意求的是网络的开路端等效电阻。此时,可以将电压源视为短路,将电流源视为开路。

小 结

电流的流经途径叫作电路。电路主要由电源、中间环节及负载组成。电路分为开路、短路和负载三种工作状态,短路状态会造成电路及电源的损坏。

电路的基本物理量是电流强度、电压(电位差)、电位和电动势。在分析复杂电路时,常常无法马上确定电路中电流、电压等物理量的实际方向,可以假设这些物理量的方向,称为电流或者电压的参考方向。电路中某点的电位是相对于参考点而言的,参考点不同,电位的数值也不同;而两点间的电压则是两点的电位差,与电位参考点的选择无关。电流在单位时间内所做的功称为电功率,电功率是衡量电器在单位时间内消耗电能多少的物理量。

电阻分为线性电阻和非线性电阻,线性电阻符合欧姆定律,非线性电阻不符合欧姆定律。电阻串联具有分压作用,电阻并联具有分流作用。

欧姆定律解释了线性电阻元件的电阻值、电压和电流的关系,是分析电路最重要、最基本的定律之一。对于一段电路,有 $I=\frac{U}{R}$。

基尔霍夫定律是解决复杂电路的基本定律。基尔霍夫定律有两个内容:一个是基尔霍夫电流定律(KCL),它表明对电路中的任何一个节点,流入节点的电流和流出节点的电流是相等的;另一个是基尔霍夫电压定律(KVL),它表明对于电路中任何一条回路,电位升的总量和电位降的总量是相等的。

支路电流法是基尔霍夫定律和欧姆定律的一个具体应用。它借助这两个定律,通过求解出电路中所有支路电流来求解电路中其他物理量。

进行电压源和电流源变换时,要考虑电源的极性。这种变换对外部电路而言是等效的,但对电源内部而言,则是不等效的。

戴维南定理也称有源二端网络定理。任何一个含有电源的二端网络都可以用一个等效电源来代替。戴维南定理的应用,简化了一些电路分析的过程。

思考题与习题

1.1 电流、电压和电动势的实际方向是怎样规定的?实际方向和参考方向的关系如何?

1.2 某教室有 40W 日光灯 6 盏,每天用电 6h。求一个月(30 天)的用电量。

1.3 一个 40kΩ、10W 的电阻,使用时至多能容多大的电流流过?若把它接到 220V 的电源上,能否正常工作?

1.4 某线路熔断器额定电流为 5A,现将 220V、100W 和 220V、1500W 的用电器接入该线路,熔断器是否能正常工作？

1.5　已知电源的额定功率为 100W，额定电压为 200V，电源内阻为 0.1Ω，若电源为一负载 R 提供电能，则求：(1)额定工作状态下的电流和负载电阻值；(2)开路状态下的电源端电压；(3)电源短路状态下的电流。

1.6　如果人身最小的电阻为 800Ω，已知通过人体的电流为 50mA 时会引起呼吸系统麻痹，造成危险。求安全工作电压。

1.7　计算图 1.34 所示电路中的电流 I。

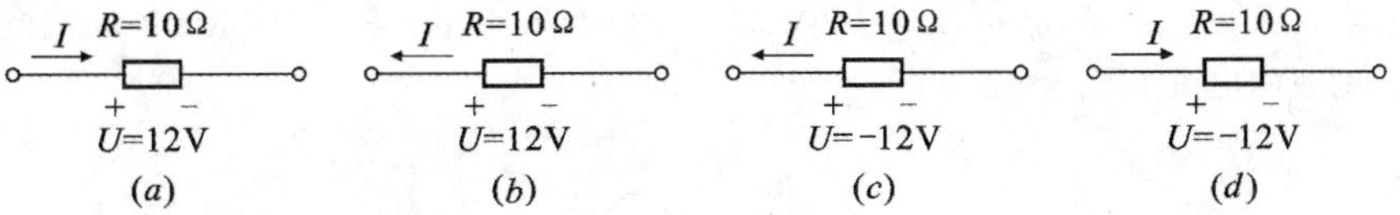

图 1.34

1.8　2 只标有 220V、40W 的白炽灯串联后接到端电压为 220V 的电源上，每个白炽灯实际消耗的功率是多少？

1.9　已知三个电阻串联，阻值分别为 10Ω、20Ω 和 70Ω，接在电压为 10V 的电源上。电源内阻忽略不计。求各个电阻上的电压。

1.10　已知三个电阻并联，阻值分别为 2Ω、4Ω 和 6Ω，电路的总电流为 22A，求电路两端的总电压和通过每个电阻的电流。

1.11　如图 1.35 所示，若已知 A、B、C 点电位 $V_A=15V$、$V_B=10V$、$V_C=-20V$。试求 U_{AB}、U_{BA}、U_{AC}、U_{CA}、U_{AO}、U_{OA}、U_{BO}、U_{OB}各为多少？

1.12　电路如图 1.36 所示，求电路两端的电压 U_{AB}。

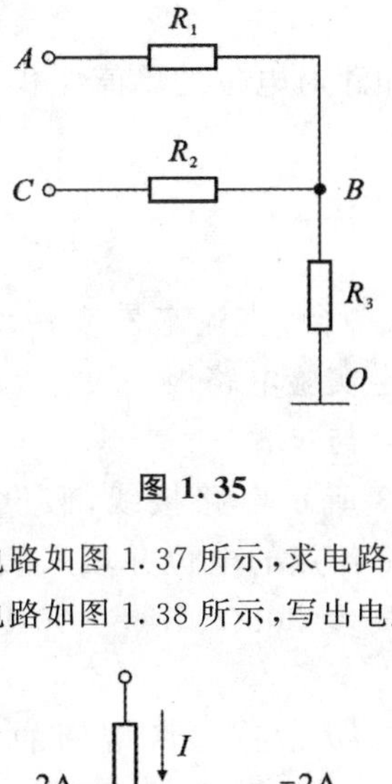

图 1.35

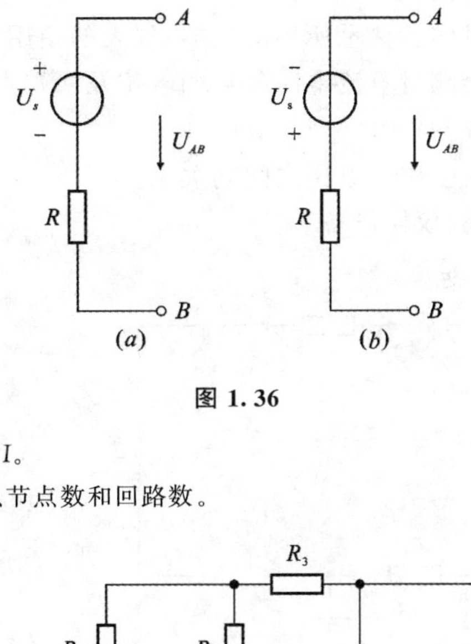

图 1.36

1.13　电路如图 1.37 所示，求电路中的未知电流 I。

1.14　电路如图 1.38 所示，写出电路中的支路数、节点数和回路数。

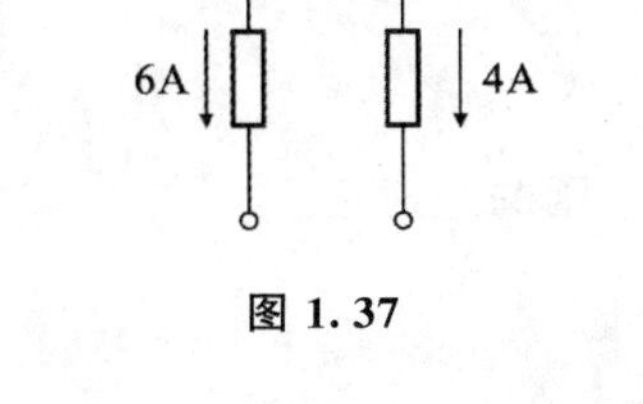

图 1.37

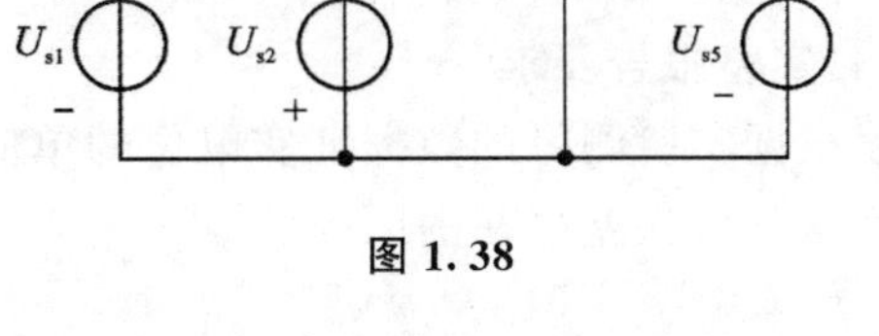

图 1.38

1.15 电路如图 1.38 所示，根据支路电流法列方程式。若已知 $U_{s1}=12V$、$U_{s2}=24V$、$U_{s5}=10V$，$R_1=4\Omega$、$R_2=6\Omega$、$R_3=2\Omega$、$R_4=8\Omega$、$R_5=2\Omega$，试求出电路中各支路电流。

1.16 试根据支路电流法求解图 1.39 所示电路。若已知 $U_{s1}=10V$、$U_{s5}=12V$，$R_1=2\Omega$、$R_2=4\Omega$、$R_3=2\Omega$、$R_4=2\Omega$、$R_5=4\Omega$，试求出 R_4 两端电压 U。

1.17 试根据支路电流法求解图 1.40 所示电路中各支路电流。已知 $U_{s1}=12V$、$U_{s4}=24V$，$R_1=R_2=R_3=R_4=4\Omega$。

1.18 电路如图 1.41 所示，已知 $U_{s1}=120V$、$U_{s2}=130V$，$R_1=10\Omega$、$R_2=2\Omega$、$R=10\Omega$，试根据戴维南定理求出电阻 R 上通过的电流 I。

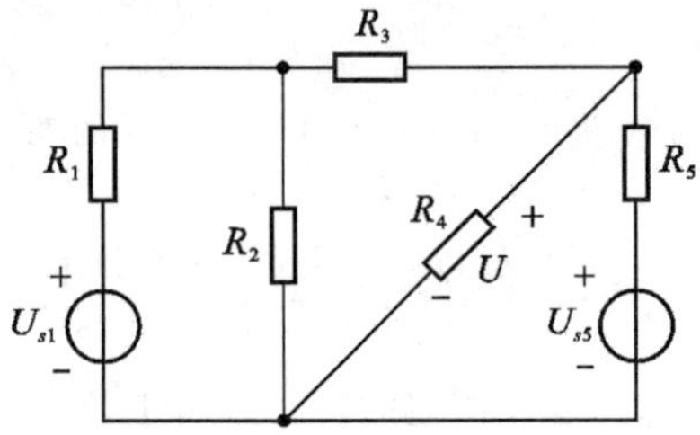

图 1.39

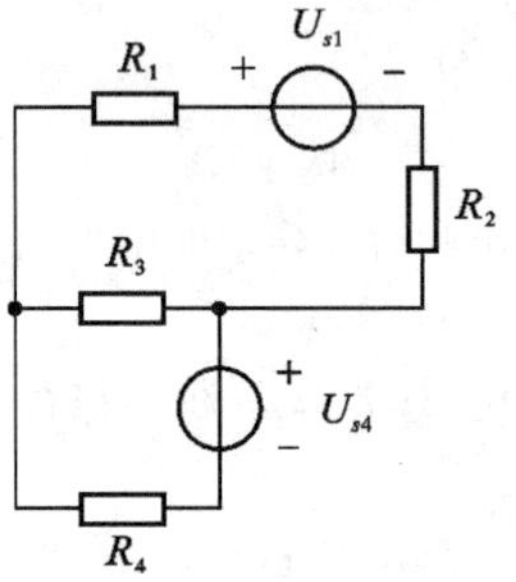

图 1.40

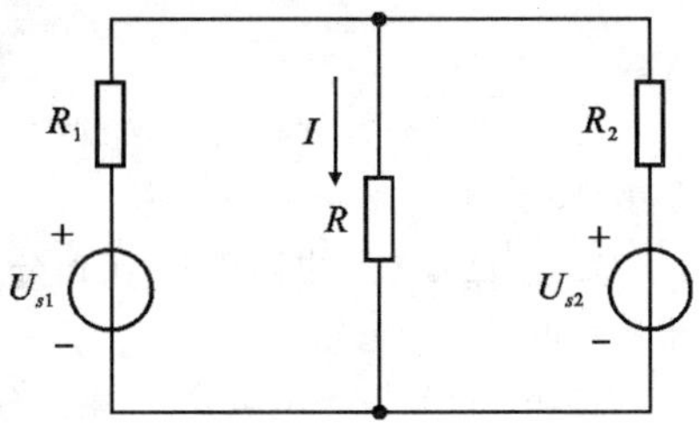

图 1.41

实践与能力训练一 直流电路电位的测量

(1)实验目的

①通过实验熟悉所用的仪器、仪表的使用方法。

②学会测量直流电路各点的电位及两端点间的电压，加深对电位的单值性和相对性，以及电压绝对性的理解。

③验证电位与电压之间的关系。

(2)实验仪器设备

直流稳压源一台，直流毫安表一块，直流电压表一块，电压测定实验电路板一块。

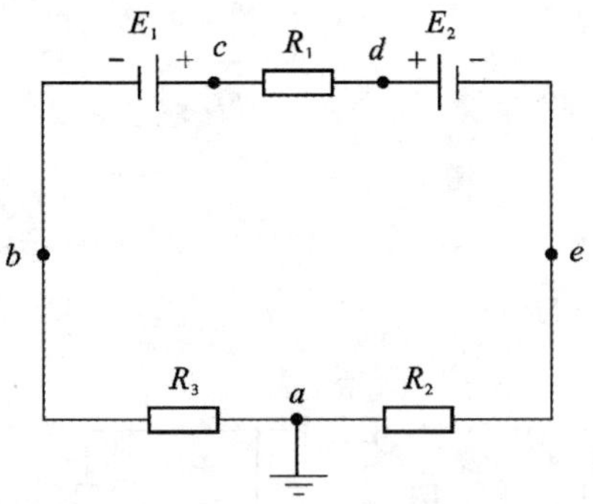

图 1.42 实验一 电位的测量

(3)实验内容与步骤

①按图 1.42 所示电路接线，假设参考点为 a 点，测量 b、c、d、e 各点的电位并填入表 1.1 中。其中 $R_1=300\Omega$、$R_2=200\Omega$、$R_3=100\Omega$、$E_1=10V$、$E_2=6V$。

②测 ab、bc、cd、de、ea 两端间的电压并填入表 1.1 中。

③改变参考点为 c 点，测量 a、b、d、e 各点的电位，并将测量结果填入表 1.1 中。

(4)实验报告要求

①根据实验测得的数据证实电位的单值性、相对性及电压的绝对性。

②试分析误差存在的原因。

表 1.1

参考点		测量结果[电位、电压的单位为伏特(V)]											
		V_a	V_b	V_c	V_d	V_e	U_{ab}	U_{bc}	U_{cd}	U_{de}	U_{ea}	E_1	E_2
a点	理论												
	测量												
c点	理论												
	测量												

实践与能力训练二　基尔霍夫定律的验证

(1)实验目的

①通过实验验证基尔霍夫定律的正确性,加深对基尔霍夫定律的理解。

②熟悉直流稳压电源、电压表、电流表的使用方法。

(2)实验仪器设备

直流稳压电源一台,电流表一块,万用表一块,电位、电压测定实验电路板一块。

(3)实验内容与步骤

①按图 1.43 所示电路接线。以 b 点为测量节点,以图示电流参考方向,选 E_1 为 6V,E_2 按表 1.2 取值,测量 I_1、I_2、I_3 的值。

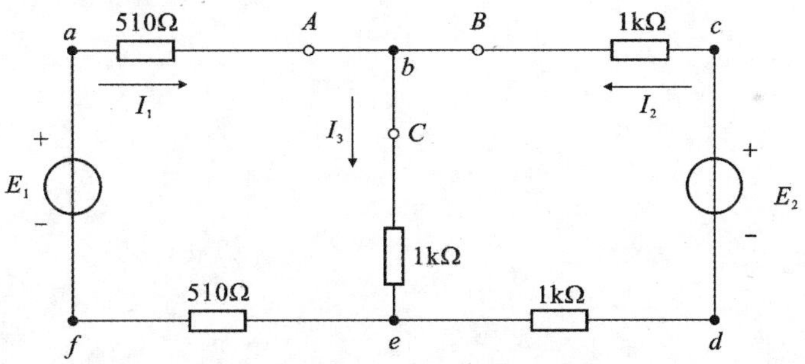

图 1.43　实验二　基尔霍夫定律验证

②选 E_1=6V,E_2 按表 1.3 取值,试用万用表分别测量 U_{ab}、U_{bc}、U_{cd}、U_{de}、U_{ef}、U_{be}、U_{fa}的值。

表 1.2

E_1(V)	E_2(V)	I_1(mA)		I_2(mA)		I_3(mA)	
		测量值	计算值	测量值	计算值	测量值	计算值
6	0						
	4						
	8						
	12						

表 1.3

E_1(V)	E_2(V)	U_{ab}(V)	U_{bc}(V)	U_{cd}(V)	U_{de}(V)	U_{ef}(V)	U_{be}(V)	U_{fa}(V)
6	0							
	4							
	8							
	12							

(4)实验报告要求

①根据实验数据，验证基尔霍夫电流定律的正确性，并比较各支路电流的测量值与计算值的异同。

②根据实验数据，选定实验中的三个闭合回路验证基尔霍夫电压定律的正确性。

③试分析实验中产生误差的原因。

单元 2　单相交流电路

知识目标

正弦量的三要素；正弦量的相量表示法、同频率正弦量的相量求和运算方法；单一参数交流电路中电压与电流的关系；串联电路中电压、阻抗、功率三角形，有功功率、无功功率、视在功率和功率因数，电路性质的判断；串、并联谐振；提高功率因数的意义和方法；单相交流电路的分析计算方法。

技能目标

熟练掌握单相交流电路的分析、计算和实际运用。

2.1　正弦交流电的基本概念

在工业生产和日常生活中，广泛使用的是交流电。所谓交流电，是指大小和方向随时间做周期性变化的电流、电压和电动势。而大小和方向随时间按正弦规律变化的交流电，则称为正弦交流电，简称交流电，也称为正弦量。

2.1.1　正弦量的三要素

正弦交流电可用三角函数式或波形图来表示。其中三角函数式表达了它每一瞬时的取值，称为瞬时值表达式，简称瞬时式。如正弦交流电流的瞬时式可写为：

$$i = I_m \sin(\omega t + \psi) \tag{2.1}$$

式中　I_m——交流电的最大值；

ω——交流电的角频率；

ψ——交流电的初相。

其波形图如图 2.1 所示。这种按正弦规律变化的波形(或函数)，可由最大值、角频率、初相三个参数确定，这三个参数称为正弦量的三要素。

2.1.1.1　周期、频率、角频率

周期：正弦量变化一周所需要的时间称为周期，用 T 表示，单位为秒(s)。

频率：正弦量一秒钟内变化的周数称为频率，用 f 表示，单位为赫兹(Hz)，简称赫，即周/秒。显然，频率是周期的倒数，即：

$$f = \frac{1}{T} \tag{2.2}$$

频率反映了交流电变化的快慢。f 越大，交流电变化越快。

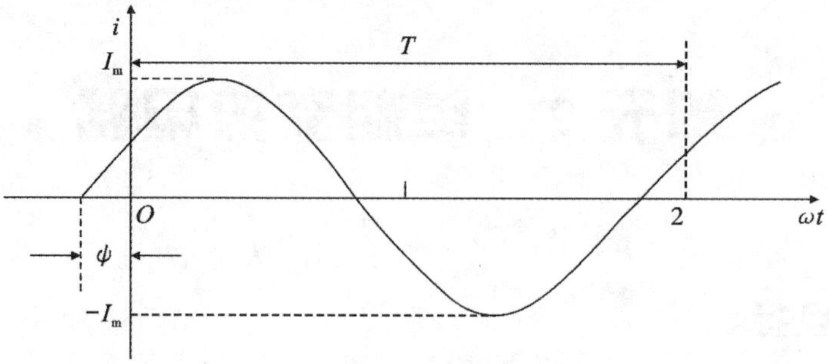

图 2.1　正弦电流波形

我国电力系统的供电频率为 50Hz，称为工频，所以 50Hz 的交流电又称为工频交流电。一般的交流电动机，照明、电热等设备，都是按照工频交流电来设计制造的。另外，音频信号的频率为 20～20000Hz，视频信号的频率为 0～6MHz。

角频率：交流电每完成一周变化，在时间上为一个周期 T，在正弦函数的角度上则为 2π 弧度(rad)，将单位时间内变化的角度称为角频率，用 ω 表示，单位为弧度/秒(rad/s)。角频率 ω、周期 T、频率 f 的关系为：

$$\omega = \frac{2\pi}{T} = 2\pi f \tag{2.3}$$

对于 $f=50\text{Hz}$ 的工频交流电，$\omega=2\pi f=314\text{rad/s}$。

2.1.1.2　瞬时值、最大值、有效值

瞬时值：正弦量在任一瞬间的数值称为瞬时值，用小写字母表示，如 i、u、e 等。

最大值：瞬时值中最大的值称为最大值，或称为振幅(幅值)，用带下标 m 的大写字母表示，如 I_m、U_m、E_m 等。

有效值：交流电的瞬时值和最大值只是交流电某一瞬时的数值，不能反映交流电在电路中做功的实际效果，而且测量和计算都很不方便，为此，在电工技术中常用有效值来表示交流电的大小。如家庭或工业用电的电压为 220V、380V 等均指有效值，交流电表的指示值和交流设备铭牌标注的电压、电流数值一般都是指有效值。有效值用大写字母表示，如 I、U、E 等。

交流电流的有效值是根据电流热效应原理来确定的。在两个阻值相同的电阻上，分别通以直流电流 I 和交流电流 i，如果在相等的时间内(如一个交流周期)，两个电阻所消耗的电能相等，则这两个电流的做功能力是相同的，这时，直流电流的数值就称为交流电流的有效值，即交流电流的有效值就是与它的平均耗能相等的直流电流数值。

按上述定义，应有：

$$I^2RT = \int_0^T i^2 R\,\mathrm{d}t$$

$$I = \sqrt{\frac{1}{T}\int_0^T i^2\,\mathrm{d}t}$$

对于正弦交流电：

$$i = I_m \sin\omega t$$

则

$$I = \sqrt{\frac{1}{T}\int_0^T I_m^2 \sin^2\omega t\,\mathrm{d}t} = \sqrt{\frac{I_m^2}{T}\int_0^T \frac{1}{2}(1-\cos2\omega t)\,\mathrm{d}t} = \frac{I_m}{\sqrt{2}} = 0.707I_m \tag{2.4}$$

可见，交流电流的有效值等于最大值的 $1/\sqrt{2}$ 倍或 0.707 倍。

同理，交流电压和电动势的有效值与最大值的关系为：

$$U = \frac{U_m}{\sqrt{2}} = 0.707U_m \tag{2.5}$$

$$E = \frac{E_m}{\sqrt{2}} = 0.707E_m \tag{2.6}$$

显然，由于最大值可用有效值表示，故有效值也可作正弦量的一个要素代替最大值。

引入了有效值的概念之后，交流电的瞬时值函数式可写为 $i=\sqrt{2}I\sin(\omega t+\psi_i)$，$u=\sqrt{2}U\sin(\omega t+\psi_u)$，$e=\sqrt{2}E\sin(\omega t+\psi_e)$。

2.1.1.3　相位和相位差

相位：式(2.1)中的$(\omega t+\psi)$称为交流电的相位角，简称相位。相位随时间变化，它决定交流电变化的进程，也就是决定交流电的大小和正负。

初相位：$t=0$ 时的相位叫作初相位，简称初相，用 ψ 表示。初相决定了交流电的起始状态。在波形图上，当交流电的波形由负向正变化时与横轴有一交点，其最靠近坐标原点的交点与坐标原点之间的角度即为初相。如图 2.2 所示，图(a)的交点在坐标原点，$\psi=0$；图(b)的交点在纵轴左侧，初相 ψ 为正；图(c)的交点在纵轴右侧，初相 ψ 为负。所以，$|\psi|\leqslant\pi$。

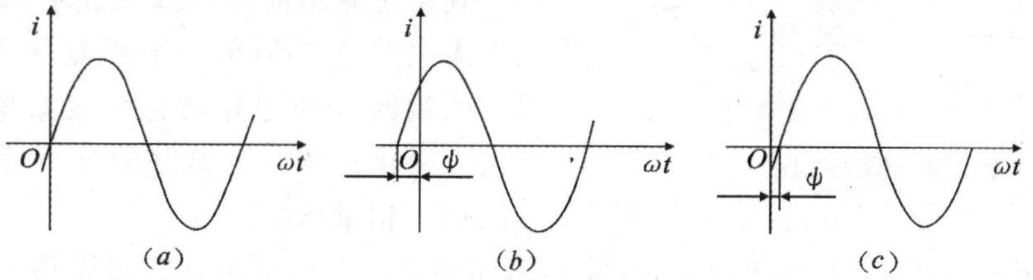

图 2.2　不同 ψ 时的正弦波

$(a)\psi=0$；$(b)\psi>0$；$(c)\psi<0$

对于一个确定的正弦量，其最大值、周期、初相均为常数。当一个正弦量的三要素确定之后，正弦量也被唯一地确定了。

相位差：两个同频率的正弦量的相位之差叫作相位差，用字母 φ 表示。例如，$i_1=I_{m1}\sin(\omega t+\psi_1)$，$i_2=I_{m2}\sin(\omega t+\psi_2)$，则 i_1、i_2 的相位差为：

$$\varphi=(\omega t+\psi_1)-(\omega t+\psi_2)=\psi_1-\psi_2 \tag{2.7}$$

可见，两个同频率正弦量的相位差等于它们的初相之差。

相位差的大小反映了两个同频率正弦量到达正幅值或到达负幅值的时间差，即反映了到达正或负的幅值的先后顺序。如图 2.3 所示，图(a)的 $\varphi=0$，即 $\psi_1=\psi_2$，则 i_1、i_2 同时到达正幅值，称 i_1、i_2 为同相；图(b)的 $\varphi=180°$，它们中的一个达到正的最大值时，另一个恰好达到负的最大值，称 i_1、i_2 为反相；图(c)的 $\varphi>0$，即 $\psi_1>\psi_2$，i_1 先于 i_2 达到正幅值，称 i_1 超前于 i_2，或 i_2 滞后于 i_1。

例 2.1　已知 $u=U_m\sin(\omega t+\frac{\pi}{4})V$，$i=I_m\sin(\omega t-\frac{\pi}{4})A$，$f=50Hz$，试求 u 与 i 的相位差，并画出其波形图。

解　由题得

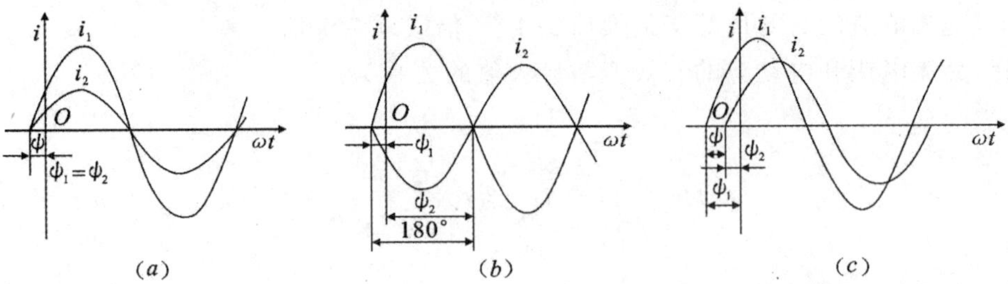

图 2.3 正弦量的相位差

(a)同相;(b)反相;(c)$\psi_1-\psi_2>0$

$$\psi_u=\frac{\pi}{4},\psi_i=-\frac{\pi}{4},\text{故 }\varphi=\psi_u-\psi_i=\frac{\pi}{4}+\frac{\pi}{4}=\frac{\pi}{2}$$

$$t_{12}=\frac{\varphi}{\omega}=\frac{\varphi}{2\pi f}=\frac{3.14}{2\times2\times3.14\times50}\text{s}=0.005\text{s}=5\text{ms}$$

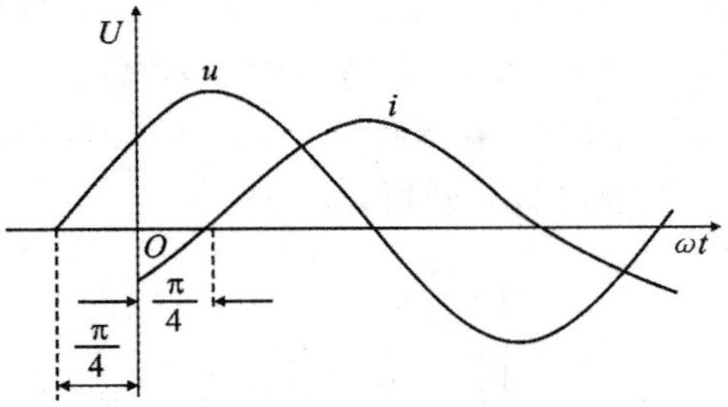

图 2.4 例 2.1 图

即 u 达到正的最大值比 i 早 5ms 或 1/4 个周期,波形如图 2.4 所示。

2.1.2 正弦量的相量表示法

利用正弦量的瞬时式或波形图来分析计算正弦交流电路非常烦琐。采用复数表示正弦量,把对正弦量的各种运算转化为复数的代数运算,可以大大简化正弦交流电路的分析计算过程。这种方法称为相量法。

设有一正弦电流 $i=I_m\sin(\omega t+\psi)$,波形图如图 2.5 右边所示。它可以用一个旋转矢量来表示,如图 2.5 左边所示。过直角坐标的原点作一个矢量,矢量长度等于该正弦量的最大值 I_m,矢量与横轴的正方向的夹角等于该正弦量的初相 ψ,并以正弦量的角频率 ω 做逆时针方向旋转。那么,这个旋转矢量任一瞬时在纵轴上的投影,就是该正弦电流 i 在该时刻的瞬时值。例如,当 $t=t_1$ 时,$i_1=I_m\sin(\omega t_1+\psi)$;当 $t=t_2$ 时,$i_2=I_m\sin(\omega t_2+\psi)$。

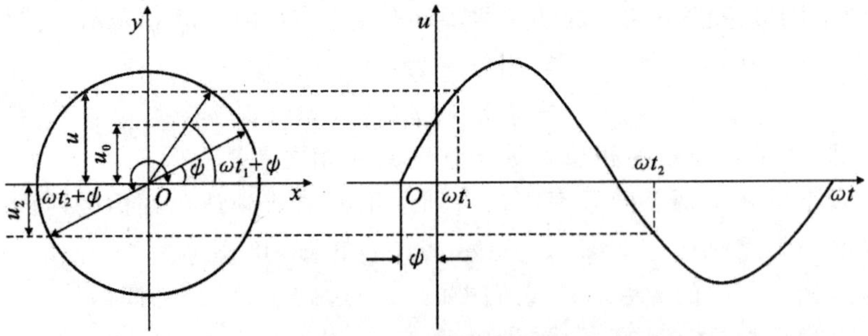

图 2.5 用旋转矢量表示正弦量

正弦量可用旋转矢量表示,而矢量又可以用复数表示,因此正弦量也可以用复数表示。

复数的代数式为:

$$A=a+jb \tag{2.8}$$

式中,a 是复数的实部,b 是复数的虚部,j 是虚数单位,$j=\sqrt{-1}$。

图 2.6 是一个复平面，横轴为实轴，纵轴为虚轴。在该复平面上从原点作矢量，该矢量的长度|A|等于复数虚部 A 的模，矢量与横轴的夹角 θ 等于复数的辐角，在实轴上的投影为实部 a，在虚轴上的投影为虚部 b。

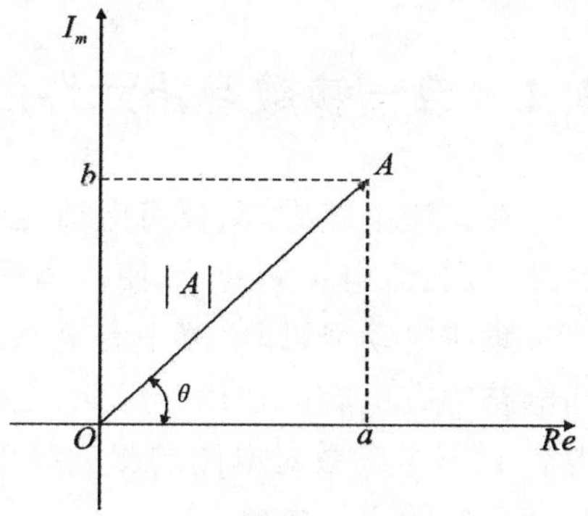

图 2.6　复数平面

由图 2.6 可得，模 $|A|=\sqrt{a^2+b^2}$，辐角 $\theta=\arctan\dfrac{b}{a}$，实部 $a=|A|\cos\theta$，虚部 $b=|A|\sin\theta$。

由此可得到复数的三角函数式：

$$A=|A|(\cos\theta+\sin\theta) \qquad (2.9)$$

根据欧拉公式 $e^{j\theta}=\cos\theta+j\sin\theta$，可以得到复数的指数形式：

$$A=|A|e^{j\theta} \qquad (2.10)$$

或简写为复数的极坐标式：

$$A=|A|\angle\theta \qquad (2.11)$$

为了与一般的复数相区别，把表示正弦量的复数称为相量，并在大写字母上加“·”。例如，一个正弦电压为 $u=U_m\sin(\omega t+\psi)$，它的相量式为 $\dot{U}=U_m\angle\psi$。

实际中，常用正弦量的有效值来表示正弦量的大小。例如，$u=\sqrt{2}\sin(\omega t+\psi)$，其相对应的相量可表示为 $\dot{U}=U\angle\psi$。此时，相量的模为正弦量的有效值。

在同一电路中，各正弦量的频率都是相同的。在分析各正弦量的关系时，可根据各正弦量的大小和初相，用矢量画在同一个复平面上，称为相量图。相量图可以不画出复平面上的坐标轴，如图 2.7 所示。相量的加减运算符合平行四边形法则。

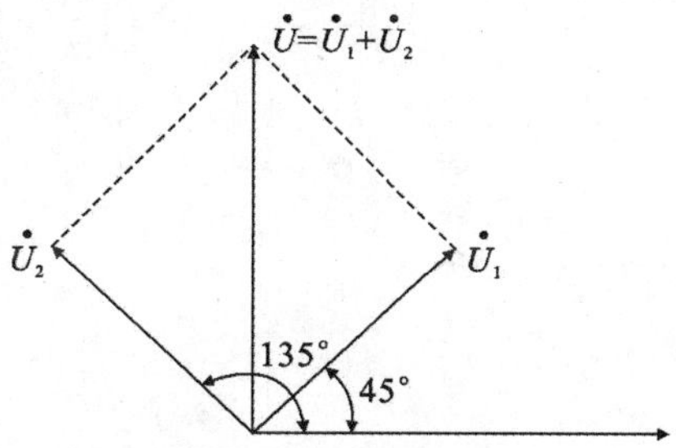

图 2.7　相量的合成

例 2.2　已知两个正弦电压分别为 $u_1=100\sqrt{2}\sin(314t+45°)$V，$u_2=100\sqrt{2}\sin(314t+135°)$V。求 $u_1+u_2=$？并画出相量图。

解　将 u_1、u_2 用相量表示：

$$\dot{U}_1=100e^{j45°}\text{V}=100\angle 45°\text{V}$$

$$\dot{U}_2=100e^{j135°}\text{V}=100\angle 135°\text{V}$$

因为 $\dot{U}=\dot{U}_1+\dot{U}_2=100\angle 45°\text{V}+100\angle 135°\text{V}$

$=(100\cos45°+j100\sin45°)\text{V}+(100\cos135°+j100\sin135°)\text{V}$

$=(50\sqrt{2}+j50\sqrt{2})\text{V}+(-50\sqrt{2}+j50\sqrt{2})\text{V}=j100\sqrt{2}\text{V}=100\sqrt{2}\angle 90°\text{V}$

所以 $u=u_1+u_2=\sqrt{2}\times100\sqrt{2}\sin(314t+90°)\text{V}=200\sin(314t+90°)\text{V}$

相量图如图 2.7 所示。

2.2 单一参数电路元件的交流电路

在交流电路中，只要有电流流动，电路就会对电流产生一定的阻碍作用，即有电阻作用。另外，因交流电不断变化，使其周围不断产生变化的磁场和电场，在变化的磁场作用下，线圈会产生感应电动势，即电路中有电感的作用。同时，变化的电场要引起电路中电荷分布的改变，即电路中有电容的作用。因此，在对交流电路进行分析计算时，必须同时考虑电阻 R、电感 L、电容 C 三个参数对电路的影响。由电阻、电感、电容单一参数电路元件组成的正弦交流电路，是最简单的交流电路。

2.2.1 电阻元件的正弦交流电路

白炽灯、电炉、电烙铁等负载都可看成是电阻元件，仅含有这类元件的电路就可以看成是纯电阻电路。

2.2.1.1 电压与电流的关系

图 2.8(a)是一个电阻元件的交流电路，设电阻中流过的正弦电流为：

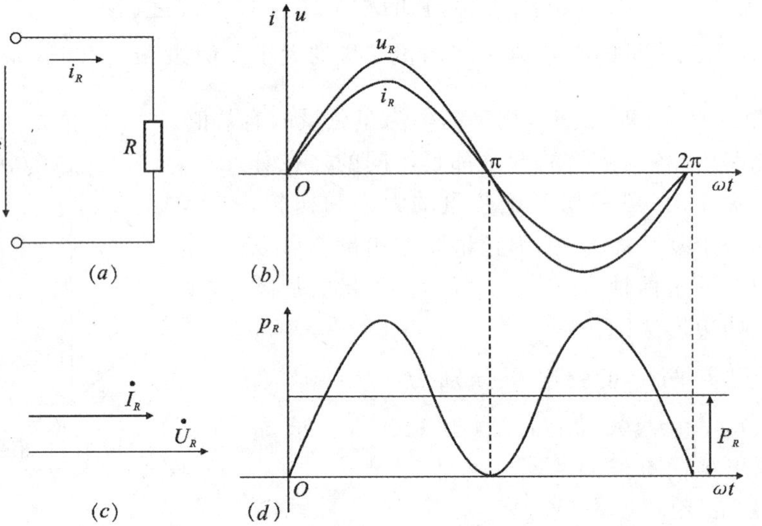

图 2.8 电阻元件的交流电路

(a)电路图；(b)u、i 波形图；(c)u、i 相量图；(d)功率波形图

$$i_R = \sqrt{2} I_R \sin\omega t \tag{2.12}$$

根据欧姆定律，电阻两端的电压为：

$$u_R = i_R \cdot R = \sqrt{2} R I_R \sin\omega t = \sqrt{2} U_R \sin\omega t \tag{2.13}$$

根据式(2.12)和式(2.13)画出波形图如图 2.8(b)所示，相量图如图 2.8(c)所示。并可分析出，电阻两端电压与流过其中电流的关系：

①电压和电流是同频率的正弦量。

②电压、电流有效值与最大值均满足欧姆定律，即 $U_R = I_R R$，$U_m = I_m R$。

③电压和电流的相位差为 $\varphi = \psi_u - \psi_i = 0$，即电压和电流同相位。

2.2.1.2　电阻电路的功率

(1)瞬时功率

电阻在任一瞬时消耗的功率称为瞬时功率。它等于任一瞬时电压和电流的乘积，表示为：

$$p_R = u_R \cdot i_R = \sqrt{2}U_R\sin\omega t \cdot \sqrt{2}I_R\sin\omega t = U_R I_R(1-\cos 2\omega t) \tag{2.14}$$

可见，瞬时功率是随时间变化的，变化曲线如图 2.8(d)所示。从曲线可以看出，$p_R \geqslant 0$，表明电阻在任一时刻都在向电源取用功率，起负载作用。

(2)平均功率(有功功率)

瞬时功率无实用意义，通常用一个周期内瞬时功率的平均值来表示功率的大小，称为平均功率或有功功率，用大写字母 P_R 表示。

$$P_R = \frac{1}{T}\int_0^T p_R \mathrm{d}t = \frac{1}{T}\int_0^T U_R I_R(1-\cos 2\omega t)\mathrm{d}t = U_R I_R = I_R^2 R = \frac{U_R^2}{R} \tag{2.15}$$

电阻元件实际消耗的电能等于平均功率乘以通电时间。

例 2.3　有一个 220V、100W 的白炽灯，接在 220V 的交流电源上，求通过白炽灯的电流和正常工作时的灯丝电阻。

解　通过白炽灯的电流为 $I=\frac{P}{U}=\frac{100}{220}\mathrm{A}=0.455\mathrm{A}$

正常工作时的灯丝电阻为 $R=\frac{U}{I}=\frac{220}{0.455}\Omega=484\Omega$

2.2.2　电感元件的正弦交流电路

电感元件在电工技术中应用很广泛，如变压器的线圈、电动机的绕组等。线圈中的导线是有电阻的，但当电阻相对电感很小时，就可以认为该线圈是纯电感线圈。

2.2.2.1　电压与电流的关系

图 2.9(a)为仅含有电感元件的交流电路。设电感中流过的正弦电流为：

$$i_L = \sqrt{2}I_L\sin\omega t \tag{2.16}$$

当电感线圈中通以交变的电流时，在线圈中产生交变的磁通，如果线圈为 N 匝，则总磁通(磁链)$\psi = N\phi = LI$ 也是交变的，而变化的磁链要产生感应电动势，根据电磁感应定律：

$$e_L = -\frac{\mathrm{d}\psi}{\mathrm{d}t} = -L\frac{\mathrm{d}i_L}{\mathrm{d}t}$$

则

$$u_L = -e_L = L\frac{\mathrm{d}i_L}{\mathrm{d}t} = \sqrt{2}\omega L I_L\cos\omega t = \sqrt{2}\omega L I_L\sin(\omega t + 90°) = \sqrt{2}U_L\sin(\omega t + 90°) \tag{2.17}$$

令

$$X_L = \omega L = 2\pi f L \tag{2.18}$$

则

$$U_L = X_L I_L \tag{2.19}$$

X_L 称为电感的电抗，简称感抗，单位为欧姆(Ω)。感抗是表征电感元件在交流电路中对电流的阻碍作用，与频率成正比，频率越高，感抗越大。在直流电路中，感抗为零相当于短路。

根据式(2.16)和式(2.17)画出波形图如图2.9(b)所示，相量图如图2.9(c)所示，并可分析出电感两端电压与流过其中电流的关系：

①电压和电流是同频率的正弦量。

②电压、电流有效值与最大值的关系为：$U_L = I_L X_L$，$U_m = I_m X_L$。

③电压和电流的相位差为 $\varphi = \psi_u - \psi_i = 90°$，即电压超前电流90°。

2.2.2.2　电感电路的功率

(1)瞬时功率

电感电路中的瞬时功率为：

$$p_L = u_L i_L = \sqrt{2} U_L \sin(\omega t + 90°) \cdot \sqrt{2} I_L \sin\omega t = U_L I_L \sin 2\omega t \quad (2.20)$$

可见，瞬时功率是随时间变化的。变化曲线如图2.9(d)所示：在第一个和第三个1/4周期内，$p_L > 0$，表明电感从电源吸收能量，并把电能转变为磁场能量储存于线圈的磁场中，此时线圈相当于负载；而在第二个和第四个1/4周期内，$p_L < 0$，表明磁场能量又被转变为电能返还给电源，故此时线圈相当于电源。由于在一个周期内电感吸收的能量和返还的能量相等，所以电感不消耗能量，只与电源间有电能的交换。

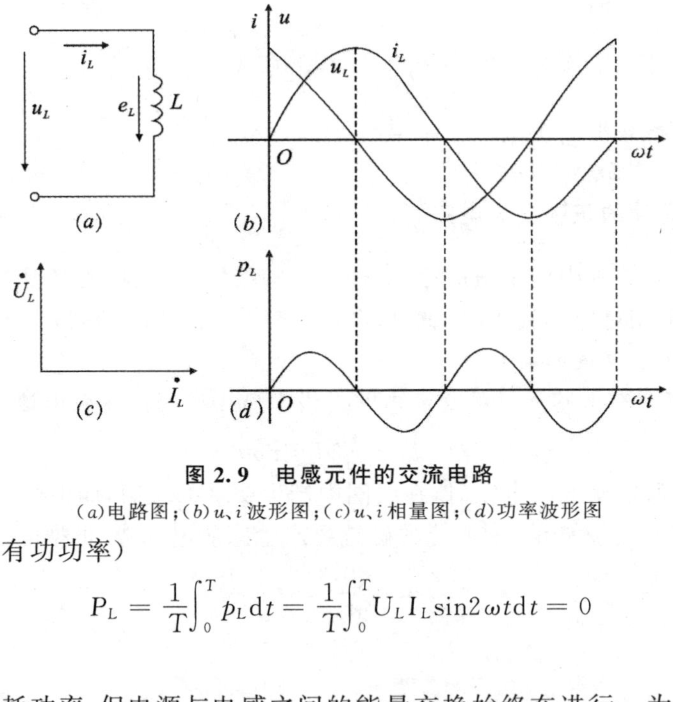

图2.9　电感元件的交流电路

(a)电路图；(b)u、i波形图；(c)u、i相量图；(d)功率波形图

(2)平均功率(有功功率)

$$P_L = \frac{1}{T}\int_0^T p_L \mathrm{d}t = \frac{1}{T}\int_0^T U_L I_L \sin 2\omega t \mathrm{d}t = 0 \quad (2.21)$$

(3)无功功率

虽然电感不消耗功率，但电源与电感之间的能量交换始终在进行。为了衡量能量交换情况，将瞬时功率的最大值定义为无功功率，用符号 Q_L 表示，即：

$$Q_L = U_L I_L = I_L^2 X_L = \frac{U_L^2}{X_L} \quad (2.22)$$

无功功率代表电感元件与外电路交换能量的最大速率，国际单位为乏(var)。

应当指出，“无功”不应理解为“无用”，而应理解为“交换而不消耗”。无功功率在工程上占有很重要的地位，具有电感性质的变压器、电动机等设备和电源之间必须要进行一定规模的能量交换才能工作。电感虽然不消耗功率，但与电源之间有能量的交换，电源要给电感提供电流。电感对电源来说仍是一种负载，要占用电源设备的容量。

例 2.4　已知一电感线圈其电感为 127mH，接于电压为 220V、频率为 50Hz 的交流电源上，求线圈的感抗 X_L、通过线圈的电流 I 及无功功率 Q_L。若把此线圈接于电压为 220V、频率为 1000Hz 的交流电源上，求线圈的感抗 X_L、通过线圈的电流 I 及无功功率 Q_L。

解　当 $f=50\text{Hz}$ 时：

线圈的感抗 $X_L=\omega L=2\pi fL=2\times3.14\times50\times127\times10^{-3}\Omega=40\Omega$

通过线圈的电流 $I=\dfrac{U}{X_L}=\dfrac{220}{40}\text{A}=5.5\text{A}$

无功功率 $Q_L=UI=220\times5.5\text{var}=1210\text{var}$

当 $f=1000\text{Hz}$ 时：

线圈的感抗 $X_L=\omega L=2\pi fL=2\times3.14\times1000\times127\times10^{-3}\Omega=800\Omega$

通过线圈的电流 $I=\dfrac{U}{X_L}=\dfrac{220}{800}\text{A}=0.275\text{A}$

无功功率 $Q_L=UI=220\times0.275\text{var}=60.5\text{var}$

2.2.3　电容元件的正弦交流电路

2.2.3.1　电压与电流的关系

电容元件的交流电路如图 2.10(*a*)所示。设加在电容两端的正弦电压为：

$$u_C=\sqrt{2}U_C\sin\omega t \tag{2.23}$$

在电源电压作用下，电容器的两个极板上聚集起等量异号的电荷 q，而

$$q=Cu_C=\sqrt{2}CU_C\sin\omega t$$

当电压交变时，电容器极板上的电荷量随着充放电过程增高或降低，由于极板上的电量的变化是通过电荷在电路中的移动来实现的，因此，纯电容电路在交流电压作用下，将通过交变电流。设在 dt 时间内，极板上的电荷变化量为 dq，此时电路中通过的电流瞬时值为：

$$i_C=\frac{dq}{dt}=C\frac{du_C}{dt}=\sqrt{2}\omega CU_C\cos\omega t=\sqrt{2}\frac{1}{X_C}U_C\sin(\omega t+90^\circ)=\sqrt{2}I_C\sin(\omega t+90^\circ) \tag{2.24}$$

令

$$X_C=\frac{1}{\omega C}=\frac{1}{2\pi fC} \tag{2.25}$$

则

$$U_C=I_CX_C \tag{2.26}$$

X_C 称为电容的电抗，简称容抗，单位为欧姆(Ω)。容抗是表征电容元件在交流电路中对电流的阻碍作用，与频率成反比，频率越高，容抗越小。所以在高频电路中，$f\to\infty$，电容相当于短路；而在直流电路中，$f=0$，电容可视为开路。

根据式(2.23)和式(2.24)画出波形图如图 2.10(*b*)所示，相量图如图 2.10(*c*)所示，并可分析出电容两端电压与流过其中电流的关系：

①电压和电流是同频率的正弦量。

②电压、电流有效值与最大值的关系为：$U_C=I_CX_C$，$U_m=I_mX_C$。

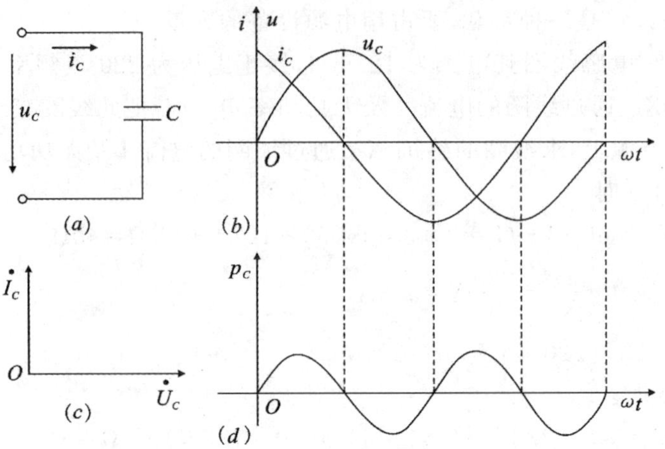

图 2.10　电容元件的交流电路

(*a*)电路图；(*b*)*u*、*i* 波形图；(*c*)*u*、*i* 相量图；(*d*)功率波形图

③电压和电流的相位差为 $\varphi=\psi_i-\psi_u=90°$，即电流超前电压 90°。

2.2.3.2　电容电路的功率

(1)瞬时功率

电容电路中的瞬时功率为：

$$p_C = u_C i_C = \sqrt{2}U_C\sin\omega t \cdot \sqrt{2}I_C\sin(\omega t+90°) = U_C I_C\sin 2\omega t \tag{2.27}$$

可见，瞬时功率是随时间变化的。变化曲线如图 2.10(*d*)所示：在第一个和第三个 1/4 周期内，$p_C>0$，表明电容从电源吸收能量，并把电能转变为电场能(充电)，此时电容相当于负载；而在第二个和第四个 1/4 周期内，$p_C<0$，电容释放能量(放电)，将电场能转变为电能返还电网，此时电容相当于电源。由于在一个周期内电容吸收的能量和返还的能量相等，所以电容不消耗能量，只与电源间有电能的交换。

(2)平均功率(有功功率)

$$P_C = \frac{1}{T}\int_0^T p_C dt = \frac{1}{T}\int_0^T U_C I_C\sin 2\omega t dt = 0 \tag{2.28}$$

(3)无功功率

与电感相似，虽然电容不消耗功率，但电源与电容之间的能量交换始终在进行。电容与电源功率交换的最大值也称为无功功率，用 Q_C 表示，即：

$$Q_C = U_C I_C = I_C^2 X_C = \frac{U_C^2}{X_C} \tag{2.29}$$

例 2.5　将 4.5μF 的电容器接于电压为 220V、频率为 50Hz 的交流电源上，求电容器的容抗 X_C、通过电容器的电流 I 及无功功率 Q_C。若把此电容器接于电压为 220V、频率为 1000Hz 的交流电源上，求电容器的容抗 X_C、通过电容器的电流 I 及无功功率 Q_C。

解　当 $f=50\text{Hz}$ 时：

电容器的容抗 $X_C=\frac{1}{\omega C}=\frac{1}{2\pi fC}=\frac{1}{2\times 3.14\times 50\times 4.5\times 10^{-6}}\Omega=708\Omega$

通过电容器的电流 $I=\frac{U}{X_C}=\frac{220}{708}\text{A}=0.31\text{A}$

无功功率 $Q_C=UI=220\times 0.31\text{var}=68.2\text{var}$

当 $f=1000\text{Hz}$ 时：

电容器的容抗 $X_C=\dfrac{1}{\omega C}=\dfrac{1}{2\pi fC}=\dfrac{1}{2\times3.14\times1000\times4.5\times10^{-6}}\Omega=35.4\Omega$

通过电容器的电流 $I=\dfrac{U}{X_C}=\dfrac{220}{35.4}\text{A}=6.2\text{A}$

无功功率 $Q_C=UI=220\times6.2\text{var}=1364\text{var}$

2.3　正弦交流电路的分析

2.3.1　电阻、电感、电容串联的交流电路

由电阻、电感、电容元件串联组成的电路称为 R、L、C 串联电路，如图 2.11 所示。它是正弦交流电路中的典型电路。单一参数电路，R、L 串联电路及 R、C 串联电路都可看成是它的特例。

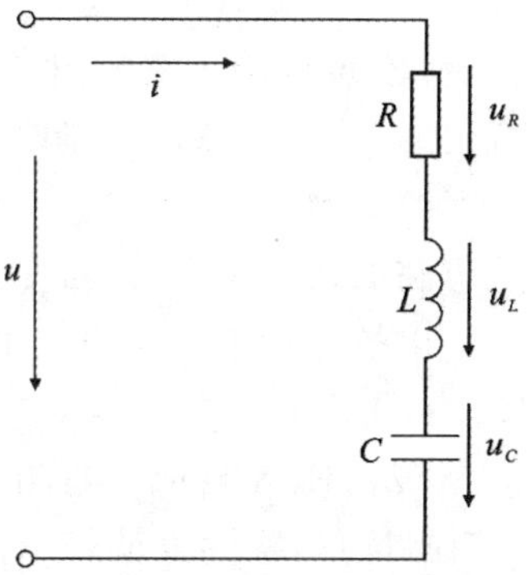

图 2.11　R、L、C 串联电路

2.3.1.1　电压、电流瞬时值及电路相量图

在图 2.11 所示 R、L、C 串联电路中，设流过电流 $i=\sqrt{2}I\sin\omega t$，则电阻 R 上的电压瞬时值为：

$$u_R=\sqrt{2}IR\sin\omega t=\sqrt{2}U_R\sin\omega t$$

电感 L 上的电压瞬时值为：

$$u_L=\sqrt{2}IX_L\sin(\omega t+\frac{\pi}{2})=\sqrt{2}U_L\sin(\omega t+\frac{\pi}{2})$$

电容 C 上的电压瞬时值为：

$$u_C=\sqrt{2}IX_C\sin(\omega t-\frac{\pi}{2})=\sqrt{2}U_C\sin(\omega t-\frac{\pi}{2})$$

总电压瞬时值为 $u=u_R+u_L+u_C$。用相量表示为 $\dot{U}=\dot{U}_R+\dot{U}_L+\dot{U}_C$。假设 $X_L>X_C$，画出该电路电流和各段电压的相量图，如图 2.12(*a*)所示。$X_L<X_C$ 时，如图 2.12(*b*)所示；$X_L=X_C$ 时，如图 2.12(*c*)所示。

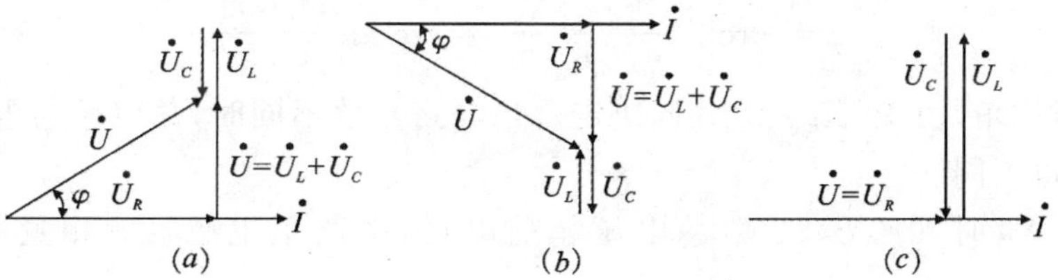

图 2.12　R、L、C 串联电路相量图

(*a*) $X_L>X_C$；(*b*) $X_L<X_C$；(*c*) $X_L=X_C$

2.3.1.2　电压有效值、电压三角形

从电压相量图可以看出，电阻上的电压相量、电感上的电压相量与电容上的电压相量之和、总电压相量，恰好组成一个直角三角形。从电压三角形可求出总电压有效值为：

$$U=\sqrt{U_R^2+(U_L-U_C)^2}=\sqrt{(IR)^2+(IX_L-IX_C)^2}=I\sqrt{R^2+(X_L-X_C)^2}\tag{2.30}$$

2.3.1.3 复阻抗、阻抗、阻抗三角形及复导纳

R、L、C串联电路可以用一个二端阻抗元件来表示，符号与电阻元件的符号相同，参数用复阻抗 Z 表示，是一个计算用的复数，但不是相量，不代表正弦量。复阻抗也可简称为阻抗，单位是欧姆(Ω)。所谓复阻抗 Z 就是指元件两端电压相量与流过元件的电流相量之比，即：

$$Z = \frac{\dot{U}}{\dot{I}} = R + j(X_L - X_C) = R + jX = |Z| \angle \varphi \tag{2.31}$$

式中 $|Z|$ 是复阻抗的模，为：

$$|Z| = \sqrt{R^2 + X^2} = \sqrt{R^2 + (X_L - X_C)^2} \tag{2.32}$$

则

$$U = I|Z| \tag{2.33}$$

$|Z|$ 也称为电路的阻抗，它表示 R、L、C 串联电路对电流的阻碍作用，单位是欧姆(Ω)。阻抗 $|Z|$ 的实部 R 称为电阻，虚部 $X_L - X_C$ 称为电抗，单位也是欧姆(Ω)，用 X 表示，即：

$$X = X_L - X_C \tag{2.34}$$

从电路的构成来看，阻抗是由电阻和电抗串联组成。

电抗上的电压叫电抗电压，用 U_X 表示，即：

$$U_X = I(X_L - X_C) = U_L - U_C \tag{2.35}$$

$|Z|$、R、X 构成一直角三角形，如图 2.13(a)所示，称为阻抗三角形。$|Z|$ 与 R 之间的夹角 φ 叫阻抗角，实际上就是 R、L、C 串联电路中总电压 u 与电流 i 的相位差。

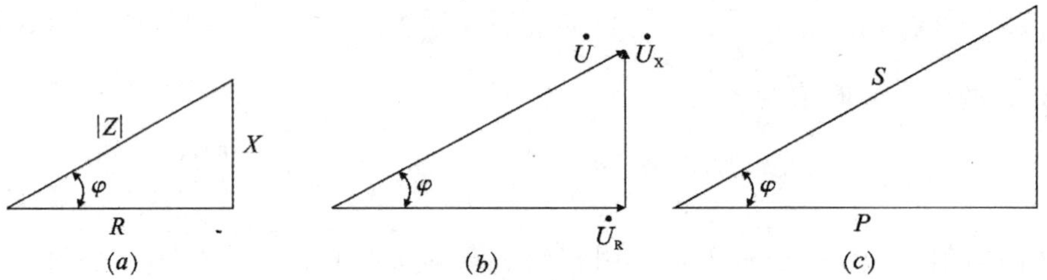

图 2.13 阻抗、电压、功率三角形

(a)阻抗三角形；(b)电压三角形；(c)功率三角形

$$\varphi = \arctan\frac{X_L - X_C}{R} = \arctan\frac{U_L - U_C}{U_R} \tag{2.36}$$

相位差(阻抗角)由 R、X_L、X_C 共同决定。当电路参数不同时，总电压与电流的关系不同，故电路的性质也不同。

①当 $X_L > X_C$ 时，$0 < \varphi < 90°$，总电压超前电流，电路呈电感性。相量图如图 2.12(a)所示。

②当 $X_L < X_C$ 时，$-90° < \varphi < 0$，总电压滞后电流，电路呈电容性。相量图如图 2.12(b)所示。

③当 $X_L = X_C$ 时，$Z = R$，$\varphi = 0$，总电压与电流同相位，电路呈电阻性，这时电路称为谐振电路。相量图如图 2.12(c)所示。

复阻抗 Z 的倒数定义为复导纳，简称导纳，用符号 Y 表示，即：

$$Y = \frac{1}{Z} = \frac{\dot{I}}{\dot{U}} = G + jB \tag{2.37}$$

导纳的单位为西(门子)(S),实部 G 称为电导,虚部 B 称为电纳。从电路的构成来看,导纳是由电导和电纳并联组成,可以用一个二端导纳元件来表示,符号与电阻元件的符号相同,参数用复导纳 Y 表示。阻抗串、并联电路的计算在形式上与电阻的串、并联电路相似。对于有 n 个阻抗串联的电路,其等效阻抗为:

$$Z = Z_1 + Z_2 + \cdots + Z_n = \sum_{k=1}^{n} Z_k \tag{2.38}$$

各串联阻抗流过相同的电流相量,串联支路的总电压相量等于各串联阻抗的电压相量之和,各个阻抗上的电压为:

$$\dot{U}_k = \frac{Z_k}{Z}\dot{U} = \frac{Z_k}{Z_1 + Z_2 + \cdots + Z_k}\dot{U} \tag{2.39}$$

式中　$\dot{U}$——串联阻抗的总电压;

$\dot{U}_k$——第 k 个阻抗 Z_k 上的电压。

同理,对于 n 个导纳并联的电路,其等效导纳为:

$$Y = Y_1 + Y_2 + \cdots + Y_n = \sum_{k=1}^{n} Y_k \tag{2.40}$$

各并联导纳具有相同的电压相量,并联支路的总电流相量等于各并联导纳的电流相量之和,各个导纳上的电流为:

$$\dot{I}_k = \frac{Y_k}{Y}\dot{I} = \frac{Y_k}{Y_1 + Y_2 + \cdots + Y_k}\dot{I} \tag{2.41}$$

式中　$\dot{I}$——并联导纳的总电流;

$\dot{I}_k$——第 k 个导纳 Y_k 上的电流。

2.3.1.4　功率、功率三角形

(1)有功功率

在 R、L、C 串联电路中,只有电阻元件消耗功率,电感、电容元件不消耗功率,所以,整个电路的有功功率,实际上就是电阻元件上的功率。

$$P = P_R = U_R I$$

由电压三角形可知,$U_R = U\cos\varphi$,所以

$$P = UI\cos\varphi \tag{2.42}$$

其中 φ 为总电压与电流的相位差,$\cos\varphi$ 称为功率因数,因此 φ 又称为功率因数角。功率因数是表征交流电路状况的重要数据之一,其大小完全由负载的性质决定。

(2)无功功率

在 R、L、C 串联电路中,电感和电容上只有无功功率,其值为 $Q_L = U_L I$,$Q_C = U_C I$。由于 U_L 和 U_C 的相位相反,因而 Q_L 和 Q_C 的特性不同,在同一电路中两者互相抵消,因此电路总的无功功率为:

$$Q = Q_L - Q_C = (U_L - U_C)I$$

交流电路中的无功功率表示负载与电源相互交换能量的速率。Q_L 与 Q_C 相互抵消的物理概念是，在一段时间内，电感释放的能量有一部分被电容所吸收，与电源交换的能量就减小了；而在另一段时间内，电感吸收的能量，电源只需提供一部分，另一部分则由电容放电得到。

由电压三角形，可知 $U_L-U_C=U\sin\varphi$，所以

$$Q=UI\sin\varphi \tag{2.43}$$

(3)视在功率

在正弦交流电路中，把电压 U 与电流 I 有效值的乘积定义为视在功率，用 S 表示，即：

$$S=UI \tag{2.44}$$

视在功率表示在电压 U 和电流 I 的作用下，电源可能提供的或负载可能获得的最大功率，单位为伏安(V·A)。

由式(2.42)～式(2.44)可以得到：

$$S=\sqrt{P^2+Q^2} \tag{2.45}$$

P、Q、S 三者之间也构成了一个直角三角形，称为功率三角形，如图 2.13(c)所示。它与阻抗三角形[图 2.13(a)]、电压三角形[图 2.13(b)]同为相似三角形。因此，功率因数可从上述三个相似三角形的任何一个求得，即：

$$\cos\varphi=\frac{R}{Z}=\frac{U_R}{U}=\frac{P}{S} \tag{2.46}$$

电力系统中，用电设备的电功率或电流称为电力负荷。电力负荷的计算对正确选择各种电气设备和导线(电缆)等都是不可缺少的。在实际供配电设计中广泛采用需要系数法，计算公式为：

$$P_j=k_cP_N \tag{2.47}$$

$$Q_j=P_j\tan\varphi \tag{2.48}$$

$$S_j=\sqrt{P_j^2+Q_j^2} \tag{2.49}$$

$$I_j=\frac{S_j}{U_N} \tag{2.50}$$

式中 k_c——需要系数，是用电设备组(或用电单位)在最大负荷时需要的有功功率与其总的设备容量(备用设备的容量不计入)的比值，即：

$$k_c=\frac{P_j}{P_N} \tag{2.51}$$

该系数根据多年运行经验积累而得，并考虑了下述因素：同组用电设备中不是所有用电设备都在同时工作；同时工作的用电设备不可能全在满载状态下运行；设备组的平均效率；线路效率等。

P_N——用电设备组的额定容量之和，对电灯、电动机等设备，额定容量均用有功功率表示，W。

P_j——有功计算负荷，W。由于导体通过电流达到稳定温升的时间为(3～4)τ，τ 为发热时间常数，而截面 16mm^2 的导体的 τ 均在 10min 以上，也就是载流导体大约经 30min 后可达到稳定的温升值，因此通常取半小时平均最大负荷 P_{30}(亦即年最大负荷)作为计算负荷，即有功计算负荷 P_j。

Q_j——无功计算负荷，var。

S_j——视在计算负荷，V·A。

I_j——计算电流，A。

U_N——用电设备的额定电压，一般无特殊说明时是 220V。

例 2.6　如图 2.11 所示 R、L、C 串联电路，已知 $R=40\Omega$，$L=233\text{mH}$，$C=80\mu\text{F}$，电路两端交流电压 $u=311\sin314t\text{V}$，求：(1)电路的阻抗；(2)电流有效值；(3)各元件两端电压有效值；(4)电流、电压相量图；(5)电路的有功功率、无功功率、视在功率；(6)电路的性质。

解　由 $u=311\sin314t\text{V}$ 可得：$U_m=311\text{V}$，$\omega=314\text{rad/s}$。

(1)电路的感抗、容抗分别为：

$$X_L=\omega L=314\times233\times10^{-3}\Omega=73\Omega,\quad X_C=\frac{1}{\omega C}=\frac{1}{314\times80\times10^{-6}}\Omega=40\Omega$$

则电路中的阻抗为：$|Z|=\sqrt{R^2+(X_L-X_C)^2}=\sqrt{40^2+(73-40)^2}\Omega=52\Omega$

(2)电压有效值为：$U=\frac{U_m}{\sqrt{2}}=\frac{311}{\sqrt{2}}\text{V}=220\text{V}$

则电路中的电流有效值为：$I=\frac{U}{|Z|}=\frac{220}{52}\text{A}=4.2\text{A}$

(3)各元件两端电压有效值分别为：

$$U_R=IR=4.2\times40\text{V}=168\text{V}$$
$$U_L=IX_L=4.2\times73\text{V}=307\text{V}$$
$$U_C=IX_C=4.2\times40\text{V}=168\text{V}$$

(4)由于 $\dot{U}_R$ 与 $\dot{I}$ 同相，$\dot{U}_L$ 超前 $\dot{I}$ 90°，$\dot{U}_C$ 滞后 $\dot{I}$ 90°，得电流、电压相量图如图 2.14 所示。

(5)电路的有功功率、无功功率和视在功率分别为：

$$P=I^2R=4.2^2\times40\text{W}=705.6\text{W}$$
$$Q=I^2(X_L-X_C)=4.2^2\times(73-40)\text{var}=582.1\text{var}$$
$$S=UI=220\times4.2\text{V}\cdot\text{A}=924\text{V}\cdot\text{A}$$

(6)阻抗角的大小为：

$$\varphi=\arctan\frac{X_L-X_C}{R}=\arctan\frac{73-40}{40}=\arctan0.825=39.5^\circ$$

由于阻抗角 $\varphi>0$，电压超前电流，电路呈感性。

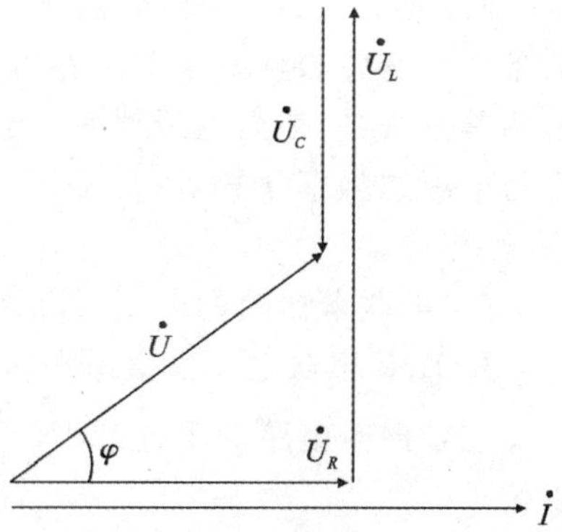

图 2.14　例 2.6 电流、电压相量图

例 2.7　某教室接有双管日光灯 7 盏，每盏 2×40W，$\cos\varphi_1=0.9$，$\tan\varphi_1=0.484$，镇流器损耗按额定容量的 20%计算；电风扇 4 台，每台 65W，$\cos\varphi_2=0.85$，$\tan\varphi_2=0.62$；插座 2 个，每个 100W，$\cos\varphi_3=1$，已知 $k_c=1$，试计算负荷。

解　日光灯的有功计算负荷：$P_{j1}=k_cP_{a1}=7\times2\times40\times(1+0.2)\text{W}=672\text{W}$

日光灯的无功计算负荷：$Q_{j1}=P_{j1}\tan\varphi_1=672\times0.484\text{var}=325.2\text{var}$

电风扇的有功计算负荷：$P_{j2}=k_cP_{a2}=4\times65\text{W}=260\text{W}$

电风扇的无功计算负荷：$Q_{j2}=P_{j2}\tan\varphi_2=260\times0.62\text{var}=161.2\text{var}$

插座的有功计算负荷：$P_{j3}=k_cP_{a3}=2\times100\text{W}=200\text{W}$

插座的无功计算负荷：$Q_{j3}=0$

总的有功计算负荷：$P_j=P_{j1}+P_{j2}+P_{j3}=(672+260+200)\text{W}=1132\text{W}$

总的无功计算负荷：$Q_j=Q_{j1}+Q_{j2}+Q_{j3}=(325.2+161.2+0)\text{var}=486.4\text{var}$

总的视在计算负荷：$S_j=\sqrt{P_j^2+Q_j^2}=\sqrt{1132^2+486.4^2}\text{V}\cdot\text{A}=1232.1\text{V}\cdot\text{A}$

总的计算电流：$I_j=\dfrac{S_j}{U_N}=\dfrac{1232.1}{220}\text{A}=5.6\text{A}$

2.3.1.5　串联谐振

如前所述，在 R、L、C 串联电路中，当 $X_L=X_C$ 时，$\varphi=0°$，总电压与电流同相位，此时电路呈电阻性质，这种现象称为谐振。由于谐振发生在串联电路中，故又称为串联谐振。

(1)谐振条件和谐振频率

串联谐振的条件为：

$$X_L = X_C \text{ 或 } \omega L = \frac{1}{\omega C}$$

通常将谐振时的角频率和频率分别叫作谐振角频率和谐振频率，用 ω_0、f_0 表示，则有 $\omega_0 L=\dfrac{1}{\omega_0 C}$或 $2\pi f_0 L=\dfrac{1}{2\pi f_0 C}$，所以谐振角频率为：

$$\omega_0 = \frac{1}{\sqrt{LC}} \tag{2.52}$$

谐振频率为：

$$f_0 = \frac{1}{2\pi\sqrt{LC}} \tag{2.53}$$

根据式(2.52)和式(2.53)，可以得到两个结论：一是谐振频率 f_0 仅由电路参数 L 和 C 决定，当参数 L、C 一定时，谐振频率 f_0 一定，故 f_0 又称为电路的固有频率；二是发生串联谐振的条件是电源的频率 f 与电路本身的固有频率 f_0 相等。因此，使 R、L、C 串联电路发生谐振有两种方法：一是当电源频率一定时，改变电路参数 L 或 C 值，以改变电路的固有频率 f_0，使之与电源的频率 f 相等；二是当电路参数 L、C 一定时，改变电源频率 f，使之与电路的固有频率 f_0 相等。

(2)串联谐振时的电路特点

R、L、C 串联电路发生谐振时，具有以下特征：

①谐振时电路的阻抗最小，且等效为纯电阻，即 $|Z_0|=\sqrt{R^2+(X_L-X_C)^2}=R$，称为谐振阻抗。

②外加电压一定时，谐振时电路电流最大，$I_0=\dfrac{U}{|Z_0|}=\dfrac{U}{R}$，称为谐振电流，且电压与电流同相，即 $\varphi=\arctan\dfrac{X_L-X_C}{R}=0$。

③谐振时，电感上电压与电容上电压大小相等，相位相反，互相抵消，故有 $U=U_R=I_0R$。而电感和电容上电压分别为：

$$U_L = I_0 X_L = \frac{X_L}{R}U = \frac{\omega_0 L}{R}U = QU$$

$$U_C = I_0 X_C = \frac{X_C}{R}U = \frac{1}{\omega_0 RC}U = QU$$

式中 $Q=\frac{\omega_0 L}{R}=\frac{1}{\omega_0 RC}$称为谐振电路的品质因数。在实际串联谐振电路中，一般电阻都比感抗和容抗小很多，所以，品质因数都比较大，一般在几十到几百之间。电感、电容上的电压将比总电压高很多倍，所以串联谐振又称为电压谐振。

④谐振时，电感上的无功功率和电容上的无功功率互相交换，电源与电路之间没有能量交换，无功功率为零，即 $Q=Q_L-Q_C=0$，电源供给的能量仅为电阻消耗的能量。

电压谐振所产生的高压在电信工程上是十分有利的，因为外来的无线电信号非常微弱，通过电压谐振可把信号电压提高几十倍甚至几百倍，并实现对接收信号的选择。但电压谐振也有其不利的一面，例如，在电力工程上有时会把电容器和电感线圈的绝缘击穿，造成设备损坏。因此在电力工程上应尽量避免。

2.3.2　电阻、电感串联与电容并联的交流电路

2.3.2.1　电压与电流之间的关系

图 2.15 为 R、L 串联与 C 并联电路，当给电路加上正弦电压 u 时，在两支路中将产生电流 i_1 和 i_C。设各参数为已知，则电感性支路中电流的有效值为：

$$I_1=\frac{U}{|Z_1|}=\frac{U}{\sqrt{R^2+X_L^2}}$$

由于该支路为电感性质，故电流 i_1 滞后于总电压 u 的相位为：

$$\varphi_1=\arctan\frac{X_L}{R}$$

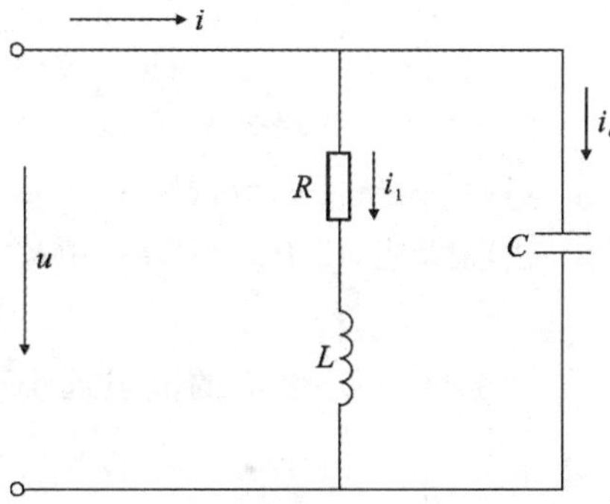

图 2.15　R、L 串联与 C 并联电路

电容支路中电流的有效值为：

$$I_C=\frac{U}{X_C}$$

电流 i_C 超前于总电压 u 的相位为：

$$\varphi_2=90°$$

电路总电流为 $i=i_1+i_C$，用相量式表示为 $\dot{I}=\dot{I}_1+\dot{I}_C$，画出该电路电压和各支路电流的相量图，如图 2.16 所示。

感性负载中的电流 $\dot{I}_1$ 可以分解为两个分量，其中与电压同相的 $\dot{I}_{1r}$称为有功分量；另一个滞后于电压 90°相位的 $\dot{I}_{1a}$称为无功分量。它们的大小分别为 $I_{1r}=I_1\cos\varphi_1$，$I_{1a}=I_1\sin\varphi_1$。

根据相量图，可求出总电流的有效值为：

$$I=\sqrt{I_{1r}^2+(I_{1a}-I_C)^2}=\sqrt{(I_1\cos\varphi_1)^2+(I_1\sin\varphi_1-I_C)^2}$$

电压与总电流之间的相位差为：

$$\varphi=\arctan\frac{I_{1a}-I_C}{I_{1r}}$$

由上式可知，整个电路的性质由 I_{1a}和 I_C 的差值决定。当 $I_C<I_{1a}$时，总电流 i 滞后于电压 u，电路呈电感性，如图 2.16(a)所示；当 $I_C>I_{1a}$时，总电流 i 超前于电压 u，电路呈电容性，如

图 2.16(*b*)所示；当 $I_C = I_{1a}$时，总电流 i 与电压 u 同相位，电路呈电阻性，这种现象称为并联谐振，如图 2.16(*c*)所示。

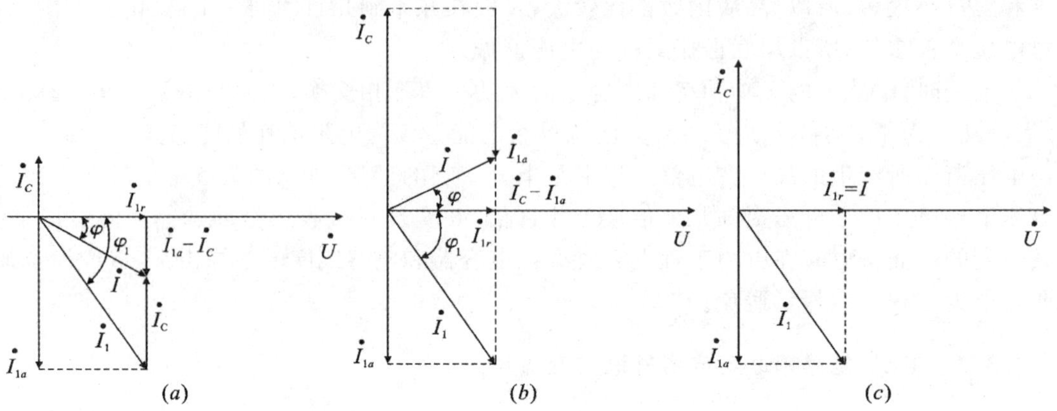

图 2.16 R、L 串联与 C 并联的相量图

(*a*) $\dot{I}_C < \dot{I}_{1a}$；(*b*) $\dot{I}_C > \dot{I}_{1a}$；(*c*) $\dot{I}_C = \dot{I}_{1a}$

2.3.2.2 并联谐振

(1)谐振条件和谐振频率

由前所述，R、L 串联与 C 并联电路产生谐振的条件是：

$$I_C = I_{1a} \tag{2.54}$$

一般情况下，线圈的电阻远小于它的感抗，可证明，并联谐振的频率 f_0 为：

$$f_0 = \frac{1}{2\pi}\sqrt{\frac{1}{LC} - \frac{R^2}{L^2}} \approx \frac{1}{2\pi\sqrt{LC}} \tag{2.55}$$

(2)并联谐振时的电路特点

R、L 串联与 C 并联电路发生并联谐振时具有以下特点：

①谐振时电路的阻抗最大，$|Z_0| = \dfrac{R^2 + X_L^2}{R}$。

②谐振时电路总电流最小。线圈支路、电容支路的电流可以比总电流大很多倍，所以并联谐振又称为电流谐振。

③谐振时电路总的无功功率为零。

同串联谐振一样，并联谐振在电子线路中应用较多，如收音机和电视接收机中的“中频选频电路”就是并联谐振电路。

2.3.2.3 电路的功率

(1)有功功率

在 R、L 串联与 C 并联的电路中，只有电阻消耗电能，因此电路的有功功率为：

$$P = UI_1\cos\varphi_1 = UI_{1r} = UI\cos\varphi$$

(2)无功功率

由于 Q_L、Q_C 的特性不同，在同一电路中两者互相抵消，因此电路总的无功功率为：

$$Q = Q_L - Q_C = U(I_{1a} - I_C) = UI\sin\varphi$$

(3)视在功率

电路的视在功率为：

$$S=\sqrt{P^2+Q^2}=UI$$

上述公式对于一般正弦交流电路具有普遍的适用性。但在计算时应注意，U、I 是电路的总电压、总电流的有效值，φ 为它们的相位差角。

如果已知交流电路中各支路的有功功率和无功功率，则总的有功功率为各支路有功功率之和；而总的无功功率等于各支路无功功率的代数和，因为电感性无功功率和电容性无功功率符号相反，两者相互补偿。

2.3.2.4　功率因数的提高

(1)功率因数提高的意义

在建筑工程中许多电气设备，如电动机、电磁铁、变压器等，及日常照明用的日光灯等，都是电感性负载。因此功率因数一般都不高，这对电源设备的利用和电能的利用是非常不利的。

①对于某一额定容量的电源设备来说，它能发出的有功功率 $P=U_NI_N\cos\varphi=S_N\cos\varphi$，显然，功率因数越低，该电源设备所发出的有功功率越小，电源设备的利用率越低。

②当负载有功功率和电源电压一定时，功率因数越低，则线路上的电流 $I=\dfrac{P}{U\cos\varphi}$ 越大，线路上的功率损耗也越大。

因此，功率因数的高低是关系到电源设备能否被充分利用、输电效率能否被提高的问题，具有重要的实际意义。我国有关规程规定：高压供电的用电单位，最大负荷时的功率因数不得低于 0.9；低压供电的用电单位，最大负荷时的功率因数不得低于 0.85。如果达不到上述要求，则必须进行无功补偿。

(2)提高功率因数的方法

由图 2.16(*a*)得出，当在 *R*、*L* 串联电路两端并联适当的电容 *C* 时，由于 $\dot{I}_{1a}$ 与 $\dot{I}_C$ 相位相反，两者相互补偿，使总电流减小，I 小于 *R*、*L* 串联电路中的电流 I_1。同时总电流与电压的相位差角 φ 小于感性负载上的电流与电压的相位差角 φ_1，因此 $\cos\varphi>\cos\varphi_1$，即提高了电路的功率因数。

通常采用并联电力电容的方法来提高电路的功率因数，需并联多大电容则要经过计算才能确定。

如图 2.15 所示，电容支路电流为：

$$I_C=I_1\sin\varphi_1-I\sin\varphi=\frac{P}{U\cos\varphi_1}\sin\varphi_1-\frac{P}{U\cos\varphi}\sin\varphi=\frac{P}{U}(\tan\varphi_1-\tan\varphi)$$

由于

$$I_C=\frac{U}{X_C}=U\omega C$$

所以

$$U\omega C=\frac{P}{U}(\tan\varphi_1-\tan\varphi)$$

$$C=\frac{P}{\omega U^2}(\tan\varphi_1-\tan\varphi)\qquad(2.56)$$

则需补偿的无功功率为：

$$Q_C=\frac{U^2}{X_C}=U^2\omega C=P(\tan\varphi_1-\tan\varphi)\qquad(2.57)$$

例 2.8　有一盏日光灯，接于 220V、50Hz 交流电源上，已知其功率为 40W，$\cos\varphi_1=0.5$，$\tan\varphi_1=1.732$，若要把功率因数提高到 $\cos\varphi=0.9$，$\tan\varphi=0.484$，求需补偿的无功功率 Q_C。

解 $Q_C = P(\tan\varphi_1 - \tan\varphi) = 40\times(1.732-0.484)\text{var} = 49.92\text{var}$

小 结

正弦交流电是指随时间改变按正弦规律变化的电流、电压、电动势。最大值、频率和初相是确定一个正弦量的三要素。

正弦交流电的频率 f 与周期 T、角频率 ω 的关系为：$f=\frac{1}{T}$，$\omega=\frac{2\pi}{T}=2\pi f$；有效值与最大值的关系为：$I=\frac{I_m}{\sqrt{2}}$，$E=\frac{E_m}{\sqrt{2}}$，$U=\frac{U_m}{\sqrt{2}}$。只有相同频率的两个或两个以上的正弦量才能进行相位比较，相位差是两正弦量的初相之差。比较两正弦量的超前与滞后，规定取两相量间 $|\varphi|\leqslant\pi$ 的那个相位差角作为判断的依据。

两个同频率正弦量之和仍为频率相同的正弦量，其和的有效值及初相可通过相量相加的方法求得。

单一参数正弦交流电路中电压与电流的关系及功率见表 2.1。

表 2.1 单一参数正弦交流电路中各量关系

电　　路	纯电阻电路	纯电感电路	纯电容电路
电压、电流有效值	$U_R = I_R R$	$U_L = I_L X_L$ $X_L = \omega L = 2\pi f L$	$U_C = I_C X_C$ $X_C = \frac{1}{\omega C} = \frac{1}{2\pi f C}$
相位关系	电压与电流同相	电压超前于电流 90°	电压滞后于电流 90°
有功功率	$P_R = U_R I_R = I_R^2 R = \frac{U_R^2}{R}$	0	0
无功功率	0	$Q_L = U_L I_L = I_L^2 X_L = \frac{U_L^2}{X_L}$	$Q_C = U_C I_C = I_C^2 X_C = \frac{U_C^2}{X_C}$

R、L、C 串联电路是正弦交流电路中的典型电路。单一参数电路，R、L 串联电路及 R、C 串联电路都可看成是它的特例。电路的阻抗可用阻抗三角形表征，电路的电流可由公式 $I=U/Z$[其中 $|Z|=\sqrt{R^2+(X_L-X_C)^2}$]来计算，电路的功率可由公式 $P=UI\cos\varphi$，$Q=UI\sin\varphi$，$S=\sqrt{P^2+Q^2}=UI$ 来计算。

电路的功率因数 $\cos\varphi$ 是一个很重要的参数。对于电压 U 和功率 P 一定的电感性负载，其功率因数 $\cos\varphi$ 越低，则工作电流越大。这将使电源设备的容量得不到充分利用，并使供电线路的能耗增加，效率降低。因此，对电感性负载常采用并联电容的方法来提高电路的功率因数。

当 R、L、C 串联或 R、L 串联与 C 并联的交流电路对外呈现电阻性时，电路被称为发生了串联谐振或并联谐振。发生谐振的条件是端口的电压相量 $\dot{U}$ 与电流相量 $\dot{I}$ 同相位。谐振时角频率为 $\omega_0=\frac{1}{\sqrt{LC}}$。

思考题与习题

2.1 什么是正弦交流电？正弦交流电的三要素是什么？

2.2 让10A的直流电流，及有效值为10A和最大值为10A的正弦交流电流，分别通过阻值相同的电阻，在一个周期的时间内，试问哪种情况下的发热量大？

2.3 说明 i_1 比 i_2 滞后30°相位的意义。

2.4 为什么可以用一个相量表示一个正弦量？是如何表示的？

2.5 两个不同频率的正弦量能用相量相加吗？为什么？

2.6 电感和电容在直流电路中可以做何处理？

2.7 为什么电感电压超前电流90°，而电容电压滞后电流90°？

2.8 为什么电感和电容不消耗电能？

2.9 无功功率的含义是什么？它与有功功率的区别在哪里？

2.10 R、L、C串联电路中的电压三角形、阻抗三角形和功率三角形有何关系？

2.11 电路中为什么会产生谐振现象？

2.12 在感性负载电路中适当串接电容器，能否提高电路的功率因数？为什么在工程上不采用这种方法？

2.13 已知某正弦电压 $u=310\sin(314t-20°)$V，试指出其周期、频率、角频率、最大值、有效值、初相位各为多少。

2.14 已知 $i_1=10\sqrt{2}\sin(314t-10°)$A，$i_2=20\sqrt{2}\sin(314t+50°)$A。(1)说明它们的相位关系；(2)用相量求它们之间的和。

2.15 有一个220V、200W的电炉，接在220V的交流电源上，求：(1)电炉的电阻R；(2)通过电炉的电流I；(3)设电炉每天使用两个小时，每月(按30天算)消耗的电能W是多少度？

2.16 已知 $L=1.59$H，接于 $u=220\sqrt{2}\sin314t$V 的交流电源上，求感抗 X_L、电流 i 和无功功率 Q。

2.17 已知 $C=3.18\mu$F，接于 $u=220\sqrt{2}\sin314t$V 的交流电源上，求容抗 X_C、电流 i 和无功功率 Q。

2.18 将一日光灯接于 $u=220\sqrt{2}\sin314t$V 交流电源上，已知其电阻为403Ω，镇流器的电感为2.22H，求：(1)电路的阻抗；(2)电流有效值；(3)电阻电压和电感电压；(4)电流、电压相量图；(5)功率因数、有功功率、无功功率、视在功率。

2.19 已知某办公楼一楼的单相交流电路，接有日光灯15盏，每盏40W，$\cos\varphi_1=0.5$，$\tan\varphi_1=1.732$，镇流器损耗按额定容量的20%计算，插座8个，每个100W，$\cos\varphi_2=1$，已知 $k_c=0.8$，试计算负荷。

2.20 已知某建筑一楼的单相交流电路，接有双管日光灯12盏，每盏2×40W，$\cos\varphi_1=0.9$，$\tan\varphi_1=0.484$，镇流器损耗按额定容量的20%计算，白炽灯15盏，每盏60W，$\cos\varphi_2=1$，插座7个，每个100W，$\cos\varphi_3=1$，已知 $k_c=0.8$，试计算负荷。

2.21 有一R、L、C串联电路，已知外加电源电压 $U=220$V，频率 $f=50$Hz，电路电阻 $R=1\Omega$，品质因数 $Q=60$，电路处于串联谐振状态。求电路中的电流 I、U_L、U_C、L、C和电路的总阻抗。

2.22 有一台65W电风扇，接于220V、50Hz交流电源上，已知其功率因数 $\cos\varphi_1=0.85$，若要把功率因数提高到 $\cos\varphi=0.9$，求需并联的电容器的电容量。

实践与能力训练 单相交流电路功率因数的改善

(1)实验目的

①验证并联电路中总电流和各分电流的关系。

②了解提高功率因数的方法。

③通过实验数据理解提高功率因数的意义。

(2)实验仪器设备

交流电表 300mA 3 只,日光灯镇流器、灯管、灯座、启辉器及插座一套,电容器 1μF、2μF 各 1 个,单刀单掷开关 3 个。

(3)实验内容与步骤

①按图 2.17 连接电路,置 S_1、S_2、S_3 于断开状态。

②检查无误后,接入～220V 电源,接通 S_1,当日光灯发光时,读出电流表 P_1 的读数 I,P_2 的读数 I_C,P_3 的读数 I_L,分别记入表 2.2 中。

③分别读出 S_2、S_3 在表 2.2 中所示不同的组合状态下 P_1 的读数 I、P_2 的读数 I_C、P_3 的读数 I_L,分别记入表 2.2 相应的栏中。

表 2.2 测量结果

电流值 / 状态	I(mA)	I_L(mA)	I_C(mA)
S_2、S_3 均断			
S_2 闭、S_3 断			
S_2 断、S_3 闭			
S_2、S_3 均闭			

(4)实验报告要求

①总结并联电路中,总电流与各分电流的关系。

②作相量图。

③对比电容 C 加入前后 I 值的变化,并说明提高功率因数的意义和原理。

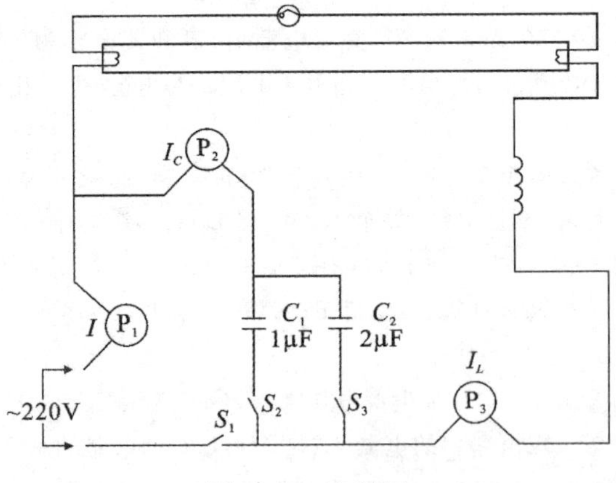

图 2.17 电路图

单元 3　三相交流电路

知识目标

三相对称电动势的特点；三相交流电源星形连接，三角形连接及相、线电压关系；三相负载星形连接，三角形连接及相、线电压和电流关系；三相交流电路的功率；三相交流电路分析计算方法。

技能目标

熟练掌握三相交流电路的分析、计算和实际运用。

在现代电力系统中，发电和输配电几乎都采用三相制。所谓三相制，是指由频率相同、幅值相等、相位互差120°的三个正弦电动势作为电源的供电体系。三相制比单相制在电能的产生、输送和应用上具有显著的优点：三相输电比单相输电节省有色金属材料，输电成本低；三相交流电机比单相交流电机性能好，经济效益高。

3.1　三相交流电源

3.1.1　三相对称电动势

三相交流电是由三相交流发电机产生的。图3.1(*a*)是一个三相交流发电机的原理示意图。它主要由两部分组成，里面旋转的部分称为转子，在转子的线圈中通以直流电流，则在空间产生一个按正弦规律分布的磁场；外面固定不动的部分称为定子，在定子的铁芯槽内分别嵌入三个结构完全相同的线圈 U_1-U_2、V_1-V_2、W_1-W_2，它们在空间的位置互差120°，称为三相定子绕组，U_1、V_1、W_1 称为三个绕组的始端，U_2、V_2、W_2 称为末端。当发动机拖动转子以角速度 ω 匀速旋转时，三相定子绕组就会切割磁感线而感生电动势。由于磁场按正弦规律分布，因此感应出的电动势为正弦电动势，而三相绕组结构相同，切割磁感线的速度相同，位置互差120°，因此三相绕组感应出的电动势幅值相等，频率相同，相位互差120°。这样的三相电动势称为对称三相电动势，设各相电动势方向为由末端指向始端，如图3.1(*b*)所示。以 e_U 为参考量，则三个电动势的瞬时值表达式为：

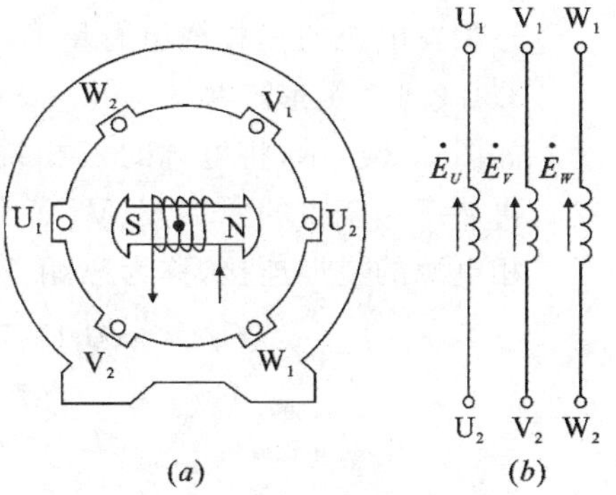

图3.1　三相交流发电机原理

(*a*)三相交流发电机原理示意图；

(*b*)三相电动势正方向

$$\left.\begin{aligned} e_U &= E_m \sin\omega t \\ e_V &= E_m \sin(\omega t - 120°) \\ e_W &= E_m \sin(\omega t - 240°) = E_m \sin(\omega t + 120°) \end{aligned}\right\} \quad (3.1)$$

波形图、相量图如图 3.2 所示。任一瞬时，对称的三相电动势之和为零，即 $e_U + e_V + e_W = 0$。

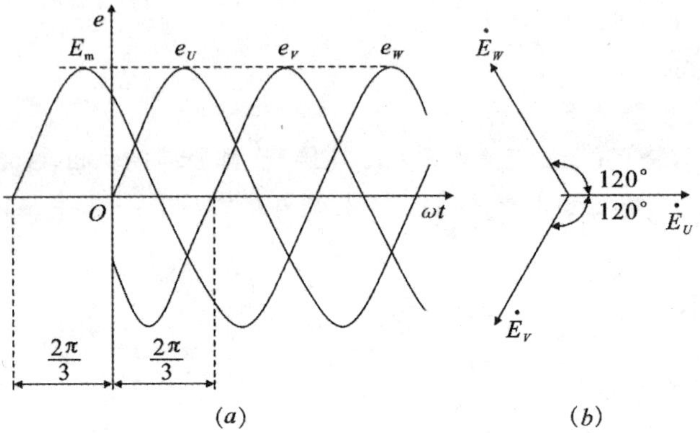

图 3.2 三相对称电动势的波形图和相量图

(a)波形图；(b)相量图

三相电源中三个电动势依次达到最大值（或零值）的先后次序称为三相电源的相序，式(3.1)表示的三相电源相序为 U—V—W—U，即 V 相滞后于 U 相，W 相滞后于 V 相，称之为正序。如果相序为 W—V—U—W，则称为逆序。工程上通用的是正序。

U 相是可以任意假定的，但 U 相一经确定，那么比 U 相滞后 120°的就是 V 相，比 U 相超前 120°的则是 W 相，这是不可混淆的。工业上通常在交流发电机引出线及配电装置的三相母线上涂上黄、绿、红三色，用以表示 U、V、W 三相。

3.1.2 三相电源的连接

三相发电机的三相绕组有星形(Y)和三角形(△)两种连接方式。

3.1.2.1 *星形连接*

如图 3.3 所示，将电源的三相绕组的末端连接在一起，形成一个节点 N 称为中性点（零点），再从三相绕组的始端 U、V、W 分别引出三根输出线，称为端线或相线（俗称火线），就构成了三相电源的星形连接，称为三相三线制。

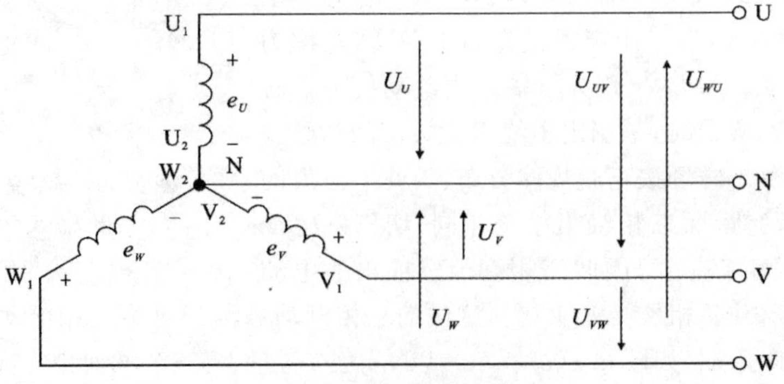

图 3.3 三相电源的星形连接

如果从中性点 N 也引出一根线，称为中线（或零线），与三根端线共同构成星形连接，则称为三相四线制。

每相绕组始端与末端间的电压，即端线与中线间的电压，称为相电压。若忽略发电机每相绕组内阻抗上的电压降，则有 $u_U = e_U$，$u_V = e_V$，$u_W = e_W$，其有效值分别用 U_U、U_V、U_W 表示。一般用 U_P 表示相电压。端线与端线间的电压称为线电压，其有效值分别用 U_{UV}、U_{VW}、U_{WU} 表示。一般用 U_L 表示线电压。

根据 KVL，可得线电压与相电压的关系为：

$$u_{UV} = u_U - u_V \qquad u_{VW} = u_V - u_W \qquad u_{WU} = u_W - u_U \tag{3.2}$$

用相量表示为：

$$\dot{U}_{UV} = \dot{U}_U - \dot{U}_V \qquad \dot{U}_{VW} = \dot{U}_V - \dot{U}_W \qquad \dot{U}_{WU} = \dot{U}_W - \dot{U}_U \tag{3.3}$$

相电压、线电压的相量图如图 3.4 所示。由于 e_U、e_V、e_W 是对称的，所以相电压、线电压也是对称的。线电压在相位上超前相应两个相电压中的先行相 30°，如 u_{UV} 超前 u_U 30°。线电压的有效值是相电压的有效值的 $\sqrt{3}$ 倍，记作：

$$U_L = \sqrt{3}U_P \tag{3.4}$$

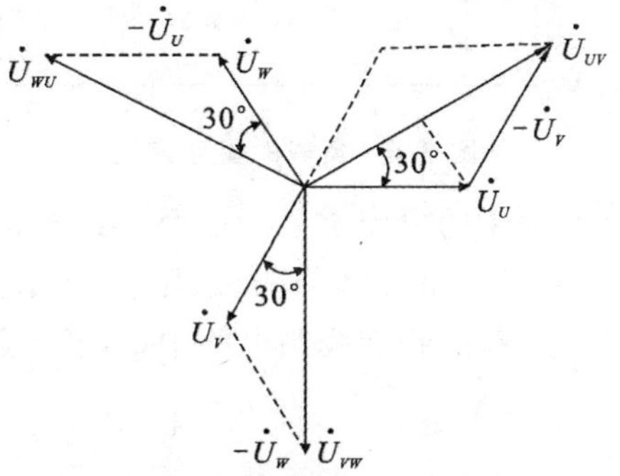

图 3.4　三相电源星形连接的相量图

可见，采用三相四线制，可供给用户两种不同的电压，这种连接常用于低压供电系统中，其相电压为 220V，线电压为 $220\sqrt{3}$V，即 380V，习惯上写成 380/220V。在三相供电线路中，电源的额定电压，一般都是指线电压的有效值。

3.1.2.2　三角形连接

如图 3.5 所示，将电源的三相绕组的始、末端依次相连接，再从三个连接点引出三根端线，这就是三相电源的三角形连接。

三相电源作三角形连接时，线电压等于相电压，即：

$$U_L = U_P \tag{3.5}$$

发电机绕组很少用三角形接法，但作为三相电源用的三相变压器绕组，星形和三角形两种接法都会用到。

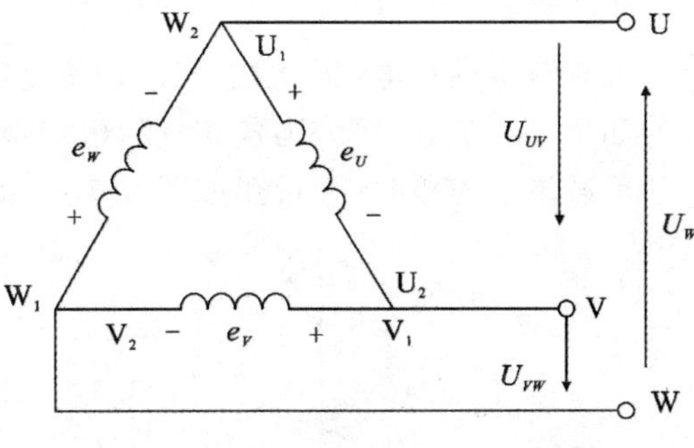

图 3.5　三相电源的三角形连接

3.2　三相负载的连接

交流电路中的用电设备可以分为两大类。一类是需接在三相电源上才能正常工作的三相用电设备，叫三相负载，如三相异步电动机，这类负载多为对称三相负载，即每相负载的阻抗值和阻抗角相等；另一类是只需接在单相电源上的单相用电设备，叫单相负载，如照明灯、电风扇等，它们可以按照需要接在三相电源的任一相电压或线电压上。由单相负载所组成的三相负载，由于各相负载的阻抗值和阻抗角都不一定相等，因此，一般是不对称的三相负载。

与三相电源一样，三相负载的连接方式也有星形(Y)和三角形(△)两种。

三相电源一般是对称的。负载接入电源时要遵循两个原则：电源电压应与负载的额定电压一致，全部负载要均匀地分配给三相电源。

3.2.1 三相负载的星形连接

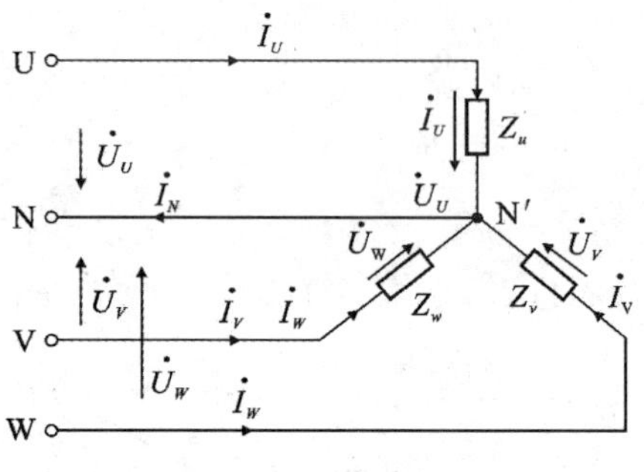

图 3.6 负载的星形连接

三相负载作星形连接时，如果负载不对称，一定要接成三相四线制，如图 3.6 所示。图中三相负载 Z_u、Z_v、Z_w 分别接于电源各端线与中线之间，三相负载的公共点用 N′表示，称为负载中点。N′与电源中点 N 的连线称为中线。

负载星形连接时，电路有以下基本关系：

①忽略中线阻抗($Z_N=0$)和端线阻抗($Z_L=0$)时，负载的相(线)电压等于电源的相(线)电压。

②流经各相负载的电流 i_u、i_v、i_w 称为相电流，每条端线中的电流 i_U、i_V、i_W 称为线电流，显然各线电流等于各相电流，若用 I_L 表示线电流有效值，I_P 表示相电流有效值，则：$I_L=I_P$。

③在三相四线制电路中，各相(线)电流有效值可由三个单相电路分别计算，即：

$$\left.\begin{aligned} I_U &= I_u = \frac{U_u}{|Z_u|} = \frac{U_P}{|Z_u|} = \frac{U_L}{\sqrt{3}\,|Z_u|} \\ I_V &= I_v = \frac{U_v}{|Z_v|} = \frac{U_P}{|Z_v|} = \frac{U_L}{\sqrt{3}\,|Z_v|} \\ I_W &= I_w = \frac{U_w}{|Z_w|} = \frac{U_P}{|Z_w|} = \frac{U_L}{\sqrt{3}\,|Z_w|} \end{aligned}\right\} \tag{3.6}$$

各相负载的相电压与相电流的相位差等于各相负载的阻抗角。

如果三相负载对称，则各相(线)电流也是对称的。因此只要计算其中一相即可。

负载星形连接时，相量图如图 3.7 所示。

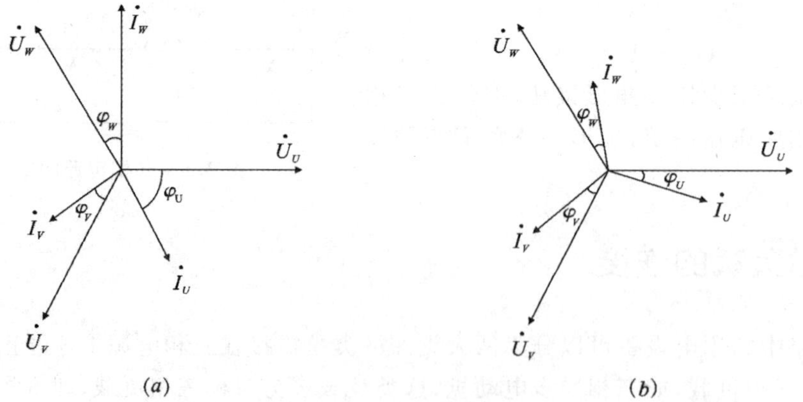

图 3.7 负载星形连接时的相量图

(a)负载不对称；(b)负载对称

④根据基尔霍夫电流定律，中线电流等于各线(相)电流的代数和，即：

$$i_N = i_U + i_V + i_W \tag{3.7}$$

如果三相负载对称，则 $i_N = i_U + i_V + i_W = 0$。由于中线无电流，故可将中线去掉，成为星形连接的三相三线制。三相三线制在工业生产中应用较多，如三相异步电动机均只用三根相线供电。

例 3.1　如图 3.8 所示的三相对称电源，$U_P = 220V$，将三盏额定电压 $U_N = 220V$ 的白炽灯分别接入 U、V、W 相，已知白炽灯的功率 $P_u = P_v = P = 60W$、$P_w = 200W$，求：(1)各相电流及中线电流；(2)分析 V 相断路后各灯工作情况；(3)分析 V 相断开，中线也断开时的各灯情况。

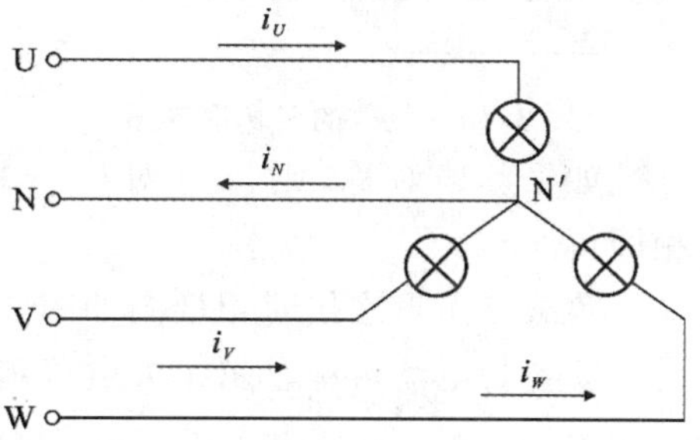

图 3.8　例 3.1 的图

解　(1)各相电流：$I_u = I_v = \frac{P}{U_P} = \frac{60}{220}A = 0.27A$，$I_w = \frac{P_w}{U_P} = \frac{200}{220}A = 0.9A$

各相电流分别与各相电压同相，画出各相电流相量图如图 3.9 所示。根据相量图可得中线电流：

$$I_N = (0.9 - 0.27)A = 0.63A$$

(2)V 相断路后，$I_v = 0$，V 灯不亮，U 灯和 W 灯两端电压仍是对称电源相电压，故 U 灯和 W 灯正常工作。

(3)V 相断开，中线也断开时，U 灯和 W 灯串联，共同承受三相电源的线电压 $U_L = 380V$。因为 U 灯和 W 灯的电阻为：

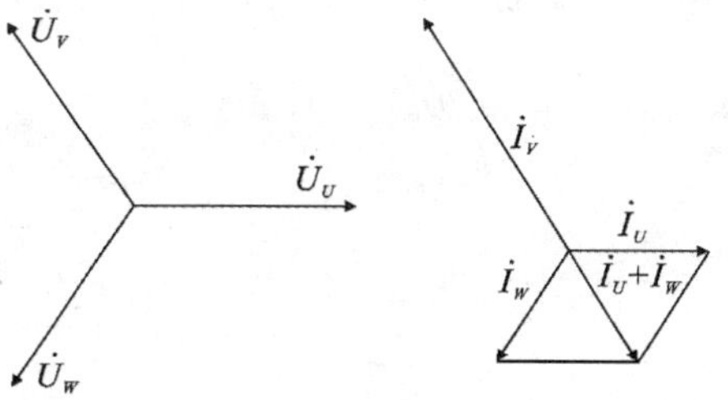

图 3.9　例 3.1 的相量图

$$R_u = \frac{U_N^2}{P_u} = \frac{220^2}{60}\Omega = 807\Omega, R_w = \frac{U_N^2}{P_w} = \frac{220^2}{200}\Omega = 242\Omega$$

则　$U_u = \frac{R_u}{R_u + R_w}U_L = \frac{807}{807 + 242} \times 380V = 292V, U_w = U_L - U_u = (380 - 292)V = 88V$

由于 U 灯两端电压大于额定电压，W 灯两端电压小于额定电压，故两灯都不能正常工作。

上述例题说明，如果三相负载不对称，则中线将会有电流通过。此时不能去掉中线，否则会造成三相负载上的电压严重不对称，使用电设备不能正常工作。中线的作用在于：使三相负载成为三个互不影响的独立回路，每相负载均承受对称的电源相电压，从而保证负载在额定电压下正常工作。所以，三相四线制供电系统中，中线是不允许接入开关或保险丝的。

3.2.2　三相负载的三角形连接

将三相负载 Z_{uv}、Z_{vw}、Z_{wu} 接成三角形后与电源相连，如图 3.10 所示，就构成三角形连接的三相三线制电路。

负载作三角形连接时，电路具有以下特点：

①由于各相负载分别接在电源的两根端线之间，所以负载的相电压等于电源的线电压。

②各相电流可以由三个单相电路分别计算，得：

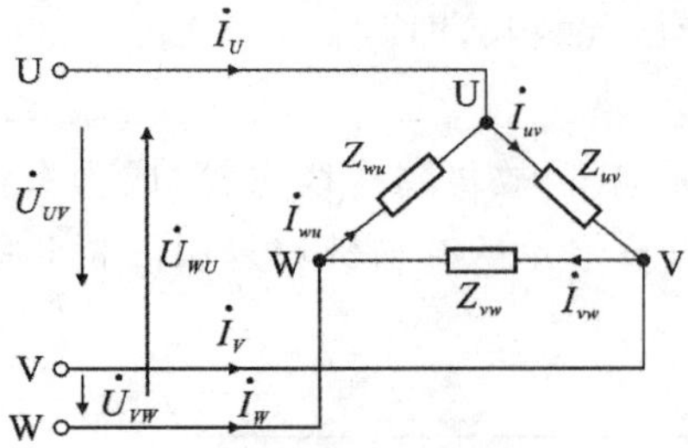

图 3.10 负载的三角形连接

$$
\left.\begin{aligned}
I_{uv} &= \frac{U_{uv}}{|Z_{uv}|} = \frac{U_L}{|Z_{uv}|} \\
I_{vw} &= \frac{U_{vw}}{|Z_{vw}|} = \frac{U_L}{|Z_{vw}|} \\
I_{wu} &= \frac{U_{wu}}{|Z_{wu}|} = \frac{U_L}{|Z_{wu}|}
\end{aligned}\right\} \tag{3.8}
$$

各相负载的相电压与相电流的相位差等于各相负载的阻抗角。

如果负载对称，则流过对称三相负载的相电流也是对称的。此时，只要计算其中一相即可。

负载三角形连接时相量图如图 3.11 所示。

③各相电流可由基尔霍夫电流定律计算，由图 3.10 可得：

$$\dot{I}_U = \dot{I}_{uv} - \dot{I}_{wu} \qquad \dot{I}_V = \dot{I}_{vw} - \dot{I}_{uv} \qquad \dot{I}_W = \dot{I}_{wu} - \dot{I}_{vw} \tag{3.9}$$

如果三相负载对称，则负载的线电流也是对称的。由图 3.11(b)可得：线电流的有效值 I_L 是相电流的有效值 I_P 的 $\sqrt{3}$倍。相位滞后于相应的相电流 30°。

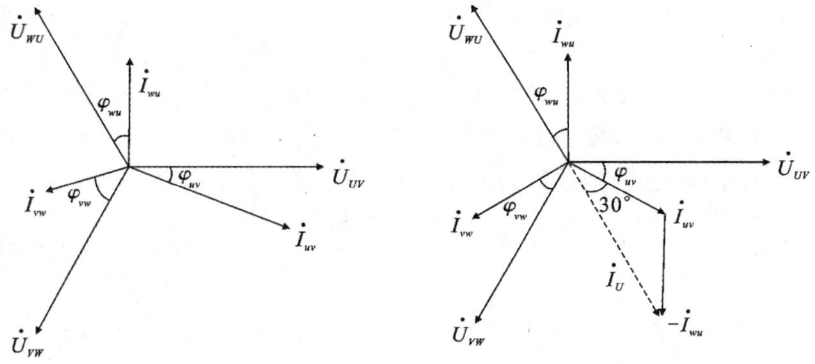

(a) (b)

图 3.11 负载三角形连接时的相量图

(a)负载不对称；(b)负载对称

3.3 三相电路的功率

在三相交流电路中，无论负载采取什么样的连接方式，三相负载消耗的总有功功率等于各相负载消耗的有功功率之和，总无功功率都等于各相负载无功功率之和。

负载作 Y 连接时：

$$P = U_U I_u \cos\varphi_u + U_V I_v \cos\varphi_v + U_W I_w \cos\varphi_w$$
$$Q = U_U I_u \sin\varphi_u + U_V I_v \sin\varphi_v + U_W I_w \sin\varphi_w$$
$$S = \sqrt{P^2 + Q^2}$$

负载作△连接时：

$$P = U_{UV} I_{uv} \cos\varphi_{uv} + U_{VW} I_{vw} \cos\varphi_{vw} + U_{WU} I_{wu} \cos\varphi_{wu}$$
$$Q = U_{UV} I_{uv} \sin\varphi_{uv} + U_{VW} I_{vw} \sin\varphi_{vw} + U_{WU} I_{wu} \sin\varphi_{wu}$$

$$S=\sqrt{P^2+Q^2}$$

上述式中，电压、电流和功率因数分别为各相负载上的相电压、相电流与功率因数。

负载对称时，由于每相负载的相电压、相电流与功率因数大小相等，上述式子可简写为：

$$P=3U_PI_P\cos\varphi \tag{3.10}$$

$$Q=3U_PI_P\sin\varphi \tag{3.11}$$

$$S=\sqrt{P^2+Q^2}=3U_PI_P \tag{3.12}$$

由于对称负载Y连接时，$U_L=\sqrt{3}U_P$，$I_L=I_P$；负载△连接时，$U_L=U_P$，$I_L=\sqrt{3}I_P$。因此，不论对称负载是Y形还是△形连接，将上述关系代入式(3.10)、式(3.11)和式(3.12)均可得到：

$$P=\sqrt{3}U_LI_L\cos\varphi \tag{3.13}$$

$$Q=\sqrt{3}U_LI_L\sin\varphi \tag{3.14}$$

$$S=\sqrt{P^2+Q^2}=\sqrt{3}U_LI_L \tag{3.15}$$

采用需要系数法进行电力负荷计算时，单元2中的公式(2.47)～公式(2.49)不变，公式(2.50)改为：

$$I_j=\frac{S_j}{\sqrt{3}U_L} \tag{3.16}$$

式中　S_j——视在计算负荷，V·A；

I_j——计算电流，A；

U_L——额定线电压，一般无特殊说明时是380V。

单相用电设备接在三相线路上，应尽可能地均衡分配，使三相负荷尽可能平衡。对于接在三相线路的单相用电设备，均匀分配时，就以任一相有功计算负荷的3倍作为三相有功计算负荷；非均匀分配时，则以最大有功负荷相的有功计算负荷的3倍作为三相有功计算负荷。

例3.2　有一三相电动机，每相定子绕组的 $R=6\Omega$，$X_L=8\Omega$，电源电压为380V。试求电动机作星形连接和三角形连接时的总的有功功率、无功功率、视在功率。

解
$$Z=\sqrt{R^2+X_L^2}=\sqrt{6^2+8^2}\Omega=10\Omega$$

$$\cos\varphi=\frac{R}{Z}=\frac{6}{10}=0.6,\sin\varphi=\frac{X_L}{Z}=\frac{8}{10}=0.8$$

星形连接时：
$$I_L=I_P=\frac{U_P}{Z}=\frac{220}{10}\text{A}=22\text{A}$$

$$P_Y=\sqrt{3}U_LI_L\cos\varphi=\sqrt{3}\times380\times22\times0.6\text{W}=8712\text{W}$$

$$Q_Y=\sqrt{3}U_LI_L\sin\varphi=\sqrt{3}\times380\times22\times0.8\text{var}=11616\text{var}$$

$$S_Y=\sqrt{3}U_LI_L=\sqrt{3}\times380\times22\text{V}\cdot\text{A}=14520\text{V}\cdot\text{A}$$

三角形连接时：$I_P=\frac{U_P}{Z}=\frac{380}{10}\text{A}=38\text{A},I_L=\sqrt{3}I_P=\sqrt{3}\times38\text{A}=65.812\text{A}$

$$P_\triangle=\sqrt{3}U_LI_L\cos\varphi=\sqrt{3}\times380\times65.8\times0.6\text{W}=25992\text{W}$$

$$Q_\triangle=\sqrt{3}U_LI_L\sin\varphi=\sqrt{3}\times380\times65.8\times0.8\text{var}=34656\text{var}$$

$$S_\triangle=\sqrt{3}U_LI_L=\sqrt{3}\times380\times65.8\text{V}\cdot\text{A}-43320\text{V}\cdot\Lambda$$

由上例可知，如果一台三相电动机，每相绕组额定电压为220V，则应接成星形与三相电源相连接。如果错接成三角形，则每相绕组的电压为380V，此时会因功率加大而损坏电动机。

例3.3 某高层建筑水泵房内有生活泵1台30kW，消防泵1台40kW，喷淋泵1台20kW。由线电压为380V三相电源供电，已知$k_c=0.8$，$\cos\varphi=0.8$，$\tan\varphi=0.75$，试计算负荷。

解 有功计算负荷：$P_j=k_cP_a=0.8\times(30+40+20)\text{kW}=72\text{kW}$

无功计算负荷：$Q_j=P_j\tan\varphi=72\times0.75\text{kvar}=54\text{kvar}$

视在计算负荷：$S_j=\sqrt{P_j^2+Q_j^2}=\sqrt{72^2+54^2}\text{kV·A}=90\text{kV·A}$

计算电流：$I_j=\dfrac{S_j}{\sqrt{3}U_L}=\dfrac{90\times10^3}{\sqrt{3}\times380}\text{A}=136.7\text{A}$

例3.4 某建筑第2层照明支路有5条，N_1条（U相）日光灯12盏，每盏$2\times30\text{W}$，$\cos\varphi=0.5$，$\tan\varphi=1.732$，镇流器损耗按额定容量的20%计算；N_2条（V相）日光灯15盏，每盏$2\times40\text{W}$，$\cos\varphi=0.9$，$\tan\varphi=0.484$，镇流器损耗按额定容量的20%计算；N_3条（W相）白炽灯18盏，每盏$2\times60\text{W}$，$\cos\varphi=1$；N_4条（U相）插座8个，每个200W，$\cos\varphi=1$；N_5条（V相）插座9个，每个200W，$\cos\varphi=1$。该建筑采用380/220V三相四线制供电，已知$k_c=0.7$，试计算负荷。

解 U相有功计算负荷：$P_{jU}=k_c(P_{a1}+P_{a4})=0.7\times(12\times2\times30\times1.2+8\times200)\text{W}=1724.8\text{W}$

V相有功计算负荷：$P_{jV}=k_c(P_{a2}+P_{a5})=0.7\times(15\times2\times40\times1.2+9\times200)\text{W}=2268\text{W}$

W相有功计算负荷：$P_{jW}=k_cP_{a3}=0.7\times18\times2\times60\text{kW}=1512\text{W}$

因为V相有功功率最大，所以总的有功计算负荷：$P_j=3P_{jV}=3\times2268\text{W}=6804\text{W}$

总的无功计算负荷：

$$Q_j=3Q_{jV}=3k_cQ_{aV}=3k_cP_{a2}\tan\varphi=3\times0.7\times15\times2\times40\times1.2\times0.484\text{var}=1463.616\text{var}$$

总的视在计算负荷：$S_j=\sqrt{P_j^2+Q_j^2}=\sqrt{6804^2+1463.616^2}\text{V·A}=6959.6\text{V·A}$

总的计算电流：$I_j=\dfrac{S_j}{\sqrt{3}U_L}=\dfrac{6959.6}{\sqrt{3}\times380}\text{A}=10.6\text{A}$

小　结

三相交流电源的三相电压是对称的，即大小相等，频率相同，相位互差120°。

三相交流电源一般接成星形，可以三相四线制供电，也可以三相三线制供电。在三相四线制供电系统中，线电压是相电压的$\sqrt{3}$倍，且在相位上超前于相应两个相电压中的先行相30°。

三相负载可以接成星形或三角形，由电源电压的数值和负载的额定电压来决定。单相负载的额定电压大多等于电源的相电压，应该接在端线与中线之间。三相电路中接入单相负载后一般是不对称的，因此必须有中线。

三相对称电路的计算可归结到一相进行，在求得一相的电压和电流后，再根据对称关系得出其他两相的结果。计算三相对称电路时要注意：星形连接时，$U_L=\sqrt{3}U_P$，$I_L=I_P$；三角形连接时，$U_L=U_P$，$I_L=\sqrt{3}I_P$。

三相对称电路的功率为$P=\sqrt{3}U_LI_L\cos\varphi$，$Q=\sqrt{3}U_LI_L\sin\varphi$，$S=\sqrt{3}U_LI_L$。式中$\varphi$是相电压与相电流的相位差角，亦即每相负载的阻抗角或功率因数角。

思考题与习题

3.1　对称三相电动势的特点是什么？

3.2　一个相电压为 220V 的三相电源接成星形连接，如果有一相接反了（始端和末端颠倒了），结果怎样？试画出此错误接法的相量图。

3.3　一个相电压为 220V 的三相电源接成三角形连接，如果有一相接反了（始端和末端颠倒了），结果怎样？

3.4　某三相异步电动机，每相绕组的额定电压是 220V，当电源的线电压是 380V 时，电动机的三相绕组应作什么连接？当电源的线电压是 220V 时，电动机的三相绕组又应作什么连接？

3.5　为什么在三相低压供电系统中，广泛采用的是 380/220V 三相四线制供电？

3.6　三相四线制系统中，中线的作用是什么？为什么中线上不能接熔断器和开关？

3.7　某大楼电灯发生故障，第二层楼和第三层楼所有电灯都突然暗下来，而第一层楼电灯亮度不变，试问这是什么原因？这幢大楼的电灯是如何连接的？同时发现，第三层楼的电灯比第二层楼的电灯还暗些，这又是什么原因？

3.8　指出下列结论中哪个是正确的？哪个是错误的？并指出错在哪里。

(1)同一台发电机作星形连接时的线电压等于作三角形连接时的线电压。

(2)负载作星形连接时，线电流必定等于相电流。

(3)负载作星形连接时，必须有中线。

(4)三相不对称负载作星形连接时，负载愈接近对称，中线电流就愈小。

(5)负载作三角形连接时，线电流必定等于相电流的$\sqrt{3}$倍。

(6)三相负载无论作星形连接还是三角形连接，有功功率均为 $P=\sqrt{3}U_L I_L\cos\varphi$。

3.9　有一三相电动机，每相的等效电阻 $R=29\Omega$，等效感抗 $X_L=21.8\Omega$，连接成星形接于 $U_L=380$V 的三相电源上。试求电动机的相电流、线电流以及有功功率、无功功率、视在功率。

3.10　将 3.9 题中的电动机连接成三角形接于 $U_L=220$V 的三相电源上，试求电动机的相电流、线电流以及有功功率、无功功率、视在功率，并与 3.9 题中的结果进行比较。

3.11　三相负载为白炽灯组，连接成星形接于 $U_L=220$V 的三相电源上，(1)若 $R_U=R_V=R_W=5\Omega$，求线电流及中线电流 I_N；(2)若 $R_U=5\Omega$，$R_V=10\Omega$，$R_W=20\Omega$，求线电流及中线电流 I_N。

3.12　在 3.11 题中，试分析下列情况。

(1)U 相短路：中线未断时，求各相负载电压；中线断开时，求各相负载电压。

(2)U 相断路：中线未断时，求各相负载电压；中线断开时，求各相负载电压。

3.13　某学校锅炉房有引风机 7.5kW，鼓风机 5.5kW，炉排机 2.5kW，水泵 12kW，上煤机 2.2kW。由线电压为 380V 的三相电源供电，已知 $k_c=0.8$，$\cos\varphi=0.85$，$\tan\varphi=0.62$，试计算负荷。

3.14　某住宅楼采用 380/220V 三相四线制供电，共有日光灯 128 盏，每盏均为 220V、40W，$\cos\varphi=0.6$，镇流器损耗按额定容量的 20%计算；白炽灯 41 盏，每盏 220V、40W，$\cos\varphi=1$。已知 U 相接入 64 盏日光灯，V 相接入 64 盏日光灯，白炽灯全部接入 W 相，$k_c=0.6$，试计算负荷。

3.15　某车间的三相动力设备功率为 40kW，功率因数为 $\cos\varphi_1=0.6$，由线电压为 380V 的三相电源供电。为了把功率因数提高到 $\cos\varphi=0.9$，并联有星形连接的电容器，试画出电路图，并求出每相电容器的电容量。

实践与能力训练　三相交流电路中负载的连接

(1)实验目的

①掌握三相负载的星形和三角形连接方法，负载的线电压与相电压、线电流与相电流的关系。

②了解三相四线制电路中中线的作用。

(2)实验仪器设备

三相灯箱1个;交流电流表1块;万用表1块;电流表插座6个;单刀单脚开关2个。

(3)实验内容与步骤

①按图3.12连接电路,图中Ⓐ可用电流表插座来代替,按实验表3.1中项目用万用表和交流电流表测量、读数和记录(S_1断开,三相负载对称;S_2断开,无中线)。

②按图3.13连接电路,图中Ⓐ可用电流表插座来代替,按实验表3.2中项目用万用表和交流电流表测量、读数和记录(S断开,三相负载对称)。

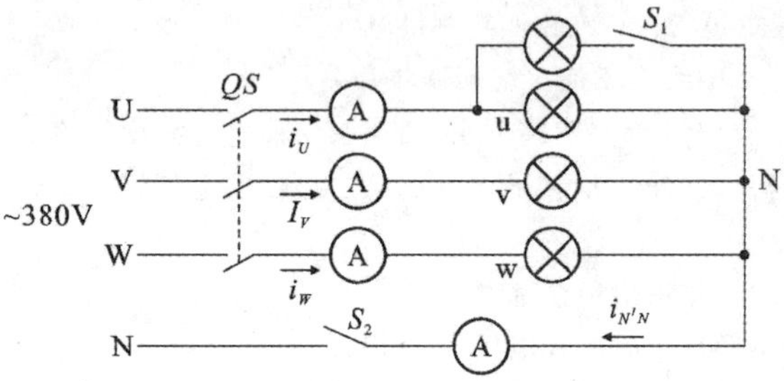

图3.12 负载的星形连接

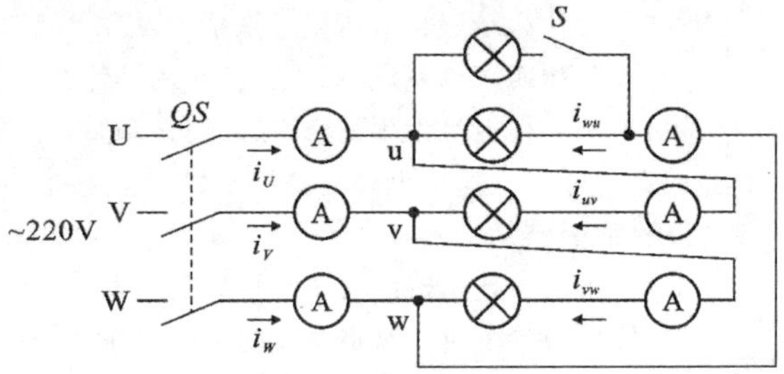

图3.13 负载的三角形连接

表3.1 负载星形连接时电压和电流的测量

项目 / 负载情况		测量值										
		U_{UV}	U_{VW}	U_{WU}	U_{UN}	U_{VN}	U_{WN}	U_N	I_U	I_V	I_W	I_N
有中线	负载对称											
	负载不对称											
无中线	负载对称											
	负载不对称											

表3.2 负载三角形连接时电压和电流的测量

项目 / 负载情况	测量值								
	U_{UV}	U_{VW}	U_{WU}	I_U	I_V	I_W	I_{UV}	I_{VW}	I_{WU}
负载对称									
负载不对称									

(4)实验报告要求

①整理实验数据,结合负载对称和不对称两种情况,总结负载星形连接时线电压与相电压、线电流与相电流的关系。

②总结分析中线N′N的作用。

单元4　磁路和变压器

知识目标

磁场的基本物理量、磁性材料的磁性能、磁路和磁路欧姆定律；变压器的结构及原理；三相变压器的连接方式、三相变压器的铭牌及参数；电压互感器、电流互感器、自耦变压器、电焊变压器的用途和使用注意事项；变压器电路的分析计算方法。

技能目标

具有正确选择变压器的能力。

4.1　磁路

4.1.1　磁场的基本物理量

4.1.1.1　*磁感应强度*

磁场是由电流产生的。磁感应强度 **B** 是表示磁场内某点的磁场强弱和方向的物理量。它是一矢量。为了形象地描述磁场，采用磁感线表示，磁感线是无头无尾的闭合曲线，磁感线的方向与电流方向符合右手螺旋定则。

4.1.1.2　*磁通*

磁感应强度 B(如果是不均匀磁场，则取 B 的平均值)与垂直于磁场方向面积 S 的乘积，称为通过该面积的磁通 Φ，有：

$$\Phi = B \cdot S \tag{4.1}$$

B 也可以表示为磁场方向垂直的单位面积上的磁通，又称为磁通密度。在国际单位制中，磁通的单位是韦伯(Wb)；磁感应强度的单位是特斯拉(T)，也就是韦伯每平方米(Wb/m^2)。

4.1.1.3　*磁场强度*

磁场强度 **H** 是计算磁介质的磁场时所引用的一个物理量，也是矢量。任何磁介质中，磁场中某点的磁感应强度 B 与同一点的磁导率 μ 的比值就是该点的磁场强度 H，即：

$$H = \frac{B}{\mu} \tag{4.2}$$

国际单位制中，磁场强度的单位为安培每米(A/m)。

4.1.1.4　*磁导率*

磁导率 μ 是一个用来衡量物质导磁能力大小的物理量，单位为亨每米(H/m)。实验测得，真空中的磁导率 μ_0 为一常数，$\mu_0 = 4\pi \times 10^{-7}$ H/m。

通常把某种材料的磁导率 μ 与 μ_0 之比称为该物质的相对磁导率 μ_r，即：

$$\mu_r = \mu / \mu_0$$

对于非磁性物质而言，$\mu \approx \mu_0$，$\mu_r \approx 1$；而磁性物质的磁导率 μ 很高，如铸钢的 μ 约为 μ_0 的 1000 倍，各种硅钢片的 μ 为 μ_0 的 7000～10000 倍。

4.1.2 磁性材料的磁性能

磁性材料是指铁、钢、镍、钴及其合金等材料。它们具有如下磁性能。

(1)高导磁性

磁性材料本身对外是不具备磁性的，当它受到外磁场的作用时就被强烈磁化而呈现磁性现象。

磁性物质能够被强烈磁化的原因，在于其内部的特殊性。在磁性物质内可分成许多小区域，分子间有一种特殊的作用力而使每一区域的分子磁铁排列整齐，显示磁性，这些小区域称为磁畴。在没有外磁场作用时，磁畴排列杂乱无章，磁性互相抵消，因此宏观对外不呈现磁性。而当有外磁场作用时，磁畴就会沿着外磁场的方向做定向排列，呈现磁性，形成与外磁场同方向的磁化磁场，从而使磁性物质内的磁感应强度显著增强，如图 4.1 所示。这就是说，磁性物质被强烈磁化了。

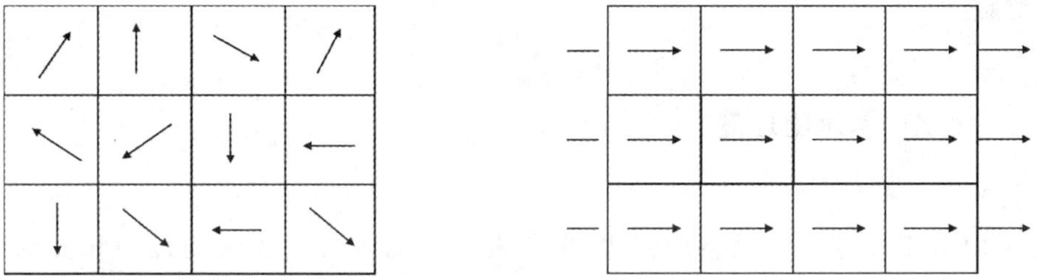

(a) (b)

图 4.1 磁性物质的磁化

(a)磁化前；(b)磁化后

磁性物质的这一特性，即能用较小的电流产生足够大的磁感应强度，被广泛地应用于电工设备中，如电机、变压器及各种铁磁元件的线圈中都放有铁芯。

(2)磁饱和性

磁性物质在磁化过程中，其 B 随 H 变化的曲线称为磁化曲线，又称 B-H 曲线。

磁性物质由于磁化产生的磁化磁场不会随外磁场 H 的增加而无限地增强。当外磁场增大到一定值时，全部磁化磁场方向都转向与外磁场的方向一致。这时磁化磁场的磁感应强度 B_J 为饱和值，如图 4.2 所示。图中的 B_0 是在外磁场作用下，如果磁场内不存在磁性物质时的磁感应强度，其 B-H 曲线为直线。将 B_J 曲线与 B_0 直线的纵坐标相加，便得出 B-H 磁化曲线。这条曲线大致可分为四段：H 从 O 开始增加时，B 随之增大(曲线 O～a 段)；H 继续增大时，B 急剧上升(a～b 段)，这是由于磁场在外磁场作用下，迅速顺外磁场的方向排列，所以 B 值增加快，这时 μ 值较大；在曲线 b～c 段，因为大部分磁场已转到外磁场方向，所以随着

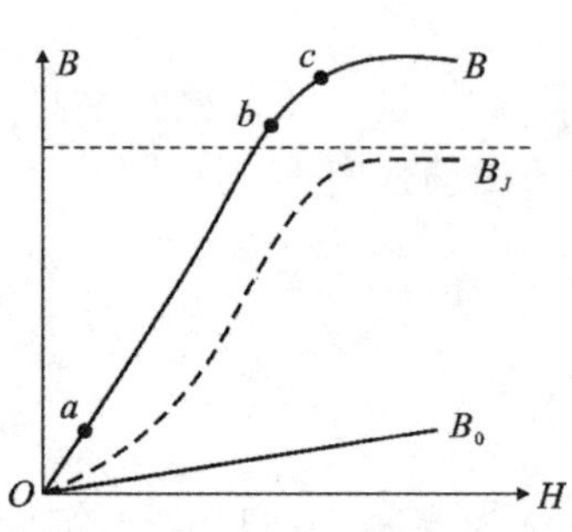

图 4.2 磁化曲线

H 的增大 B 值的增强已渐缓慢，μ 值逐渐减小；到 c 点以后，因磁场已全部转到外磁场方向，故 H 值增加时 B 值基本上不再增加了，这时 B 值已达到饱和值。不同的磁性物质，饱和磁感应强度是不一样的。但对同一种磁性材料，饱和磁感应强度是一定的。电机和变压器，通常都工作在曲线 $b\sim c$ 段。

(3)磁滞性

磁感应强度 B 随磁场强度 H 的变化而变化的关系如图 4.3所示。由图可见，磁场强度 H 先是从 0 开始增大，磁感应强度 B 也随之增大，直到 B 达到饱和值(0→1)，这条曲线称为起始磁化曲线。当 B 已达到饱和值后，H 从最大值 H_m 逐渐减小，B 也随之减小，但 B 并不是沿起始磁化曲线下降，而是沿另一条位置较高的曲线下降(1→2)，这说明，在去磁过程中的磁感应强度 B 值比磁化过程中同一 H 值所对应的 B 值要大一些，这种 B 值变化落后于 H 值变化的性质称为磁性材料的磁滞性。当 H 减至零时，B 值不等于零，而保留一定值的剩磁，用 B_r 表示。为消除剩磁，须外加反向磁场，随着反向磁场的增强，磁性物质逐渐退磁，当反向磁场增大到一定值时，B 值变为零(2→3)，剩磁完全消失，这时磁场强度称为矫顽力，用 H_c 表示。随着反向磁场的继续增大，就会使 B 值反向并由 0 增大至反向饱和值(3→4)。然后再将反向磁场减小，即反向去磁，B 值将出现反向剩磁(4→5)。磁性物质经过多次磁化、去磁、反向磁化、反向去磁的过程，B-H 的关系将沿着一条闭合曲线 1—2—3—4—5—6—1 周而复始地变化。该闭合曲线称为磁滞回线。

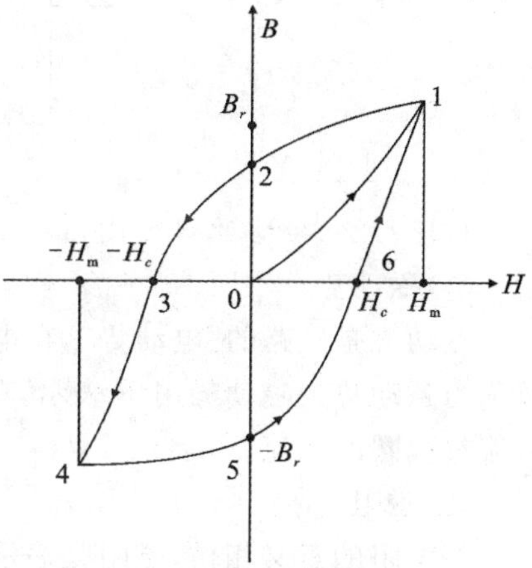

图 4.3　磁滞回线

磁性物质据磁滞回线的形状可分为三种类型：

①软磁性物质。其磁滞回线窄而陡，剩磁和矫顽力都很小，常用于电机、变压器、电磁铁中。软磁性物质主要有硅钢、铸铁、坡莫合金和铁氧体等。

②硬磁性物质。其磁滞回线宽而平，剩磁和矫顽力都较大。一般用来制造永久磁铁。硬磁物质主要有钨钢、铝镍合金、稀土钴等。

③矩磁性物质。其磁滞回线接近矩形，具有较小的矫顽力和较大的剩磁。它常用在计算机和控制系统中作为记忆元件。矩磁性物质主要有锰镁铁氧体和锂锰铁氧体。

4.1.3　磁路和磁路欧姆定律

4.1.3.1　*磁路*

在许多电工设备中，都用磁导率较大的铁磁材料做成铁芯，绕在铁芯上的线圈通以较小的励磁电流，就会产生很强的磁场，并且几乎全部集中在铁芯所构成的路径内。这种由铁芯所限定的磁场就叫作磁路。

图 4.4 是单相变压器的磁路。集中在铁芯限定的范围内的磁通称为主磁通，也叫工作磁通，用 Φ 表示；穿出铁芯在周围非磁性材料中的磁通就称为漏磁通，用 Φ_σ 表示。在实际工程中，为了减少漏磁通，采取了很多措施，使漏磁通只占总磁通的很小一部分。

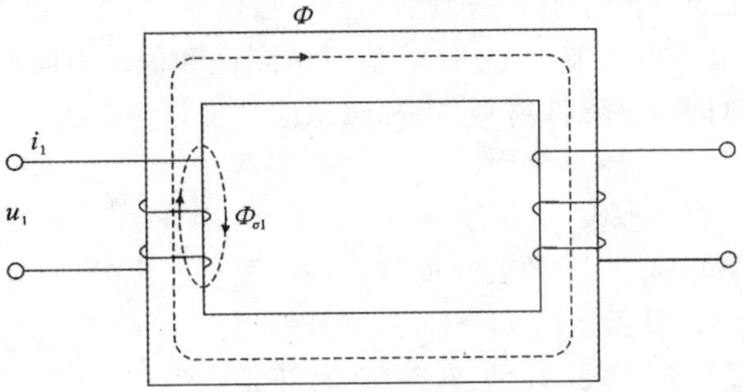

图 4.4 变压器的磁路

4.1.3.2 磁路欧姆定律

(1)磁动势

磁动势是磁路的“电动势”,在电路中产生电流的源称为电动势,同样在磁场中产生磁通的源称为磁动势。磁动势用 F 表示,单位为安匝。磁动势的大小等于绕在磁路上的线圈匝数乘以流过线圈的电流。

(2)磁阻

与电阻的意义相仿,磁阻是表示磁路对磁通所起的阻碍作用,以符号 R_m 表示,单位为每亨(H^{-1})。

(3)均匀磁路和不均匀磁路

若一段磁路的材料相同,横截面也相同,则它就是均匀磁路;否则就是不均匀磁路。均匀磁路中磁场强度 H 处处相等,磁场方向与磁路的中心线平行。

(4)磁路欧姆定律

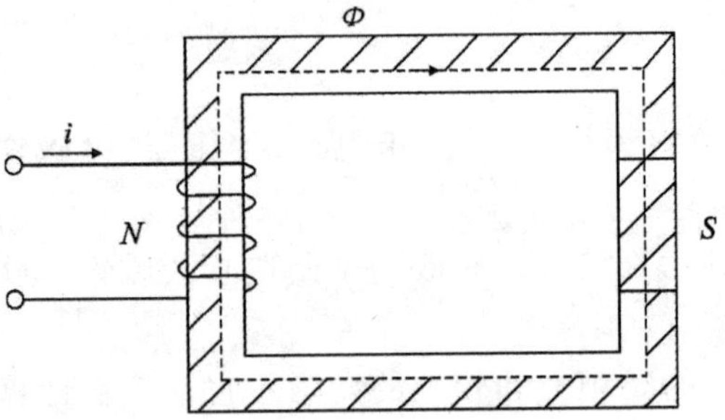

图 4.5 简单磁路

现以图 4.5 所示的简单磁路为例加以说明。设磁路由单一材料构成,其截面积为 S,平均长度为 $l(l \gg S)$。因平均长度比横截面的尺寸大得多,则可认为在铁芯内磁场是均匀的。

由实验可得,铁芯中的磁通 Φ 与通过线圈的电流 i、线圈匝数 N 以及磁路的截面积 S 成正比,与磁路的长度 l 成反比,还与组成磁路材料的磁导率 μ 成正比,即:

$$\Phi = \frac{iN\mu S}{l} = \frac{iN}{\frac{l}{\mu S}} = \frac{F}{R_m} \tag{4.3}$$

式中,$F = iN$ 为磁动势,即由其产生磁通;$R_m = \frac{l}{\mu S}$ 为磁阻,表示磁路对磁通具有阻碍作用。

式(4.3)在形式上与电路的欧姆定律相似,所以称为磁路的欧姆定律。

必须指出:

①磁阻的大小取决于磁路的尺寸及材料的磁导率。磁路中若有长度为 l_0、面积为 S_0 的空气隙,因空气的磁导率 μ_0 为一常数,空气隙的磁阻为:

$$R_{m0} = \frac{l_0}{\mu_0 S_0} \tag{4.4}$$

也是常数。但由于 $\mu_0 \ll \mu$,因此空气隙的长度 l_0 尽管很小,其磁阻 R_{m0} 却比磁路中其他部分的磁阻大很多。

②铁磁材料的磁导率 μ 很大,但不是常数,故其磁阻也不是常数。因此磁路欧姆定律不能进行定量计算,只能用作定性分析。

4.1.3.3　涡流

把块状金属置于随时间变化的磁场中或让它在磁场中运动时,金属块内将产生感应电流。这种电流在金属块内自成闭合回路,很像水的漩涡,因此叫作涡电流,简称涡流。整块金属的电阻很小,所以涡流常常很强。如变压器的铁芯,当交变电流通过导线时,穿过铁芯的磁通量不断随时间变化,它在副边产生感应电动势,同时也在铁芯中产生感应电动势,从而产生涡流。这些涡流使铁芯大量发热,浪费大量的电能,效率很低。

为减少涡流损耗,交流电机、电器中广泛采用表面涂有薄层绝缘漆或绝缘氧化物的薄硅钢片叠压制成的铁芯,这样涡流被限制在狭窄的薄片之内,磁通穿过薄片的狭窄截面时,这些回路中的净电动势较小,回路的长度较大,回路的电阻很大,涡流大为减弱。再由于这种薄片材料的电阻率大(硅钢的涡流损失只有普通钢的 1/5～1/4),从而使涡流损失大大降低。

另一方面,利用涡流作用可以做成一些感应加热的设备,或用以减少运动部件振荡的阻尼器件等。

4.2　变压器的结构及原理

4.2.1　变压器的用途与类型

4.2.1.1　变压器的用途

变压器,顾名思义是一种改变交流电压的电器设备。根据电磁感应原理,用它可以把一种交流电压的电能转变为频率相同的另一种交流电压的电能。

在输电、配电的电力系统中,把三相交流电功率 $P=\sqrt{3}U_L I_L\cos\varphi$ 从发电厂输送到用电地区,通常需要很长的输电线。当输送的功率 P 和负载功率因数 $\cos\varphi$ 一定时,若输电电压 U_L 越高,则输电线路电流 I_L 越小,因而可以选择截面积较小的输电线,节省导线材料,而且还能减少线路上的电压损失和功率损耗。为了实现高效率的电能输送,远距离输电应采用较高的输电电压,当前我国最高的输电线路的电压已达 1100kV。但是,不论是从安全运行角度,还是从制造成本方面来考虑,发电机组的额定电压都不可能很高,发电机的额定电压一般有 3.15kV、6.3kV、10.5kV、15.75kV 等几种。因此,在输电之前,必须要用变压器把电压升高到所需数值。

在用电方面,各类电气设备的额定电压不一,比如多数电器使用 220V 或 380V 电压,少数电动机采用 3kV 或 6kV 电压等。为了适应各种电气设备对电压的不同要求,这就需要在供电之前,利用变压器把电网高电压变成负载所需的低电压。

除电力系统外,变压器还有其他方面的应用。例如,在电子仪器中,可以利用变压器来进行信号的传送或者阻抗的匹配。在高电压、大电流的测量中利用互感器(变压器类的一种)进行电压、电流变换。在实验室中需要电压可调的电源时,可利用自耦变压器来调节电压。可见,变压器不论是在输配电系统中,还是在其他电路中都是一种应用广泛的电气设备,它不仅可以改变电压，还可以改变电流、阻抗等。

4.2.1.2 变压器的分类

变压器种类很多，通常可按其用途、绕组结构、铁芯结构、相数、冷却方式等进行分类。

(1)按用途分类

①电力变压器：电力变压器用作电能的输送与分配，是生产数量最多、使用最广泛的变压器。按其功能不同又可分为升压变压器、降压变压器、配电变压器等。电力变压器的容量从几十千伏安到几十万千伏安，电压等级从几百伏到几百千伏。

②特种变压器：在特殊场合使用的变压器，如作为焊接电源的电焊变压器；专供大功率电炉使用的电炉变压器；将交流电整流成直流电时使用的整流变压器等均属特种变压器。

③仪用互感器：仪用互感器用于电工测量中，如电流互感器、电压互感器等。

④控制变压器：控制变压器容量一般比较小，用于小功率电源系统和自动控制系统。如电源变压器、输入变压器、输出变压器等。

⑤其他变压器：如试验用的高压变压器，输出电压可调的调压变压器，产生脉冲信号的脉冲变压器等。

(2)按绕组构成分类

按绕组构成分有双绕组变压器、三绕组变压器、多绕组变压器和自耦变压器等。

(3)按铁芯结构分类

按铁芯结构分有叠片式铁芯变压器、卷制式铁芯变压器、非晶合金铁芯变压器。

(4)按相数分类

按相数分有单相变压器、三相变压器、多相变压器。

(5)按冷却方式分类

按冷却方式分有干式变压器、油浸自冷变压器、油浸风冷变压器、强迫油循环变压器、充气式变压器等。

4.2.2 变压器的结构

单相变压器是指接在单相交流电源上用来改变单相交流电压的变压器，其容量一般都比较小，主要用作控制及照明。它主要由铁芯和绕组两部分组成。铁芯和绕组也是三相电力变压器和其他变压器的主要组成部分。

(1)铁芯

铁芯构成变压器磁路系统，并作为变压器的机械骨架。铁芯由铁芯柱和铁轭两部分组成，铁芯柱上套装变压器绕组，铁轭起连接铁芯柱使磁路闭合的作用。对铁芯的要求是导磁性能要好，磁滞损耗及涡流损耗要尽量小，因此采用 0.35mm 厚的硅钢片制作铁芯。

根据变压器铁芯的结构可分为芯式变压器和壳式变压器两大类。芯式变压器是在两侧的铁芯柱上放置绕组，形成绕组包围铁芯的形式，如图 4.6 所示，三相电力变压器大多采用这种结构形式。壳式变压器则是在中间的铁芯柱上放置绕组，形成铁芯包围绕组的形状，如图 4.7 所示，一般用于小容量单相变压器。

(2)绕组

变压器的线圈按一定方式组合在一起，通常称为绕组，它是变压器中的电路部分。小型变压器一般用具有绝缘的漆包圆铜线绕制而成，对容量稍大的变压器则用扁铜线或扁铝线绕制。

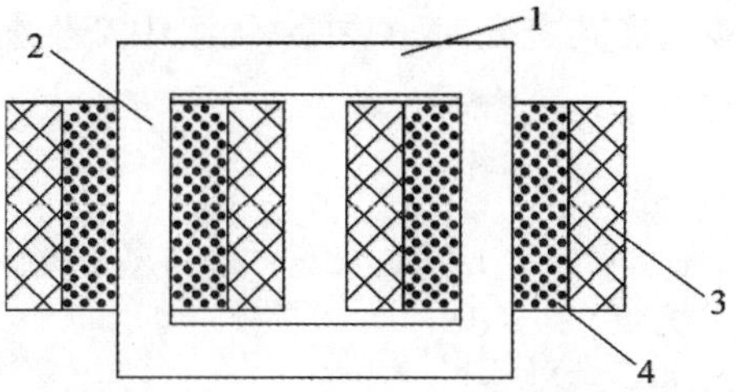

图 4.6　芯式变压器结构

1—铁轭；2—铁芯柱；3—高压绕组；4—低压绕组

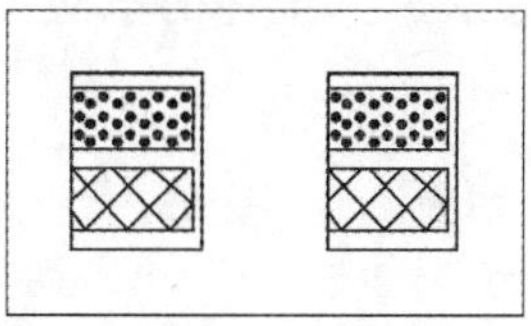

图 4.7　壳式变压器结构

变压器在工作时，与电源相连的绕组称原绕组，又叫原边或一次绕组；而与负载相连的绕组叫副绕组，又叫副边或二次绕组。通常把低压绕组套装在铁芯柱的内层，这是因为低压绕组与铁芯柱间的绝缘容易做到，而高压绕组套装在外侧，如图 4.6 所示。

4.2.3　变压器的工作原理

图 4.8 是变压器的原理图。原绕组匝数为 N_1，副绕组匝数为 N_2。

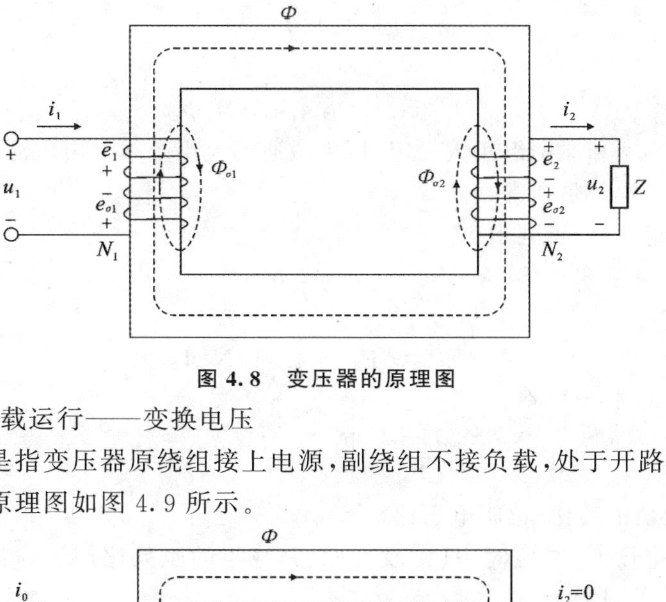

图 4.8　变压器的原理图

(1)变压器的空载运行——变换电压

所谓空载运行是指变压器原绕组接上电源，副绕组不接负载，处于开路的运行状态。变压器空载运行时工作原理图如图 4.9 所示。

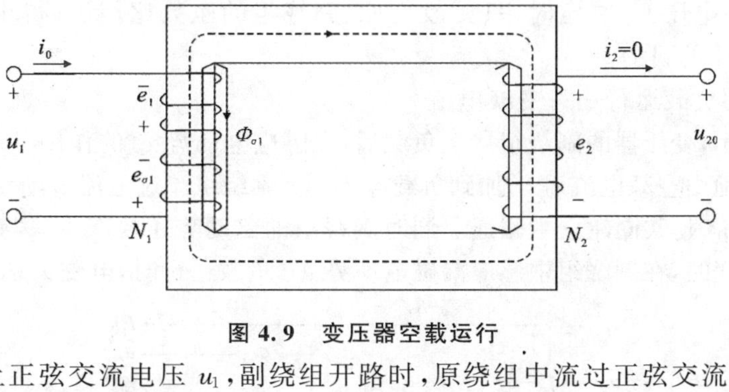

图 4.9　变压器空载运行

当原绕组接上正弦交流电压 u_1，副绕组开路时，原绕组中流过正弦交流电流 i_0，称为空载电流，又称激磁电流，产生磁动势 $i_0 N_1$，为空载磁动势。在空载磁动势的作用下，建立磁场，其中绝大部分磁通通过铁心而闭合，称为主磁通 Φ；同时与原绕组和副绕组相交链，当主磁通交变时，分别在原、副绕组中产生感应电动势 e_1、e_2。另外还有少部分磁通沿原绕组周围空间的非磁性材料(如空气)而闭合,称为原绕组漏磁通 $\Phi_{\sigma1}$,当其交变时,只在原绕组中产生漏磁感应电动势 $e_{\sigma1}$。上述的电磁关系可表示为:

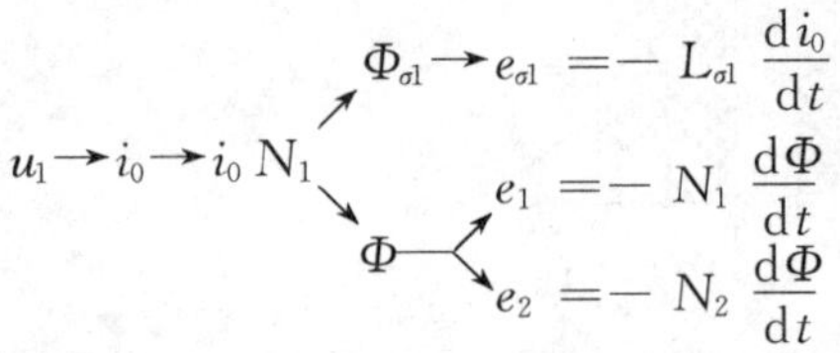

由图 4.9 可得原绕组电路的电压平衡方程式:

$$u_1 = i_0 R_1 - e_{\sigma1} - e_1 \tag{4.5}$$

空载时,原绕组的电阻压降 $i_0 R_1$ 和漏磁感应电动势 $e_{\sigma1}$ 都很小,与主磁感应电动势 e_1 比较起来,可以忽略不计。于是:

$$u_1 = -e_1 \tag{4.6}$$

由于 u_1 为正弦量,主磁通 Φ 也是一个正弦量,设 $\Phi=\Phi_m\sin\omega t$,根据 $e=-N\frac{d\Phi}{dt}$,感应电动势与主磁通的关系为:

$$E=4.44fN\Phi_m$$

故有:

$$U_1 \approx E_1 = 4.44fN_1\Phi_m \tag{4.7}$$

可见,当电源频率和原绕组匝数一定时,主磁通的大小基本上由电源电压决定。当电源电压不变时,主磁通基本上是个常数。

同理,对副绕组电路,可列出:

$$u_{20} \approx e_2 \tag{4.8}$$

则:

$$U_{20} \approx E_2 = 4.44fN_2\Phi_m \tag{4.9}$$

由式(4.7)和式(4.9)可得:

$$\frac{U_1}{U_{20}} = \frac{E_1}{E_2} = \frac{N_1}{N_2} = K \tag{4.10}$$

式中 K——变压器的变比(也叫电压比)。

可见,当电源电压 U_1 一定时,只要改变原、副绕组的匝数比,就可得出不同的输出电压,从而实现变换电压的目的。

(2)变压器的负载运行——变换电流

如图 4.8 所示,变压器的副绕组接上负载后,在感应电动势 e_2 的作用下产生电流 i_2,同时原绕组的电流相应地由空载电流 i_0 增加到负载电流 i_1。副绕组流过电流 i_2,形成磁动势 $i_2 N_2$,它与原绕组的磁动势 $i_1 N_1$ 共同建立主磁通。同时副绕组的磁动势还要产生只与副绕组相交链的漏磁通 $\Phi_{\sigma2}$,当其交变时,在副绕组中感应漏磁电动势 $e_{\sigma2}$,负载运行时,电磁关系如下:

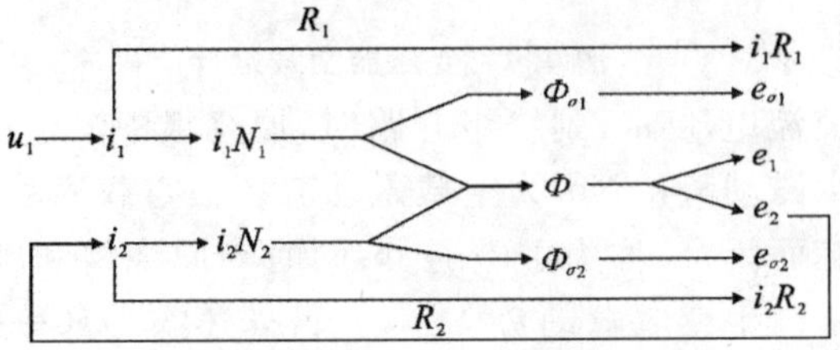

加上负载后，当电源电压 u_1 不变时，主磁通的最大值 Φ_m 与空载时的基本相等。这样，有负载时产生主磁通的原、副绕组的合成磁动势（$i_1N_1+i_2N_2$）应该与空载时产生主磁通的原绕组的磁动势 i_0N_1 基本相等，即：

$$i_1N_1+i_2N_2\approx i_0N_1 \tag{4.11}$$

变压器的空载电流 i_0 是励磁用的。由于铁芯的磁导率高，空载电流很小。一般情况下，空载电流 i_0 只占原绕组额定电流 10% 以下，因此 i_0N_1 与 i_1N_1 相比，可略去不计，于是式(4.11)可写成：

$$i_1N_1+i_2N_2\approx 0 \tag{4.12}$$

由上式可得，原、副绕组的电流有效值之比为：

$$\frac{i_1}{i_2}\approx\frac{N_2}{N_1}=\frac{1}{K} \tag{4.13}$$

上式表明，变压器原、副绕组的电流与它们的匝数成反比，它反映了变压器具有电流变换作用。

(3)阻抗的变换

在图 4.10(a)中，负载阻抗 Z 在变压器的二次侧，而图中的方框部分可以用一个阻抗 Z' 来等效代替，如图 4.10(b)所示。所谓等效，就是输入电路的电压、电流和功率不变时，直接接在电源上的阻抗 Z' 和接在变压器副边的负载阻抗 Z 是等效的。根据上述原、副绕组电压、电流的关系可得：

$$\frac{U_1}{I_1}=\frac{\frac{N_1}{N_2}U_2}{\frac{N_2}{N_1}I_2}=\left(\frac{N_1}{N_2}\right)^2\frac{U_2}{I_2}$$

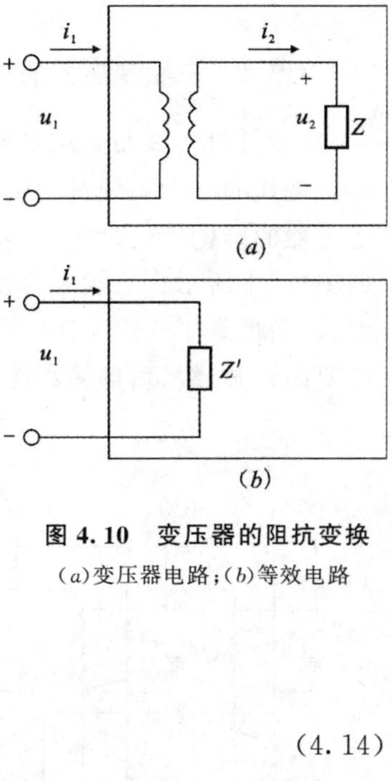

图 4.10　变压器的阻抗变换

(a)变压器电路；(b)等效电路

由图 4.10 知：

$$\frac{U_1}{I_1}=|Z'|,\frac{U_2}{I_2}=|Z|$$

则

$$|Z'|=\left(\frac{N_1}{N_2}\right)^2|Z|=K^2|Z| \tag{4.14}$$

式中，Z' 是原绕组等效阻抗，或者称为变压器转移阻抗，即负载阻抗 Z 通过变压器转移到其输入端口的等效阻抗。变压器的这种阻抗变换作用常用于电子线路的功率放大级中，使负载（如扬声器）能获得较大功率。

例 4.1　有一个信号源的内阻 $R_i=392\Omega$，若接入一个负载电阻 $R_L=8\Omega$。欲使负载上获得最大的输出功率，在信号源与负载之间应接入多大变压比的变压器？假设此信号源的电动势有效值 $E=120$V，那么阻抗变换前后，负载上获得的输出功率分别是多少？

解　由电路理论可知：负载阻抗等于信号源的内阻时，阻抗上将获得最大的输出功率。现负载电阻不等于信号源内阻，需要利用变压器进行阻抗变换，使它等于信号源的内阻。

$$R_L'=K^2R_L$$

$$K^2=\frac{R_L'}{R_L}=\frac{392}{8}=49$$

$$K = 7$$

阻抗没有变换时，负载电阻上获得的输出功率为：

$$P = \left(\frac{E}{R_i + R_L}\right)^2 R_L = \left(\frac{120}{392 + 8}\right)^2 \times 8\text{W} = 0.72\text{W}$$

设置变压器后，实现了阻抗匹配，负载电阻上获得的输出功率为：

$$P' = \left(\frac{E}{R_i + R'_L}\right)^2 R'_L = \left(\frac{120}{392 + 392}\right)^2 \times 392\text{W} = 9.18\text{W}$$

可见，在信号源与负载之间设置一个变压比 K=7 的变压器后，负载上获得的输出功率将会大大增加。

4.3 三相变压器

4.3.1 三相变压器的结构及连接方式

4.3.1.1 三相变压器的基本结构

现代的电力系统都采用三相制供电，因而广泛采用三相变压器来实现电压的变换。三相变压器的结构形式是把三个单相变压器合成一个三铁芯柱的结构形式，称为三相芯式变压器，如图 4.11 所示。三相芯式变压器有用铁量少、效率高、价格便宜、占地面积小、维护方便等优点，因而得到了广泛应用。在三相电力变压器中，目前使用最广泛的是油浸式电力变压器，它主要由铁芯、绕组、油箱和冷却装置、保持装置等部件组成，其外形如图 4.12 所示。

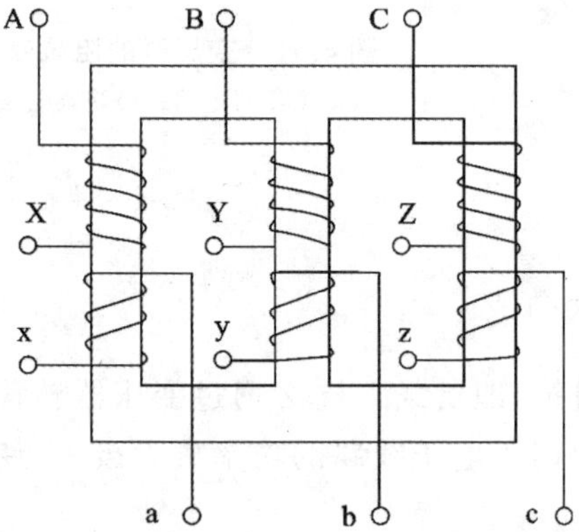

图 4.11 三相变压器

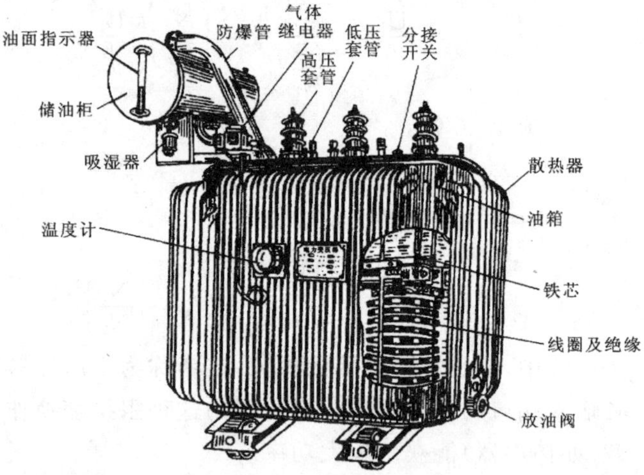

图 4.12 三相变压器外形

4.3.1.2 三相变压器的连接方式

我国的国家标准规定了五种三相变压器的标准连接方式：Y/yn、Y/d、Yn/d、Y/y 和 Yn/y。其中，分子为原绕组的连接方式，分母为副绕组的连接方式，Yn 表示 Y 连接并有中点引出线。五种连接方式中前三种应用最广。用户变压器一般采用 Y/yn 连接，由于副边采用了三相四线制供电方式，因此，既可提供 380V 的三相动力设备用电，又可提供 220V 的单相照明设备用电。大容量、高电压的三相变压器通常采用 Y/d 或 Yn/d 连接。因为原绕组接成 Y 形后，相电压只有线电压的 $1/\sqrt{3}$，因而每相绕组的绝缘要求可以降低；副绕组采用三角形连接，相电流只有线电流的 $1/\sqrt{3}$，因而副绕组的导线截面积可以减小。Y/d 连接用在三相三线制系统中，通常原边电压不超过 60kV，副边电压为 3～10kV；Yn/d 连接主要用于 110kV 及以上的高压输电系统中，一般需要把原绕组的中点接地或者透过阻抗接地。顺便指出，三相变压器的变压比 K 是指原、副边相电压之比。而铭牌上标注的额定电压均指线电压，原、副边线电压之比不仅与原、副边的匝数有关，而且还与绕组的连接方式有关。

Y/yn 连接时：

$$\frac{U_{1N}}{U_{2N}}=\frac{\sqrt{3}U_{1P}}{\sqrt{3}U_{2P}}=\frac{U_{1P}}{U_{2P}}=\frac{N_1}{N_2}=K \tag{4.15}$$

Y/d 连接时：

$$\frac{U_{1N}}{U_{2N}}=\frac{\sqrt{3}U_{1P}}{U_{2P}}=\sqrt{3}\,\frac{U_{1P}}{U_{2P}}=\sqrt{3}\,\frac{N_1}{N_2}=\sqrt{3}K \tag{4.16}$$

4.3.2　三相变压器的铭牌及参数

变压器外壳上都有一块黑底白字的金属牌，金属牌上铭刻有变压器的型号和主要技术参数，故称铭牌。它相当于简单的说明书，使用者只有正确理解铭牌中字母与数据的含义，才能正确使用这台变压器。

4.3.2.1　变压器的型号含义

型号用来表示设备的特征和性能。变压器的型号一般由两部分组成：前一部分用汉语拼音字母表示变压器的类型和特点；后一部分由数字组成，斜线左方数字表示额定容量(kV·A)，斜线右方数字表示高压侧的额定电压(kV)。下面以 SL_7—200/10 为例说明电力变压器型号的识别方法。

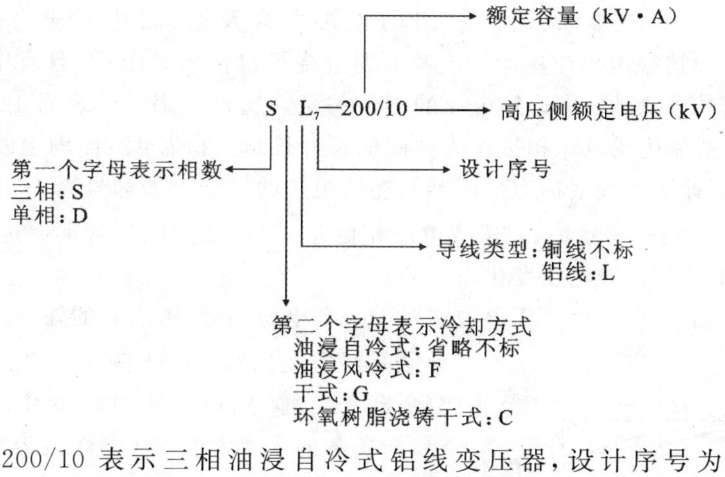

例如，SL_7—200/10 表示三相油浸自冷式铝线变压器，设计序号为 7，额定容量为 200kV·A，高压侧额定电压为 10kV。电力变压器的主要类型除 SL_7 外，还有 S_6、S_7、S_9、S_{10}、SF_7、SC、SCL、SG、DG 等系列。

4.3.2.2　变压器的额定数据

(1)额定电压 U_{1N}、U_{2N}

原边额定电压 U_{1N}是根据变压器的绝缘强度和允许发热程度而规定的原边应加的正常工

作电压。副边额定电压 U_{2N} 是指原边加额定电压时副边的开路电压即空载电压 U_{20}。对三相变压器而言，U_{1N}、U_{2N} 均指线电压，单位为伏(V)或千伏(kV)。

(2)额定电流 I_{1N}、I_{2N}

原边额定电流 I_{1N} 和副边额定电流 I_{2N} 是根据变压器允许发热程度而规定的原边与副边中长期容许通过的最大电流值。对三相变压器而言，I_{1N}、I_{2N} 均指线电流。

(3)额定容量 S_N

额定容量 S_N 是指变压器在额定工作条件下的输出能力，即视在功率保证值。用副边额定电压与额定电流的乘积来表示，单位为千伏安(kV·A)。

单相变压器

$$S_N=\frac{U_{2N}I_{2N}}{1000} \tag{4.17}$$

三相变压器

$$S_N=\sqrt{3}\,\frac{U_{2N}I_{2N}}{1000} \tag{4.18}$$

(4)额定频率 f_N

额定频率 f_N 是指变压器运行时允许的外加电源频率。我国电力变压器的额定频率均为50Hz。

(5)温升

温升是指变压器额定运行时，允许内部温度超过周围标准环境温度的数值。我国的标准环境温度规定为40℃。温升的大小取决于变压器所用绝缘材料的等级，也与变压器的损耗和散热条件有关。允许温升等于由绝缘材料耐热等级确定的最高允许温度减去标准环境温度。例如，变压器使用A级(105℃)绝缘材料，则允许温升为65℃。

(6)连接方式与连接组别

它是用来反映变压器原、副边绕组的连接方式及原、副边对应电压相位关系。如Y/yn-12，Y表示原边绕组接成星形，yn表示副边绕组也接成星形，并且有中点引出线；12称为连接组别的标号，反映原、副边线电压的相位关系。这种采用时钟表面12个数字表示相位差是很简明的。把原边线电压相量作为钟面的长针且总是指着12；而副边线电压间的相量作为钟面的短针，短针所指数字称为变压器的连接组别的标号。如标号为12，表示原、副边线电压是同相位；标号为11，表示原、副边线电压相位差30°，且副边 $\dot{U}_{uv}$ 超前原边 $\dot{U}_{UV}$。

(7)变压器的外特性和电压变化率

对于负载而言，变压器相当于电源。对于一个电源，必须考虑它的外特性。电力系统中的负载是经常变化的。由于变压器原、副绕组存在阻抗，当负载变化时，副边电压也要变化，其变化程度和趋势，与负载的大小和性质(感性或容性等)有关。所谓变压器的外特性就是指当变压器原边电压 U_1 和负载功率因数 $\cos\varphi$ 一定时，副边电压 U_2 随副边电流 I_2 变化的关系曲线，如图4.13所示。由图4.13可知，$I_2=0$ 时，$U_2=U_{20}$(空载电压)，当负载为电阻和感性负载时，随着负载电流 I_2 的增大，变压器副边电压 U_2 逐渐减

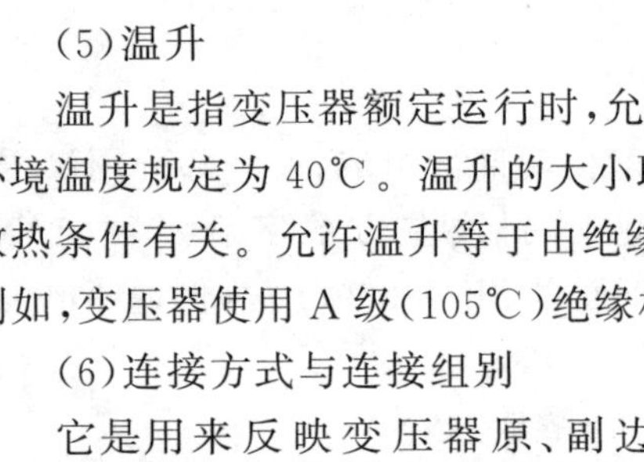

图4.13 变压器的外特性

小。在相同的负载下，U_2 减小的程度取决于负载功率因数的大小，功率因数越低，U_2 下降越大。当负载为容性负载时，曲线上翘，即 U_2 随 I_2 的增大而升高。所以为了减小电压的变化，对于感性负载而言，可在其两端并联电容，以提高负载的功率因数。

变压器 U_2 随 I_2 的变化程度，可用电压变化率（或电压调整率）来描述。它用空载时的副边电压 U_{20} 和负载时的副边电压 U_2 之差与 U_{20} 之比的百分数表示，即：

$$\Delta U = \frac{U_{20} - U_2}{U_{20}} \times 100\% \tag{4.19}$$

ΔU 的大小反映了变压器的输出电压的稳定程度，是变压器的主要技术指标之一，电力变压器的 ΔU 一般不得超过 5%。

(8)效率

变压器的效率与内部损耗密切相关。变压器的内部损耗包括铜损和铁损。铜损 P_{Cu} 是电流流过原、副绕组时在绕组电阻上消耗的电功率，即 $P_{Cu} = I_1^2 R_1 + I_2^2 R_2$，它随副边电流的大小而变化。铁损 P_{Fe} 主要取决于电源频率和铁芯中的磁通量，与负载大小基本无关。变压器运行时，内部损耗转换成热能，使线圈和铁芯发热。

变压器的效率是指变压器输出有功功率 P_2 与输入有功功率 P_1 之比，一般用百分数表示：

$$\eta = \frac{P_2}{P_1} \times 100\% \tag{4.20}$$

而输入有功功率 P_1 是输出有功功率 P_2 与内部损耗功率之和，即 $P_1 = P_2 + P_{Cu} + P_{Fe}$。所以：

$$\eta = \frac{P_2}{P_2 + P_{Cu} + P_{Fe}} \times 100\% \tag{4.21}$$

变压器的内部损耗很小，所以效率很高。中小型电力变压器的效率可达 90%～95%，大型电力变压器的效率可达 98%～99%。由于铜损与负载有关，因此，在不同的工作状态下变压器的效率亦不同。当负载为额定负载的 50%～75%时，效率最高，而轻载时变压器效率很低。

例 4.2　有一台 Y/yn 连接的三相变压器，高压边的线电压为 10kV，变压器的变压比 K=25，问低压边的相电压和线电压各是多少？若变压器是作 Y/d 连接，则低压边的相电压和线电压又是多少？

解　变压器作 Y/yn 连接时，高压边的相电压：$U_{1P} = \frac{U_{1L}}{\sqrt{3}} = \frac{10000}{\sqrt{3}} V = 5780V$

低压边的相电压和线电压分别为：

$$U_{2P} = \frac{U_{1P}}{K} = \frac{5780}{25} V = 231V$$

$$U_{2L} = \sqrt{3} U_{2P} = \sqrt{3} \times 231V = 400V$$

变压器作 Y/d 连接时，高压边的相电压仍然是 U_{1P}=5780V，低压边的相电压和线电压为 $U_{2L} = U_{2P}$=231V。

4.3.3　变压器型号、台数及容量的选择

4.3.3.1　主变压器的选型应考虑的因素

①根据建筑物的使用功能要求：这要由建设单位所具备的条件决定。

②变电所安装场所及具体的位置：在高层建筑内为了预防火灾，一般不用油浸自冷变压

器，后者常用在单层建筑变电室内或室外，成本较低。

③建筑物的防火等级：防火等级高时用成本较高的干式变压器。

④母线的接线方式和主要用电设备对供电的要求。

⑤当地供电部门对变电所的管理体制。

主变压器设在地下室时，根据消防要求，不得选用可燃油变压器。地下室比较潮湿，通风条件不好时，也不宜选用空气绝缘干式变压器，普遍采用硅油型、环氧树脂浇铸型或六氟化硫(SF_6)型电力变压器。

4.3.3.2 变压器台数的选择

变压器的容量和台数，应根据地区供电条件、负荷性质、用电容量和运行方式等条件综合考虑确定。

(1)35kV变电所主变压器选择

①在有一、二级负荷的变电所中宜装设两台主变压器，当技术经济合理时，可装设两台以上主变压器。如变电所可由中、低压侧电力网取得足够容量的备用电源时，可装一台主变压器。

②装有两台及以上主变压器的变电所，当断开一台时，其余主变压器的容量不应小于60%的全部负荷，并应保证用户的一、二级负荷。

③具有三种电压的变电所，如通过主变压器各侧线圈的功率均达到该变压器容量的15%以上，主变压器宜采用三线圈变压器。

(2)10kV变电所配电变压器的选择

①当符合下列条件之一时，宜装设两台及以上变压器：有大量一级或二级负荷，季节性负荷变化较大，集中负荷较大。

②装有两台及以上变压器的变电所，当其中任一台变压器断开时，其余变压器的容量应满足一级负荷及二级负荷的用电。

③变电所中单台变压器(低压为0.4kV)的容量不宜大于1250kV·A。当用电设备容量较大、负荷集中且运行合理时，可选用较大容量的变压器。

④当属下列情况之一时，可设专用变压器：一般情况下，动力和照明宜共用变压器，若共用变压器严重影响照明质量及灯泡寿命时，可设照明专用变压器；冲击性负荷较大，严重影响电能质量时，可设冲击性负荷专用变压器；出于功能需要的某些特殊设备(如容量较大的X光机等)宜设专用变压器；当季节性的负荷容量较大时(如大型民用建筑中的冷冻机组等负荷)可设专用变压器。

⑤变压器的容量应满足大型电动机及其他冲击负荷的启动要求。

4.3.3.3 变压器容量的选择

(1)只装有一台主变压器的变电所

主变压器的额定容量 S_N 应满足全部用电设备总的计算负荷 S_j 的需要，即：

$$S_N \geqslant S_j \tag{4.22}$$

(2)装有两台主变压器的变电所

两台主变压器的额定容量 S_N 应同时满足以下两个条件：

①任一台变压器单独运行时，应满足不小于总计算负荷 S_j 60%～70%的需要，即：

$$S_N \geqslant (0.6 \sim 0.7) S_j \tag{4.23}$$

②任一台变压器单独运行时，应满足全部一、二级负荷 $S_{j(\mathrm{I}+\mathrm{II})}$ 的需要，即：

$$S_N \geqslant S_{j(\mathrm{I}+\mathrm{II})} \tag{4.24}$$

(3)单台变压器(低压侧为 0.4kV)的容量上限

低压侧为 0.4kV 的配电变压器单台容量,一般不宜大于 1250kV·A。这一方面是受目前通用的低压断路器的断流能力及其短路稳定度要求的限制,另一方面也是考虑到可使变压器接近负荷中心,以减少低压配电系统的电能损耗和电压损耗,降低有色金属消耗量。但是,如果负荷比较集中、容量较大而且运行合理时,也可选用单台容量为 1600～2000kV·A 的变压器,这样能减少主变压器台数及高压开关电器和电缆的数量等。

对装设在二层建筑以上的电力变压器,要考虑其垂直和水平运输对通道及楼板荷载的影响。如果采用干式变压器时,其容量不宜大于 630kV·A。

例 4.3 今有一个居民区变电室,需要设一台电力变压器,已知用电设备总功率为 408kW,平均功率因数 $\cos\varphi=0.9$,$\tan\varphi=0.484$,利用系数 $k_c=0.6$。求 P_j、Q_j、S_j、I_j 及变压器的容量。

解 有功计算负荷:$P_j=k_cP_a=0.6\times408\text{kW}=244.8\text{kW}$

无功计算负荷:$Q_j=P_j\tan\varphi=244.8\times0.484\text{kvar}=118.5\text{kvar}$

视在计算负荷:$S_j=\sqrt{P_j^2+Q_j^2}=\sqrt{244.8^2+118.5^2}\text{kV}\cdot\text{A}=272\text{kV}\cdot\text{A}$

计算电流:$I_j=\dfrac{S_j}{\sqrt{3}U_L}=\dfrac{272\times10^3}{\sqrt{3}\times380}\text{A}=413.27\text{A}$

选择型号 S_9—315/10 或 SZ7—315/10,变压器的容量 $S_N=315\text{kV}\cdot\text{A}>272\text{kV}\cdot\text{A}$。

4.4 特殊变压器

4.4.1 仪用互感器

仪用互感器是专供电工测量和自动保护装置使用的特殊变压器。使用互感器有两个目的:一是把测量回路和高压电网隔离,以利于确保工作人员的安全;二是扩大测量仪表的量程,可以使用小量程电流表测量大电流,用低量程电压表测量高电压,或者为高压电路的控制及保护装置提供所需的低电压或小电流。仪用互感器按用途可分为电压互感器和电流互感器两种。

4.4.1.1 电压互感器

电压互感器的原边匝数较多,与被测高压线路并联;副边匝数较少,接在电压表上或功率表的电压线圈上,如图 4.14(*a*)所示。它相当于一台小容量的降压变压器,可将高电压变为低电压,以便测量。由于电压表或电压线圈的内阻抗很大,所以,电压互感器工作时相当于变压器运行在空载状态。其变压比 $K_U=\dfrac{U_1}{U_2}=\dfrac{N_1}{N_2}$,被测电压 $U_1=K_UU_2$。

通常,电压互感器的副边额定电压均设计为同一标准值 100V。因此,在不同电压等级的电路中所用的电压互感器,其变压比是不同的。变压比用额定电压的比值形式标注在铭牌上,例如,6000/100、10000/100 等。当电压互感器和电压表配套使用时,电压表的刻度可按电压互感器高压侧的电压标出,这样就可不必经过中间运算而直接读数。

使用电压互感器时,必须注意以下几点:

①副边不能短路,否则会产生很大的短路电流,烧坏互感器。

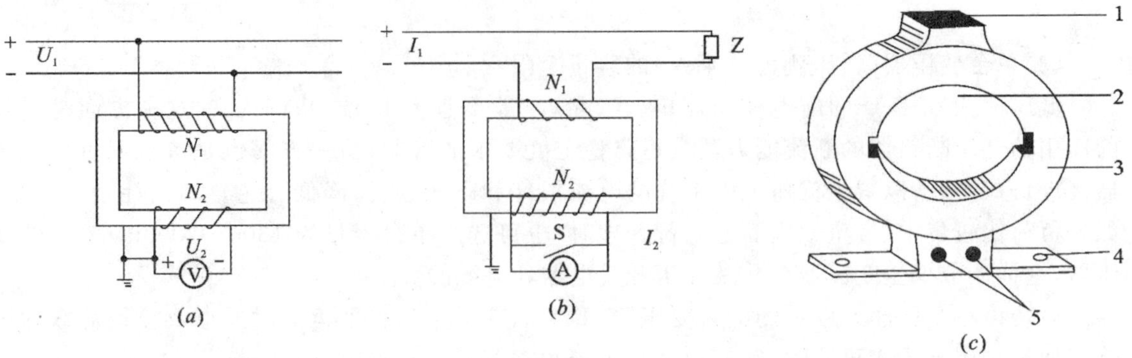

图 4.14 电压、电流互感器原理接线图和外形图

(a)电压互感器原理图;(b)电流互感器原理图;(c)LMJ_1—0.5 型电流互感器外形图

1—铭牌;2——一次母线穿过口;3—铁芯,外绕二次绕组,环氧树脂浇铸;4—安装板,5—二次接线端

②铁芯和副边的一端必须可靠接地,防止高、低压绕组间的绝缘损坏时,副边和测量仪表出现高电压,危及工作人员的安全。

③副边并接的电压线圈不能太多,以免超过电压互感器的额定容量,引起互感器绕组发热,并降低互感器的准确度。

4.4.1.2 电流互感器

电流互感器的原边导线较粗,匝数很少,只有 1～3 匝,串接在被测线路上;副边匝数较多,接在电流表上或电度表的电流线圈上,如图 4.14(b)、图 4.14(c)所示。它相当于一台小容量的升压变压器,可将大电流变为小电流,以便测量,从而扩大了电流表的量程。由于电流表或电流线圈的内阻抗很小,所以电流互感器工作时相当于变压器在短路运行状态。但由于原边匝数很少,阻抗极小,电压降也极小,而且原边电流就是被测电流,因此,原边电流并不受副边状态的影响。电流互感器的变流比 $K_I=\frac{I_1}{I_2}=\frac{N_2}{N_1}$,被测电流 $I_1=K_I I_2$。

通常电流互感器的副边额定电流均设计为 5A。因此,在不同电流的电路中所用的电流互感器,其变流比是不同的。变流比用额定电流的比值形式标注在铭牌上,例如,50/5、75/5、100/5 等。当电流互感器和电流表配套使用时,电流表的刻度可按原边额定电流值标出,以便直接读数。

使用电流互感器时,必须注意:

①副边绝对不允许开路,否则,副边会感应出很高的电压,容易击穿绝缘,损坏设备,危及人身安全。为了避免拆卸电流表时发生副边开路现象,一般在电流表两端并联一个开关,拆卸之前闭合开关,更换仪表后再打开开关。

②铁芯和副边的一端必须可靠接地,防止原、副绕组之间的绝缘损坏时,原边的高电压传到副边,危及人身安全。

4.4.1.3 钳形电流表

通常用普通电流表测量电流时,需要将电路切断停机后才能将电流表接入进行测量,这是很麻烦的,有时运行的电路也不允许这样做。此时,使用钳形电流表就显得方便多了,可以在不切断电路的情况下来测量电流。

钳形电流表实际上是一个电流互感器和电流表的组合。它的铁芯可张开,它的外形结构见图4.15。测量时让载流导线穿过铁芯，穿过铁芯的载流导线就成为电流互感器的一次绕组，其中通过电流便在二次绕组中感应出电流，使与二次绕组相连接的电流表有指示，从而测出被测线路的电流。钳形表可以通过转换开关的拨挡，改换不同的量程，但拨挡时不允许带电进行操作。钳形表一般准确度不高，通常为2.5～5级。为了使用方便，表内还有不同量程的转换开关供测不同等级电流以及测量电压。

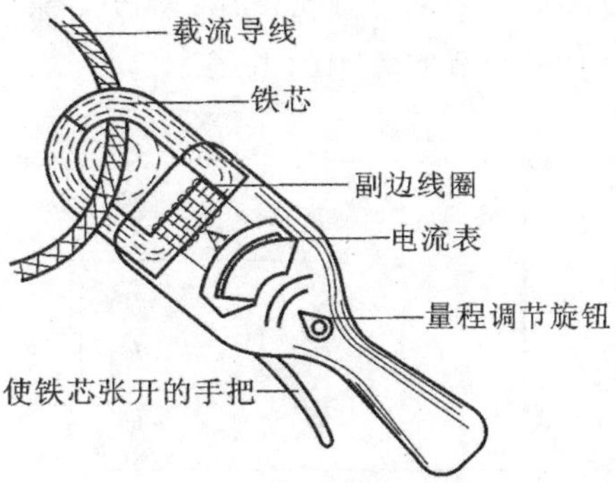

图4.15　钳形电流表的外形结构

测量注意事项：

根据被测电流的种类电压等级正确选择钳形电流表，被测线路的电压要低于钳形电流表的额定电压。测量高压线路的电流时，应选用与其电压等级相符的高压钳形电流表。低电压等级的钳形电流表只能测低压系统中的电流，不能测量高压系统中的电流。

在使用前要正确检查钳形电流表的外观情况，一定要检查表的绝缘性能是否良好，外壳应无破损，手柄应清洁干燥。若指针没在零位，应进行机械调零。钳形电流表的钳口应紧密接合，注意清除钳口杂物、污垢，然后进行测量。

由于钳形电流表要接触被测线路，所以钳形电流表不能测量裸导体的电流。用高压钳形表测量时，应由两人操作，测量时应戴绝缘手套，站在绝缘垫上，不得触及其他设备，以防止短路或接地。

要根据被测电流大小来选择合适的钳形电流表的量程。严禁在测量进行过程中切换钳形电流表的挡位，换挡时应先将被测导线从钳口退出再更换挡位。

当测量小于5A以下的电流时，为使读数更准确，在条件允许时，可将被测载流导线绕数圈后放入钳口进行测量。此时被测导线实际电流值应等于仪表读数值除以放入钳口的导线圈数。

测量结束后钳形电流表的开关要拨至最大量程挡，以免下次使用时不慎过流，并应保存在干燥的室内。

4.4.2　自耦变压器

自耦变压器只有一个绕组，即原边和副边共用一个绕组。若绕组中抽出一部分线匝作为副边，则自耦变压器为降压变压器；若外加电压接在绕组的一部分线匝上，则自耦变压器为升压变压器。普通双绕组变压器原、副边之间只有磁的耦合而无电的直接联系。自耦变压器由于原、副边共用一个绕组，因此，原、副边之间不仅有磁的耦合而且有电的直接联系，这是其主要工作特点。

图4.16为单相自耦变压器的原理图，单相自耦变压器的工作原理与双绕组变压器基本相同。原、副边电压与电流在数值上同样存在以下关系：

$$\frac{u_1}{u_2}=\frac{N_1}{N_2}=K,\frac{i_1}{i_2}=\frac{N_2}{N_1}=\frac{1}{K}$$

三相自耦变压器的三个绕组一般作Y连接，常用于三相异步电动机的降压启动。低压小容量的自耦变压器，经常将中间抽头做成能沿整个线圈自由滑动的活动触头，因而可在一定范围内平滑地调节副边电压，所以又称为调压器，如图 4.17 所示。单相与三相调压器常用于实验室中调节实验用的电压。

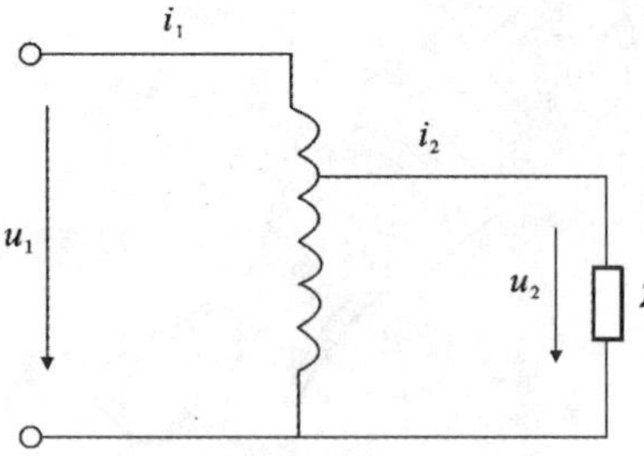

图 4.16 单相自耦变压器原理图

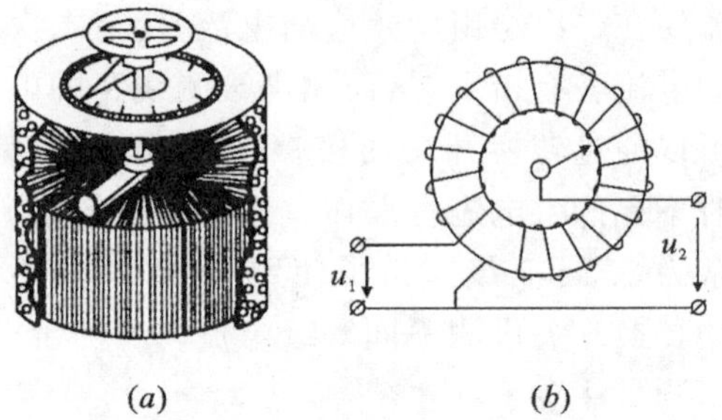

图 4.17 自耦调压器

自耦变压器结构简单，用铁、铜量较少，因而体积小、质量轻、成本低、效率高，但由于原、副边之间有电的直接联系，因此，原、副边应采用同一绝缘等级。例如，用自耦变压器把 6kV 降为 220V，则副边电路的绝缘也要按 6kV 来考虑，这样不仅不经济，而且对工作人员来说也不安全。因此，自耦变压器的变压比 K 一般小于 2.5。此外，自耦变压器不允许作为安全变压器使用，这是因为：公共部分断开时，原边的较高电压将直接引入副边；线路万一接错，容易发生触电事故。

4.4.3 电焊变压器

4.4.3.1 电焊变压器的原理

交流电焊机（又叫交流弧焊机）的主要组成部分是电焊变压器。电焊变压器是一种特殊的降压变压器，其特殊性在于它具有陡降的外特性，如图 4.18 所示（图中 1、2 曲线分别表示电焊变压器副边带不同负载时的副边电压的变化情况）。变压器外特性是指原边电源电压与负载功率因数一定时，副边端电压 U_2 与副边电流 I_2 之间的关系，即 $U_2=f(I_2)$。它反映副边端电压 U_2 随负载电流 I_2 的变化情况。普通变压器的外特性是缓慢下降的。

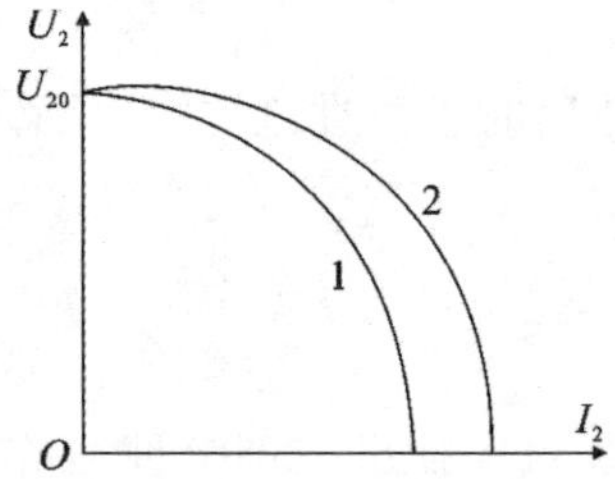

图 4.18 电焊变压器的外特性

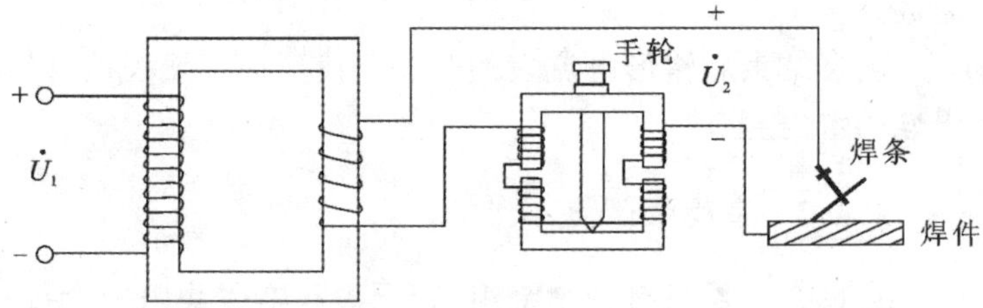

图 4.19 电焊变压器原理图

图 4.19 为电焊变压器原理图。空载时，电焊变压器把 380V 或 220V 的电源电压变为 60～80V 的点弧电压。焊接时，负载随焊条与焊件之间的距离发生较大变化，U_2 随之发生较大变化。达到额定焊接电流时，U_2 为 30～40V；焊条与焊件接触短路时，$U_2=0$。为了维持点燃的电弧稳定连续地工作，要求焊接电流 I_2 不应变化太大，即使焊条与工件短路，I_2 也不应超过额定焊接电流的 1.5 倍，以保证焊接质量。为此，电焊变压器必须具有陡降的外特性，即 U_2 变化较大时，I_2 变化较小。通常，在变压器的副绕组上串接铁芯电抗器。铁芯电抗器主要由绕在铁芯上的线圈制成，铁芯包括动铁芯与静铁芯，动、静铁芯之间有可以调节的空气隙。空载时，由于焊接电流 $I_2=0$，电抗器上没有电压降，点弧电压就等于副边端电压。焊接时，由于

电抗器的电抗值较大，I_2 必在电抗器上产生较大的电压降，因此，U_2 比空载时显著下降。即使焊条与工件短路，由于电抗器的分压限流作用，短路电流 I_2 也不会太大。为了适应不同焊件和不同规格的焊条，还要求电抗器能调节焊接电流的大小。调节办法是，通过旋转手轮来转动螺杆，移动电抗器的动铁芯，改变动、静铁芯之间空气隙的长度，从而改变电抗值的大小，达到调节焊接电流的目的。另外，还可以通过改变副边匝数实现对焊接电流进行粗调节。副边匝数增多，焊接电流减小；副边匝数减少，焊接电流增大。

4.4.3.2　使用电焊变压器时应注意的事项

使用电焊变压器进行焊接时，必须注意以下几点：

①电焊变压器分单相与三相两大类。三相电焊机的额定电压为380V，单相电焊机的额定电压既有380V，又有220V。使用时，电焊变压器必须接在相应的电源电压中。

②焊条规格不同，其额定焊接电流也不同。因此，必须在允许范围内选择焊条规格。改变焊条规格，焊接不同工件时，必须调节焊接电流的大小。

③焊接时，必须把电焊变压器副边的另一端即不与焊枪相连的一端通过粗导线与工件连接起来，使副边构成闭合回路。

④电焊变压器的空载电压并不是安全电压，工作时应防止触电。

⑤焊接时，操作人员必须戴好手套，使用保护面罩，以免电弧（或火花）灼伤眼睛与皮肤。

小　结

磁路是由磁性材料制成的磁通集中通过的路径。在电机、变压器等许多电气设备中，为了得到较大的磁通，广泛采用磁性材料和铁芯构成磁路。

磁性材料具有高导磁性、磁饱和性和磁滞性。磁性材料可分为软磁材料、硬磁材料和矩磁材料。它们分别用在不同的场合。

磁路中磁通 Φ、磁动势 F 和磁阻 R_m 间的关系，可以用磁路欧姆定律表示，即：$\Phi=\frac{F}{R_m}=\frac{IN}{l/\mu S}$，由于 R_m 不是常数，所以一般不能直接用该式进行磁路计算，主要用于定性分析。

变压器是利用电磁感应原理实现电能传递的电气设备。变压器的作用主要有电压变换、电流变换和阻抗变换。其关系式分别为：

$$\frac{U_1}{U_2}=\frac{E_1}{E_2}=\frac{N_1}{N_2}=K \quad \frac{I_1}{I_2}=\frac{N_2}{N_1}=\frac{1}{K} \quad Z'=\left(\frac{N_1}{N_2}\right)^2 Z=K^2 Z$$

式中，$K=N_1/N_2$，称为变压比。

三相变压器分为三相组式变压器和三相芯式变压器。三相组式变压器每相有独立的磁路，三相芯式变压器各相磁路彼此相关。三相变压器规定了五种标准连接方式：Y/yn、Y/d、Yn/d、Y/y 和 Yn/y。

自耦变压器，原、副绕组有共同的线圈部分，因此，原、副绕组既有磁的耦合，又有电的联系。

互感器是一种特殊变压器。电流互感器是将大电流转换成小电流，使用的副绕组不允许断开。电压互感器是将高电压转化成低电压，使用时副绕组不允许短路。

电焊变压器是一种特殊的降压变压器，但为满足电压要求，电焊变压器须有较大的阻抗可以调节。

思考题与习题

4.1 什么叫硬磁材料和软磁材料？各用于何处？

4.2 变压器能否用来变换直流电压，为什么？如果把一台220/36V的变压器的原边接至220V的直流电源上，会产生什么后果？

4.3 有一台220/110V的变压器，能否把220V的交流电压升至440V(即副边接220V)，为什么？

4.4 电力变压器油箱上的出线端，其中一排的导线截面较小，另一排的导线截面较大，问哪一排是高压进线端？哪一排是低压出线端？

4.5 额定频率为60Hz的变压器能否接在电压相同但频率为50Hz的线路上？如果接上，会产生什么后果？

4.6 有一台电压为220/110V的单相变压器，$N_1=2000$ 匝，$N_2=1000$ 匝。能否将其匝数减为400匝和200匝以节省铜线，为什么？

4.7 选择题

(1)变压器原边电流的大小是由下列哪一个因素决定的？(　　)

a. 变压器容量　　b. 副边负载　　c. 原边电压　　d. 副边电压

(2)一台220/36V的变压器容量为300V·A，下列用电器中能接入该变压器副边中正常工作的用电器是哪一个？(　　)

a. 36V、500W　　b. 24V、100W　　c. 24V、200W　　d. 36V、100W

(3)某建筑工地既有额定电压为380V的三相动力设备，又有220V的照明灯具，所选变压器的接线方式应为哪一种？(　　)

a. Y/y　　b. D/y　　c. Y/d　　d. Y/yn

4.8 单相调压器的原边电压为220V，副边电压为0～250V，若误将220V电源接在副边上，会发生什么现象？

4.9 电焊变压器的陡降特性是如何实现的？普通变压器是否具有这种特性，为什么？

4.10 在测量高电压或大电流时，为什么要使用电压互感器或电流互感器？使用时，各应注意哪几点？

4.11 有一线圈，其匝数 $N=1000$，绕在由铸钢制成的闭合铁芯上，铁芯的截面积 $S_{Fe}=20\text{cm}^2$，铁芯的平均长度 $l_{Fe}=50\text{cm}$。如果要在铁芯中产生磁通 $\Phi=0.002\text{Wb}$，试问铁芯线圈中应通入多大的直流电流？

4.12 一个具有闭合的均匀铁芯的线圈，其匝数为300，铁芯中的磁感应强度为0.9T，磁路的平均长度为45cm，试求铁芯材料为铸铁和硅钢片时线圈中的电流。

4.13 一铁芯线圈加上频率50Hz的正弦交流电压后，铁芯中磁通最大值 $\Phi_m=2.25\times10^{-3}\text{Wb}$，为使线圈得到有效值为100V的电动势，试问线圈的匝数应为多少？

4.14 单相变压器接在25kV的工频交流电源上，低压绕组的开路电压是6.6kV，铁芯截面积 $S=1120\text{cm}^2$，磁感应强度的幅值 $B_m=1.5\text{T}$。求此变压器的变压比及高、低压绕组的匝数。

4.15 单相变压器接在频率为50Hz的交流电源上，一次绕组 $N_1=450$，磁通的幅值 $\Phi_m=2.2\times10^{-3}\text{Wb}$，二次绕组的开路电压 $U_2=36\text{V}$。试求二次绕组的匝数和变压器的变压比。

4.16 一台单相变压器，额定电压为6600/220V，效率 $\eta=97.5\%$。当二次绕组接在功率为50kW、功率因数 $\cos\varphi=0.82$ 的负载时，求一次绕组中的电流及从电源吸收的功率。

4.17 一单相照明变压器，容量为10kV·A，电压为3300/220V。若变压器在额定情况下运行，求：(1)副边可接多少个220V、60W的白炽灯正常工作？(2) I_{1N}、I_{2N} 各为多少？

4.18 单相变压器原、副边的额定电压为220/36V，$S_N=2000\text{V}\cdot\text{A}$，求：(1) I_{1N}、I_{2N}。(2)当原边加额定电压后，问是否在任何负载下原、副边的电流都是额定值，为什么？(3)若在副边接36V、100W的白炽灯15个，求 I_1；若在副边只接36V、100W的白炽灯2个，再求 I_1。问上列两种情况算得的电流，哪一种比较准确，为什么？

4.19　一台三相变压器的 $N_1=2000$，$N_2=80$，$U_{1N}=10kV$，副边接上对称三相负载后，$I_{2L}=40A$，求在 Y/yn和 Y/d 两种连接时的副边相电压、相电流和原边线电流。

4.20　某单位选用一台 Y/yn 连接的三相变压器供动力和照明用电，已知 $S_N=250kV\cdot A$，$U_{1N}=10kV$，$U_{2N}=400V$，$\eta=95\%$，副边三相负载基本对称，且 $\cos\varphi=0.9$，求 P_{1N}、P_{2N}、I_{1N}、I_{2N}。

4.21　使用 6000/100V 的电压互感器进行测量时，电压表指在 98V 上，求线路电压为多少？使用 100/5A的电流互感器进行测量时，电流表指在 4.2A 上，求被测线路的实际电流为多少？

实践与能力训练　单相变压器的空载与有载运行

(1)实验目的

①认识单相变压器的基本结构和铭牌上各种数据的含义，并学会变压器和调压器的接线方法。

②测定单相变压器的变压比及有载运行时的电流比，并验证变压器的变压比和电流比的关系。

③观察变压器在有载运行时，副边电压随负载变化而变化的规律。定性描述变压器的外特性。

(2)仪器与设备

①单相交流电源，$U=220V$，$f=50Hz$；

②单相变压器(500V·A)，变压器的变压比为 220/110V 一台；

③单相调压器(0～250V)，容量为 1kV·A 一台；

④交流电流表(0～5A)以及电流表插孔板一副；

⑤交流电压表(0～250V)及测试笔一副；

⑥灯箱负载一组，220V、60W 的白炽灯泡 4 个；

⑦双极刀开关一只。

(3)步骤和内容

①观察变压器的构造与铭牌，了解各种仪器设备的规格和接线方法。

②按照实验线路图 4.20 进行接线，并将调压器的输出调至零，暂将负载并关 S_2 断开，使副边处于开路状态。

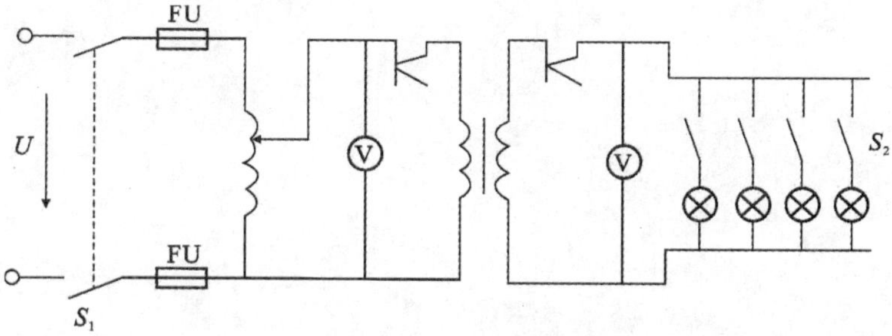

图 4.20　实验线路图

③经指导教师检查无误后，接通电源。调节调压器的输出，使实验变压器的原边电压逐渐增大，直至达到额定值。随后测量空载电流 I_0 及变压器原、副边电压 U_1 与 U_2，并将所得数据填入表 4.1 中。

④合上负载开关 S_2，使变压器接入负载。在保持原边电压为额定值的基础上，逐步调节

负载大小，直到副边电流达到额定值为止。测出每次原、副边的电流 I_1、I_2 以及副边电压 U_2，并将所测得数据填入表 4.1 中。

表 4.1 测量与计算结果

序号	负载情况	测量结果				计算结果		
		U_1(V)	U_2(V)	I_1(A)	I_2(A)	$K_U=\frac{U_1}{U_2}$	$K_I=\frac{I_1}{I_2}$	ΔU
1	空载							
2	1 盏灯							
3	2 盏灯							
4	3 盏灯							
5	4 盏灯							

(4)记录与计算

将计算结果填入表 4.1。

(5)总结与分析

①估算空载电流占额定电流 I_{1N} 的百分数是多少。

②通过计算变压器原、副边电流之比 I_1/I_2，说明在什么条件下能基本满足 $U_1/U_2=I_1/I_2$。

③在计算各种负载时的变压器电压调整率 $\Delta U\%$ 的基础上，画出变压器的外特性曲线。

单元5 电 动 机

知识目标

交、直流电动机的构造、工作原理、电磁转矩、机械特性及启动、调速、反转、制动方法；三相异步电动机的铭牌数据及选择；异步电动机电路的分析计算方法；其他电动机的用途。

技能目标

掌握异步电动机电路的分析计算；具有正确选择电动机的能力。

5.1 三相异步电动机

5.1.1 三相异步电动机的结构与工作原理

5.1.1.1 电动机的分类

①按速度划分：可分为不调速和调速两大类型。不调速电动机直接由电网供电。调速电动机由各种变流器(主要是各种电力电子变流器)供电。随着电力电子技术的发展，将有越来越多的调速传动取代不调速传动，以节约电能，改善机械性能。

②按照电动机的类型划分：

- 电动机
  - 直流电动机
    - 励磁直流电动机
      - 他励电动机
      - 串励电动机
      - 复励电动机
    - 永磁直流电动机
  - 交流电动机
    - 异步电动机
      - 笼型电动机
      - 绕线转子电动机
    - 同步电动机
      - 普通同步电动机
        - 励磁式
        - 永磁式
      - 无换向器电动机
      - 磁阻电动机

电动机可分为交流、直流电动机两大类，交流电动机又分异步电动机、同步电动机两类。本节主要介绍三相异步电动机。

5.1.1.2 三相异步电动机的结构

三相异步电动机由两个基本部分组成：定子(固定部分)和转子(旋转部分)，如图5.1所示。

定子由机座、定子铁芯和定子绕组三部分组成。

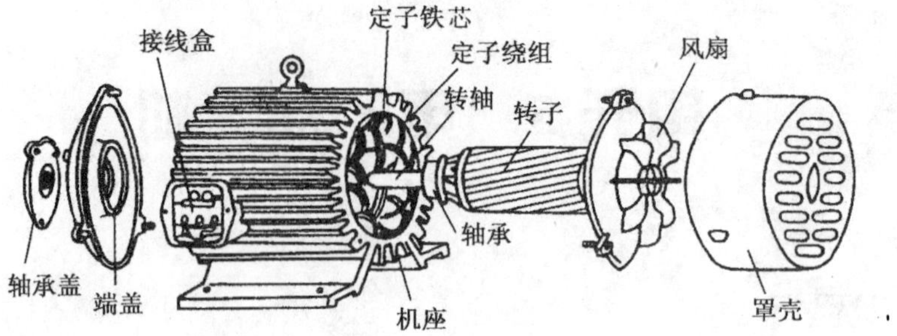

图 5.1 三相异步电动机的结构

机座是由铸钢制成的，它有固定铁芯、绕组和支撑端盖的作用。

定子铁芯是电动机磁路的组成部分，一般是由互相绝缘的硅钢片叠成，见图 5.2。铁芯的表面冲有槽，用于嵌放三相对称绕组，称为定子绕组。定子绕组是定子中的电路部分，一般有六个出线端，分别接到机座的接线盒内，以便使用时与三相电源相连接。

转子是电动机的旋转部分，用来带动机械负载转动，它主要由转子铁芯和转子绕组两部分组成。

转子铁芯是由许多硅钢片叠成的圆柱体，每一片转子硅钢片的形状如图 5.3 所示。其外圈冲有均匀分布的槽，槽内放置转子绕组。根据转子绕组结构不同，三相异步电动机分为笼型和绕线式两种。

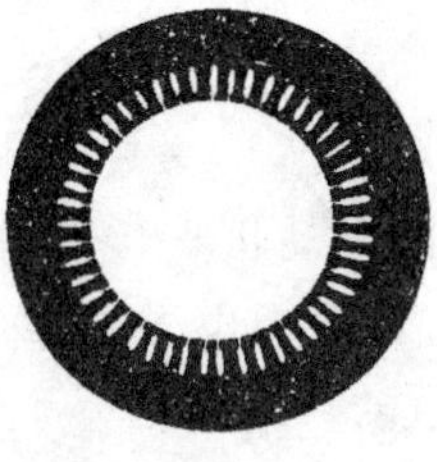

图 5.2 定子硅钢片

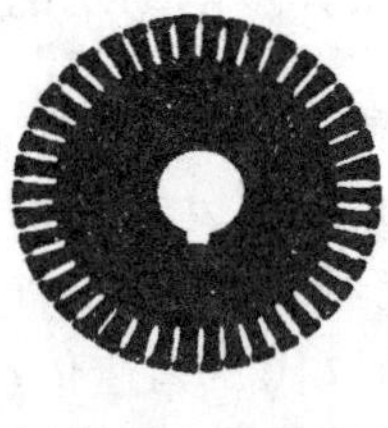

图 5.3 转子硅钢片

笼型转子是在转子铁芯槽内压进铜条，铜条两端分别焊在两个铜环上，如图 5.4(*a*)所示，由于形状像笼子，所以得此名。为了节省铜材，现在中小型电动机一般采用铸铝转子，如图 5.4(*b*)所示，即把熔化的铝浇铸在转子铁芯的槽内，有的把风扇和两个端环铸在一起。铸铝转子不仅简化了制造工艺，也降低了成本。

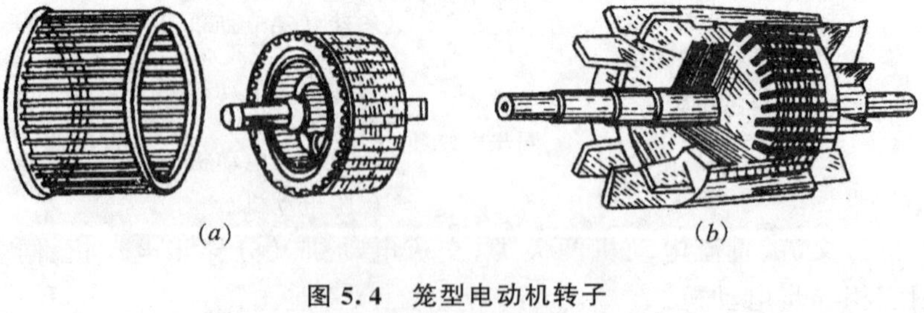

(*a*) (*b*)

图 5.4 笼型电动机转子

(*a*)笼型转子；(*b*)铸铝笼型转子

绕线式转子绕组同定子绕组一样，也是由导线制成三相对称绕组，放置在转子铁芯槽内。转子绕组固定连接成 Y 形，把三个接线端分别接到转轴上三个彼此绝缘的铜质滑环上，滑环与轴也是绝缘的，通过与滑环滑动接触的电刷，将转子绕组的三个始端接到机座的接线盒内，其结构如图 5.5 所示。三个接线端可以把外加的三相变阻器或电阻串入转子绕组中，从而改善电动机的启动和调速性能，当不接外加三相变阻器时，必须把三个接线端短接，使转子绕组形成闭合通路，否则电动机将不会转动。两种类型转子的电动机只是在转子结构上有所不同，其工作原理完全一样。笼型电动机用得最多、最普遍；绕线式电动机有较好的启动和调速性能，一般用在要求频繁启动和在一定范围内调速的场合。

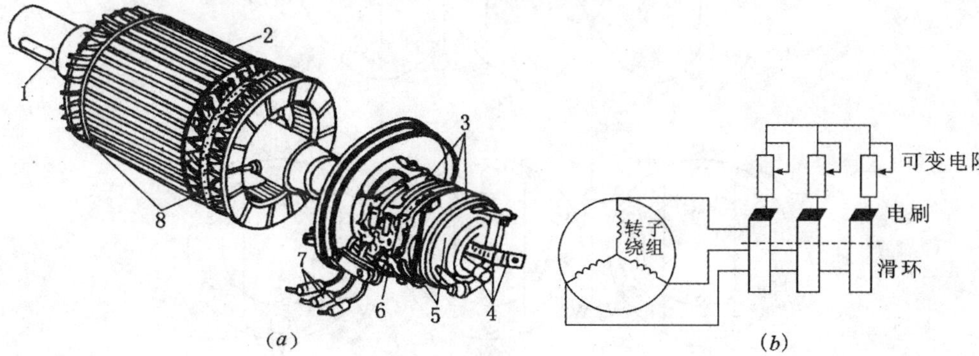

图 5.5 绕线式转子

(a)绕线转子；(b)绕线转子回路接线示意图

1—转轴；2—转子铁芯；3—滑环；4—转子绕线出线头；5—风扇；6—刷架；7—电刷引线；8—转子绕组

5.1.1.3 三相异步电动机的工作原理

三相异步电动机的三相定子绕组通入三相交流电流，便产生旋转磁场，而三相异步电动机的工作原理是基于对旋转磁场的利用，所以先介绍旋转磁场是怎样产生的。

(1)旋转磁场

①旋转磁场的产生：三相异步电动机的定子绕组如图 5.6(a)所示。它是由在空间彼此相隔 120°的三组相同的线圈组成(即三相对称绕组)，每组线圈是一相绕组，为便于分析其基本原理，每相绕组用一个线圈表示。每相绕组的始、末端分别用 U_1、V_1、W_1 和 U_2、V_2、W_2 表示。定子绕组既可以 Y 连接，也可△连接，图 5.6(b)所示为 Y 连接。

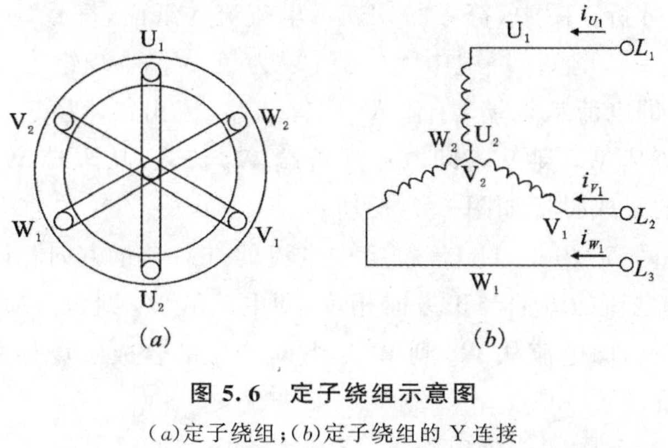

图 5.6 定子绕组示意图

(a)定子绕组；(b)定子绕组的 Y 连接

将定子绕组接在三相交流电源上，即产生三相电流，其波形如图 5.7(a)所示。

瞬时表达式为：

$$i_U = I_m \sin\omega t$$

$$i_V = I_m \sin(\omega t - 120°)$$

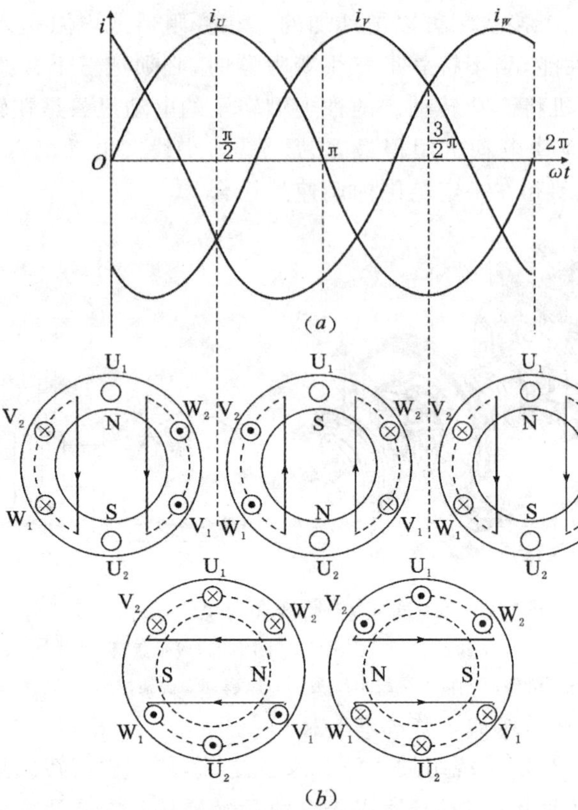

图 5.7 两极旋转磁场

(a)三相电流的波形;(b)合成磁场

$$i_W = I_m \sin(\omega t - 240°)$$

规定电流的正方向是从绕组的首端流入,末端流出,三相绕组通入三相交流电流后,共同产生了一个随电流交变的在空间不断旋转的合成磁场,这就是旋转磁场。下面在图 5.7 中任取几个不同瞬间进行分析。图中,符号"×"表示电流流入纸面,符号"·"表示电流流出纸面。

$\omega t=0$ 的瞬间,$i_U=0$,U_1U_2 绕组中无电流;i_V 为负,V_1V_2 绕组中电流的方向与正方向相反,电流从 V_2 到 V_1,即电流从末端 V_2 流入,从首端 V_1 流出;i_W 为正,W_1W_2 绕组中电流的方向与正方向相同,电流从 W_1 到 W_2,即电流从首端 W_1 流入,从末端 W_2 流出。根据右手螺旋定则可知,它们产生的合成磁场如图 5.7(b)所示。

在 $\omega t=\pi/2$ 的瞬间,i_U 为正,U_1U_2 绕组中电流的方向与正方向相同,即电流从 U_1 到 U_2;i_V 为负,V_1V_2 绕组中电流的方向与正方向相反,即电流从 V_2 到 V_1;i_W 为负,W_1W_2 绕组中电流的方向与正方向相反,即电流从 W_2 到 W_1。此时产生的合成磁场如图 5.7(b)所示。与前图相比,在定子内空间旋转了 90°。

同理可得出在 $\omega t=\pi$ 瞬间的合成磁场,它在定子内空间又转动了 90°,如图 5.7(b)所示。以此下去,可以得出在 $\omega t=3\pi/2$ 和 $\omega t=2\pi$ 瞬间的合成磁场,它从一个位置转到另一个位置。

由上分析可知,当定子绕组(三相对称绕组)通过三相交流电时,由于电流随时间周期性变化,所以它们产生的合成磁场就在定子内空间按电流变化的频率不断旋转。

②旋转磁场的转速:由上分析可知,当电流变化一个周期时,旋转磁场在定子空间内转了

一周(360°)。对工频电源而言,由于电源频率 $f=50\text{Hz}$,因此旋转磁场的转速为:

$$n_1 = 60 \times 50\text{r/min} = 3000\text{r/min} \tag{5.1}$$

以上是只有一对磁极的旋转磁场。在具有两对磁极(6 个绕组分为 3 组,每一相有两个绕组)的情况下,当电流变化一个周期时,旋转磁场在定子内空间仅转了半转(180°),比 $p=1$ 的情况下的转速 n_1 慢了一半,即 $n_1=(60f)/2$。由此可见,旋转磁场的磁极对数越多,其转速越慢,二者关系如下:

$$n_1 = \frac{60f}{p} \tag{5.2}$$

式中 n_1——旋转磁场的转速,r/min;

f——电源(电流)的频率,Hz;

p——磁极对数。

旋转磁场的转速称为同步转速。

③旋转磁场的方向:旋转磁场的转向与三相电流相序有关。图 5.7(*b*)中,三相电流的相序是 $U_1 \rightarrow V_1 \rightarrow W_1$,旋转磁场的方向与这个相序一致。如果将三相电流的相序改变,把接在电源上的三根导线中的任意两根交换一下,按照上述分析方法可得出,旋转磁场的转向就发生改变。

(2)转子转动原理

当电动机定子绕组通入三相交流电流产生旋转磁场,在图 5.8 中以旋转的磁极 N、S 表示,转子绕组用一个闭合线圈来表示。

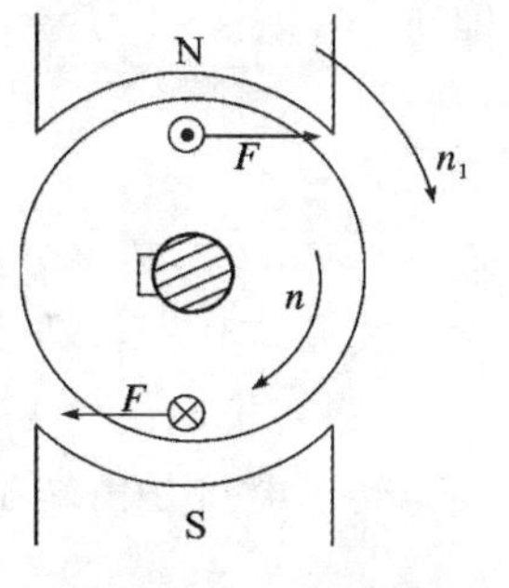

图 5.8 转动原理

旋转磁场以 n_1 速度顺时针方向旋转,磁感线切割转子绕组,转子绕组中产生感应电动势,其方向用右手定则来确定。旋转磁场顺时针方向旋转,则转子绕组逆时针方向切割磁感线。在 S 极下,导体中感应电动势方向垂直纸面向里(用×表示);在 N 极下,导体中感应电动势的方向垂直纸面向外(用·表示)。由于转子绕组是闭合的,因此在感应电动势的作用下会产生电流,其方向与感应电动势方向相同。转子绕组中的电流与旋转磁场相互作用产生电磁力 F,其方向用左手定则确定,如图 5.8 所示。电磁力产生电磁转矩,使转子以速度 n 向着与旋转磁场相同的方向转动起来。但转子的速度 n 不可能与旋转磁场的转速 n_1 相等,如果两者速度相等,方向又相同,则转子与旋转磁场之间就没有相对运动,磁感线就不切割转子绕组,转子绕组中就没有感应电动势和电流,电磁转矩也就不会产生,所以,异步电动机的转速一定低于旋转磁场的转速,两者不同步,这就是异步电动机名称的由来。由于它是靠感应电动势和电流而工作,因此又叫感应电动机。

综上所述,三相异步电动机的工作原理是:由定子绕组通入三相交流电源而产生旋转磁场,在转子绕组上产生感应电动势和电流,转子电流与旋转磁场相互作用产生电磁力,从而形成电磁转矩,转子就转动起来。

通常把旋转磁场的转速 n_1 与转子转速 n 的差值称为转差,转差与 n_1 的比值称为转差率,用 s 表示,即:

$$s = \frac{n_1 - n}{n_1} \tag{5.3}$$

或

$$s=\frac{n_1-n}{n_1}\times 100\% \tag{5.4}$$

5.1.2 三相异步电动机的电磁转矩与机械特性

如上所述,异步电动机之所以能够转动,是因为转子绕组中产生感应电动势,从而产生转子电流,此电流同旋转磁场的磁通作用产生电磁转矩。因此,在讨论电动机的转矩之前,必须弄清楚转子电路的各物理量及他们之间的关系。

5.1.2.1 转子电路各量的分析

(1)转子电动势与转子电流频率

与变压器类似,转子绕组中感应电动势 E_2 的有效值为:

$$E_2=4.44f_2N_2\Phi k_2 \tag{5.5}$$

式中 f_2——转子电流频率;

k_2——转子绕组系数。

因为旋转磁场和转子间的相对转速为 n_1-n,所以:

$$f_2=\frac{p(n_1-n)}{60}=\frac{n_1-n}{n_1}\times\frac{pn_1}{60}=sf_1 \tag{5.6}$$

从式(5.6)可知,转子电流频率与转差率有关,也就是与转速 n 有关。在电动机启动瞬间,即 $n=0$,则 $s=1$,$f_2=f_1$;在额定负载下,$s=0.02\sim0.06$,当 $f_1=50\text{Hz}$ 时,则转子电流频率为 1~3Hz。将式(5.6)代入式(5.5)可得:

$$E_2=4.44sf_1N_2\Phi k_2=sE_{20} \tag{5.7}$$

式中 E_{20}——转子静止时(启动瞬间)的感应电动势,$E_{20}=4.44f_1N_2\Phi k_2$。

式(5.7)表明,转子电动势与转差率也有关。

(2)转子电抗

转子电抗是由转子漏磁通 $\Phi_{\sigma2}$ 引起的,其值为:

$$X_{\sigma2}=2\pi f_2L_{\sigma2}=2\pi sf_1L_{\sigma2}=sX_{20} \tag{5.8}$$

式中 $L_{\sigma2}$——转子绕组的漏电感;

X_{20}——转子静止时的电抗,$X_{20}=2\pi f_1L_{\sigma2}$。

由式(5.8)可知,转子旋转得越快,则转子电抗越小。

(3)转子电流

转子绕组的电阻为 R_2,电抗为 $X_{\sigma2}$,故其阻抗为 $Z_{\sigma2}=\sqrt{R_2^2+(sX_{20})^2}$。

因此,转子电流为:

$$I_2=\frac{E_2}{Z_{\sigma2}}=\frac{sE_{20}}{\sqrt{R_2^2+(sX_{20})^2}} \tag{5.9}$$

式(5.9)表明,转子电流随转差率的增大而增大,其变化规律如图 5.9 所示。

(4)转子功率因数

转子电路为感性电路,其转子电流总是滞后于转子电势 φ_2 角度,所以转子电路功率因数为:

$$\cos\varphi_2=\frac{R_2}{Z_{\sigma2}}=\frac{R_2}{\sqrt{R_2^2+(sX_{20})^2}} \tag{5.10}$$

式(5.10)说明,转子电路的功率因数随转差率的增大而下降,其变化规律如图 5.9 所示。

5.1.2.2 三相异步电动机的电磁转矩

(1)电磁转矩

电磁转矩是三相电动机最重要的物理量之一。可以证明,异步电动机的电磁转矩为:

$$T = c_T \Phi I_2 \cos\varphi_2 \tag{5.11}$$

式中 c_T——异步电动机的转矩常数,与电动机自身的结构有关;

Φ——磁极平均磁通,在电源电压和频率一定时,其值为常量。

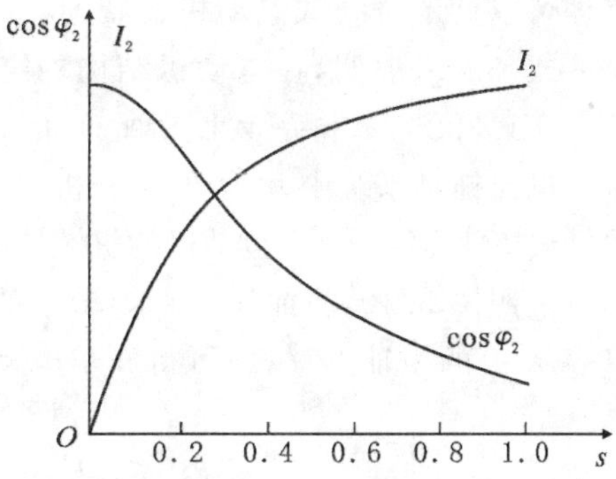

图 5.9 I_2 和 $\cos\varphi_2$ 与转差率 s 的关系

电磁转矩与转差率之间的关系 $T=f(s)$ 称为电动机的转矩特性,将式(5.9)、式(5.10)代入式(5.11),可得:

$$T = c_T \Phi \frac{sE_{20}}{\sqrt{R_2^2 + (sX_{20})^2}} \frac{R_2}{\sqrt{R_2^2 + (sX_{20})^2}} = c_T \Phi E_{20} \frac{sR_2}{R_2^2 + (sX_{20})^2} \tag{5.12}$$

由于 $\Phi \approx \frac{U_1}{4.44 f_1 N_1} \propto U_1$,$E_{20} = 4.44 f_1 N_2 \Phi k_2 \approx \frac{N_2}{N_1} U_1 k_2 \propto U_1$

因此,式(5.12)也可写成:

$$T = c'_T U_1^2 \frac{sR_2}{R_2^2 + (sX_{20})^2} \tag{5.13}$$

式(5.13)中,c'_T为常量,而电磁转矩与电源电压的平方有关,所以,电源电压的波动对异步电动机的转矩影响很大。

(2)转矩特性曲线

由式(5.12)和式(5.13)可知,在电源电压和频率一定时,则 Φ、E_{20}及 X_{20}均为常数。因而,电磁转矩仅与转差率有关。

①在 s很小时(如 $s=0\sim0.2$),$R_2^2 \gg (sX_{20})^2$,则 $T \propto s$。

②当 s较大时(如 $s=0.2\sim1$),$R_2^2 \ll (sX_{20})^2$,则 $T \propto \frac{1}{s}$。

所以,当 s从 0 到 1 变化过程中,在 s很小时,转矩随着 s增大而增大;而当 s较大时,转矩随着 s增大而减小。由此,可以绘出转矩特性曲线如图 5.10 所示。

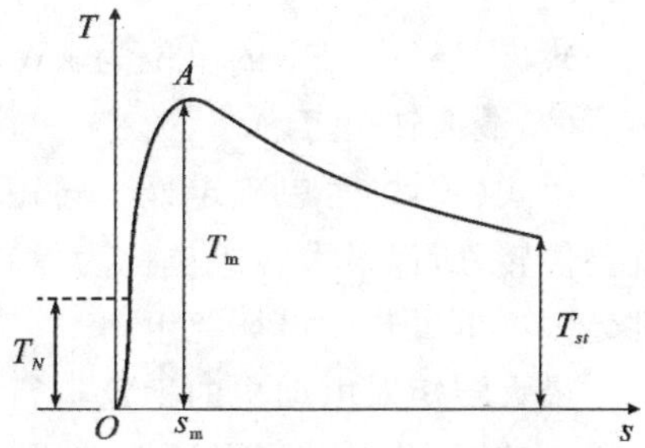

图 5.10 异步电动机的转矩曲线

从图 5.10 可以看出,电磁转矩的最大值为最大转矩 T_m 时的转差率 s_m。s_m 称临界转差率。利用数学分析,取$\frac{dT}{ds}=0$,即可求出:

$$s_m = \frac{R_2}{X_{20}} = 0 \tag{5.14}$$

$$T_m = c'_T \frac{U_1^2}{2X_{20}} \tag{5.15}$$

由式(5.14)可知,因鼠笼式电动机的转子电阻 R_2 很小,所以 s_m 也很小。对于绕线式电动机,由于可以外接电阻,因而可以改变转子回路电阻从而改变 s_m,如图 5.11 所示。利用这一原理可以调节绕线式电动机的转速。

式(5.15)表明，在电动机结构一定时，最大转矩 T_m 只与电源电压有关。

5.1.2.3 三相异步电动机的机械特性

电力拖动系统中，为了便于分析，通常将 $T=f(s)$曲线改画成 $n=f(T)$曲线，后者称为电动机的机械特性曲线，所以，电动机的机械特性就是指电动机的转速和电动机的电磁转矩之间的关系。

参照图 5.10，将曲线 $T=f(s)$中的 s 坐标换成转子的转速 n，并按顺时针方向转过 90°，再将表示 T 的横轴下移，即可得异步电动机的机械特性曲线。如图 5.12 所示。

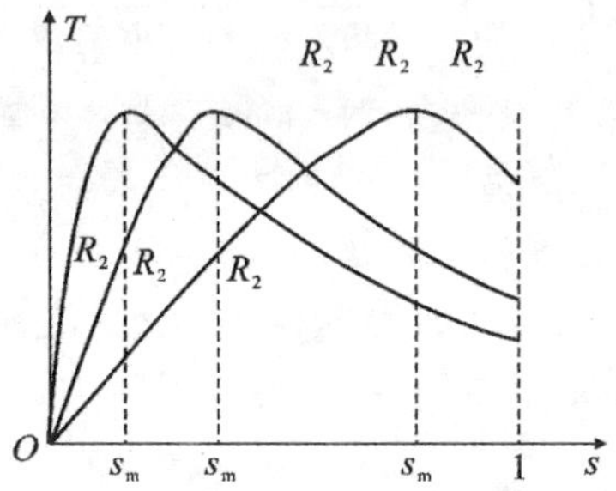

图 5.11 不同转子电阻时的转矩曲线

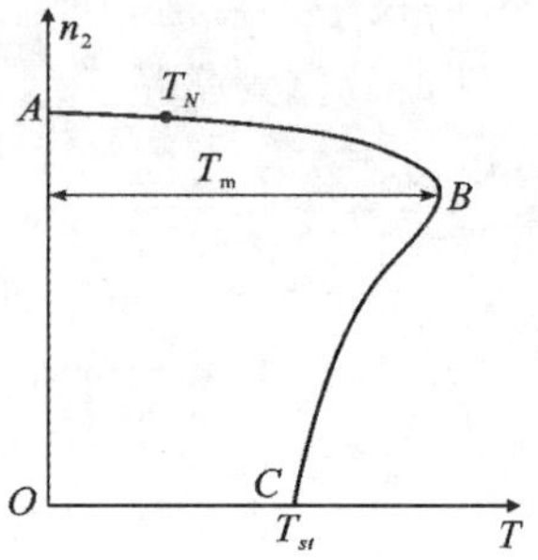

图 5.12 三相异步电动机的机械特性曲线

研究机械特性的目的是分析电动机的运行性能。图 5.12 中，BC 为不稳定运行阶段，AB 为稳定运行区。在稳定区，若电动机拖动的负载发生变化，电动机能适应负载的变化而自动调节达到稳定运行。

下面介绍异步电动机机械特性曲线上的三个特征转矩。

(1)额定转矩 T_N

电动机在额定状态下运行的转矩 T_N，可由铭牌上的 P_N 和 n_N 求得：

$$T_N = 9550\frac{P_N}{n_N} \tag{5.16}$$

式(5.16)中，P_N 的单位为 kW，n_N 的单位为 r/min，T_N 的单位为 N·m。

(2)最大转矩 T_m

由式(5.15)可以确定最大转矩。应当注意，当电动机的负载转矩大于最大转矩时，电动机就要停转，所以最大转矩也称为停转转矩。此时，电动机的电流可达额定电流的 3～5 倍，电动机会因严重过热而烧坏绕组。

最大转矩对电动机的稳定运行有重要意义。当电动机负载增大而过载时，电磁转矩接近于最大转矩，此时应当保证电动机稳定运行，不因短时过载而停转(但长时间过载也会造成电动机过热损坏)。因此，要求电动机要有一定的过载能力。电动机的过载能力可用下式表示：

$$\lambda_m = \frac{T_m}{T_N} \tag{5.17}$$

λ_m 即为电动机的过载能力。一般三相异步电动机的过载能力在 1.8～2.2 范围内。

(3)启动转矩 T_{st}

启动转矩为电动机启动瞬间($n=0$，$s=1$)的转矩。只有在启动转矩大于负载转矩时，异步电动机才能启动。启动转矩大，则启动迅速。因此，应用启动转矩倍数 K_{st}来反映异步电动机启动能力。

$$K_{st}=\frac{T_{st}}{T_N} \tag{5.18}$$

一般三相异步电动机的 K_{st} 为1.0～2.2。

综上所述，三相交流异步电动机有如下主要特点：异步电动机有较硬的机械特性，即随着负载的变化而转速变化较小；异步电动机有较大的过载能力和启动能力；电源电压的波动对异步电动机的工作影响较大。

5.1.3　异步电动机的铭牌和主要系列

5.1.3.1　铭牌

每台电动机的铭牌上都标注了电动机的型号、额定值和在额定运行状况下的有关技术参数。在铭牌上所规定的额定值和工作条件下运行，称为额定运行。铭牌上的额定值及有关技术数据是正确设计、选型、使用和维修电动机的依据。图5.13为一台三相异步电动机的铭牌。

型号	Y180L—8	功率	11kW	频率	50Hz
电压	380V	电流	25.1A	接线	△
转速	746r/min	效率	86.5%	功率因素	0.77
工作定额	连续	绝缘等级	B	质量	184kg
标准编号		出厂编号：		出厂年月	×年×月
		×××电机厂			

图5.13　三相异步电动机铭牌

下面对铭牌中的型号、额定值、接线及电动机的防护等级等分别加以叙述。

(1)型号

异步电动机的型号主要包括产品代号、设计序号、规格代号和特殊环境代号等。产品代号表示电动机的类型，用大写印刷体的汉语拼音字母表示，如“Y”表示异步电动机，“YR”表示绕线转子异步电动机等；设计序号是指电动机产品设计的顺序，用阿拉伯数字表示；规格代号是用中心高、铁芯外径、机座号、机座长度、铁芯长度、功率、转速或极数表示，主要系列产品的规格代号按表5.1规定。

表5.1　异步电动机系列产品的规格代号

序号	系列产品	规格代号
1	中小型异步电动机	中心高(mm)，机座长(字母代号)，铁芯长度(数字代号)，极数
2	大型异步电动机	功率(kW)，极数，定子铁芯外径(mm)

注：1.机座长度的字母代号采用国际通用符号表示：S表示短机座，M表示中机座，L表示长机座。

2.铁芯长度的数字代号用数字1、2、3、4…表示。

此外，还有特殊环境代号等，详见有关电动机手册。

现以Y系列异步电动机为例，说明型号中每个数字及字母代表的含义。例如“Y132M—4”，其中“Y”表示异步电动机；“132”表示机座中心高为132mm；“M”表示机座长度为中型；“4”表示磁极数为4。再如“Y630—10/180”，其中“Y”表示异步电动机；“630”表示电动机功率为630kW；“10”表示磁极数为10；“180”表示定子铁芯外径为180mm。

(2)额定值

额定值是制造厂对电动机在额定工作条件下所规定的量值。

①额定电压：指电动机在额定运行状态下，加在定子绕组上的线电压值，单位为 V 或 kV。

②额定电流：指电动机在额定运行状态下，流入电动机定子绕组中的电流值，单位为 A 或 kA。

③额定功率：指电动机在额定运行状态下，从转子轴上输出的机械功率，单位为 W 或 kW。

④额定频率：在额定状态下定子侧电源的频率称为额定频率，单位为 Hz。我国电网为 50Hz。

⑤额定转速：指电动机额定运行时的转速，单位为 r/min。

(3)接线

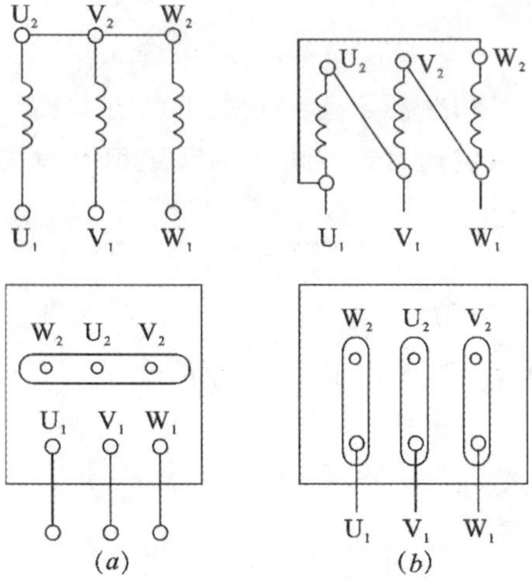

图 5.14 三相异步电动机接线

(a)星形连接；(b)三角形连接

接线是指电动机定子三相绕组的连接方式，有星形和三角形两种连接方式。如图 5.14 所示。

(4)电动机的防护等级

电动机防护等级的标示方法是以字母“IP”和后面两位数字表示的。“IP”为英文“防护”的缩写。“IP”后面第一位数字代表第一种防护形式(防尘)的等级，分 0～6 共 7 个等级。第二个数字代表第二种防护形式(防水)的等级，分 0～8 共 9 个等级，数字越大表示防护能力越强。

5.1.3.2 三相异步电动机的主要系列简介

我国目前生产的异步电动机主要产品有：

①Y 系列：是一般用途的小型笼型全封闭自冷式三相异步电动机，取代了先前 JO_2 系列。额定电压为 380V，额定频率为 50Hz，功率范围为 0.5～315kW，同步转速为 60～3000r/min，防护等级有 IP44 和 IP23 两种。

②YR 系列：为三相绕线转子异步电动机。

③YD 系列：为变极多速三相异步电动机。

④YZ 和 YZR 系列：为起重和冶金用三相异步电动机，YZ 为笼型异步电动机，YZR 为绕线转子异步电动机。

⑤YB 系列：为防爆笼型异步电动机。

⑥YCT 系列：为电磁调速异步电动机。

5.1.4 电动机的选择

5.1.4.1 选择电动机的原则

传动电动机的选择主要是确定电动机的类型及规格。在校验电动机的发热、最小启动转矩、允许的最大飞轮力矩以及过载转矩等项目时，应从生产机械所需要的各种负载图和工作制中选择其中最繁重的条件来计算。若均能符合要求，且有适当的容量裕度(10%左右)，则所选的电动机可以采用。否则，应另选定额重新计算。

选择电动机时通常应考虑以下几项原则：

①要从供电电网的质量(电网容量、允许的电压波动范围、功率因数)、启制动特性(启动时负载转矩、力矩的大小，启制动时间的限制，是否要求快速正反转，允许对电网的冲击，启制动的频繁程度，制动时是否要回馈能量)、调速性能(要求的调速范围及精度、调速平滑程度、低速

工作时间的长短)、控制特性等几个方面综合考虑,选择适当类型的电动机及其控制方式。

②额定功率要满足负载需要,但不宜过大。过大会使投资增高,而且会造成轻载运行时损耗大、效率低、功率因数低、启动时冲击大等问题。

③根据温升和使用环境条件,选择合理的通风方式、结构形式和防护等级。

④按照现场使用状况和传动机械要求,选择其结构和安装方式(如轴的方向,采用底座安装还是凸缘安装,挂在墙上还是吊装),与传动机械的连接方式(直接连接、齿轮箱、带传动和链条传动等),传动机械有无振动和冲击以及安装基础的牢固程度等。

⑤尽量选用可靠性高、互换性好、维护方便且有标准定额的电动机。

⑥考虑初期投资和运行费用,要从电动机及其控制设备的总投资、效益、功率因数和费用以及全部设备的年维修费用等因素加以选择。

5.1.4.2 电动机类型的选择

①根据环境条件选择电动机的类型。不同的使用环境条件对电动机的结构、通风及类型有不同的要求,见表5.2。

表5.2 电动机类型的选择

<table>
<tr><th colspan="2">环境条件</th><th>要求防护形式</th><th>可选用的电动机类型举例</th></tr>
<tr><td colspan="2">正常环境条件</td><td>一般防护型</td><td>各类普通型电动机</td></tr>
<tr><td colspan="2">湿热带或潮湿场所</td><td>湿热带型</td><td>(1)湿热带型电动机
(2)普通型电动机加强防潮处理</td></tr>
<tr><td colspan="2">干热带或高温车间</td><td>干热带型</td><td>(1)干热带型电动机
(2)采用高温升等级绝缘材料的电动机或外加管道通风</td></tr>
<tr><td colspan="2">粉尘较多场所</td><td>封闭型或管道通风型</td><td>(1)封闭型电动机
(2)管道通风型电动机</td></tr>
<tr><td colspan="2">户外、露天场所</td><td>气候防护型,外壳防护等级不低于IP45②,接线盒应为IP55。封闭型电动机外壳防护等级应为IP65</td><td>(1)气候防护型电动机
(2)封闭型电动机</td></tr>
<tr><td colspan="2">户外,有腐蚀性及爆炸性气体</td><td>户外,防腐、防爆型防护等级不低于IP67</td><td>YBDF—WF型电动机</td></tr>
<tr><td colspan="2">有腐蚀性气体或游离物</td><td>化工防腐型或采用管道通风</td><td>YB、IJB、JBJ等</td></tr>
<tr><td rowspan="5">有爆炸危险的场所①</td><td>0级区域(0区)</td><td>防爆型、防爆通风充气型</td><td rowspan="5">YB型电动机</td></tr>
<tr><td>1级区域(1区)</td><td>任意防爆类型</td></tr>
<tr><td>2级区域(2区)</td><td>防护等级不低于IP67</td></tr>
<tr><td>10级区域(10区)</td><td>任意一级隔爆型、防爆通风充气型</td></tr>
<tr><td>11级区域(11区)</td><td>防护等级不低于IP55③</td></tr>
<tr><td rowspan="3">有火灾危险的场所①</td><td>21区</td><td>防护等级至少应为IP44④</td><td rowspan="3">防护式笼型电动机</td></tr>
<tr><td>22区</td><td>防护等级至少应为IP54</td></tr>
<tr><td>23区</td><td>防护等级至少应为IP54</td></tr>
<tr><td colspan="2">水中</td><td>潜水型</td><td>YLB、YQSZ、JQS、JQB、QY、JQSY</td></tr>
</table>

注:①爆炸和火灾危险场所的分级详见《爆炸和火灾危险环境电力装置设计规范》。
②IP的分级及定义详见《外壳防护等级(IP代码)》(GB 4208—2008)。
③电动机正常发生火花部件(如集电环)应装在下列类型的罩子内:任意一级防爆型、防爆通风型、充气型以及防护等级为IP68的罩子。
④具有正常工作发生火花部件(如集电环)的电动机最低级应为IP55。

②根据负载性质选择电动机类型。表5.3列举出各类电动机适用的传动特性。

表 5.3 各类电动机适用的传动特性

<table>
<tr><th colspan="2">电动机类型</th><th>适用的传动特性</th><th>传动机械举例</th></tr>
<tr><td rowspan="4">笼型异步电动机</td><td>普通型</td><td>(1)不需要调速;
(2)采用变频、调压、加转差离合器等调速方式,不仅可得到较好调速性能,且可获得较好节能效果</td><td>泵、风机、阀门、各种普通机床、运输机、起重机等</td></tr>
<tr><td>深槽型
双笼型</td><td>启动时静负载转矩或飞轮力矩大,要求有较高的启动转矩</td><td>压缩机、粉碎机、球磨机</td></tr>
<tr><td>高转
差型</td><td>周期性波动负载长期工作制,要求利用飞轮的储能作用</td><td>撞击机、剪断机、冲压机、活塞压缩机、绞车等</td></tr>
<tr><td>变极</td><td>(1)只需要几种转速,而不需要连续调速,节能效果好;
(2)配上转差离合器,可实现在大范围内无级同步调速</td><td>纺织机械、印染机、风机、木工机床、高频发电机组等</td></tr>
<tr><td colspan="2">绕线转子异步电动机</td><td>电网容量小,对启动有要求,负载启动转矩较大,启、制动频繁而笼型电动机不能满足要求时,要求的调速范围不大,可以利用变转差率调速的场合</td><td>输送机、压缩机、风机、泵等</td></tr>
</table>

5.1.4.3 电动机转速的选择

合理地选择电动机的转速,必须从技术及经济指标全面考虑。

①对于一般的高(或中)转速机械(如泵、压缩机和鼓风机等),宜选用相应转速的电动机,直接与机械设备相连接。

②对于不调速的低转速机械(如球磨机、轧机等),宜选用适当转速的电动机通过减速机传动。但对大功率机械,电动机转速不能太高,要考虑大型减速机(尤其是大减速比)加工困难及维修不便等因素。

③对于要调速的机械,电动机允许的最高工作转速应与生产机械要求的最高速度相适应。

④对于频繁启制动的断续周期工作机械,电动机的转速除应满足机械所需的最高稳定工作速度之外,还应从保证生产机械具有最大的加、减速度而选择最合适的传动比,以使生产机械获得最高生产率。

⑤对于某些低速重复短时工作的机械,如果电动机制造上可能,宜采用无减速机直接传动。

⑥自扇冷式电动机的散热效能随电动机转速而变,不宜长期在低速下运行。如果由于调速的需要,长期低速运行而又超过电动机允许的条件时,应增设外通风设施,以免损坏电动机。

5.1.4.4 电动机功率、转矩的选择

电动机容量即额定功率的选择是由生产机械的需要决定的,也就是说由负载功率来决定。

电动机功率的选择应按电动机的工作方式采用不同的方法。对于连续工作方式的电动机，选择其容量只要等于或略大于生产机械所需功率即可。对于断续工作方式的电动机，所选电动机在该负载持续作用下的额定功率等于或略大于生产机械所需功率。机械负载短时工作时，应选用相对应的短时工作电动机，其功率等于或略大于负载功率。

5.1.4.5　电动机电压的选择

电压选择主要依据电动机运行场所供电网的电压等级，同时还应兼顾电动机的类型和功率。小容量的电动机额定电压均为380V，大容量的电动机有时采用3kV、6kV和10kV的高压电动机。

5.1.5　三相异步电动机的启动、调速与制动

实际工作中，对异步电动机的工作特性有很多要求，如要求启动转矩足够大，启动电流不能太大，同时要有一定的调速范围等。

5.1.5.1　三相异步电动机的启动

从异步电动机接入电源，转子开始转动到稳定运转的过程，称为启动。在启动开始的瞬间（$n=0, s=1$），转子和定子绕组中都有很大的启动电流。一般中、小型鼠笼式电动机的定子启动电流（线电流）是额定电流的4～7倍。过大的启动电流会造成输电线路的电压降增大，容易对处在同一电网中的其他电器设备的工作造成危害，例如，使照明灯的亮度减弱，使邻近异步电动机的转矩减小等。另外，虽然转子电流较大，但由于转子电路的功率因数 $\cos\varphi_2$ 很低，启动转矩并不是很大。

为了改善电动机的启动过程，要求电动机在启动时既要把启动电流限制在一定数值内，同时要有足够大的启动转矩，以便缩短启动过程，提高生产率。

下面分别介绍鼠笼式电动机和绕线式电动机的启动方法。

（1）鼠笼式电动机的启动

鼠笼式电动机的启动方法有直接启动和降压启动两种。

①直接启动：就是将三相笼型异步电动机的定子绕组加上额定电压的启动方式，也称全压启动，如图5.15所示。这种方法最简单，设备少，投资小，启动时间短，但启动电流大，启动转矩小，一般只适用于小容量电动机（7.5kW以下）的启动。

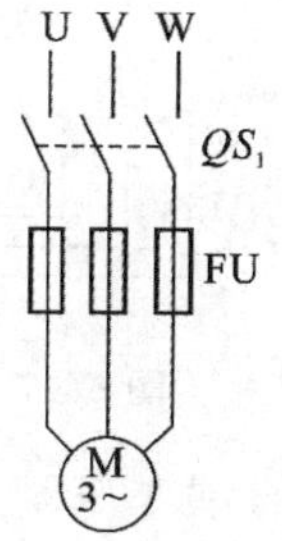

图5.15　直接启动线路

较大容量的电动机，在电源容量也较大的情况下，可参考以下经验公式确定能否直接启动：

$$\frac{I_{st}}{I_N} \leqslant \frac{3}{4} + \frac{\text{供电变压器容量(kV·A)}}{4 \times \text{电动机容量(kW)}} \tag{5.19}$$

式（5.19）的左边为电动机的启动电流倍数，右边为电源允许的启动电流倍数。只有满足该条件，方可采用直接启动。

②降压启动：降压启动的主要目的是限制启动电流，但同时也限制了启动转矩，因此，这种方法只适用于轻载或空载情况下启动。常用的降压启动方法有下列几种：

第一，定子电路中串电抗器启动。这种启动方法是在电动机定子绕组的电路中串入一个三相电抗器，其接线如图5.16所示。

启动时，先合上电源开关 QS_1，此时利用电抗器的分压，使加到电动机两端的电压降低，从

而降低启动电流；待电动机的转速升高而接近额定转速时，再将开关QS_2闭合，电抗器被短接，电动机便在额定电压下正常运转。

第二，Y-△启动。这种方法只适用于正常运转时定子绕组作三角形连接的电动机。启动时，先将定子绕组改接成星形，使加在每相绕组上的电压降低到额定电压的$1/\sqrt{3}$，从而降低启动电流；待电动机转速升高后，再将绕组接成三角形，使其在额定电压下运行。Y-△启动线路如图5.17所示。

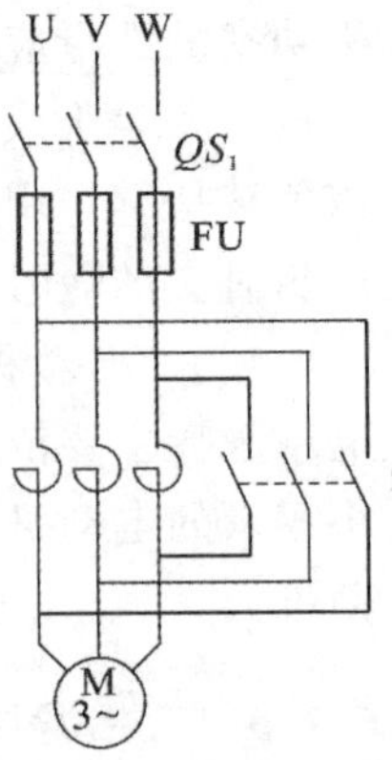

图5.16 串电抗器启动

可以证明，星形启动时的启动电流（线电流）仅为三角形直接启动时电流（线电流）的1/3，即$I_{Yst}=(1/3)I_{\triangle st}$；其启动转矩也为后者的1/3，即$T_{Yst}=(1/3)T_{\triangle st}$。

Y-△启动的优点是启动设备简单，成本低，能量损失小。目前，4～100kW的电动机均设计成380V三角形连接，所以，这种方法有很广泛的应用意义。

第三，自耦变压器启动。对容量较大或正常运行时作星形连接的电动机，可应用自耦变压器降压启动。此自耦变压器称为启动补偿器，其电路接线如图5.18所示。自耦变压器的一次绕组接电源。启动时，将开关接到"启动"位置，则低压侧接电动机的定子绕组，使电动机在低电压下启动；待电动机转速升高到一定值，将开关切换到"运行"位置，电动机便在额定电压下运行。

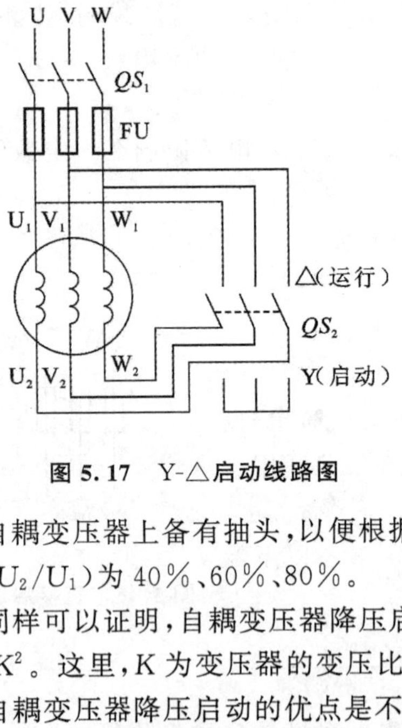

图5.17 Y-△启动线路图

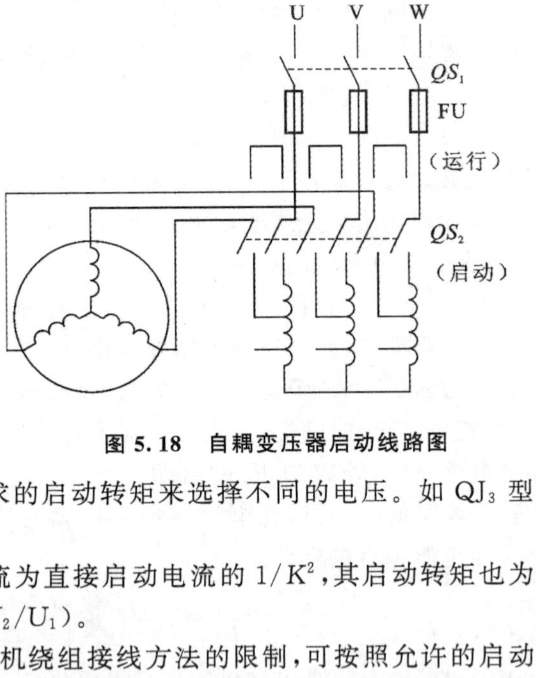

图5.18 自耦变压器启动线路图

自耦变压器上备有抽头，以便根据所要求的启动转矩来选择不同的电压。如QJ_3型的抽头比(U_2/U_1)为40%、60%、80%。

同样可以证明，自耦变压器降压启动电流为直接启动电流的$1/K^2$，其启动转矩也为后者的$1/K^2$。这里，K为变压器的变压比$(K=U_2/U_1)$。

自耦变压器降压启动的优点是不受电动机绕组接线方法的限制，可按照允许的启动电流和所需的启动转矩选择不同的抽头，常用于启动容量较大的电动机。其缺点是设备费用高，不宜频繁启动。

例5.1 一台三角形连接的三相鼠笼式异步电动机，已知$P_N=10kW$，$U_N=380V$，$I_N=20A$，$n_N=1450r/min$，由手册查得，$I_{st}/I_N=7$，$T_{st}/T_N=1.4$，拟半载启动，电源容量为200kV·A，试选择适当的启动方法，并求此时的启动电流和启动转矩。

解 直接启动：$\frac{I_{st}}{I_N}=7>\frac{3}{4}+\frac{200}{4\times10}=5.75$

所以不能采用直接启动。

Y-△启动：$T_{Yst}=\frac{1}{3}T_{st}=\frac{1}{3}\times1.4T_N=0.47T_N$

所以也不能采用Y-△启动。

自耦变压器启动：

由题意知 $T_{st}=1.4T_N$，$T'_{st}=0.5T_N$。按 $T'_{st}=T_{st}/K^2$ 可得 $K=1.67$，即$\frac{1}{K}=0.6$，故将变压器抽头置于60%的位置，可用该方法启动。此时：

$$T_N=9550\frac{P_N}{n_N}=9550\times\frac{10}{1450}=65.86\text{N}\cdot\text{m}$$

$$I'_{st}=\frac{1}{K^2}I_{st}=0.6^2\times7\times20=50.4\text{A}$$

$$T'_{st}=\frac{1}{K^2}T_{st}=0.6^2\times1.4\times65.86=33.2\text{N}\cdot\text{m}$$

第四，三相笼型异步电动机的软启动。软启动器是一种集电机软启动、软停车、轻载节能和多种保护功能于一体的新颖电动机控制装置，国外称为Soft Starter。它的主要构成是串接于电源与被控电动机之间的三相反并联晶闸管及其电子控制电路。运用不同的方法，控制三相反并联晶闸管的导通角，使被控电动机的输入电压按不同的要求而变化，就可实现不同的功能。软启动器实际上是个调压器，用于电动机启动时，输出只改变电压并没有改变频率。

软启动器用于需降压启动和停止的场合。

软启动只改变输出电压，不改变频率，也就是不改变电动机运行曲线上的 n_1，而是加大该曲线的陡度，使电动机特性变软。当 n_1 不变时，电动机的各个转矩（额定转矩、最大转矩、堵转转矩）均正比于其端电压的平方，因此用软启动时大大降低了电动机的启动转矩，所以软启动并不适用于重载启动的电动机。

（2）绕线式电动机的启动

①转子绕组串接电阻启动：绕线式电动机是在转子电路中接入电阻来启动的，如图5.19所示。启动时，先将启动变阻器调到最大值，使转子电路电阻最大，从而降低启动电流和提高启动转矩。随着转子转速的升高，逐步减小变阻器电阻。启动完毕时，切除启动电阻。

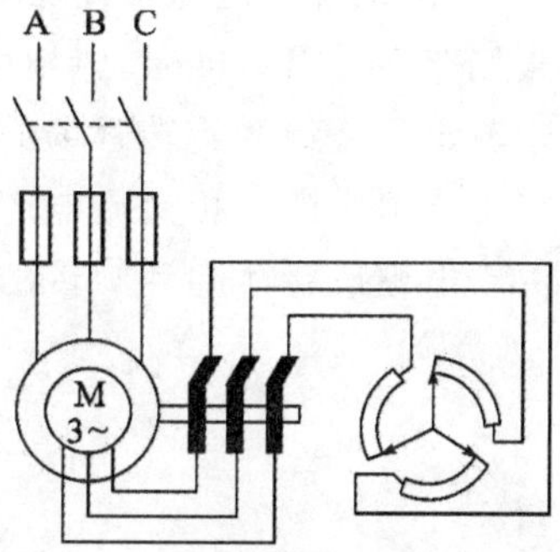

图5.19 绕线式电动机的启动线路

绕线式电动机常用于要求启动转矩较大的生产机械上，如卷扬机、锻压机、起重机及转炉等。

②转子串接频敏变阻器的启动：由电动机转动原理知，异步电动机启动过程中，转子电流的频率 $f_2=sf_1$（f_1 是定子电流频率，s 为转差率）。启动开始，转差率最大，$s=1$，此时 $f_2=f_1$；随着电动机的转速升高，其转差率不断减小，f_2 不断减小，直至电动机工作到额定转速时，s 为0.02～0.06，f_2 为1～3Hz。针对该特点，我国自行研制的频敏变阻器，其阻抗随频率成正比，启动时，转子频率高，频敏变阻器阻抗大。随着电动机转速的上升，频敏变阻器阻抗随转子频率的减小而减小，这样电动机就可以得到较为理想的启动特性。

频敏变阻器由铸铁片或钢板叠成铁芯，外面套上三相绕组组成三相电抗器。将其接入绕线转子异步电动机转子回路中，由其绕组电抗和铁芯损耗（主要是涡流损耗）决定的阻抗随电动机的转速而变化。它结构简单、体积小、运行可靠，但启动时功率因数低，启动转矩小。常用的频敏变阻器有用于轻载启动的 BP1、BP2、BP3 系列，用于重载启动的 BP4、BP6 系列。

5.1.5.2　三相异步电动机的反转

根据电动机的转动原理，如果旋转磁场反转，则转子的转向也随之改变。改变三相电源的相序（即把任意两相线对调），就可改变旋转磁场的方向，电动机便会反转。

5.1.5.3　三相异步电动机的调速

为了满足生产过程的需要，提高生产率，许多生产机械都有调速要求。所谓调速，就是在同一负载下使电动机得到不同的转速。生产机械采用电气调速，可以大大简化机械变速系统。

由式(5.2)知，改变电动机的转速有三种方式，即改变电源频率 f_1、极对数 p 和转差率 s。

(1)变频调速

近年来，交流变频调速发展非常迅速。由于晶闸管变流技术的日趋成熟和可靠，变频调速在生产实际中应用非常普遍，它打破了直流拖动在调速领域中的统治地位。

交流变频调速需要有一套专门的变频设备，所以价格较高。但由于其调速范围大，平滑性好，适应面广，能做到无级调速，因此它的应用将日益广泛。

(2)电磁调速

电磁调速异步电动机是由普通鼠笼式异步电动机、电磁滑差离合器和直流励磁电源三部分组成。异步电动机作为原动机使用，当它旋转时带动离合器的电枢一起旋转，直流励磁电源是提供滑差离合器励磁线圈励磁电流的装置。这里主要介绍电磁滑差离合器，图 5.20 是其结构示意图。它包括电枢、磁极和励磁线圈三部分。电枢为铸钢制成的圆筒形结构，它与鼠笼式异步电动机的转轴相连接，俗称主动部分；磁极做成爪形结构，装在负载轴上，俗称从动部分。主动部分和从动部分在机械上无任何联系。当励磁线圈通过电流时，产生磁场，爪形结构便形成很多磁极。此时若电枢被鼠笼式异步电动机拖着旋转，那么它便切割磁场相互作用，产生转矩，于是从动部分的磁极便跟着主动部分电枢一起旋转，前者转速低于后者，因为只有当电枢与磁场存在相对运动时，电枢才能切割磁感线。磁极随电枢旋转的原理与普通异步电动机转子跟着定子绕组的旋转磁场的运动原理没有本质的区别，所不同的是：异步电动机的旋转磁场由定子绕组中的三相交流电产生，而电磁滑差离合器的磁场则由励磁线圈中的直流电流产生，并由于电枢旋转才起到旋转磁场的作用。

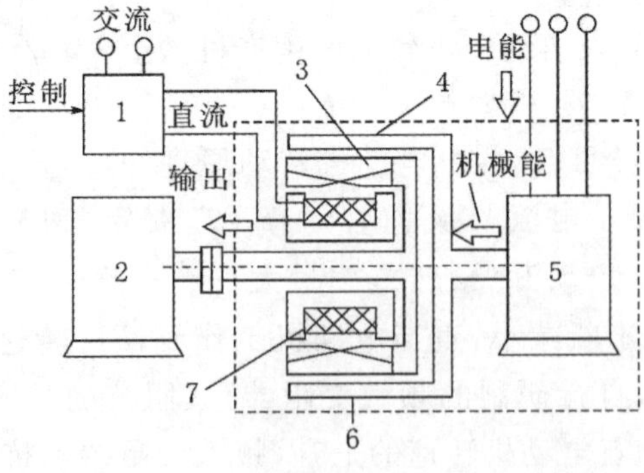

图 5.20　电磁滑差离合器基本结构示意图

1—可控整流器；2—负载；3—磁极；4—电枢；5—笼型机；6—电磁调速电动机；7—励磁线圈

(3)变极调速

改变磁极对数，可有效地改变电动机的转速。增加磁极对数，可以降低电动机的转速，但磁极对数只能成整数倍地变化，因此，该调速方法无法做到平滑调速。

变极调速的实质是改变电动机旋转磁场的转速。在实际生产中，磁极对数可以改变的电动机称为多速电动机，如双速、三速、四速等。双速电动机定子每相绕组由两个相同的部分组成，这两部分若串联连接，则获得的磁极对数为两部分并联时的两倍，如图5.21所示。

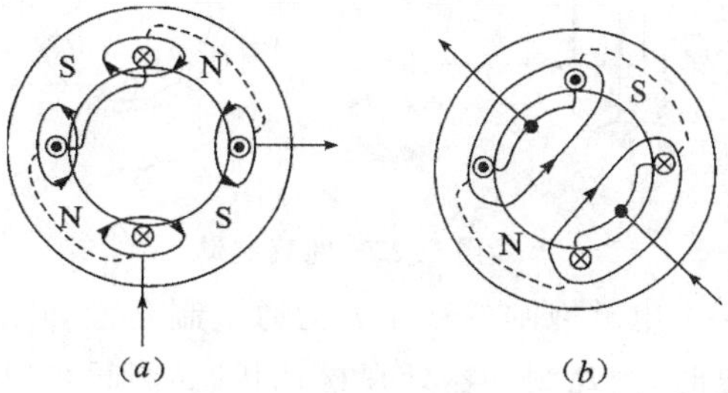

图5.21 磁极对数改变的方法

(a)串联时；(b)并联时

因为变极调速经济、简便，因而在金属切削机床中经常应用。

(4)变转差率调速

在绕线式电动机的转子电路中，接入调速变阻器，改变转子回路电阻，即可实现调速。这种调速方法也能平滑地调节电动机的转速，但能耗较大，效率低，目前主要应用在起重设备中。

5.1.5.4 三相异步电动机的制动

由于电动机转动部分有惯性，所以电动机脱离电源后，还会继续转动一段时间才能停止。为了提高生产率，保障安全，某些生产机械要求电动机能迅速停转，这就需要对电动机进行制动。制动的方法较多，如机械制动、电气制动等。以下仅对常见的电气制动作简要介绍。

(1)能耗制动

这种制动方法是在电动机脱离三相电源的同时，将定子绕组接入直流电源，从而在电动机中产生一个不旋转的直流磁场，如图5.22所示。此时，由于转子具有惯性因而继续旋转，根据右手定则和左手定则不难确定，转子感应电流和直流磁场相互作用所产生的电磁转矩与转子转动方向相反，称为制动转矩，电动机在制动转矩的作用下就很快停止。由于该制动方法是把电动机的旋转动能转变为电能消耗在转子电阻上，故称能耗制动。

能耗制动能量消耗小，制动平稳，无冲击，但需要直流电源，主要应用于要求平稳准确停车的场合。

(2)反接制动

在电动机停车时，可将三相电源中的任意两相电源接线对调，此时旋转磁场便反向旋转，转子绕组中的感应电流及电磁转矩方向改变，与转子转动方向相反，因而成为制动转矩。在制动转矩的作用下，电动机的转速很快下降到零。应当注意，当电动机的转速接近于零时，应及时切断电源，以防电动机反转。反接制动的电路原理如图5.23所示。

反接制动线路简单，制动力大，制动效果好，但由于制动过程中冲击力大，制动电流大，不宜在频繁制动的场合下使用。

(3)机械制动

在切断电源后，利用机械装置使电动机迅速停转的措施称为机械制动。在实践中用得较多的是电磁抱闸。

电磁抱闸主要由制动电磁铁和闸瓦制动器组成。制动电磁铁用于接收制动信号，其组成与普通的电磁机构相同。闸瓦制动器由闸轮、闸瓦、杠杆和弹簧等组成，闸轮与电动机同轴连接，当制动电磁铁接收到制动信号时，产生电磁吸力带动闸瓦制动器动作，使电动机迅速停转。

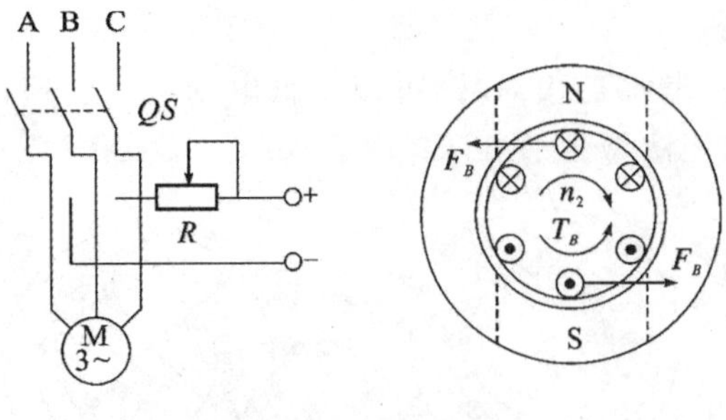

图 5.22 能耗制动

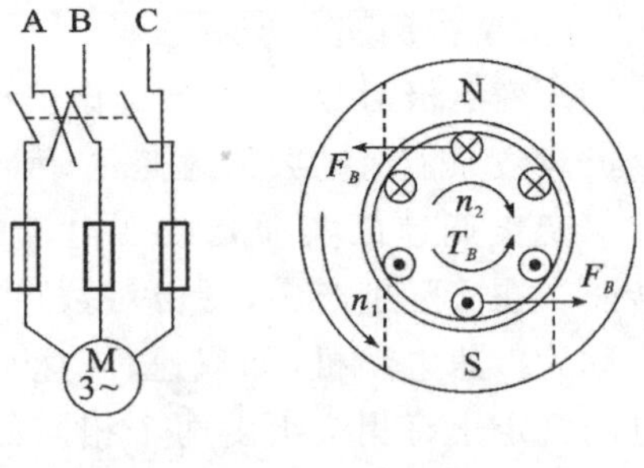

图 5.23 反接制动

电磁抱闸的动作分为通电制动型和断电制动型两种。所谓通电制动型就是当电磁抱闸断电时，闸瓦制动器处在松弛状态，闸轮可以自由转动；当电磁抱闸通电时，闸瓦抱紧闸轮，闸瓦制动器处在制动状态。而断电制动与通电制动正好相反，即通电时，制动器处于松弛状态；断电时，制动器处于制动状态。

5.2 直流电动机

直流电动机是将直流电能转换为机械能的旋转机械。它与交流电动机（如三相异步电动机）相比，结构比较复杂、生产成本较高、故障较多等，目前已不如交流电动机应用普遍，但由于它具有优良的调速性能和较大的启动转矩，仍得到广泛应用。本节仅就直流电动机的结构与工作原理、直流电动机的分类、直流电动机的启动与调速作简单介绍。

直流电动机按励磁方式分为永磁、他励和自励三类，其中自励又分为并励、串励和复励三种。

5.2.1 直流电动机的结构

直流电动机主要由磁极、电枢、换向器三部分组成，其结构如图 5.24 所示。

①磁极。磁极是电动机中产生磁场的装置，如图 5.25 所示。它分成极芯 1 和极掌 2 两部分。极芯上放置励磁绕组 3，极掌的作用是使电动机空气隙中磁感应强度的分布最为合适，并用来挡住励磁绕组。磁极是用钢片叠成的，固定在机座 4（即电机外壳）上，机座也是磁路的一部分。机座常用铸钢制成。

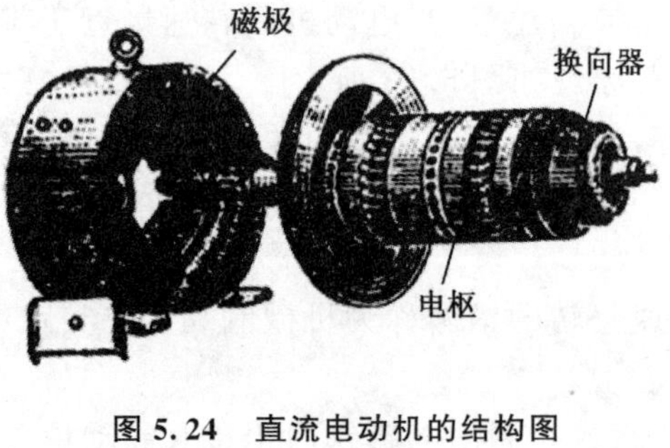

图 5.24 直流电动机的结构图

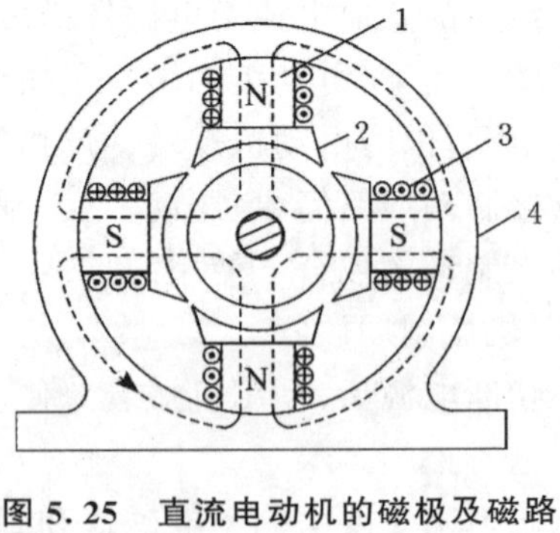

图 5.25 直流电动机的磁极及磁路

1—极芯；2—极掌；3—励磁绕组；4—机座

②电枢。电枢是电动机中产生感应电动势的部分。直流电动机的电枢是旋转的，电枢铁芯呈圆柱状，由硅钢片叠成，表面冲有槽，槽中放有电枢绕组，如图 5.26 所示。

③换向器(整流子)。换向器是直流电动机的一种特殊装置，其外形如图 5.27 所示，主要由许多换向片组成，每两个相邻的换向片中间是绝缘片。在换向器的表面用弹簧压着固定的电刷，使转动的电枢绕组得以同外电路连接。换向器是直流电动机的结构特征，易于识别。

图 5.26　直流电动机的电枢

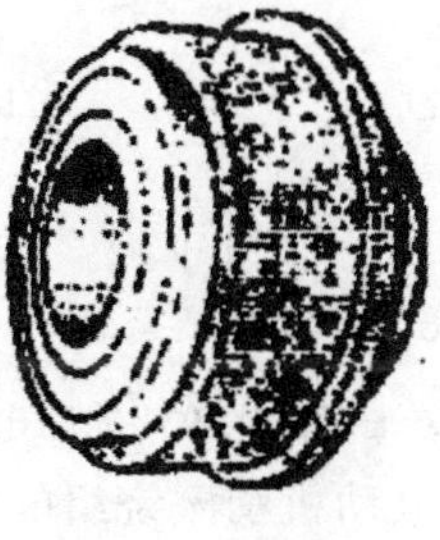

图 5.27　换向器

5.2.2　直流电动机的转动原理

图 5.28 是直流电动机原理。若在 A、B 之间外加一个直流电压，A 接电源正极，B 接负极，则线圈中有电流流过。当线圈处于图 5.28 所示位置时，有效边 ab 在 N 极下，cd 在 S 极上，两边中的电流方向为 $a\to b$、$c\to d$。由安培定律可知，ab 边和 cd 边所受的电磁力为：$F=BIL$。式中，I 为导线中的电流，单位为安(A)。根据左手定则知，两个 F 的方向相反，如图 5.28 所示，形成电磁转矩，驱使线圈逆时针方向旋转。当线圈转过 180°时，cd 边处于 N 极下，ab 边处于 S 极上。由于换向器的作用，使两有效边中电流的方向与原来相反，变为 $d\to c$、$b\to a$，这就使得两极面下的有效边中电流的方向保持不变，因而其受力方向、电磁转矩方向都不变。

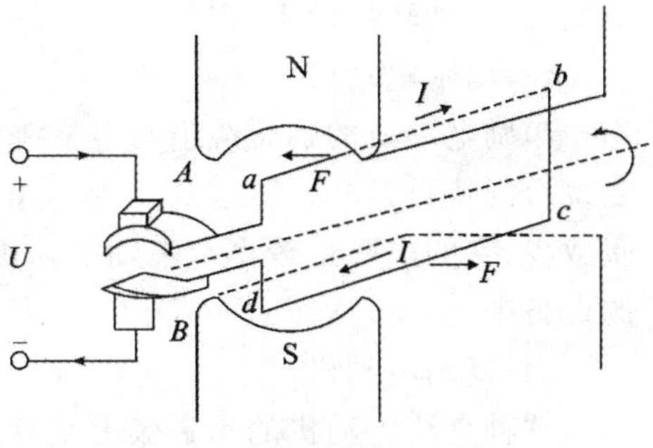

图 5.28　直流电动机原理图

由此可见，正是由于直流电动机采用了换向器结构，使电枢线圈中受到的电磁转矩保持不变，在这个电磁转矩作用下使电枢按逆时针方向旋转。这时电动机可作为原动机带动生产机械旋转，即由电动机向机械负载输出机械功率。

5.2.3　直流电动机的分类和机械特性

5.2.3.1　直流电动机的分类及其特性

在直流电动机中，除了必须给电枢绕组外接直流电源外，还要给励磁绕组通以直流电流用以建立磁场。电枢绕组和励磁绕组可以用两个电源单独供电，也可以由一个公共电源供电。按励磁方式的不同，直流电动机可以分为他励、并励、串励和复励等形式。由于励磁方式不同，它们的特性也不同。

(1)他励电动机

他励电动机的励磁绕组和电枢绕组分别由两个电源供电，如图 5.29 所示。他励电动机由于采用单独的励磁电源，设备较复杂。但这种电动机调速范围很宽，多用于主机拖动中。

(2)并励电动机

并励电动机的励磁绕组是和电枢绕组并联后由同一个直流电源供电，如图 5.30 所示，这时电源提供的电流 I 等于电枢电流 I_a 和励磁电流 I_f 之和，即 $I=I_a+I_f$。

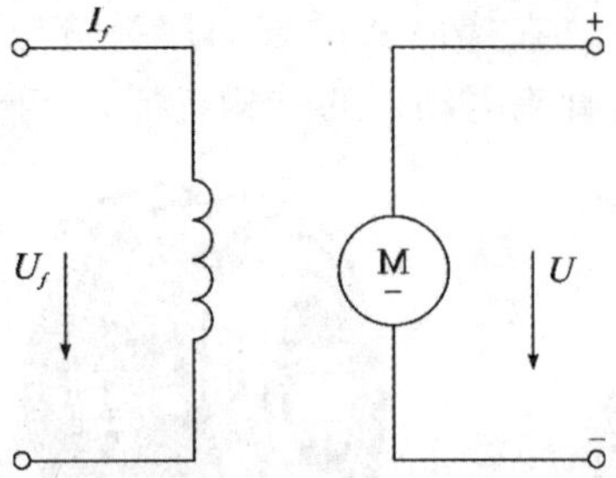

图 5.29 他励电动机

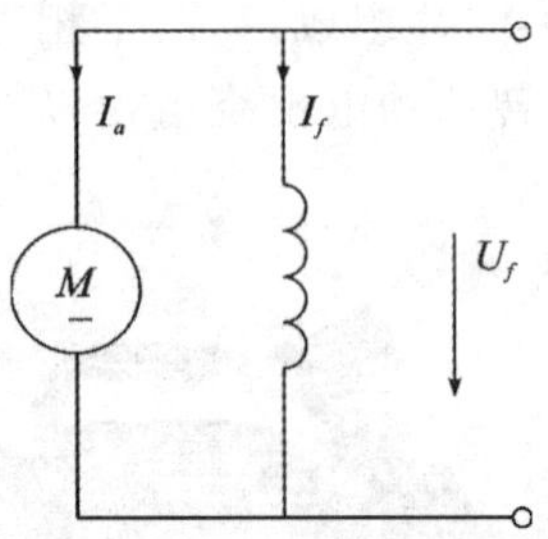

图 5.30 并励电动机

并励电动机励磁绕组的特点是导线细、匝数多、电阻大、电流小。这是因为励磁绕组的电压就是电枢绕组的端电压，这个电压通常较高。励磁绕组电阻大，可使 I_f 减小，从而减小损耗。由于 I_f 较小，为了产生足够的主磁通 Φ，就应增加绕组的匝数。由于 I_f 较小，可近似为 $I=I_a$。

并励直流电动机的机械特性较好，在负载变化时，转速变化很小，并且转速调节方便，调节范围大，启动转矩较大，因此应用广泛。

(3)串励电动机

串励电动机的励磁绕组与电枢绕组串联之后接直流电源，如图 5.31 所示。串励电动机励磁绕组的特点是其励磁电流 I_f 就是电枢电流 I_a，这个电流一般比较大，所以励磁绕组导线粗、匝数少，它的电阻也较小。串励电动机多用于负载在较大范围内变化和要求有较大启动转矩的设备中。

(4)复励电动机

这种直流电动机的主磁极上装有两个励磁绕组，一个与电枢绕组串联，另一个与电枢绕组并联，如图 5.32 所示，所以复励电动机兼有串励电动机和并励电动机的特点，复励电动机由此也被广泛应用。

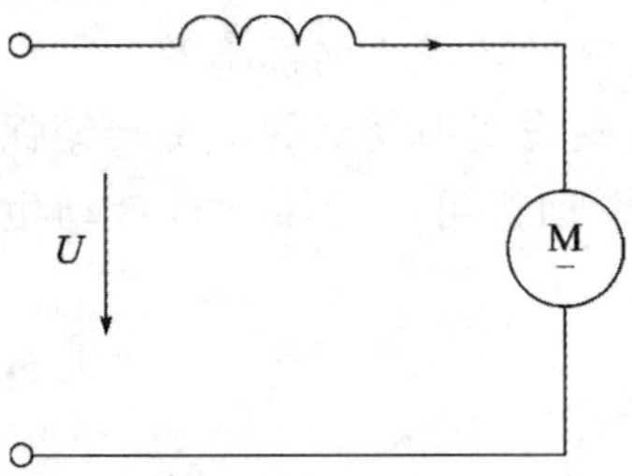

图 5.31 串励电动机

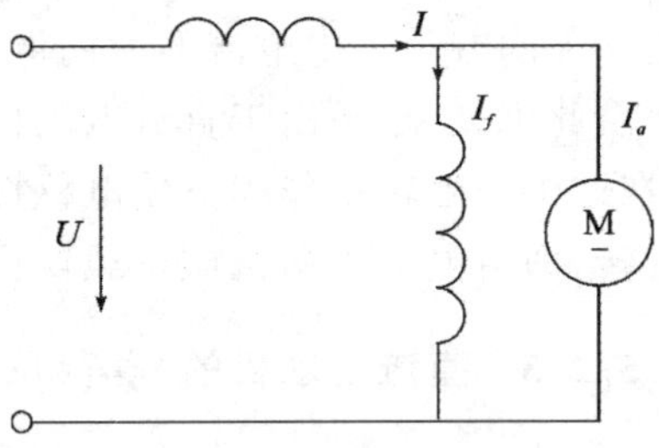

图 5.32 复励电动机

在以上四种类型的直流电动机中，以并励直流电动机和他励直流电动机应用最为广泛。

5.2.3.2 直流电动机的机械特性

他励直流电动机的机械特性是指电动机在电枢电压、励磁电流、电枢回路总电阻为恒值时，电动机在稳定运行状态下，电动机的转速 n 与电磁转矩 T 之间的关系，即 $n=f(T)$，或者说电动机的转速 n 与电枢电流 I_a 的关系，即 $n=f(I_a)$，后者也就是转速调整特性。由于转速和转矩都是机械量，所以把它称为机械特性。利用机械特性和负载转矩特性，可以确定电动机在拖动系统的稳定转速。在一定条件下还可以利用机械特性和运动方程式来分析拖动系统的动态运动情况，如转速、转矩及电流随时间的变化规律，而且电动机的机械特性对分析电力拖动系统的启动、调速、制动等运行性能也是十分重要的。

图 5.33 是他励直流电动机的电路原理图，他励直流电动机的机械特性方程式可以由他励直流电动机的基本方程式导出。根据电动势方程式 $U=E_a+I_a(R_a+R_s)=E_a+I_aR$ 和 $E_a=c_E\Phi n$，$T=c_TI_a\Phi$，可以求得机械特性方程式：

$$n=\frac{U}{c_E\Phi}-\frac{R}{c_Ec_T\Phi^2}T \tag{5.20}$$

R 为电枢回路总电阻。

当电源电压 U=常数，电枢回路总电阻 R=常数，励磁磁通 Φ=常数时，根据式(5.20)，求出他励直流电动机的机械特性曲线，如图 5.34 所示，它是一条向下倾斜的直线，这说明当加大电动机的负载，就会使电动机的转速下降。特性曲线与纵轴的交点为 $T=0$ 时的转速，称为理想空载的转速。

$$n_0=\frac{U}{c_E\Phi} \tag{5.21}$$

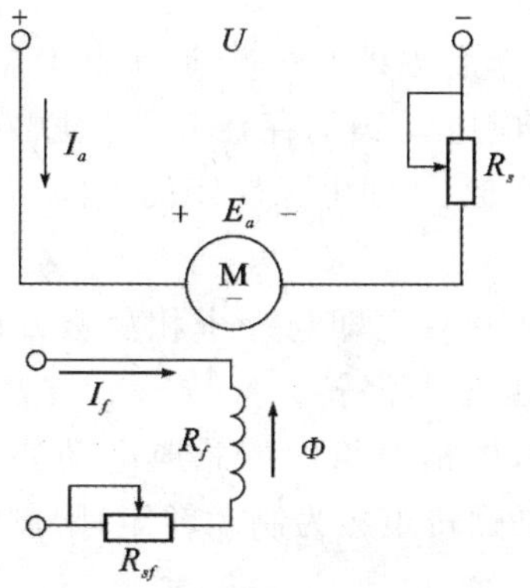

图 5.33　他励直流电动机电路原理图

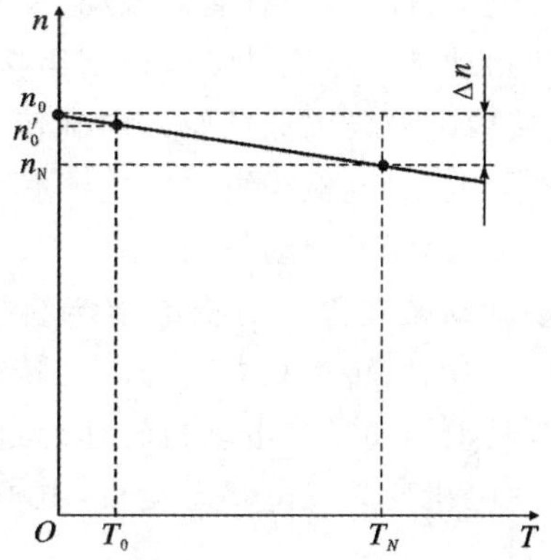

图 5.34　他励直流电动机的机械特性

5.2.4　直流电动机的启动、反转、调速

(1)直流电动机的启动

直流电动机直接启动时的启动电流很大，达到额定电流的 10～20 倍，因此必须限制启动电流。限制启动电流的方法就是启动时在电枢电路中串接启动电阻 R_s。一般规定启动电流不应超过额定电流的 1.5 倍。启动时将启动电阻调至最大，待启动后，随着电动机转速的上升将启动电阻逐渐减小。如图 5.35 所示。

(2)直流电动机的调速

根据直流电动机的转速公式 $n=(U-I_aR_a)/c_E\Phi$，可知直流电动机的调速方法有三种：改变磁通 Φ 调速、改变电枢电压 U 调速和电枢串联电阻调速。

改变磁通调速的优点是调速平滑，可做到无级调速；调速经济，控制方便；机械特性较硬，稳定性较好。但由于电动机在额定状态运行时磁路已接近饱和，所以通常只是减小磁通将转速往上调，调速范围较小。

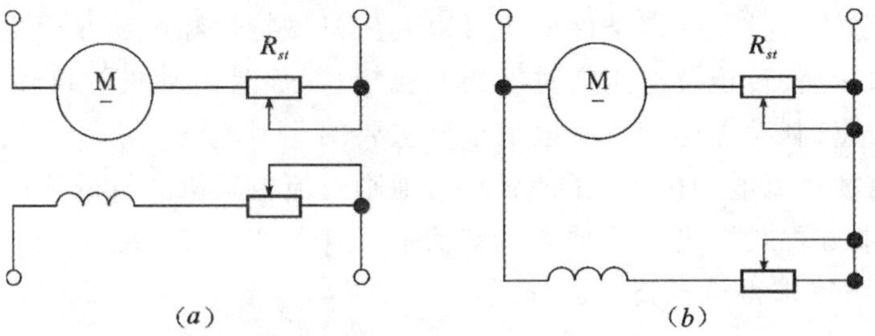

图 5.35 直流电动机电枢电路中串接启动电阻原理图

(a)他励式;(b)并励式

改变电枢电压调速的优点是不改变电动机机械特性的硬度,稳定性好;控制灵活、方便,可实现无级调速;调速范围较宽,可达到 6～10。但电枢绕组需要一个单独的可调直流电源,设备较复杂。

电枢串联电阻调速方法简单、方便,但调速范围有限,机械特性变软,且电动机的损耗增大太多,因此只适用于调速范围要求不大的中、小容量直流电动机的调速场合。

(3)直流电动机的制动

直流电动机的制动有能耗制动、反接制动和发电反馈制动三种。

能耗制动是在停机时将电枢绕组接线端从电源上断开后立即与一个制动电阻短接,由于惯性,短接后电动机仍保持原方向旋转,电枢绕组中的感应电动势仍存在并保持原方向,但因为没有外加电压,电枢绕组中的电流和电磁转矩的方向改变了,即电磁转矩的方向与转子的旋转方向相反,起到了制动作用。

反接制动是在停机时将电枢绕组接线端从电源上断开后立即与一个相反极性的电源相接,电动机的电磁转矩立即变为制动转矩,使电动机迅速减速至停转。

发电反馈制动是在电动机转速超过理想空载转速时,电枢绕组内的感应电动势将高于外加电压,使电机变为发电状态运行,电枢电流改变方向,电磁转矩成为制动转矩,限制电机转速过分升高。

5.2.5 单相交流电动机

5.2.5.1 电容式单相异步电动机

单相交流电动机只有一个绕组,转子是鼠笼式的。当单相正弦电流通过定子绕组时,电动机就会产生一个交变磁场,这个磁场的强弱和方向随时间作正弦规律变化,但在空间方位上是固定的,所以又称这个磁场是交变脉动磁场。这个交变脉动磁场可分解为两个以相同转速、旋转方向互为相反的旋转磁场,当转子静止时,这两个旋转磁场在转子中产生两个大小相等、方向相反的转矩,使得合成转矩为零,所以电动机无法旋转。当用外力使电动机向某一方向旋转时(如顺时针方向旋转),这时转子与顺时针旋转方向的旋转磁场间的切割磁感线运动变小,转子与逆时针旋转方向的旋转磁场间的切割磁感线运动变大。这样平衡就打破了,转子所产生的总的电磁转矩将不再是零,转子将顺着推动方向旋转起来。

电容式单相异步电动机的定子绕组有两个,一个是绕组 11′,一个是启动绕组 22′。两者在空间互差 90°。启动绕组 22′与一个适当的电容 C 串联后,再与主绕组 11′并联,如图 5.36 所示。定子绕组接通单相交流电压时,在两个绕组中分别流入电流 i_1、i_2。只要适当选择电容

C,就可使启动绕组所在的支路为容性。由于主绕组为感性支路,故可使 i_1、i_2 在相位上相差近 90°,于是可设 $i_1=I_{m1}\sin\omega t$,$i_2=I_{m2}\sin(\omega t+90°)$。

从类似三相旋转磁场的分析可知,当具有 90°相位差的两个电流 i_1 和 i_2 分别通入空间相差 90°的两个绕组时,也能产生一个旋转磁场。在这个旋转磁场的作用下,单相异步电动机的转子就能获得启动转矩,随旋转磁场转动起来。当需要改变转向时,只要改变旋转磁场的方向即可,具体方法是把任意一个绕组的两个接线端换接。

5.2.5.2　单相罩极式电动机

在单相电动机中,产生旋转磁场的另一种方法称为罩极法,又称单相罩极式电动机。此种电动机定子做成凸极式的,有两极和四极两种。每个磁极在 1/4～1/3 的极面处开有小槽,如图 5.37 所示,把磁极分成两个部分,在小的部分上套装上一个短路铜环,好像把这部分磁极罩起来一样,所以叫罩极式电动机。单相绕组套装在整个磁极上,每个极的线圈是串联的,连接时必须使其产生的极性依次按 N、S、N、S 排列。当定子绕组通电后,在磁极中产生主磁通,根据楞次定律,其中穿过短路铜环的主磁通在铜环内产生一个在相位上滞后 90°的感应电流,此电流产生的磁通在相位上也滞后于主磁通,它的作用与电容式电动机的启动绕组相当,从而产生旋转磁场使电动机转动起来。

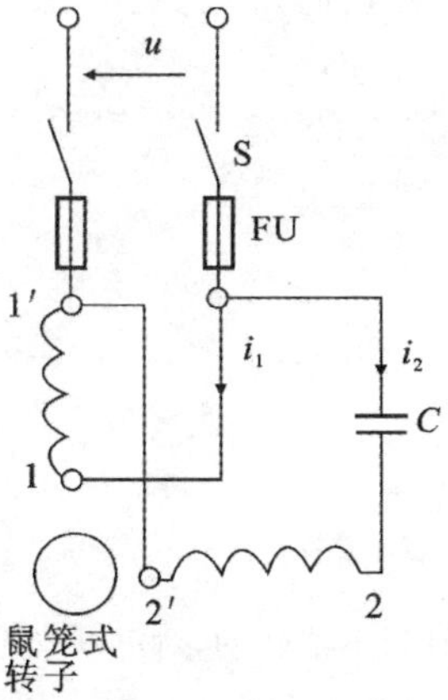

图 5.36　电容式异步电动机原理图

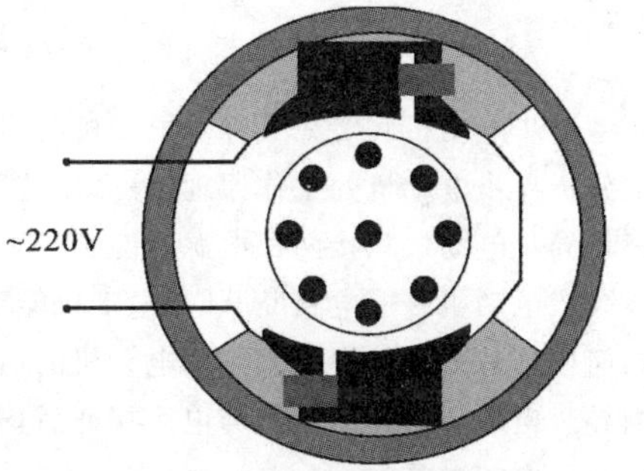

图 5.37　单相罩极式电动机

小　结

三相异步电动机由两个基本部分组成:定子(固定部分)和转子(旋转部分)。定子由机座、定子铁芯和定子绕组三部分组成。转子主要由转子铁芯和转子绕组两部分组成。根据转子绕组结构不同,三相异步电动机分为笼型和绕线式两种。

三相异步电动机的工作原理是:由定子绕组通入三相交流电源而产生旋转磁场,在转子绕组上产生感应电动势和电流,转子电流与旋转磁场相互作用产生电磁力,从而形成电磁转矩,转子就转动起来。旋转磁场的转速 $n_1=\frac{60f}{p}$,转差率 $s=\frac{n_1-n}{n_1}$。

电磁转矩是三相电动机最重要的物理量之一,$T=c_T\Phi I_2\cos\varphi_2$,电源电压的波动对异步电动机的转矩影响很大。电动机的转矩特性 $T=f(s)$。电动机的机械特性 $n=f(T)$,

异步电动机有较硬的机械特性、较大的过载能力和启动能力。

电动机的铭牌上都标注了电动机的型号、额定值和在额定运行状况下的有关技术参数。铭牌上的额定值及有关技术数据是正确设计、选型、使用和维修电动机的依据。

鼠笼式电动机的启动方法有直接启动和降压启动两种。绕线式电动机是通过在转子电路中接入电阻来启动的。改变电动机的转速有三种方式，即改变电源频率 f_1、极对数 p 和转差率 s。电动机的制动方法较多，如机械制动、电气制动等，常见的电气制动有能耗制动和反接制动。

直流电动机主要由磁极、电枢、换向器三部分组成。直流电动机采用了换向器结构，使电枢线圈中受到的电磁转矩保持不变，在这个电磁转矩作用下使电枢按逆时针方向旋转，这时电动机可作为原动机带动生产机械旋转，即由电动机向机械负载输出机械功率。按励磁方式的不同，直流电动机可以分为他励、并励、串励和复励等形式。直流电动机直接启动时在电枢电路中串接启动电阻 R_{st}。直流电动机的调速方法有三种：改变磁通 Φ 调速、改变电枢电压 U 调速和电枢串联电阻调速。直流电动机的制动也有能耗制动、反接制动和发电反馈制动三种。

单相电动机介绍了电容式单相异步电动机和单相罩极式电动机，转动原理和三相异步电动机类似。

思考题与习题

5.1 笼型异步电动机和绕线式异步电动机的结构有何不同？

5.2 试分析异步电动机的工作原理，怎样使其反转？

5.3 三相异步电动机只接两根电源线能否产生旋转磁场？

5.4 绕线式电动机转子电路断开时，电动机能否旋转？为什么？

5.5 如何根据转差率的大小来判别电动机的运行情况？

5.6 当异步电动机的定子绕组与电源接通后，若转子被阻，长时间不能转动，对电动机有何危害？如遇到这种情况，应采取何措施？

5.7 笼型异步电动机常用的降压启动方式有哪几种？

5.8 电动机型号为 Y132M—4，试述每个字母和数字代表的含义。

5.9 三相异步电动机的制动方式分几种形式？各种方法的工作原理是什么？

5.10 三相异步电动机常用的调速方法有哪几种？

5.11 试述电磁调速异步电动机工作原理。其主要组成部分有哪些？

5.12 直流电动机的结构由哪几部分组成？其工作原理是什么？

5.13 单相交流电动机一般有哪几种形式？其工作原理是什么？

5.14 电动机功率选择太大有什么不好？在什么情况下，电动机的功率因数和效率较高？

5.15 有一台三相异步电动机，$f=50\text{Hz}$，$n_N=960\text{r/min}$。试确定该电动机的磁极对数、额定转差率及额定转速时转子电流的频率。

实践与能力训练 三相异步电动机的铭牌识读、拆装、绕组首尾端的判别

(1)目的

①使学生认识和了解电动机铭牌所标示的内容，了解电动机的结构。

②掌握电动机的拆装和电动机绕组首尾判别的方法。

(2)准备

①工具准备:万用表、活动扳手、手锤、拉马、钢丝钳、尖嘴钳、电工刀、十字起、一字起。

②器材准备:三相异步电动机、导线若干、调压器等。

(3)步骤

①三相异步电动机的铭牌识读:对照表5.4看电动机铭牌,并填写好。

表5.4　电动机铭牌

规格型号	功率	频率	电压	电流	接线
转速	效率	功率因数	工作定额	绝缘等级	防护等级

②电动机的拆装:拆防护罩,拆风扇,拆端盖,拿出转子,对轴承进行清洗,给轴承加润滑油。然后组装,其步骤与上述相反。

③绕组首尾端的判别

a.万用表法:首先将万用表的转换开关放在欧姆挡上,利用万用表分出每相绕组的两个出线端,然后将万用表的转换开关转到直流毫安挡上,并将三相绕组接成图5.38所示的线路。接着,用手转动电动机的转子,如果万用表指针不动,则说明三相绕组的头尾区分是正确的;如果万用表指针动了,说明有一相绕组的头尾反了,应一相一相分别对调后重新试验,直到万用表指针不动为止。该方法是利用转子铁芯中的剩磁在定子三相绕组内感应出电动势的原理。

b.绕组串联法:用万用表分出三相绕组之后,先假定每相绕组的头尾,并接成如图5.39所示线路。将一组绕组接通36V交流电,另外两相绕组串联起来接上灯泡,如果灯泡发亮,说明相连两相绕组头尾假定是正确的;如果灯泡不亮,则说明相连两相绕组不是头尾相连。这样,这两相绕组的头尾便确定了。然后,再用同样方法区分第三相绕组的头尾。

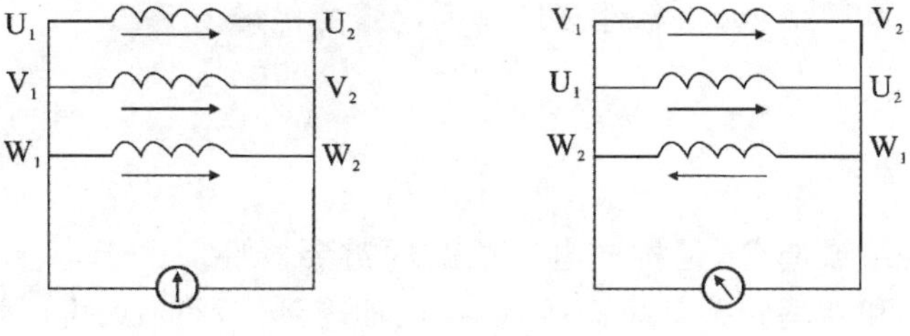

图5.38　用万用表区分绕组头尾

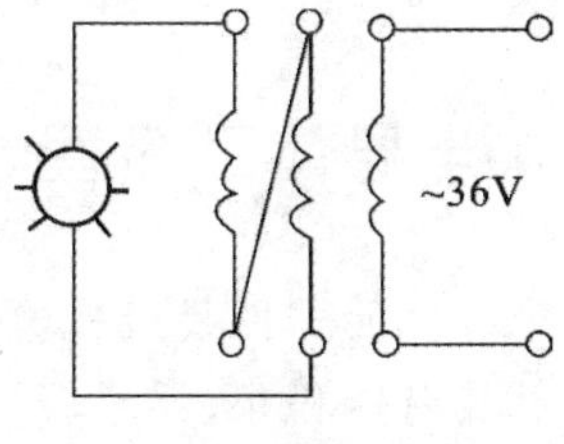

图5.39　用绕组串联法区分绕组头尾

(4)注意事项

①拆卸端盖时不要用力过大,以免损坏端盖(端盖一般是铸钢,性脆易损坏)。

②转子拿出、装进时不要损坏定子绕组。

③场地要干净,不要弄脏转子。

④用绕组串联法区分绕组头尾,用调压器调压到36V时,要对电压测试,电压太大将会烧毁绕组。

(5)讨论

①电动机的规格型号所表示的含义是什么?

②电动机轴承应如何装进去?

下篇　工业电子学

单元 6　半导体二极管与直流稳压电源

知识目标

本征半导体、掺杂半导体的导电特性；PN 结及其特性；二极管的结构、伏安特性及主要参数；特殊二极管的用途；单相桥式整流电路、滤波电路及稳压电路的组成、工作原理、分析计算方法、元件的选用；集成稳压器的使用。

技能目标

能认识和识别一般电子设备中二极管的型号及在电路中的作用；具有对单相桥式整流电容滤波电路进行分析计算和正确选择元器件的能力；熟悉直流稳压电源的使用。

6.1　半导体二极管

半导体元器件是近代电子学的重要组成部分，是构成电子线路的重要器件。由于半导体元器件具有体积小、质量轻、输入功率小和功率转换效率高等优点，因而得到广泛的应用。

6.1.1　半导体的基本知识

在自然界中，存在着许多不同的物质，有的物质很容易传导电流，称为导体；有的物质几乎不传导电流，称为绝缘体；还有一类物质，它的导电能力介于导体与绝缘体之间，称为半导体。常见的半导体有锗、硅、硒化镓、一些硫化物和氧化物等。半导体除了在导电能力方面与导体和绝缘体不同外，还具有不同于其他物质的特点。例如，半导体受到外界光和热的刺激时或者在纯净的半导体中加入微量的杂质时，其导电性能会发生显著变化。其中半导体的电阻率随温度的上升而明显下降，呈负温度系数的特性；半导体的导电能力随温度上升而明显增加；半导体的电阻率随光照的不同而变化；在纯净的半导体中掺入少量的杂质，它的导电能力会得到显著的提高。这就是半导体的特点。

6.1.1.1　本征半导体

本征半导体是完全纯净的、原子排列整齐的半导体晶体。在 $T=0$ 和没有外界激发时，没有可以自由运动的带电粒子——载流子，这时它相当于绝缘体。例如，高纯度半导体材料硅、锗都是单晶体结构。图 6.1(*a*)、图 6.1(*b*)所示分别为锗和硅的原子结构示意图。

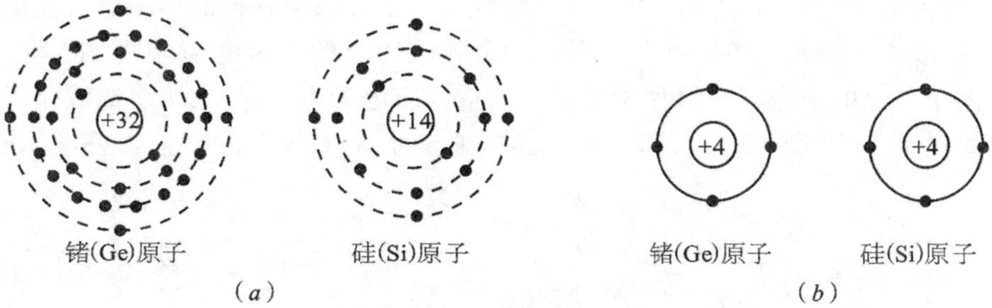

图 6.1　锗和硅原子结构模型

(*a*)原子结构图；(*b*)简化模型

在硅、锗制成单晶体后，最外层的 4 个价电子不仅受自身原子核的束缚，还与其相邻的 4 个原子核相互吸引，2 个相邻原子之间有 1 对价电子，称为共价键结构，如图 6.2 所示。

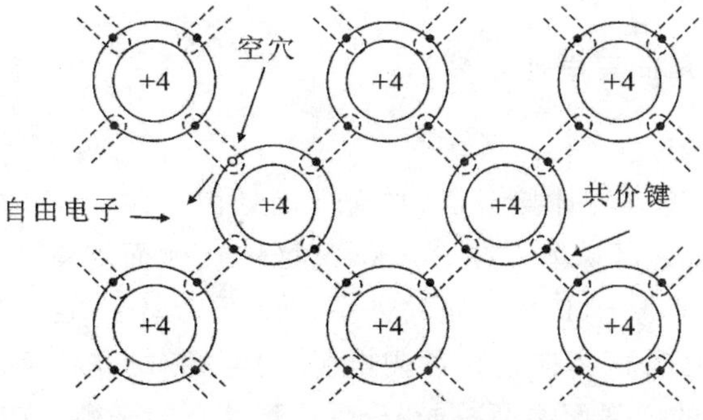

图 6.2　锗(硅)原子在晶体中的共价键排列

半导体共价键中的价电子并不像绝缘体中的电子被束缚得那么紧，在室温 300K 时，由于热激发，就会使一些价电子获得足够的能量挣脱共价键的束缚，成为自由电子。这种现象称为本征激发。在电子挣脱共价键的束缚成为自由电子后，共价键就留下 1 个空位，这个空位叫作空穴。显然，空穴带有正电荷。当温度越高时，电子空穴就越多；电子空穴的热运动是杂乱无章的，对外不显电性。

6.1.1.2　杂质半导体

在本征半导体中掺入少量的杂质，就会使半导体的导电性能发生显著的改变。因掺入杂质的不同，可分为 N 型半导体(电子半导体)和 P 型半导体(空穴半导体)。

(1)N 型半导体

在本征半导体中(如硅、锗中)掺入少量的 5 价元素杂质，如磷、锑、砷等，磷原子有 5 个价电子，它的 4 个价电子与相邻的硅组成共价键后，还多余 1 个价电子，多余的价电子很容易受激发成为自由电子。掺入的磷元素越多，则自由电子就越多。如图 6.3 所示。由于磷原子在硅晶体中给出了 1 个多余的电子，因此称磷为施主杂质，或 N 型杂质。但在产生自由电子的同时并不产生新的空穴，因此在 N 型半导体中，自由电子数远大于空穴数。这样的一种半导体将以自由电子导电为主，所以自由电子为多数载流子，而空穴为少数载流子。

(2)P 型半导体

在本征半导体中（如硅、锗中）掺入少量的 3 价元素杂质，如硼、铟等，硼原子最外层只有 3 个价电子，它与周围硅原子组成共价键时，因缺少 1 个价电子，在晶体中就留有 1 个空穴，空穴数量增多，自由电子则相对很少。如图 6.4 所示。由于硼原子在硅晶体中能接受电子，故称硼为受主杂质，或 P 型杂质。在产生空穴的同时并不产生新的自由电子，因此在 P 型半导体中，空穴数远大于自由电子数。在这种半导体中以空穴导电为主，故空穴为多数载流子，而自由电子为少数载流子。注意不论是 N 型半导体还是 P 型半导体都是电中性，对外不显电性。

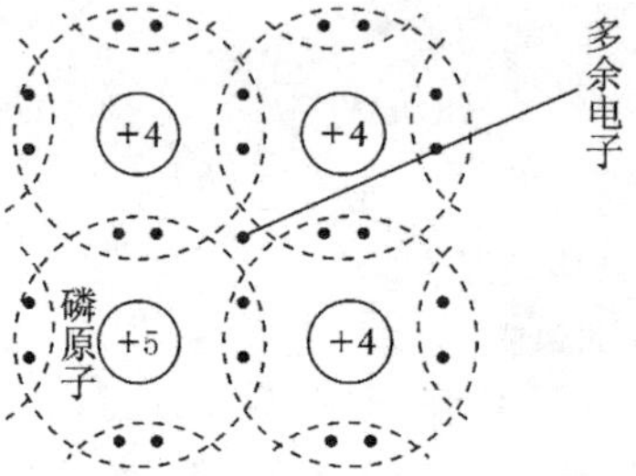

图 6.3　N 型半导体

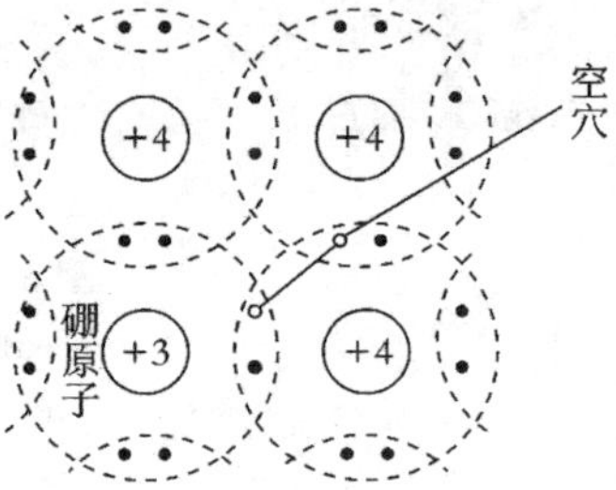

图 6.4　P 型半导体

6.1.2　PN 结及其单向导电性

6.1.2.1　PN 结的形成

当 P 型半导体和 N 型半导体接触后，在交界面处由于载流子的扩散运动，P 区的空穴向 N 区扩散，N 区的电子向 P 区扩散。在 P 区和 N 区的接触面上就产生了正、负离子层。N 区一侧失去自由电子剩下正离子，P 区一侧失去空穴剩下负离子，这个区域称为空间电荷区，即 PN 结。同时形成一个由 N 区指向 P 区的内电场，内电场对扩散运动起阻碍作用，电子和空穴的扩散运动随着内电场的增强而逐渐减弱，最后达到动态的平衡。如图 6.5 所示。

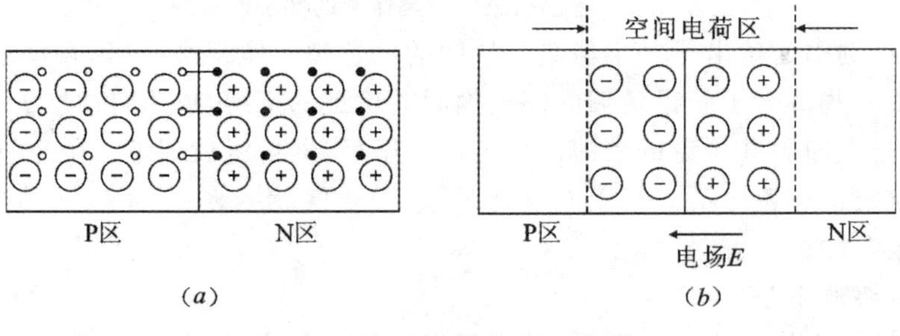

图 6.5　PN 结的形成

6.1.2.2　PN 结单向导电性

PN 结在使用时总是加一定的电压，若 PN 结外加正向电压（P 区的电位高于 N 区的电位），称为正向偏置，简称正偏。如图 6.6(a)所示。这时 PN 结外电场与内电场方向相反，PN 结变窄，则 P 区的多数载流子空穴和 N 区的多数载流子自由电子在回路中形成较大的正向电流 I_F，使 PN 结正向导通。这时 PN 结呈低电阻状态。

若 PN 结外加反向电压（P 区的电位低于 N 区的电位），称为反向偏置，简称反偏。如图 6.6(b)所示。这时外加电场与内电场方向相同，使内电场增强，PN 结变厚，多数载流子运

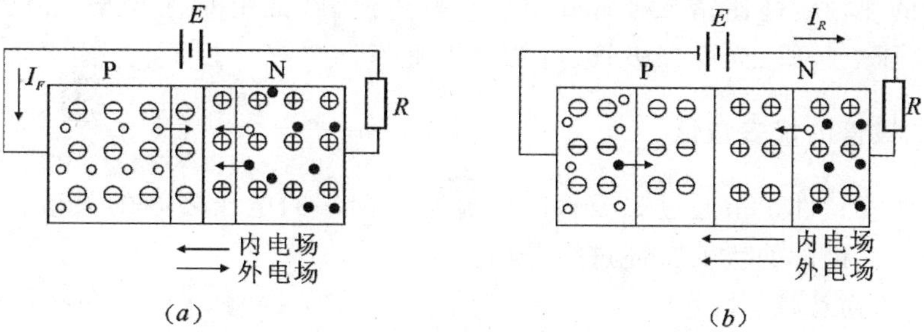

图 6.6　PN 结的单向导电性

(a)加正向电压时导通；(b)加反向电压时截止

动难以进行，而 P 区的少数载流子自由电子和 N 区的少数载流子空穴在回路中形成极小的反向电流 I_R，称 PN 结反向截止。这时 PN 结呈高阻状态。

由此可知，PN 结正向偏置时，呈导通状态；反向偏置时，呈截止状态。这就是 PN 结的单向导电性。另外在室温下，少数载流子形成的反向电流虽然很小，但它随温度的上升而明显增加，使用时要特别注意。

6.1.3　二极管的结构

半导体二极管由一个 PN 结加上相应的引出端和管壳构成。它有两个电极，P 区引出线称二极管的正极（又称阳极），N 区引出线称二极管的负极（又称阴极）。常见二极管的外形和符号如图 6.7 所示。

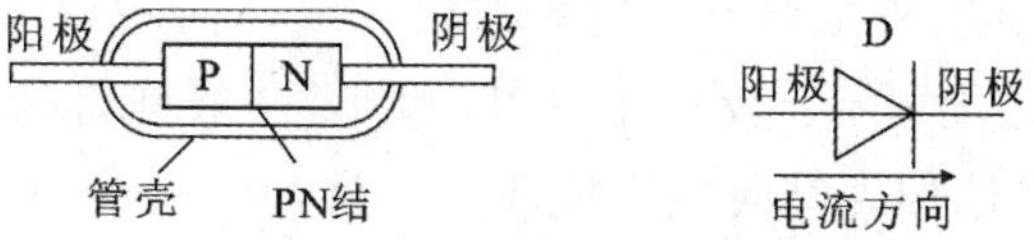

图 6.7　二极管的内部结构示意图和符号

二极管的种类很多，按结构分，常见的有点接触型和面接触型。点接触型二极管的 PN 结是用一根含杂质元素的金属丝压在半导体晶片上，经特殊工艺、方法处理而成，如图 6.8(a)所示。因其结面积小，允许通过的电流小，但结电容小，工作频率高，主要用在高频检波和开关电路。面接触型二极管的 PN 结是用合金或扩散法做成的，其结构如图 6.8(b)所示。由于面接触型二极管的 PN 结面积大，PN 结电容较大，一般适于在较低的频率下工作，允许通过较大电流和具有较大功率容量，主要用于整流电路。按制造材料分，常用的有硅二极管和锗二极管，

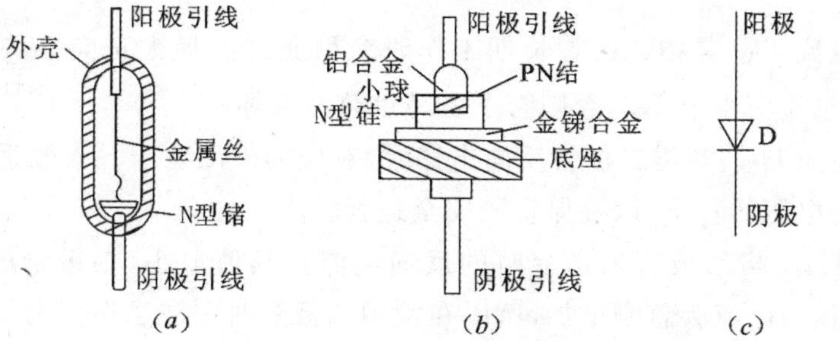

图 6.8　常见二极管的结构和符号

(a)点接触型；(b)面接触型；(c)符号

其中硅二极管的热稳定性比锗二极管好得多。按用途分，常用的有普通二极管、整流二极管、检波二极管、稳压二极管、光电二极管、开关二极管等。

6.1.4 二极管的伏安特性

二极管的伏安特性是指通过二极管的电流与其两端的电压之间的关系。如图 6.9 所示。下面分三部分对二极管的伏安特性进行分析。

6.1.4.1 正向特性

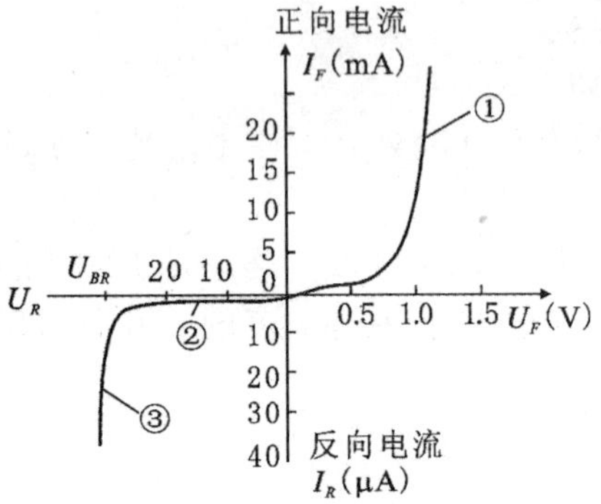

图 6.9 二极管的伏安特性

当二极管两端加正向电压时，便有正向电流通过。但当二极管承受电压很低时，还不足以克服 PN 结内电场对多数载流子运动的阻挡作用，因此，这时正向电流 I_F 仍然很小，二极管呈现的电阻较大，称为死区。通常，硅材料二极管的死区电压约为 0.5V，锗材料二极管的死区电压为 0.2V。

当外加电压超过一定电压数值 U_T 时，外电场大大抵消了内电场，二极管的电阻变得很小，正向电流 I_F 随外加电压的增加而显著增大。如图 6.9 第①段所示。当二极管完全导通后，正向压降基本维持不变，称为二极管的正向导通电压或门槛电压，一般硅管为 0.7V，锗管为 0.3V。

6.1.4.2 反向特性

二极管加反向电压，此时外电场与内电场方向一致，只有少数载流子的漂移运动，形成反向电流 I_R。如图 6.9 第②段所示。反向电流 I_R 极小，一般硅管为几微安以下，锗管较大，为几十到几百微安。这种特性称为反向截止特性。

6.1.4.3 反向击穿特性

当外加反向电压增大到一定数值时，外加电场过强，可能破坏共价键而把价电子拉出，使少数载流子的数目剧增；强电场也可能引起电子与原子碰撞，产生新的电子空穴对，而引起载流子的数目急剧上升。这都将使反向电流突然剧增，这种现象称二极管反向击穿，击穿时对应的电压称为反向击穿电压 U_{BR}。如图 6.9 第③段所示。普通二极管发生反向击穿后，将会因电流过大使管子过热而造成永久性损坏，这种现象叫作热击穿。

6.1.5 二极管的主要参数

最大整流电流 I_{FM}：是指二极管长期工作时允许通过的最大正向平均电流。使用二极管时，管子通过的电流应小于 I_{FM}，否则管子容易过热而损坏。

反向击穿电压 U_{BR}：是指二极管反向击穿时，对应的外加电压。一般手册上给出的最高反向电压约为击穿电压的一半，以确保管子安全运行。

反向电流 I_R：是指二极管未击穿时的反向电流。其值愈小，二极管的单向导电性越好。由于温度增加，反向电流会急剧增加，所以在使用二极管时要注意温度的影响。

最高工作频率 f_M：是指保持二极管单向导通时，外加电压的最高频率。二极管工作频率与 PN 结的极间电容大小有关，容量越小，工作频率越高。

6.1.6　二极管的应用

二极管的应用很广。利用其单向导电性，二极管可用于整流、检波、钳位、限幅以及在脉冲与数字电路中作为开关元件等。下面通过两个例题来说明其限幅和钳位作用。

例 6.1　在图 6.10(a)所示电路中，电源电压 $E=2V$，若输入电压 $u_i=4\sin\omega tV$，其波形如图 6.10(b)所示，求输出电压 u_o 的波形（假设二极管为理想器件）。

解　由图 6.10 可知，当输入电压 $u_i<2V$ 时，二极管 D 反偏截止，电阻 R 无电流通过，电源 E 对输出电压不产生影响，输出电压 u_o 与输入电压 u_i 相同，即 $u_o=u_i$。当输入电压 $u_i>2V$ 时，二极管正偏导通，输出电压 $u_o=2V$，电阻 R 起限流作用，输出电压 u_o 与输入电压 u_i 的差值即为电阻 R 上的电压。输出电压 u_o 的波形如图 6.10(c)所示。

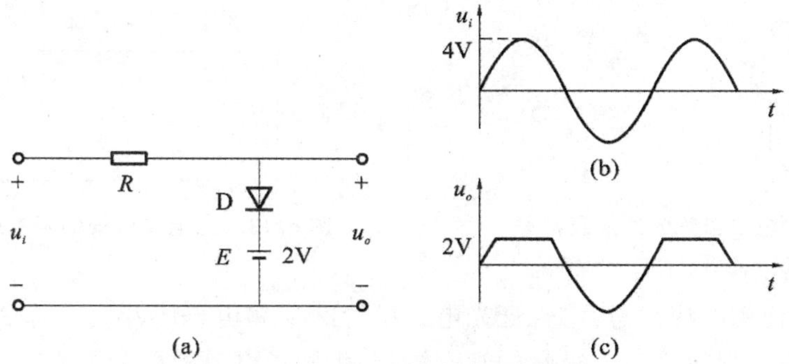

图 6.10　例 6.1 电路及波形图

上述例题实际为一个二极管限幅器。所谓限幅，是指输出信号的幅度受到规定电压（限幅电压或电源电动势 E）的限制。因此，对于理想二极管限幅电路，u_o 与 u_i 的关系为：

当 $u_i<E$ 时，$u_o=u_i$；当 $u_i\geqslant E$ 时，$u_o=E$。

例 6.2　电路如图 6.11 所示，求输出电压 u_o。

解　假设将二极管 D_1、D_2 从电路中断开，则 A_1、B_1 两点间的电压为 15V，A_2、B_2 两点间的电压为 12V，即 D_1、D_2 的正向偏置电压分别为 15V 和 12V。

但在原电路中，D_1、D_2 不可能同时导通，那么由于 D_1 两端电压大于 D_2 两端电压，因此 D_1 优先导通，使输出端的电压 u_o 等于 6V，二极管 D_2 反偏截止，输出端的电位被钳制在 6V。

图 6.11 所示的电路描述了二极管的钳位与隔离作用。所谓钳位，即当二极管正向导通时，由于正向导通压降很小，可以忽略，所以强制使其阳极电位与阴极电位基本相同。而隔离则是当二极管加反向电压时，二极管截止，相当于断路，阳极与阴极被隔离开，称为二极管的隔离作用。

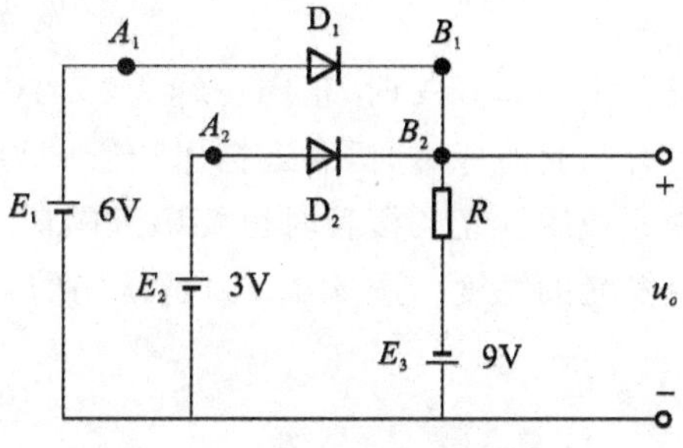

图 6.11　例 6.2 电路

在图 6.11 所示的电路中，D_1 起钳位作用，把输出端的电位钳制在 6V；D_2 起隔离作用，把输出端与输入信号 E_2 隔离开。

6.1.7 特殊二极管

6.1.7.1 光电二极管

光电二极管又称光敏二极管，是一种将光信号转换成电信号的特殊二极管。它的反向电流随光照强度的增加而上升，通常在管壳备有一个玻璃窗口以接受光照。其外形和符号如图 6.12所示。

光电二极管工作在反向偏置状态。当管壳上的玻璃窗口无光照时，反向电流很小，称为暗电流；有光照时反向电流很大，称为亮电流，且光照越强，亮电流越大。如果在外电路接上负载，便可获得随光照强弱而变化的电信号。图 6.13 是光电二极管的基本应用电路，无光照时，负载 R_L 上无电压；有光照时，亮电流在 R_L 上转换为电压输出，从而实现光电转换。

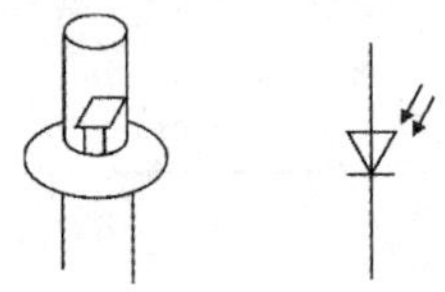

图 6.12 光电二极管的外形及符号

(a)外形；(b)符号

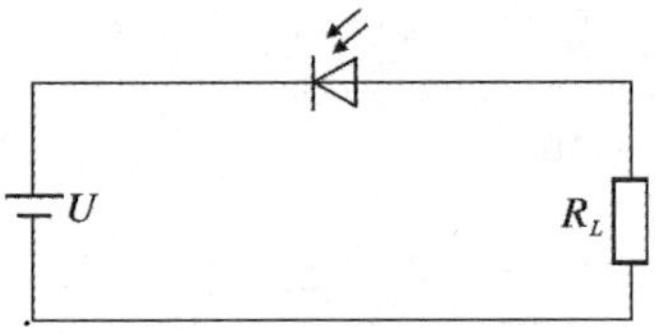

图 6.13 光电二极管的基本应用电路

光电二极管使用时应注意：①保证光电二极管的反偏电压不小于 5V，否则光电流和光强度不呈线性关系；②保持光电二极管的管壳清洁，否则光电灵敏度会下降。

光电二极管主要在光电控制系统中作传感元件，应用也十分广泛。

6.1.7.2 发光二极管

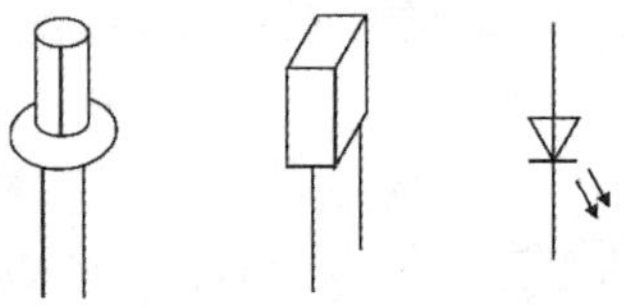

图 6.14 发光二极管的外形及符号

(a)外形；(b)符号

发光二极管是一种将电能转换成光能的元器件，简写成 LED(Light Emitting Diode)。通常用元素周期表中Ⅲ、Ⅴ族元素的化合物，如砷化镓、磷化镓等制成。发光二极管和普通二极管相似，也是由一个 PN 结构成，发光二极管正向导通时，由于空穴和电子的直接复合而放出能量，发出一定波长的可见光，由于光的波长不同，颜色也不相同。常见的发光二极管有红、绿、黄等颜色。图 6.14 为发光二极管的外形和符号。

发光二极管正向偏置并达到一定电流时就会发光。工作电流在 10～30mA 时，正向压降为2～3V。通常管脚引线较长的为正极，较短的为负极。当管壳上有凸起的标志时，靠近标志的管脚为正极。

使用发光二极管时也要串入限流电阻，避免流过的电流太大。改变电流的大小还可以改变发光的亮度。图 6.15(a)是常用的直流驱动电路。限流电阻 R 可按下式计算：

$$R = \frac{U - U_F}{I_F} \tag{6.1}$$

式中，U_F 为 LED 的正向电压，约为 2V；I_F 为正向工作电流，可从产品手册中查得。用交流电源驱动时，如图 6.15(b)所示。此时，在计算限流电阻 R 时仍用上式，不过上式中的 U 是交流电压的有效值，二极管 D 可避免 LED 承受高的反向电压。

发光二极管除可单个使用外，也常做成七段式或矩阵式，工作电流一般为几毫安到几十毫安之间。LED 的反向击穿电压一般大于 5V，但为使器件长时间稳定而又可靠地工作，安全使用电压选择在 5V 以下。

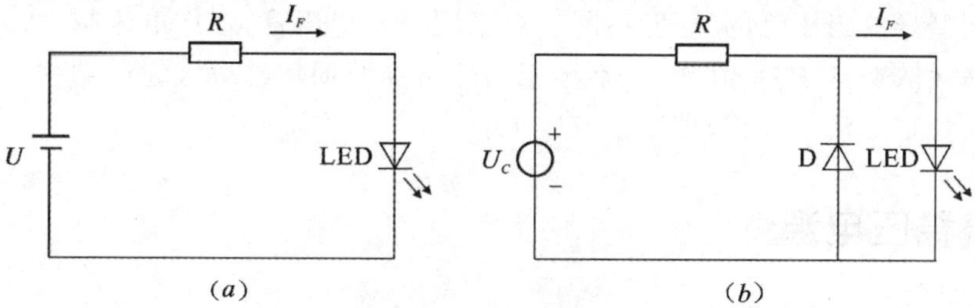

图 6.15　LED 的驱动电路

(a)直流驱动；(b)交流驱动

6.1.7.3　稳压二极管

(1)结构原理

稳压二极管简称稳压管，是用特殊工艺制成的面接触型半导体二极管，外形与普通二极管相似，符号如图 6.16(a)所示。其特殊之处在于，它是工作在反向击穿区，在一定的电流范围内，其端电压几乎不变，表现出稳压特性，被广泛应用于稳压电源和限幅电路中。

(2)伏安特性

稳压管的伏安特性与普通二极管相似，如图 6.16(b)所示，其主要区别是反向特性曲线比较陡。击穿后，通过管子的电流在很大范围内变化，而管子两端的电压变化很微小，可近似认为基本不变，表现出很好的稳压特性。稳压管在电路中一般都是反接使用，使用时，必须采用一定的限流措施，避免 PN 结出现热击穿损坏。

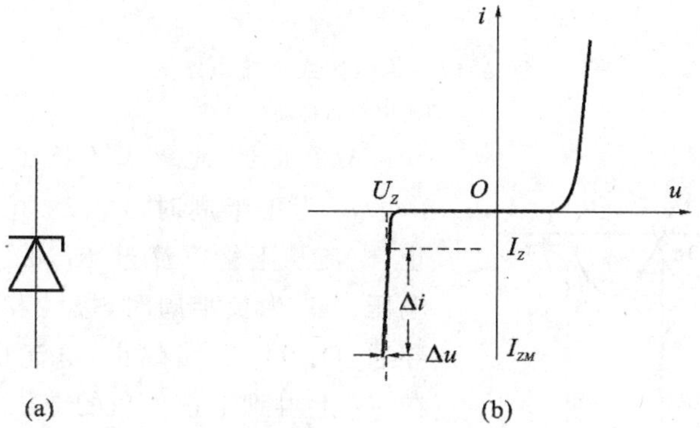

图 6.16　稳压管的符号和伏安特性

(a)符号；(b) 伏安特性

(3)主要参数

稳定电压 U_Z　指稳压管在规定条件下的反向击穿电压。由于半导体器件参数的分散性，同一型号的稳压管的稳压值有一定的差别。例如，2CW19 的稳压值为 11.5～14V。但就某一只管子而言，其稳压值为固定值。

稳定电流 I_Z　指稳压管在正常工作时的参考电流值，稳压管要起到稳压作用，则电流必须大于此值，但稳压管的功率不能超过其额定功率。

最大稳定电流 I_{ZM}　指稳压管允许通过的最大反向电流。稳压管工作时，电流必须小于此值，否则会造成热击穿损坏。

动态电阻 r_Z 指稳压管工作在稳压状态时,其端电压的变化量与流过其电流的变化量的比值,即 $\Delta u/\Delta i$。反向特性曲线越陡,则 r_Z 越小,即电流变化时电压的变化越小,说明稳压特性越好。不同型号的稳压管的 r_Z 也不同。对于同一只稳压管,工作电流越大,r_Z 越小。

最大允许耗散功率 P_{ZM} 指管子不至于因热击穿而损坏的最大耗散功率。它近似等于稳定电压与最大稳定电流的乘积,即 $P_{ZM}=U_Z I_{ZM}$。

6.2 直流稳压电源

整流是指将交流电变为单向脉动的直流电。利用二极管的单向导电性可组成单相、三相等各种形式的整流电路,然后再经过电容的滤波及稳压,便可获得平稳的直流电。

6.2.1 单相桥式整流电路

单相桥式整流电路如图 6.17 所示。图中,四个整流二极管 $D_1\sim D_4$ 接成桥形,其中一个对角线接变压器的次级,另一个对角线接负载电阻 R_L,二者不能互换。

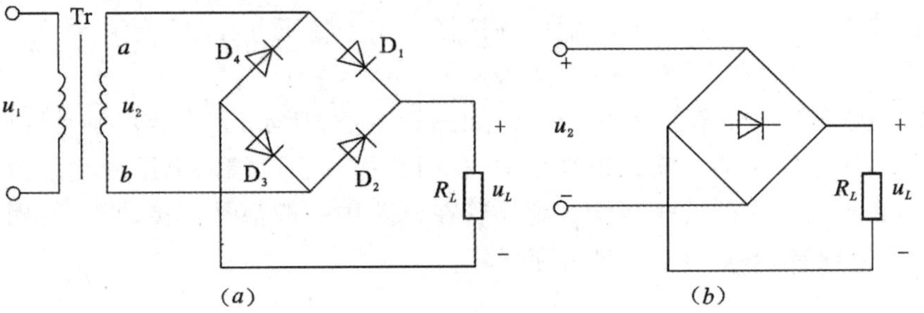

图 6.17 单相桥式整流电路图

(a)原理电路;(b)简化画法

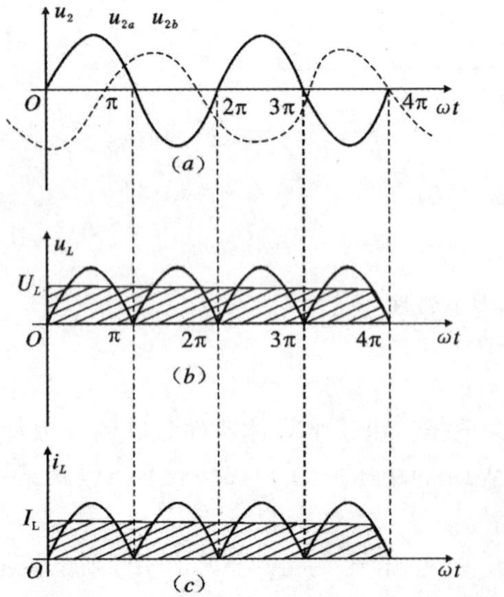

图 6.18 单相桥式整流电路波形图

6.2.1.1 电路工作原理

u_2 为正半周时,D_1、D_3 正偏导通,D_2、D_4 反偏截止,电流从上往下流过 R_L,在 R_L 上得到上正下负的电压。u_2 为负半周时,极性和图示相反,D_2、D_4 正偏导通,D_1、D_3 反偏截止,电流也是从上往下流过 R_L,在 R_L 上得到上正下负的电压。

上述过程周而复始,在 R_L 上得到如图 6.18 所示的 u_L 的完整波形。这是一个脉动直流电压,与全波整流电路输出的波形完全相同。

6.2.1.2 负载上的直流电压和直流电流的计算

由桥式整流电路波形图知:输出直流电压平均值、负载电流平均值、流过每个二极管的电流平均值,分别为:

$$U_L = 0.9U_2 \quad (6.2)$$

$$I_L = 0.9U_2/R_L \quad (6.3)$$

$$I_D = 0.45U_2/R_L \quad (6.4)$$

桥式整流电路二极管所承受的最大反向电压，其值为：

$$U_{DRM} = \sqrt{2}U_2 \tag{6.5}$$

桥式整流电路在使用中一定要注意二极管的接法，不允许接反。当一个管子接反时，将会出现交流电半个周期内变压器二次侧出现短路的情况，很容易烧坏变压器。

桥式整流电路输出电压高，纹波电压较小，结构比较简单。在半导体器件成本日益降低的形势下，桥式整流在实际生产中得到了广泛应用。

例 6.3　某单相桥式整流电路如图 6.17 所示，若 $U_2=24V$，$R_L=15\Omega$，求 U_L、I_L、I_D 及 U_{DRM}，并选择整流元件。

解

$$U_L=0.9U_2=0.9\times24V=21.6V$$

$$I_L=\frac{U_L}{R_L}=0.9\frac{U_2}{R_L}=0.9\times\frac{24V}{15\Omega}=1.44A$$

$$I_D=\frac{1}{2}I_L=0.72A$$

$$U_{DRM}=\sqrt{2}U_2=\sqrt{2}\times24V=33.9V$$

根据流过二极管的整流电流 I_D 和它所承受的最高反向电压 U_{DRM}，考虑留有适当的余量，可选型号为 2CZ55C 或 1N4002 的整流二极管。

6.2.2　滤波电路

整流电路输出的脉动电压是直流分量和许多不同频率的交流谐波分量叠加而成的，这些谐波分量总称为纹波。为了获得较平滑的直流输出，还必须采用滤波电路，把脉动电压中的交流成分滤除。

6.2.2.1　电容滤波

(1)电路工作原理

在小功率的整流电路中最常用的是电容滤波电路，它是利用电容两端的电压不能突变的特性，与负载并联，使负载得到较平滑的电压，图 6.19 就是一个很实用的单相桥式整流电容滤波电路。

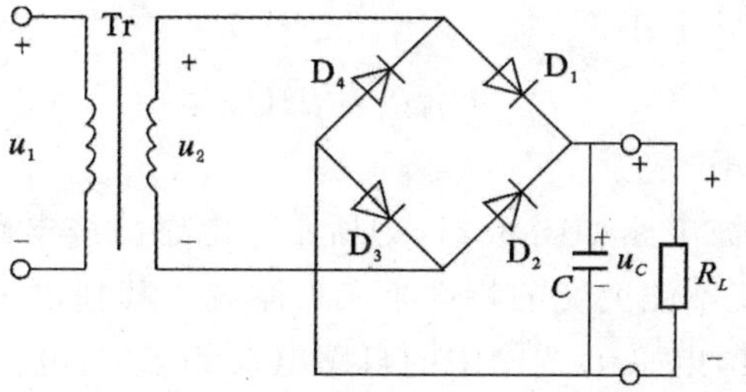

图 6.19　单相桥式整流电容滤波电路原理图

假定起始电压 u_C(即 R_L 两端电压 u_L)为零，且 u_2 从零开始上升，D_1、D_3 导通，D_2、D_4 反偏截止，电源向负载 R_L 供电的同时，也向电容 C 充电。因变压器二次绕组的直流电阻和二极管的正向电阻均很小，故充电时间常数很小，充电速度很快，$u_C=u_2$，达到峰值 $\sqrt{2}U_2$ 后，u_2 下降，当 $u_C>u_2$ 时，D_1、D_3 截止，电容开始向 R_L 放电，因其放电时间常数 R_LC 较大，u_C 缓慢下降。直至 u_2 的负半周出现 $|u_2|>|u_C|$ 时，二极管 D_2、D_4 正偏导通，电源又向电容充电，如此周而复

始地充、放电，得到图 6.20 所示的 u_C，即输出电压 u_L 的波形。显然此波形比没有滤波时平滑得多，即输出电压中的纹波大为减少，达到了滤波的目的。

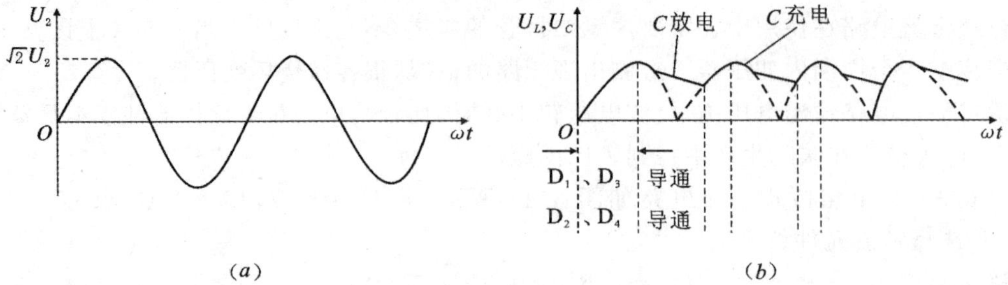

图 6.20 波形图

(a) u_2 波形；(b) u_L、u_C 波形

(2)参数计算

输出电压的 U_L：

$$U_L = (1.1 \sim 1.4)U_2 \tag{6.6}$$

额定情况下：

$$U_L = 1.2U_2 \tag{6.7}$$

滤波电容容量的确定：

$$C = (3 \sim 5)T/2R_L \tag{6.8}$$

式中 T——交流电压的周期。

电容耐压值的确定：由图 6.20 可知，加在电容上的最大电压为 $U_{2m} = \sqrt{2}U_2$，选定的电容耐压值为 U_{2m} 的 1.5～2 倍。

负载上的平均电流：

$$I_L = U_L/R_L = 1.2U_2/R_L \tag{6.9}$$

整流管的平均电流：

$$I_D = \frac{1}{2}I_L = 0.6U_2/R_L \tag{6.10}$$

整流管承受的最大反向电压：

$$U_{DRM} = \sqrt{2}U_2 \tag{6.11}$$

6.2.2.2 电感滤波

单相桥式整流电感滤波电路如图 6.21(a)所示。电感滤波电路中，电感 L 与负载 R_L 为串联连接，利用电感中的电流不能突变的特性来实现滤波。其基本工作原理为：

当负载电流 i_L 增大时，电感 L 线圈中的自感电动势 e_L 与电流 i_L 反向，限制电流的增加，将一部分电能转换为磁场能量储存在磁场中。

当负载电流 i_L 减小时，电感 L 线圈中的自感电动势 e_L 与电流 i_L 同向，阻止电流减小，即释放磁场能量。因此通过负载 R_L 的电流的脉动成分受到抑制而变得平滑，电感 L 愈大，滤波效果愈好。其波形如图 6.21(b)所示。

若线圈的电感 L 足够大，且忽略电感的电阻，即电感 L 两端的电压平均值为零，则电感滤波后的输出电压平均值为：

$$U_O \approx 0.9U_2 \tag{6.12}$$

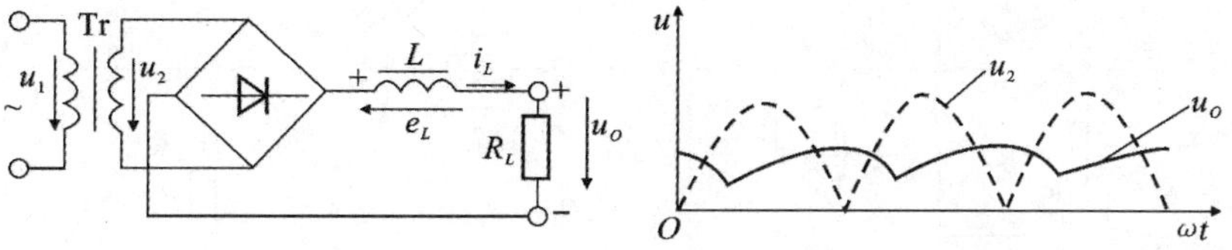

(a)　(b)

图 6.21　单相桥式整流电感滤波电路及工作波形

(a)整流滤波电路;(b)整流滤波电压波形

电感的作用是使整流后电压的交流分量的大部分降在它的上面,而直流分量基本输出给负载 R_L。虽然整流输出电压没有提高,但其稳定性能得到了改善。

电感滤波主要适用于电容滤波难以胜任的大电流负载或负载经常变化的场合。但电感量较大的电感器体积大、笨重、不便于集成化,故其应用有一定的局限性,在小功率的电子设备中很少采用。

6.2.2.3　复式滤波

(1)LC 滤波器

在电容 C 滤波之前串接一个电感 L,如图 6.22(a)所示,即组成 LC 滤波器。整流后的脉动直流中的大部分交流分量降在电感 L 上,再经过电容 C 的进一步滤波后,负载 R_L 上得到更加平滑的直流值。

(2)π 形滤波器

在 LC 滤波器前再并联一个电容器,如图 6.22(b)所示,组成 π 形 LC 滤波器,滤波效果进一步改善。如果是小电流负载时,可将电感用一个小电阻 R 代替,组成 π 形 RC 滤波器,如图 6.22(c)所示。

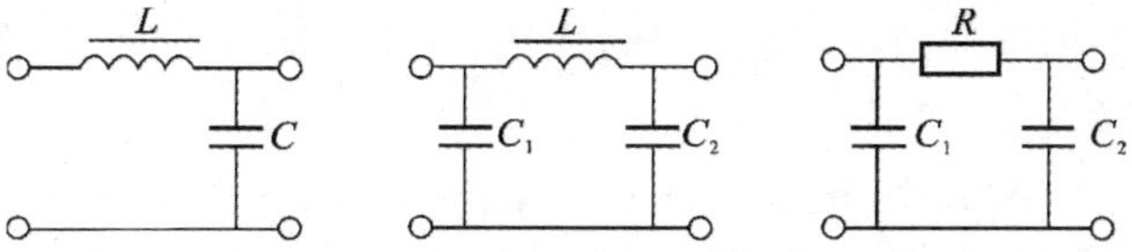

(a)　(b)　(c)

图 6.22　常用的几种复式滤波器

(a)LC 滤波器;(b)π 形 LC 滤波器;(c)π 形 RC 滤波器

6.2.3　稳压电路

当用一个不稳定的电压对负载供电时,会引起负载工作不稳定,甚至不能正常工作。精密电子仪器、自动控制和计算装置等都需要很稳定的直流电源供电。为了得到稳定的直流输出电压,在整流滤波电路之后需要增加稳压电路。其作用是当交流电源电压波动、负载或温度变化时,维持输出直流电压稳定。

6.2.3.1　硅稳压管稳压电路

图 6.23 所示为硅稳压管组成的稳压电路,电阻 R 限制流过稳压管的电流使之不超过 I_{ZM},称为限流电阻。负载 R_L 与用作调整元件的稳压管 V_Z 并联,输出电压就是稳压管两端的稳定电压,故又称为并联型稳压电路。

电路要有稳定的电压输出,要求稳压管必须工作在反向击穿状态,且流过稳压管的电流要

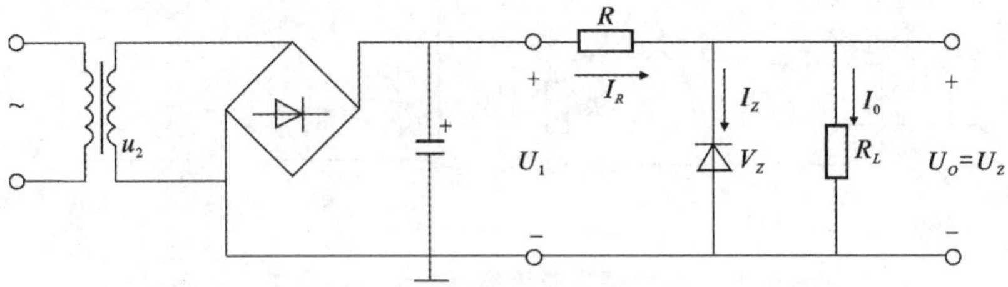

图 6.23 硅稳压管稳压电路

在稳定电流 I_Z 和允许的最大电流 I_{ZM} 之间。下面结合稳压管的特性曲线 6.16(*b*),分析电路的稳压原理。

当负载不变(即 R_L 不变),电网电压变化时的稳压过程:当电网电压升高使输入电压 U_I 随之升高时,输出电压 U_O 也即稳压管电压 U_Z 略有增加时,稳压管的电流 I_Z 会明显地增加,而 I_Z 增大使 I_R 随之增大,这使电阻 R 上的压降 $U_R=R(I_O+I_Z)=RI_R$ 增加,从而导致输出电压 U_O 下降,接近原有值。即利用 I_Z 的调整作用,将 U_I 的变化量转移到电阻 R 上,从而保持输出电压的稳定。其整个稳压过程可总结如下:

$$U_I\uparrow\rightarrow U_O\uparrow\rightarrow I_Z\uparrow\rightarrow I_R\uparrow\rightarrow U_R\uparrow\rightarrow U_O\downarrow$$

结果使输出电压基本不变,反之亦然,过程如下:

$$U_I\downarrow\rightarrow U_O\downarrow\rightarrow I_Z\downarrow\rightarrow I_R\downarrow\rightarrow U_R\downarrow\rightarrow U_O\uparrow$$

使输出电压基本稳定。

当输入电压 U_I 不变时,负载电阻 R_L 变化时的稳压过程:若 R_L 减小,则输出电流 I_O 增大,因 $I_R=I_Z+I_O$,所以使 I_R 增大。而 I_R 增大使 U_R 增大,从而使 U_O 减小。只要 U_O 略有下降,即 U_Z 下降,则稳压管电流 I_Z 会明显减小,从而使 I_R 和 U_R 减小,输出电压 U_O 增大,接近原有值。即将 I_O 的变化量通过 I_Z 反方向的变化,使 U_R 基本不变,从而使输出电压 U_O 基本稳定。其整个稳压过程总结如下:

$$R_L\downarrow\rightarrow I_O\uparrow\rightarrow I_R\uparrow\rightarrow U_R\uparrow\rightarrow U_O\downarrow\rightarrow I_Z\downarrow\rightarrow I_R\downarrow\rightarrow U_R\downarrow\rightarrow U_O\uparrow$$

结果使输出电压基本稳定,反之亦然,即:

$$R_L\uparrow\rightarrow I_O\downarrow\rightarrow I_R\downarrow\rightarrow U_R\downarrow\rightarrow U_O\uparrow\rightarrow I_Z\uparrow\rightarrow I_R\uparrow\rightarrow U_R\uparrow\rightarrow U_O\downarrow$$

结果也使输出电压基本稳定。

上述过程说明稳压管稳压电路确实起到了稳压作用。同时可以看到,电阻 R 在稳压过程中起到了电压的调整作用,故称调压电阻,只有稳压二极管的稳压作用与 R 调压作用相配合,才能使稳压电路具有良好的稳压效果。

6.2.3.2 集成稳压器

随着电子技术的发展,目前集成稳压器只有输入端、输出端及公共端,故称为三端稳压器。三端稳压器分为两大类,即固定式和可调式。固定式三端稳压器的输出电压固定不变,不用调节。它的型号有 W78××和 W79××两个系列,其中最后两位数表示输出电压值,有 5V、6V、9V、12V、15V、18V、24V 等。78 系列为正电压输出,79 系列为负电压输出。比如 W7812 和 W7909 分别表示稳压值为正 12V 和负 9V。78 系列的 1 端为输入端,2 端为输出端,3 端为公共端;79 系列的 3 端为输入端,2 端为输出端,1 端为公共端。图 6.24 为它们的外形图及实用接线图。

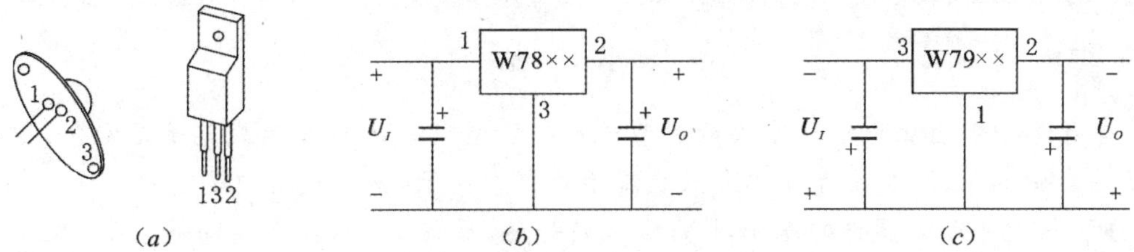

图 6.24 三端稳压器的外形图和实用接线图

(*a*)外形图;(*b*)正电压输出;(*c*)负电压输出

图 6.25 是同时输出正、负双电压的稳压电路,由 W78××和 W79××共同组成。W78××的输出为正极,W79××的输出为负极,而它们的公共端相连作为整个电源的公共端接地。

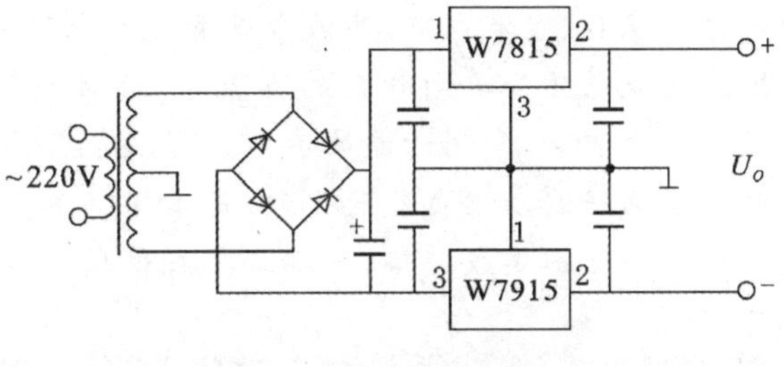

图 6.25 正、负电压同时输出的稳压电源

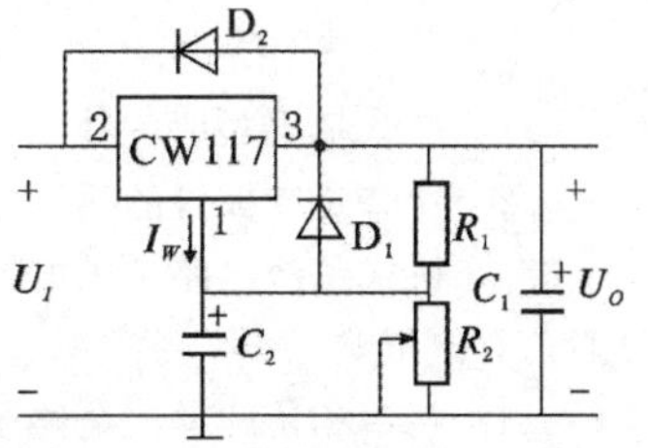

图 6.26 17 系列实际接线图

可调式三端集成稳压器的输出电压在一定范围内连续可调,其外形及表示符号与固定式完全相同,只是型号不同。可调集成稳压器的国内型号有 CW117/CW217/CW317、CW137/CW237/CW337,对应国外型号为 LM117/LM217/LM317、LM137/LM237/LM337,其中 17 系列为正稳压器,37 系列为负稳压器。图 6.26 是以正稳压器为例的接线图,图中 CW117 的 2 是输入端,3 是输出端,1 是调整端。C_1 是为防止容性负载产生高频振荡而设的,取值为 10~25μF,耐压值高于 U_I 值。C_2 是为消除纹波而设的,取值为 10~100μF,D_1 是为防止当输入短路时 C_2 反向通过稳压器放电使之损坏而设的。R_1、R_2 为分压电路,调节 R_2/R_1 分压比可以改变输出电压。输出电压与分压比的关系如下:

$$U_O = U_{REF}\left(1+\frac{R_2}{R_1}\right) \tag{6.13}$$

式中 U_{REF}——输出端 3 与调整端 1 之间的电压。

应用 CW(LM)系列时应注意以下技巧:

①R_1 应焊接在含有集成稳压器的输出管脚和调整管脚上,否则将影响稳压器的负载调整率;

②R_2 的接地点应与负载电流返回的接地点处在同一点,以免引起输出电压偏差;

③R_1、R_2 应选择零温度系数的高精度、高稳定度电阻,以保证输出电压的精度和稳定性。

小　结

半导体中有自由电子和空穴两种载流子。P型半导体中多数载流子是空穴,少数载流子是自由电子;N型半导体中多数载流子是自由电子,少数载流子是空穴。

PN结是半导体器件的基础,PN结正偏导通,反偏截止,具有单向导电性、反向击穿性和非线性的特点。

半导体二极管是由一个PN结构成,它具有单向导电性的特点,并且它是一个非线性器件,其正向特性有死区电压、非线性段和线性段之分,反向特性有反向饱和与反向击穿之别。

常见的特殊二极管有稳压二极管、光电二极管、发光二极管、变容二极管。稳压二极管专用于稳定电压,工作在反向击穿区。

直流电源一般由电源变压器、整流电路、滤波电路和稳压电路四部分组成。整流是利用二极管的单向导电性将交流电变为单向脉动的直流电,最常用的是桥式整流电路。滤波是把脉动电压中的交流成分滤除,常用的滤波有电容滤波、电感滤波和复式滤波。稳压电路的作用是使输出电压在电网波动或负载变化时,基本保持不变。

集成稳压电路属于专用的模拟集成电路,三端式集成稳压电路因使用简便,得到了广泛的应用。

思考题与习题

6.1　什么是P型半导体和N型半导体?其多数载流子和少数载流子各是什么?

6.2　什么是二极管的死区电压?为什么会出现死区电压?硅管和锗管的死区电压值各为多少?

6.3　桥式整流电路接入电容滤波后,输出直流电压为什么会升高?滤波电容对桥式整流电路中二极管导通角有何影响?

6.4　在单相桥式整流电路中,如果有一个二极管断路,电路会出现什么现象?如果有一个二极管短路,电路会出现什么现象?若有一个反接,电路又会出现什么现象?

6.5　稳压管稳压电路中限流电阻根据什么来选择?

6.6　有两个稳压管 D_{Z1} 和 D_{Z2},其稳定电压值分别为5.5V和8.5V,正向压降都为0.5V。如果想得到0.5V、3V、6V、9V和14V几种稳定电压,这两个稳压管(包括限流电阻)应如何连接?请画出各电路。

6.7　电路如图6.27所示,D为理想二极管,输入电压 $u_i=5\sin\omega t$,试画出输出电压 u_o 的波形。

6.8　电路如图6.28所示,二极管为理想二极管,输入电压 $u_i=10\sin\omega t$,试画出电路的输出波形。

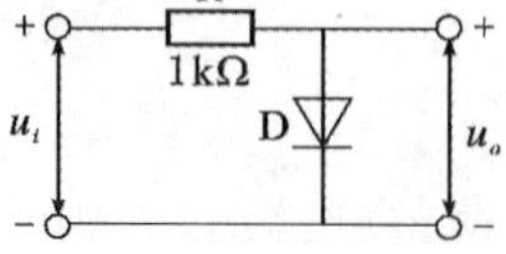

图 6.27

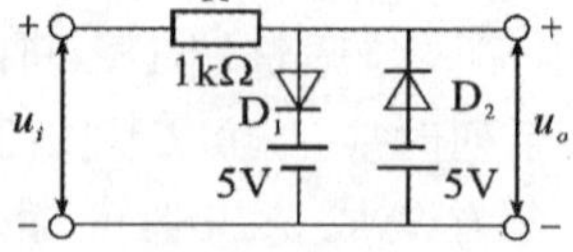

图 6.28

6.9　如图6.29所示电路图,试分析各二极管是导通还是截止?并求A、O两点的电压值(设所有二极管正偏时的工作电压为0.7V,反偏时的电阻为∞)。

6.10　有一电阻性负载,需要一个直流电压为110V、直流电流为3A的直流电源供电,现采用单相桥式整流电路,试选择变压器及整流元件。

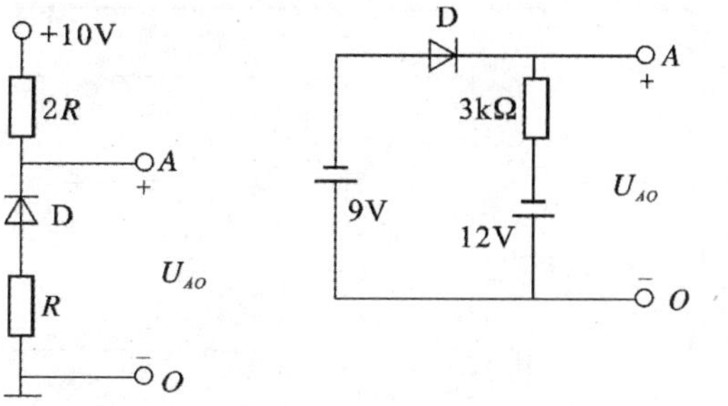

(a)　　(b)

图 6.29

6.11　有一 200Ω 的电阻性负载，需要一个直流电压为 30V 的直流电源供电，现采用单相桥式整流带电容滤波电路，试选择变压器、电容器及整流元件。

6.12　硅稳压管稳压电路如图 6.30 所示，其中稳压管为 2CW58，其 $U_Z=10V$，$I_{ZM}=23mA$，$I_Z=5mA$，动态电阻 $r_z=25\Omega$，若输入电压有 ±10% 的变化，试估算：(1)限流电阻 R 的取值范围；(2) $R=500\Omega$ 时，U_0 的相对变化量。

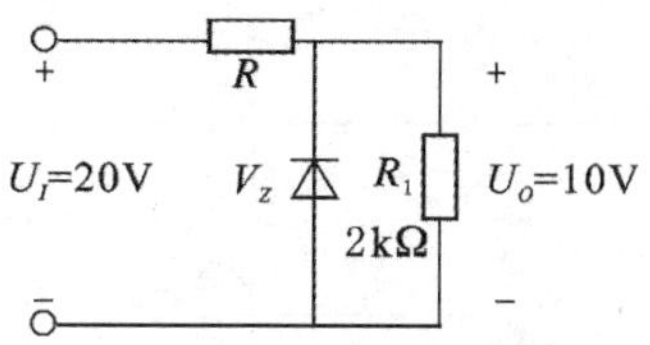

图 6.30

实践与能力训练一　半导体二极管的识别与测试

(1)实验目的

①了解二极管的型号命名方法及学习查阅产品手册的方法。

②学习用万用表检测二极管的方法。

③通过测试加深巩固对二极管的理解。

(2)实验仪器设备

万用表一只、不同型号的二极管若干。

(3)实验内容与步骤

①小功率二极管的简易检测方法是：首先将万用表拨至欧姆挡“R×100”或“R×1k”量程挡，然后将万用表的两表笔分别接到二极管的两极上，更换表笔位置，重新测试。根据两次测试结果，判断二极管的好坏和极性。具体方法见表 6.1 和表 6.2。

表 6.1　半导体二极管的简易测试方法

测试项目	测试方法	正常数据		极性判断
		硅管	锗管	
正向电阻	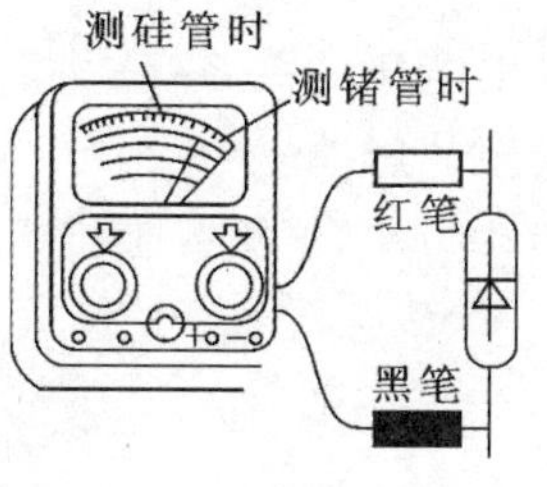	表针指示在中间偏右一点	表针偏右靠近满度，而又不到满度	万用表黑笔连接的一端为二极管的正极(或阳极)
		几百欧至几千欧		

续表 6.1

测试项目	测试方法	正常数据		极性判断
		硅　管	锗　管	
反向电阻	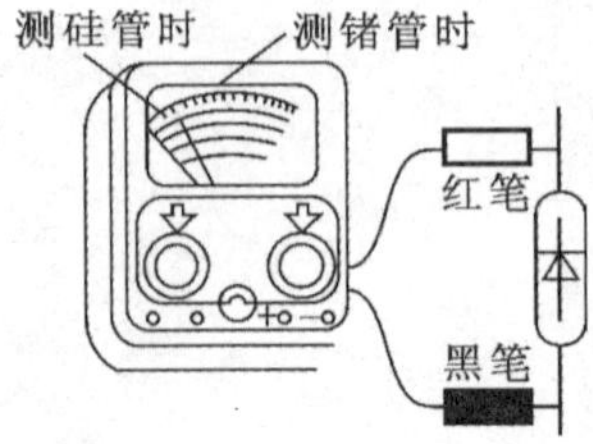	表针一般不动	表针将启动一点	万用表黑笔连接的一端为二极管的负极(或阴极)
		大于几百千欧		

表 6.2　半导体二极管质量简易判断

正向电阻	反向电阻	二极管的好坏
较　小	较　大	好
0	0	短路损坏
∞	∞	开路损坏
正、反向电阻值比较接近		二极管质量不佳

②整流二极管的简易测试方法同上,测试结果见表 6.3。

表 6.3　整流二极管的简易测试方法

接　法	万用表挡位		说　明
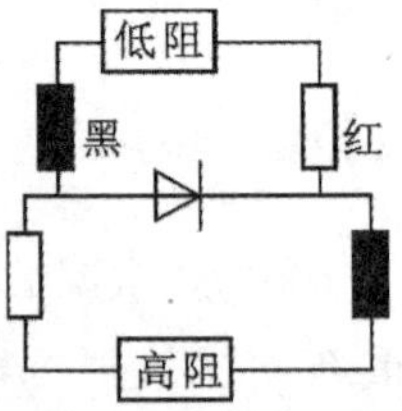	正向	$R\times1$	良好的整流管正向电阻约在几欧至十几欧,若阻值较大,则管子有问题
	反向	$R\times10k$	一般应无明显读数或有相当高的阻值。若阻值较小说明管子有问题

实践与能力训练二　单相桥式整流电容滤波电路实验

(1)实验目的

①观察单相桥式整流的输入、输出波形,了解输入、输出电压的关系。

②观察电容滤波的作用,了解电容负载对整流输出电压的影响。

(2)实验仪器设备

示波器一台,万用表一块,其他元器件若干。

(3)实验内容与步骤

①自行设计、插接电路。

②将可调工频电源调至 14V,作为整流电路输入电压。

③取 $R_L=240\Omega$，不加滤波电容，测量直流输出电压及纹波电压，并用示波器观察波形，记入表格。

④取 $R_L=240\Omega$，$C=470\mu F$，重复内容③的要求，记入表格中。

⑤取 $R_L=120\Omega$，$C=470\mu F$，重复内容③的要求，记入表格中。

(4)实验报告要求

①将测量结果及示波器观测出的各电压波形记入表格中。

②将测量结果与计算值进行比较。

③说明整流电路的作用及电容滤波对整流输出电压的影响。

单元7　半导体三极管及其放大电路

知识目标

三极管的结构及类型、电流放大作用、特性曲线与主要参数；三极管基本放大电路、多级放大电路、功率放大器等电路的组成、工作原理、分析计算、元件的选用及应用。

技能目标

具有对基本电子电路进行分析计算和正确选择元器件的能力；能看懂国内外电子线路图，通过电子线路图组装和调试简单的电子设备。

7.1　半导体三极管

7.1.1　三极管的结构及类型

7.1.1.1　三极管的结构

三极管又称晶体管，它的种类很多。从其内部结构来看，分为NPN型和PNP型两种三极管。

三极管是由两个PN结和三块杂质半导体组成的，不管是NPN型还是PNP型，都由三个区组成：集电区、发射区、基区，并分别从这三个区引出三个电极：集电极c、发射极e、基极b。两个PN结分别是发射区与基区之间的发射结和集电区与基区之间的集电结。在电路中，两种管子的内部结构和符号如图7.1所示，图中箭头表示发射结在加正向电压时的电流方向。常见的三极管的外形如图7.2所示。

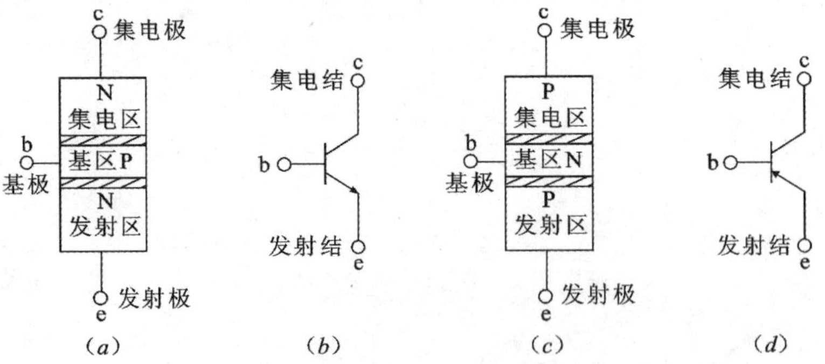

图7.1　三极管的结构和符号

(a)NPN型三极管；(b)NPN管符号；(c)PNP型三极管；(d)PNP管符号

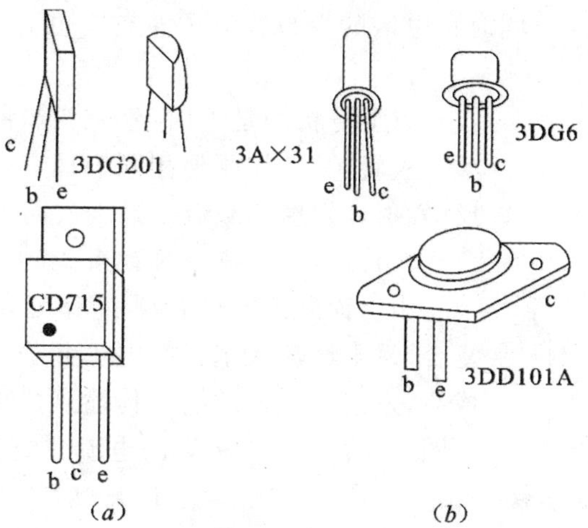

图 7.2　常见三极管外形图

(a)塑封装;(b)金属壳管

7.1.1.2　三极管的类型

三极管根据基片的材料不同,分为锗管和硅管两大类,目前国内生产的硅管多为 NPN 型(3D 系列),锗管多为 PNP 型(3A 系列);按频率特性分为高频管和低频管;按功率大小分为大功率管、中功率管和小功率管等。实际应用中采用 NPN 型的三极管较多,所以下面以 NPN 型三极管为例加以讨论,所得结论对于 PNP 型三极管同样适用。

7.1.2　三极管的电流放大作用

7.1.2.1　三极管内部载流子的运动过程

要实现三极管的电流放大作用,需要外加合适的电源电压。要求发射结外加正向电压,简称正向偏置;集电结外加反向电压,简称反向偏置。如图 7.3 所示。

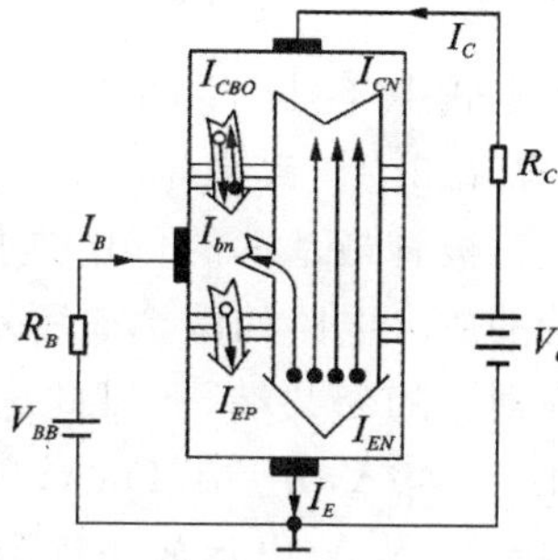

图 7.3　三极管内部载流子的运动

(1)发射区向基区发射电子

由于电源 E_B 经过电阻 R_B 加在发射结上,发射结正偏。发射区的多数载流子即自由电子不断通过发射结向基区扩散,形成发射极电流 I_E。同时基区多数载流子空穴也向发射区扩散,但由于基区的多数载流子浓度远远低于发射区载流子浓度,故与电子流相比,空穴流可以忽略不计。因此可以认为三极管发射结电流主要是电子流。

(2)电子在基区中的扩散和复合

由发射区注入基区的电子,在发射结附近积累起来,形成了一定的浓度梯度,而靠近集电结附近电子浓度很小,渐渐形成电子浓度差,在浓度差的作用下,促使电子流在基区向集电结扩散,在扩散过程中,电子不断与基区空穴复合形成电子流 I_{BN},复合的空穴由基极电源补充,从而形成基极电流 I_B。

(3)集电区收集电子

由于集电结外加反向电压很大,这个反向电压产生的电场力一方面使集电区的电子和基区的空穴很难通过集电结;另一方面吸引基区中扩散到集电结附近的大量电子,将它们收集到集电区，形成收集电流 I_{CN}。同时集电区的少数载流子即空穴也会产生漂移运动，流向基区形成反向饱和电流 I_{CBO}。

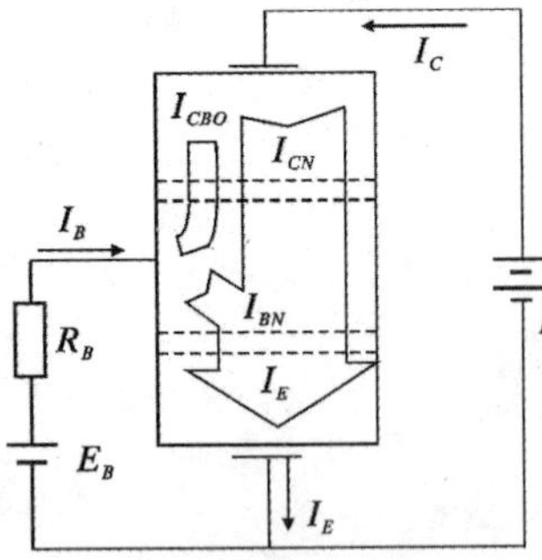

图 7.4　三极管的电流分配关系

以上分析的是 NPN 型三极管的电流放大原理，对于 PNP 型三极管，其工作原理相同，只是三极管各极所接电源极性相反，发射区发射的载流子是空穴而不是电子。

7.1.2.2　电流分配关系

由上面载流子的运动过程可知，由于电子与空穴在基区复合，发射区注入基区的电子并非全部到达集电极，三极管制成后，发射区注入的电子传输到集电结所占的比例是一定的。如图 7.4描述了三极管的电流分配关系。从图中可知：

$$I_C = I_{CN} + I_{CBO}$$

由于在常温下 I_{CBO}的数值很小，可忽略不计。

故

$$I_C \approx I_{CN} \qquad I_B \approx I_{BN}$$

又因为

$$I_E = I_{CN} + I_{BN}$$

所以

$$I_E = I_C + I_B$$

设

$$I_C = \bar{\beta} I_B \tag{7.1}$$

故

$$I_E = \bar{\beta} I_B + I_B = (1+\bar{\beta}) I_B \tag{7.2}$$

上式中 I_C 与 I_B 的比值，即共射极直流电流放大系数，用 $\bar{\beta}$ 表示。

7.1.2.3　放大作用

三极管最基本的作用是把微弱的电信号加以放大，三极管的放大电路如图 7.5 所示。因发射极是基极回路和集电极回路的公共端，所以此电路又叫共射极放大电路。如果 $I_B = 20\mu A$，$I_C = 1.2mA$，则 $I_E = I_B + I_C = (0.02 + 1.2)mA = 1.22mA$，电流放大倍数 $\beta = I_C / I_B = 60$。若调节电阻 R_B，使电流 I_B 增加 $10\mu A$，则 I_C 相应地增加 $\Delta I_C = 0.01 \times 60mA = 0.6mA$。由此可见，当基极有微小的变化时，集电极会有很大的变化，这说明三极管有电流放大作用。

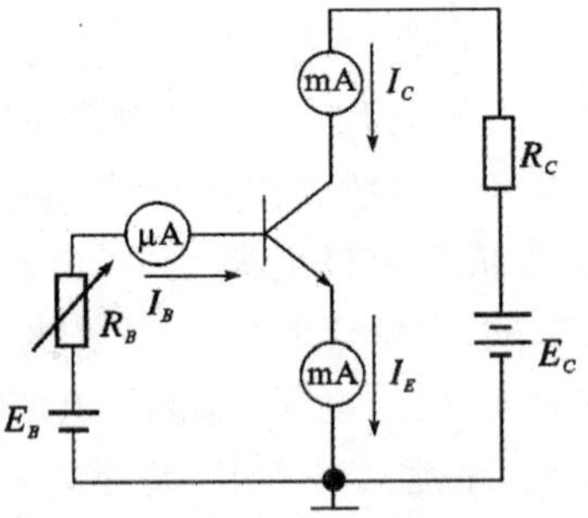

图 7.5　三极管共射极放大电路

7.1.3　三极管的特性曲线

三极管的特性曲线是指三极管各电极电压与电流之间的关系曲线，它是三极管内部载流子运动的外部表现。由于三极管有三个电极，输入、输出各占一个电极，还有一个公共电极，因此要用两种特性曲线来描述，即输入特性曲线和输出特性曲线。图 7.6 是三极管共射极特性曲线测试电路。

7.1.3.1　输入特性曲线

输入特性曲线是指当三极管的集电极与发射极之间电压 U_{CE} 为常数时，基极电流 I_B 与集电极、发射极之间电压 U_{CE} 之间的关系，其表达式为：

$$I_B = f(U_{BE}) \mid U_{CE} = \text{常数} \qquad (7.3)$$

测量输入特性时，先固定 U_{CE} 的值，使 $U_{ce} \geqslant 0$，调节 E_b，测出相应的 I_B 和 U_{BE} 的值，便可得到一条输入特性曲线。图 7.7(*a*)是硅三极管 3DG4 的输入特性曲线。

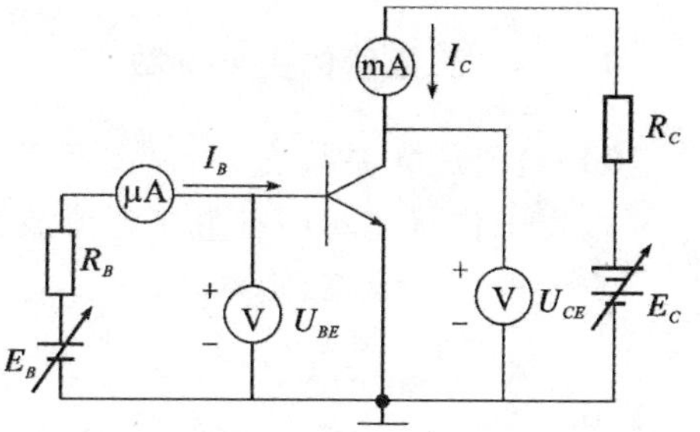

图 7.6　三极管共射极特性曲线测试电路

7.1.3.2　输出特性曲线

输出特性曲线是指当三极管基极电流 I_B 为常数时，三极管集电极与发射极之间电压 U_{CE} 和集电极电流 I_C 之间的关系，即：

$$I_C = f(U_{CE}) \mid I_B = \text{常数} \qquad (7.4)$$

图 7.7(*b*)是硅三极管 3DG4 的输出特性曲线。从输出特性上看，三极管的工作状态可分为截止区、放大区、饱和区三个区域。

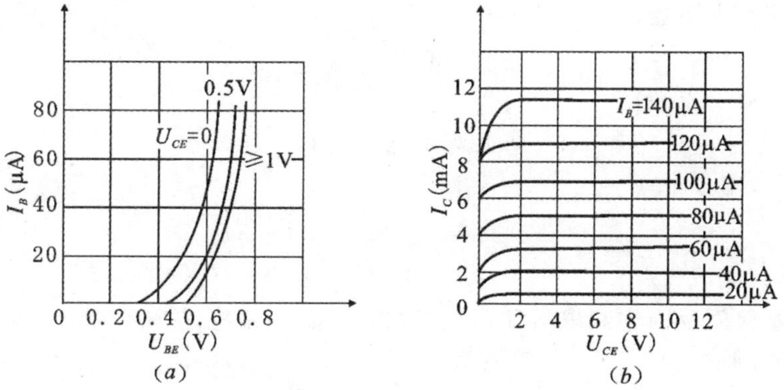

图 7.7　三极管的特性曲线图

(*a*)3DG4 的输入特性曲线；(*b*)3DG4 的输出特性曲线

(1)截止区

$I_B=0$，这条曲线以下的区域称为截止区。此时发射结和集电结均处于反向偏置，三极管处于截止状态。这时 $I_C \approx I_{CBO} \approx 0$。集电极到发射极只有很小的微小电流，三极管集电极和发射极之间接近开路，类似于开关断开状态，无放大作用，呈高阻状态。

(2)放大区

在 $I_B=0$ 的特性曲线的上方，各条输出特性曲线近似平行于横轴的曲线族部分，称为三极管的放大区。此时，发射结正向偏置，集电结反向偏置，集电极电流受基极电流的控制，即满足 $I_C=\beta I_B$。当 I_B 改变时，I_C 随着改变，与电压 U_{CE} 的大小基本无关。不同的 I_B 值对应一条输出特性曲线。

(3)饱和区

输出特性曲线近似直线上升的部分与纵轴所构成的区域称为饱和区。此时发射结与集电结都处于正向偏置，且当 $U_{CE}=U_{BE}$ 时称为临界饱和，$U_{CE}<U_{BE}$ 时称为饱和，三极管饱和时 c、e 之间的电压为饱和压降，用 U_{CES} 表示。小功率硅管的饱和压降为 0.3V，锗管为 0.1V。三极管工作在饱和区时无放大作用，集电极与发射极相当于一个开关的接通状态。

7.1.4 三极管的主要参数

(1)电流放大系数 β

根据工作状态不同有直流电流放大系数 $\bar{\beta}$ 和交流电流放大系数 β。

直流电流放大系数：

$$\bar{\beta}=\frac{I_C-I_{CEO}}{I_B}\approx\frac{I_c}{I_b} \tag{7.5}$$

交流电流放大系数：

$$\beta=\Delta I_C/\Delta I_B \tag{7.6}$$

β 和 $\bar{\beta}$ 含义不同，但通常在输出特性线性较好的情况下，两个数值差别很小，一般不作严格的区分。常用的小功率三极管，β 值为 20～150，大功率的三极管 β 值一般较小，为 10～30。注意在选择三极管时，既要考虑 β 值的大小，又要考虑三极管的稳定性。

(2)共基极电流放大系数 α

它是集电极和发射极电流的比值，也有直流放大系数 $\bar{\alpha}$ 和交流放大系数 α。

共基极直流放大系数：

$$\bar{\alpha}=I_C/I_E \tag{7.7}$$

共基极交流放大系数：

$$\alpha=\Delta I_C/\Delta I_E \tag{7.8}$$

同理，一般情况下可认为：

$$\bar{\alpha}=\alpha=I_C/I_E=\Delta I_C/\Delta I_E \tag{7.9}$$

(3)极间反向电流

集电极与基极间反向饱和电流 I_{CBO}：发射极开路时，集电结在反向电压作用下，集电极、基极之间的反向漏电流。I_{CBO} 基本上是常数，故又称反向饱和电流。它的数值很小，受温度影响较大。

集电极与发射极穿透电流 I_{CEO}：基极开路时，集电极、发射极间加上一定反向电压时的集电极电流，$I_{CEO}=(1+\beta)I_{CBO}$。I_{CEO} 和 I_{CBO} 都是衡量管子质量的重要参数，I_{CBO} 越小，温度稳定性越好。

(4)集电极最大允许电流 I_{Cm}

三极管 I_C 超过一定的数值时 β 会下降，当 β 下降到正常 β 的 2/3 时所对应的 I_C 值为 I_{Cm}。如果 I_C 超过 I_{Cm}，管子的性能会显著下降，长时间工作会导致三极管损坏。

(5)集电极反向击穿电压 $U_{(BR)CEO}$

基极开路时，集电极、发射极之间的最大允许电压，称为反向击穿电压 $U_{(BR)CEO}$。当 $U_{CEO}>U_{(BR)CEO}$ 时，三极管的电流 I_C、I_E 剧增，使三极管损坏。

(6)集电极最大允许功耗 P_{CM}

P_{CM} 表示集电结允许损耗功率的最大值。集电极电流流过集电结时，产生的功耗使结温升高，温度过高时使三极管烧毁。由 $P_{CM}=I_C\cdot U_{CE}$ 可求出临界损耗的 I_C 和 U_{CE} 的值，此时 U_{CE} 和 I_C 的输出特性曲线如图 7.7(b)所示。三极管正常工作时，应工作在安全区域。

7.2　基本放大电路

7.2.1　放大电路的组成及各元件的作用

晶体管电路具有放大作用，要保证晶体管导通并正常工作，要求晶体管的发射结正向偏置，集电结反向偏置。图7.8所示电路为单管共射极放大电路。电路中各元件的功能如下：

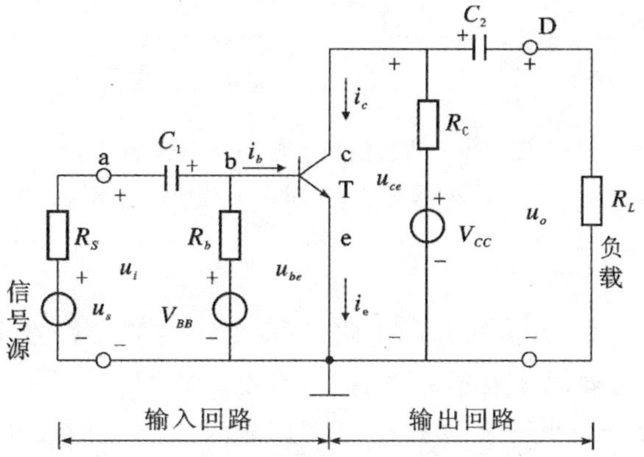

图7.8　共射极放大电路基本接法

(1)三极管T

三极管T具有放大作用，图中采用NPN型半导体三极管3DG6。为了保证三极管工作在放大状态，应使T的发射结处于正向偏置、集电结处于反向偏置状态。

(2)电源V_{BB}、V_{CC}

V_{BB}是基极偏置电源。V_{CC}是集电极电源，它经过电阻R_C向T提供集电结反偏电压，并保证$U_{ce}>U_{be}$。

(3)基极偏置电阻R_B

通过电阻R_B，电源V_{BB}给基极提供一个偏置电流I_B。并且V_{BB}和R_B一经确定后，偏置电流I_B就是固定的，所以这种电路称为固定偏置电路，而R_B称为基极偏置电阻。

(4)集电极电阻R_C

集电极电阻R_C，其作用是把经三极管放大了的集电极电流(变化量)，转换成三极管集电极与发射极之间管压降的变化量，从而得到放大后的交流信号u_o输出。

(5)耦合电容C_1、C_2

耦合电容C_1、C_2一方面利用电容的隔直作用，切断信号源与放大电路之间、放大电路与负载之间的直流通路和相互影响。另一方面，C_1和C_2又起着耦合交流信号的作用。只要C_1、C_2的容量足够大，对交流的电抗足够小，则交流信号便可以无衰减地传输过去。总之，C_1、C_2的作用可概括为“隔离直流，传送交流”。

实际的共射极放大电路，常将电源V_{BB}省去，把偏流电阻R_b接到V_{CC}的正极上，由V_{CC}经R_B向三极管T提供偏置电流I_B，如图7.9(a)所示。由图上可以看出，放大电路的输入电压u_i经C_1接至三极管的基极与发射极之间，输出电压u_o由三极管的集电极与发射极之间取出，u_i与u_o的公共端为发射极，故称为共发射极接法。公共端的接地符号，并不表示真正接到大地电位上，而是表示整个电路的参考零电位，电路各点电压的变化以此为参考点。

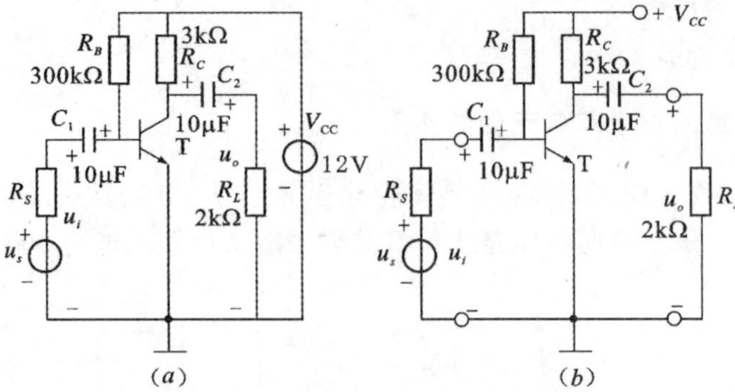

图 7.9　共射极放大电路及习惯画法

(a)共射极放大电路；(b)习惯画法

7.2.2　静态分析

交流放大电路是一种交、直流共存的电路，下面对一些主要符号作如下规定：

用大写字母和大写的脚标来表示静态电压、电流。如 U_{BE} 表示基极和射极间的静态电压，I_B 表示基极的静态电流。用小写字母和小写脚标来表示交流瞬时值，如 u_{be} 表示基极与射极间的交流信号电压，i_b 表示交变的基极电流。

7.2.2.1　静态工作点

所谓静态，是指放大电路在未加入交流输入信号时的工作状态。由于 $u_i=0$，电路在直流电源 V_{CC} 作用下处于直流工作状态。三极管的电流以及管子各电极之间的电压均为直流，它们在特性曲线坐标图上为一个特定点，常称为静态工作点 Q。

7.2.2.2　直流通路

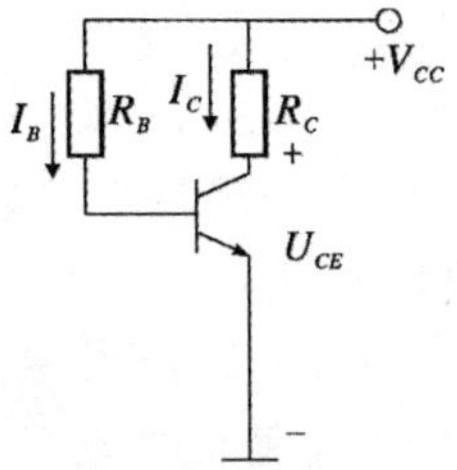

图 7.10　放大电路的直流通路

静态时由于电容 C_1 和 C_2 的隔直作用，使放大电路与信号源及负载隔开，可看作如图 7.10 所示的直流通路。所谓直流通路就是放大电路处于静态时直流电流流通的路径。

7.2.2.3　静态工作点的估算

由直流通路得：

$$I_B = \frac{V_{CC} - U_{BE}}{R_B} \tag{7.10}$$

$$I_C = \beta I_B + I_{CEO} \tag{7.11}$$

$$U_{CE} = V_{CC} - I_C R_C \tag{7.12}$$

图 7.9 中，当 V_{CC} 和 R_B 确定后，I_B 的数值与管子的参数无关，所以将图 7.9 电路称为固定偏置放大电路。

代入图 7.9 的电路参数（对于硅管 U_{BE} 取 0.7V，锗管取 0.3V），求得 $I_B=40\mu A$，略去很小的电流 I_{CEO}，并取 $\beta=50$，得 $I_C=2mA$，最后得 $U_{CE}=6V$。

求得的 I_B、I_C 和 U_{CE} 就是计算共射极固定偏置放大电路的静态工作点。

注意：在求得 U_{CE} 值之后，要检查确认其数值大于发射结正向偏置电压，否则电路可能处于饱和状态，失去计算数值的合理性。

7.2.2.4　图解静态分析

所谓图解法，就是利用晶体管的特性曲线，用作图的方法来分析放大电路的静态工作点，观察输出信号的电压变化情况。

图 7.9(*b*)所示的静态集电极输出电路如图 7.11(*a*)所示。虚线左边是非线性元件三极管等，对应输出特性 $I_B=40\mu A$ 那条曲线，如图 7.11(*b*)所示。虚线右边是 V_{CC} 和串联的线性电路，其伏安特性为 $u_{CE}=V_{CC}-I_CR_C$，这是一个直线方程，它与横轴的交点为 N，与纵轴的交点为 M，斜率为 $-1/R_C$，因其斜率与 R_C 有关，故称为放大电路的直流负载线，如图 7.11(*b*)所示。这样直流负载线与 $I_B=40\mu A$ 曲线的交点，就是静态工作点 Q，如图 7.11(*b*)所示。Q 点对应的电压、电流，就是静态集电极电压 U_{CE} 和静态集电极电流 I_C。改变电路参数 V_{CC}、R_C、R_B 都可以改变静态工作点的位置。但在实践中，一般通过改变 R_B 的数值来改变静态工作点。

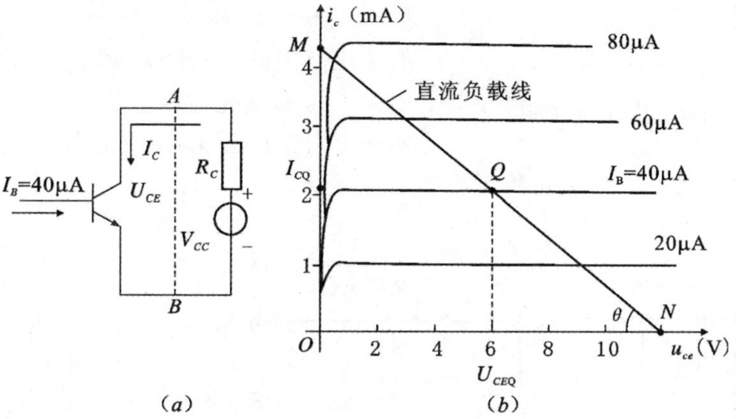

图 7.11　输出回路的图解静态分析

7.2.3　动态分析

7.2.3.1　交流通道

直流分量和交流分量共存是放大电路的特点，但在分析问题时，有时只需要考虑交流问题，而忽略直流的影响，这就是交流信号所作用的电路，即交流通道。

一般情况下，由于耦合电容的容量一般都比较大，对于所放大的交流信号的频率，它的阻抗值很小(近似为零)，因此在画交流通道时可视为短路。在画交流通道时，直流电源也视为短路。共射极放大电路的交流通道，如图 7.12 所示。

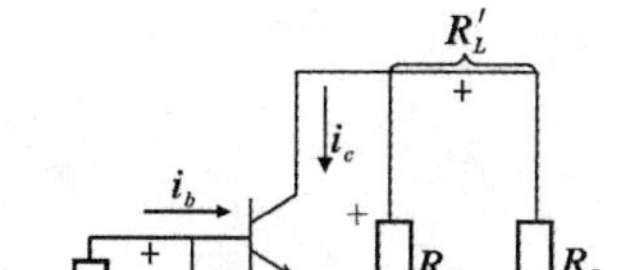

图 7.12　放大电路的交流通道

7.2.3.2　图解动态分析

在静态工作点 Q 的 I_B、I_C 及 U_{CE} 的基础上，由图 7.11(*a*)所示电路的输入端，接入一个幅值为 20mV 的交流电压，即 $u_i=20\sin\omega t$(mV)，按下列步骤分析动态过程。

(1)在三极管的输入特性曲线上求基极电流的变化波形

在图 7.13 所示的输入特性上，也设置一个 $I_B=40\mu A$，对应 $U_{BE}=0.65V$ 的静态工作点 Q。

输入电压 u_i 就叠加在发射结正向偏置电压 U_{BE} 上，使基极电流 i_b 随之变化。u_i 的正半周，使工作点从 Q 点往上移动，u_i 的负半周使工作点 Q 往下移动。当 u_i 为正半周最大值时，

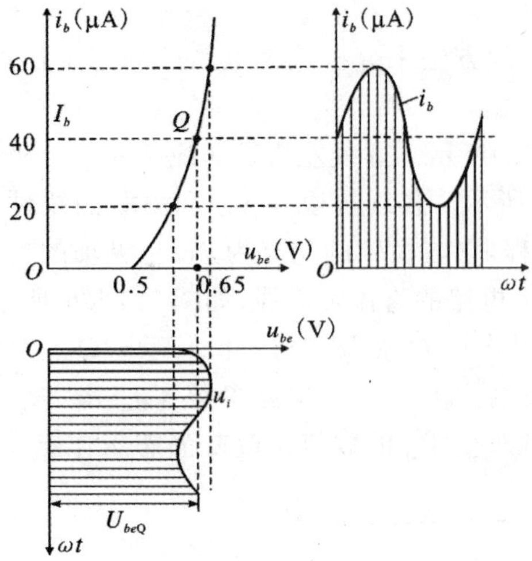

图 7.13 图解 u_{be} 和 i_b 的波形

从曲线上测得 i_b 最大值为 60μA；当 u_i 为负半周最大值时，从曲线上测得对应 i_b 最小值为 20μA。可见在输入信号作用下，基极电流在 20～60μA 的范围内变化。只要输入信号幅度比较小，工作点 Q 的移动范围不大，即可以认为电压和电流之间的关系近似为线性关系。所以，在正弦电压 u_i 的作用下，基极电流 i_B 也是在静态电流 I_B 的基础上叠加了一个正弦交流分量 i_b。

(2)在三极管的输出特性曲线上求集电极电流和电压的变化波形

在图 7.14 所示的输出特性曲线上，在已知 i_B 的变化范围的情况下，根据受控源关系，必然产生放大了的 i_c 变化范围和管压降 u_{ce} 的变化范围。这些都可由工作点 Q 在交流负载线上移动求得。将直流负载线斜率改为 $-1/R_L'$ 就可得到交流负载线 AB，如图 7.14 所示。

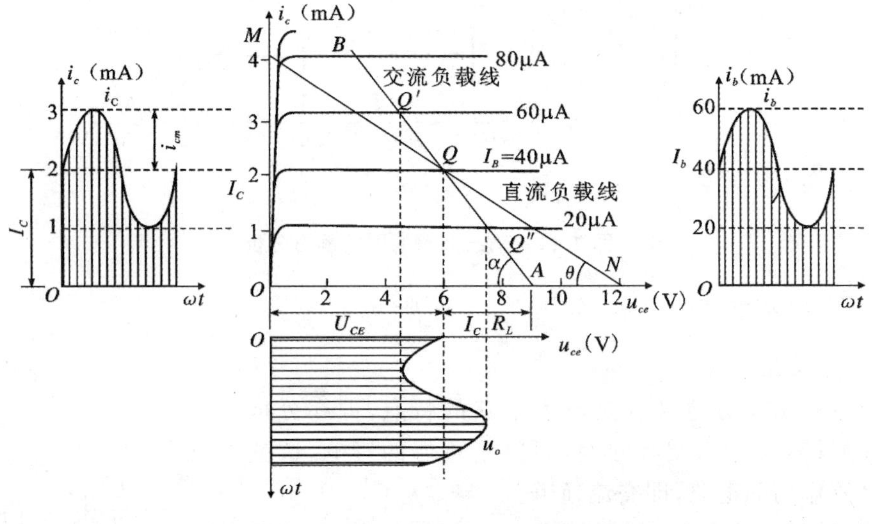

图 7.14 用图解法分析共射极电路的动态波形

可由交流负载线与输出特性的交点求出输出电流、电压波形及电压放大倍数 A_u。

在图 7.14 中，信号的正半周，i_b 由 40μA 增大到 60μA，工作点由 Q 沿交流负载线向上移动到 Q′点；信号负半周，i_b 降至 20μA，工作点由 Q 沿交流负载线向下移动到 Q″点。所以，在输入电压作用下，放大电路在输出伏安特性上的工作点，是以静态工作点为中心，沿着交流负载线上下移动的。

工作点移动在纵坐标(电流轴)上的投影即 i_c 的变化范围；在横坐标(电压轴)上的投影即为 u_{ce} 的变化范围。这样就可以画出三极管的集电极电压、电流随时间变化的动态工作波形，如图 7.14 所示。

将 u_{ce} 总瞬时值电压波形中减去直流分量 U_{ce}，得到的就是经电容 C_2 隔直后传输给负载 R_L 的输出电压 $u_o=u_{ce}$。

由此可以得出以下三个结论：

①输出电压 u_o 与输入电压 u_i 具有倒相关系。

②R_L 大小对电压放大倍数 A_u 有影响。R_L 越小，交流负载线越陡，在同样的 u_i 作用下，工作点沿交流负载线上下移动时在横坐标上的投影范围（动态范围）越小，u_o 也越小，说明放大倍数 A_u 变小了；反之，R_L 越大，A_u 也越大。

③尽量把静态工作点 Q 设置在交流负载线的中点，可以得到输出电压 u_o 正负半波对称的最大不失真动态范围和输出电压。

(3) 电路的非线性失真与静态工作点的关系

如果静态工作点选在放大区的中间，这时输出电压的波形和输入电压的波形是相似的正弦波，如图 7.13、图 7.14 所示，这时称为线性动态范围。相反，如果静态工作点没有选择在放大区，而是沿负载线偏上或者偏下，这时输出的电压波形可能进入三极管输出特性曲线的饱和区或截止区，进入这两个区的输出电压信号不能保证与输入电压信号相似，这种情况的输出信号叫作非线性失真。其中进入截止区的失真称为截止失真，进入饱和区的失真称为饱和失真，如图 7.15所示。

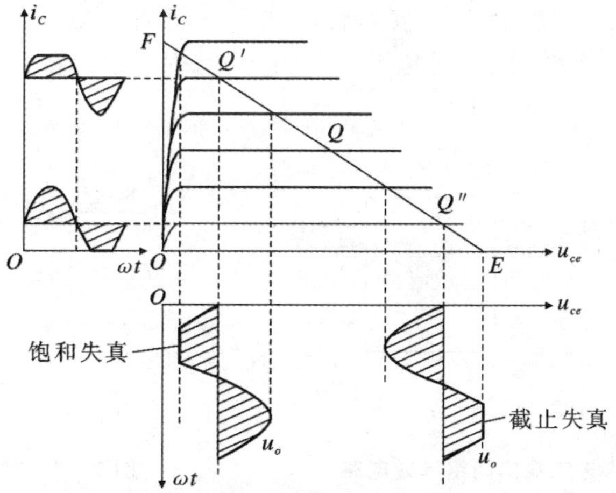

图 7.15　饱和失真和截止失真

①静态工作点太低（Q''点）容易产生截止失真

此时由于靠近截止区，在输入电压的负半周，可能使三极管进入截止区，集电极电流 i_c 波形的负半波底部被削平，对于 NPN 型管，其输出电压 u_o 将产生顶部削平的截止失真波形。为了避免截止失真，应调小 R_B 将静态工作点提高一点，一般要求 $I_B > I_{Bm}$。

②静态工作点太高（Q'点）容易产生饱和失真

此时由于靠近饱和区，在输入电压的正半周，I_B 和 I_C 加大，电阻 R_C 上的电压降也增大，导致管压降 u_{ce} 进一步降低，可能使三极管进入饱和区，集电极电流 i_c 波形的正半波顶部被削平，对于 NPN 型管，其输出电压 u_o 将产生底部削平的饱和失真波形。为了避免饱和失真，应调大 R_B 或减小 R_c 值，使管压降增大，从而将静态工作点降低。一般要求静态管压降与饱和压降之差 $U_{CE} - U_{CES} > U_{OM}$，式中 U_{OM} 为输出电压的幅值，U_{CES} 为三极管的饱和压降，小功率三极管可取 1V 左右。

总之，为使放大电路既不出现截止失真又不出现饱和失真，一般宜将静态工作点安排在交流负载线的中间位置，如图 7.15 中直线 EF 的中点附近，以保证三极管工作时有最大的不失真电压输出。

必须指出，三极管只有在较大信号推动下（如处于大信号工作状态的功率电路），失真问题才比较突出。而在小信号的电压放大电路中，一般静态电流选为几毫安就能满足动态工作不产生非线性失真的要求。

7.2.4 微变等效电路分析法

用图解法进行动态分析具有直观的优点，但比较麻烦。根据以上讨论可知，放大电路输入小（微弱）信号时，三极管的电压和电流变化量之间的关系基本上是线性的。这样，三极管可等效成一个线性电路，这就是微变等效电路。所谓微变等效电路法（简称等效电路法），就是在交流信号条件下，把放大电路中的三极管这个非线性元件线性化，用输入电阻 r_{be} 和受控电流源 βi_b 取代，然后就可以利用线性电路的定律去求解放大电路的各种性能指标，所以十分方便。

7.2.4.1 三极管的简化微变等效电路

（1）三极管的输入回路的等效电路

三极管电路图 7.16(*a*)，用二端口网络图 7.16(*b*)来等效。

从输入端看，$u_i=u_{be}$，与 i_b 间的伏安特性取决于三极管的输入特性，如图 7.17(*b*)所示。这是一个 PN 结的正向特性，把它等效为一个电阻元件［图 7.17(*a*)］，即三极管的输入电阻 r_{be}。

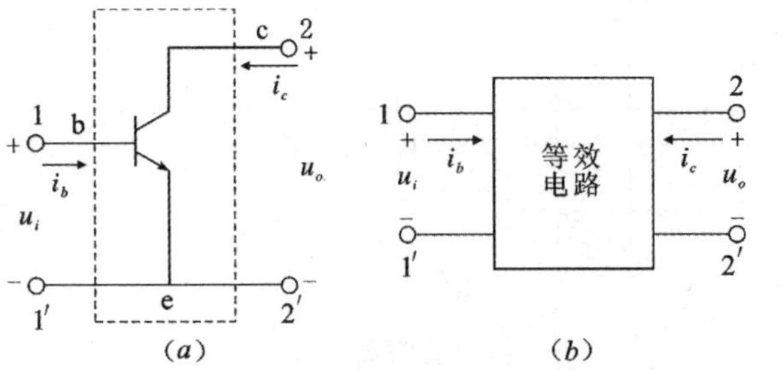

图 7.16 三极管电路与二端口网络等效电路

(*a*)三极管电路；(*b*)等效电路

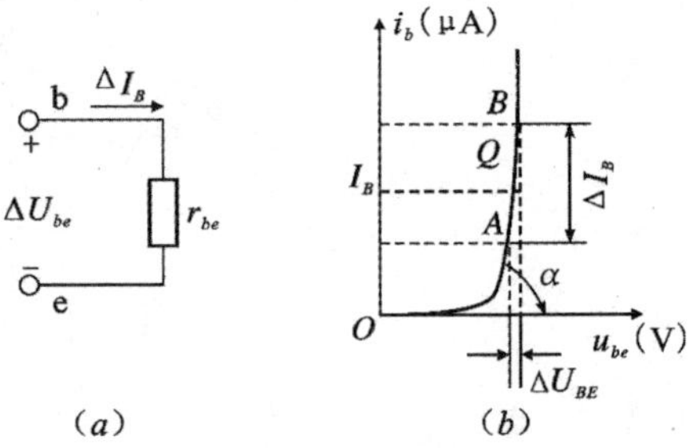

图 7.17 求三极管的等效输入电阻

(a)输入端等效电阻；(b)输入特性曲线

$$r_{be}=\frac{\Delta U_{BE}}{\Delta I_B}=\frac{1}{\tan\alpha} \tag{7.13}$$

在小信号工作情况下，如图 7.17(*b*)中 Q 点附近的 AB 范围内，当 AB 段足够小时，只要 Q 点选得合适，则可把 AB 段曲线近似看成直线段，认为 r_{be} 是常数，是个线性固定电阻。若电压、电流变化量为交流正弦波，则有：

$$r_{be}=\frac{\Delta U_{BE}}{\Delta I_B}=\frac{u_{be}}{i_b} \tag{7.14}$$

在工程估算法中若将 r_{be} 看作三极管输入端的等效电阻即输入电阻，还应包括基区体电阻在内，故用下列公式计算：

$$r_{be}=r_{bb'}+(1+\beta)\frac{26}{I_E} \tag{7.15}$$

式中 $r_{bb'}$ 是三极管的基区体电阻，小功率管可取 300Ω 计算。通常小功率三极管，当静态电流 $I_E=1\sim2$mA 时，r_{be} 约为 1kΩ。

（2）三极管的输出等效电路

图 7.18(a)是晶体管的输出特性曲线,可以看出三极管在输入基极变化电流 ΔI_B 的作用下,就有相应的集电极变化电流 ΔI_C 输出,它们的受控关系为:

$$\Delta I_C = \beta \Delta I_B \tag{7.16}$$

或写成:

$$i_c = \beta i_b$$

β 为输出特性上静态工作点 Q 处电流放大倍数。若 Q 点位于输出特性的放大区,且放大区的特性曲线与横坐标平行(满足恒流特性),电流的变化幅度不会进入非线性区(饱和区或截止区),则从输出 c、e 极看三极管是一个输出电阻($r_{ce}=\Delta U_{CE}/\Delta I_C$)接近无穷大的受控电流源,其在等效电路中的符号,如图 7.18(b)所示。

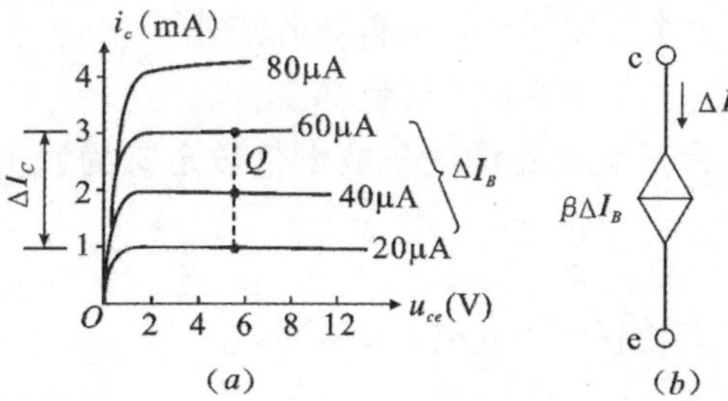

(a)　(b)

图 7.18　三极管输出端等效为受控电流源

(a)输出特性曲线;(b)输出端等效电路

综上所述,可以画出三极管的简化微变等效电路,如图 7.19 所示。

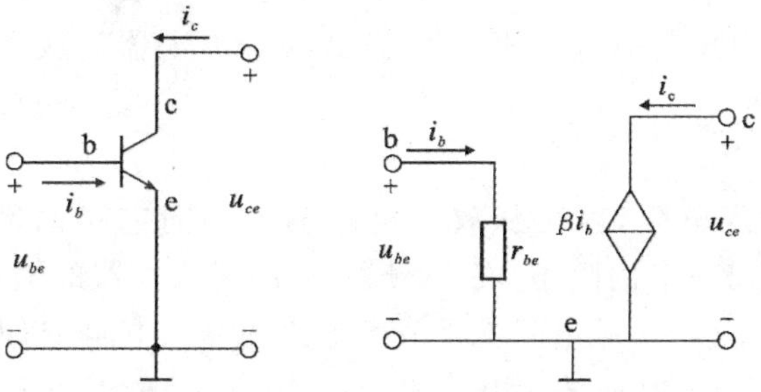

(a)　(b)

图 7.19　三极管的简化微变等效电路

(a)三极管;(b)等效电路

7.2.4.2　放大电路的微变等效电路

画放大电路的微变等效电路,可先画出三极管的等效电路,然后分别画出三极管基极、发射极、集电极三个电极外接元器件的交流通道,最后加上信号源和负载。在交流情况下,由于直流电源内阻很小,常常忽略不计,故整个直流电源可视为短路;电路中的电容,在一定的频率范围内,容抗 X_c 很小,故也可视为短路。如图 7.20(b)所示是共射极放大电路 7.20(a)的微变等效电路。

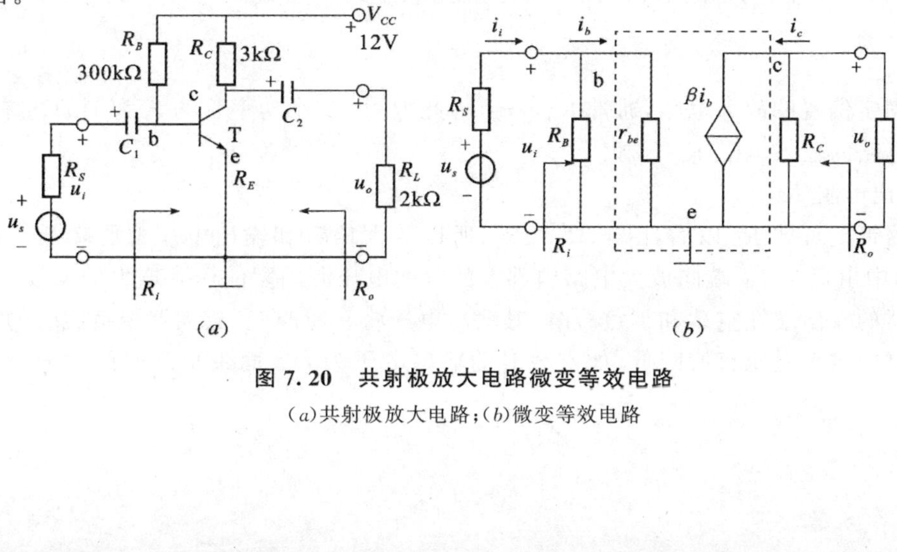

(a)　(b)

图 7.20　共射极放大电路微变等效电路

(a)共射极放大电路;(b)微变等效电路

7.2.4.3 动态参数的计算

(1)电压放大倍数 A_u

放大电路的电压放大倍数定义为输出电压与输入电压的比值,用 A_u 表示,即:

$$A_u = \frac{U_o}{U_i} \tag{7.17}$$

由图 7.20(*b*)可知:

$$U_o = -i_c R'_L = -\beta i_b R'_L \tag{7.18}$$

式中,

$$R'_L = R_c \mathbin{/\!/} R_L = \frac{R_C R_L}{R_C + R_L} \tag{7.19}$$

$$U_i = i_b r_{be}$$

由此可得:

$$A_u = \frac{U_o}{U_i} = \frac{-\beta i_b R'_L}{i_b r_{be}} = -\beta \frac{R'_L}{r_{be}} \tag{7.20}$$

式中负号表示输出电压与输入电压反相,此式说明放大器的放大倍数与电路参数及晶体管的 β 和 r_{be} 有关。

(2)输入电阻 R_i

所谓放大电路的输入电阻,就是从放大电路输入端向电路内部看进去的等效电阻,如图 7.20(*a*)所示。如果把一个内阻 R_S 的信号源 u_s 加到放大器的输入端,放大电路就相当于信号源的一个负载电阻,这个负载电阻就是放大电路的输入电阻 R_i,如图 7.20(*b*)所示。此时放大电路向信号源吸取电流 i_i,而放大电路输入端接收信号电压为 u_i,所以输入端的输入电阻 R_i 为:

$$R_i = \frac{u_i}{i_i} \tag{7.21}$$

R_i 愈大的电路,表示其输入端向信号源取用的电流 i_i 愈小。对信号源来说,R_i 是与信号源内阻 R_S 串联的,R_i 大意味着 R_S 上的电压降小,使放大电路的输入电压 u_i 能比较准确地反映信号源真实电压 u_s。因此,要设法提高放大电路的输入电阻,尤其当信号源的内阻较高时更应如此。例如,要提高测量仪器测量的精确度,就必须采用高输入电阻的前置放大电路与信号源连接。

在图 7.20(*b*)中,从电路的输入端看进去的等效输入电阻为:

$$R_i = \frac{u_i}{i_i} = R_B \mathbin{/\!/} r_{be} \tag{7.22}$$

对于固定偏置的放大电路,通常 $R_B \gg r_{be}$,因此 $R_i \approx r_{be}$,小功率管的 r_{be} 为 1kΩ 左右,可见共射极放大电路的输入电阻 R_i 不高。

(3)输出电阻 R_o

放大器带上负载 R_L 以后,由于 $R'_L < R_C$,所以放大倍数和输出电压都要降低。这是由于图 7.20(*b*)中由负载 R_L 端向放大电路内部看的等效电压源内阻的压降增大的缘故。

放大器的输出端在空载和带负载时,其输出电压将有所改变,放大器带负载时的输出电压将比空载时的输出电压有所降低,如空载时的输出电压为 U'_o,而带负载时的输出电压为 U_o,则有:

$$U_o = U'_o \frac{R_L}{R_L + R_o} \tag{7.23}$$

整个放大器可看成一个内阻为 R_o，大小为 U'_o 的电压源。这个等效电源的内阻 R_o 就是放大器的输出电阻。$U_o < U'_o$ 是因为输出电流在 R_o 上产生电压降的结果，这就说明 R_o 越小，带负载前后输出电压相差得越小，亦即放大器受负载的影响越小，所以一般用输出电阻 R_o 来衡量放大器带负载的能力，R_o 越小带负载的能力越强。

采用等效电路法求 R_o 如图 7.21 所示，令信号源电压 $U_s = 0$，但保留其内阻 R_S，在输出端断开放大器的负载 R_L，接入一个交流电源电压 U_o，求出此时的输出电流 I_o，则输出电阻为：

$$R_o = \frac{U_o}{I_o}$$

在图 7.21 所示的共射极放大电路等效电路中，由于 $u_s = 0$，使 $i_b = 0$，导致 $\beta i_b = 0$，因此，从等效电路往左看输出电阻为：

$$R_o = R_C \tag{7.24}$$

R_C 通常仅有几千欧，这表明共射极放大电路的带负载能力不大。

例 7.1　计算图 7.22 所示电路的电压放大倍数 A_u、R_i、R_o。图中晶体管的 $U_{BE} = 0.7V$。

解

$$I_B = (V_{CC} - U_{BE})/R_B = \frac{12 - 0.7}{560 \times 10^3} A \approx 20\mu A$$

$$r_{be} = 300 + (1+\beta)\frac{26}{I_E} \approx 300 + \frac{26}{I_B}$$

$$= \left(300 + \frac{26}{20 \times 10^{-3}}\right)\Omega = 1600\Omega$$

$$A_u = -\beta \frac{R'_L}{r_{be}} = -\beta \frac{R_C /\!/ R_L}{r_{be}} = -100 \times \frac{1500}{1600} \approx -93.8$$

$$R_i \approx r_{be} = 1600\Omega$$

$$R_o = R_C = 3k\Omega$$

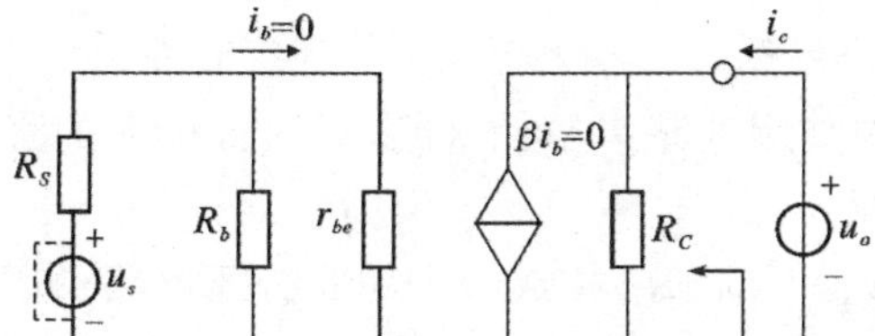

图 7.21　求输出电阻的等效电路法

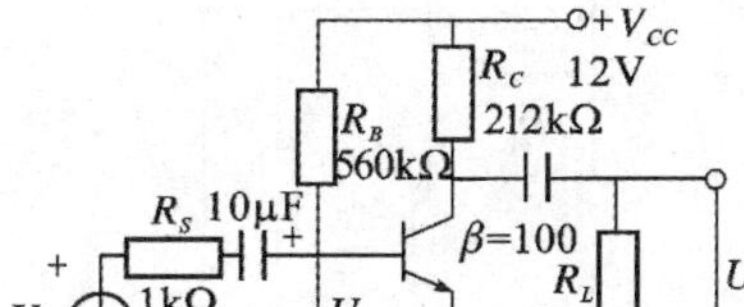

图 7.22　三极管共射极放大电路

7.2.5　工作点稳定的放大电路

合理地确定放大器的静态工作点和工作点的变动范围是保证放大器正常工作的条件，但是晶体管放大器的静态工作点往往因外界条件的变化而发生变动。所以在设计放大电路时仅仅考虑工作点是否合适还不够，还必须采取措施保证工作点的稳定。

7.2.5.1　静态工作点不稳定的原因

前面讨论的固定偏置放大电路，其静态工作点是不稳定的。这是因为当环境温度发生变化，或调换管子时各管特性不一致，以及电路元件和电源电压的变化等都会引起工作点的变动。在影响工作点不稳定的诸多因素中，尤以温度的变化影响最大。

如图 7.23 所示，当温度升高时，输出特性曲线向上移动，但是由于 V_{CC}、R_B 不变，直流负载线的位置也不变，偏流 $I_B=(V_{CC}-U_{BE})/R_B$ 固定，所以，原来的静态工作点 Q 沿着负载线向上移动至 Q' 点。

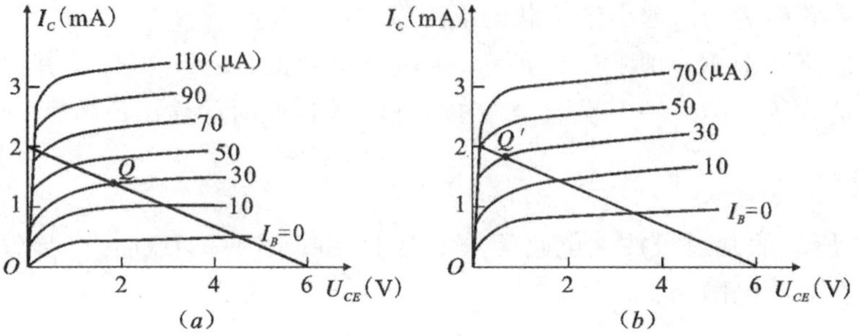

图 7.23 温度变化对静态工作点的影响

(a)25℃；(b)45℃

另外，晶体管输入端有一定的正向压降 U_{BE}，其值大小也随温度变化而变化。温度上升时 U_{BE} 下降，于是基极电流 $I_B=(V_{CC}-U_{BE})/R_B$ 也随之增加，从而使工作点移动。由于硅管的 U_{BE} 较大，故温度变化引起的工作点移动要比锗管显著。

温度变化使放大电路静态工作点跟随变化从而带来的严重后果是：

①工作点变动到非线性区域使放大器产生严重失真，失去放大作用；若工作点变动到过流区则使管子烧毁，如图 7.23 所示。

②工作点改变后，晶体管的动态特性参数也随之改变，使放大器的性能不稳定。

7.2.5.2 分压式偏置电路

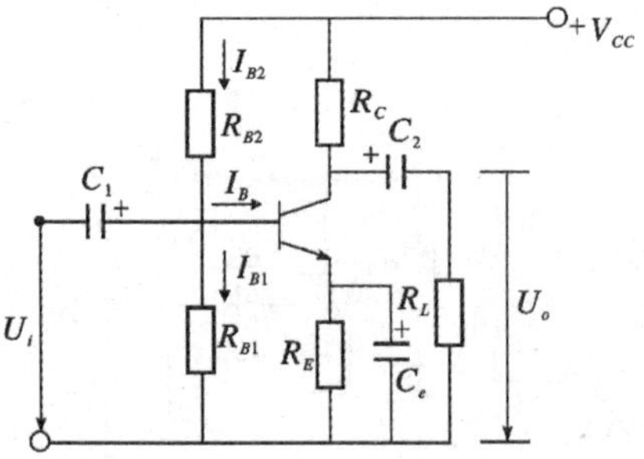

图 7.24 分压式偏置放大电路

图 7.24 为常用的稳定静态工作点的放大电路，称为分压式偏置放大电路，它与固定偏置电路的区别是：基极电压由 R_{b1}、R_{b2} 分压决定，并且接有发射极电阻 R_e。这是一种常用的基本单元电路，下面分析它的稳定工作点的原理。

由 V_{CC}、R_{B1}、R_{B2} 构成一个串联分压电路。因为三极管的基极电流 I_B 很小（微安数量级），一般取 I_{B1}、$I_{B2}\geqslant(5\sim10)I_B$，则：

$$I_{B2}=I_{B1}+I_B\approx I_{B1}=\frac{V_{CC}}{R_{B1}+R_{B2}} \tag{7.25}$$

此时基极电位

$$V_b=I_{B1}R_{B1}=\frac{V_{CC}}{R_{B1}+R_{B2}}R_{B1} \tag{7.26}$$

上式表明，只要 $I_{B1}\gg I_B$，则 V_b 近似由 V_{CC} 和分压电阻 R_{B1}、R_{B2} 所决定，而与晶体管的参数无关。

再来看接入 R_E 后如何使 I_c 保持稳定。由于 R_E 的存在，则有：

$$U_{BE}=V_b-V_e=V_b-I_ER_E \tag{7.27}$$

式中，I_ER_E 是 R_E 上的直流电压降，R_E 对交流信号也有电压降，故在 R_E 两端并联上一个电容 C_e，C_e 的容量一般约为几十微法，对交流信号容抗很小，可视为短路，因而交流分量不会影响直流电压降。所以 C_e 称为发射极交流旁路电容。

因为 $I_E \approx I_c$，所以有：

$$I_C \approx \frac{V_b - U_{BE}}{R_E} \tag{7.28}$$

如果 $V_b \gg U_{BE}$ 成立，$V_b = (5\sim10)U_{BE}$，则上式改写为：

$$I_C \approx \frac{V_B}{R_E} \tag{7.29}$$

式中，V_e、R_E 均为固定值，所以可以近似认为 I_c 不受温度变化的影响。

为了使电路稳定点 Q 的效果好，设计电路时，一般选取硅管：$I_{B2} = (5\sim10)I_B$，$V_b = (3\sim5)U_{BE}$；锗管：$I_{B2} = (10\sim20)I_B$，$V_b = (5\sim10)U_{BE}$。

分压式偏置电路稳定工作点的过程是：当温度升高时，因为三极管的参数变化使 I_c 和 I_E 增大，I_E 的增大导致 V_e 电位升高，由于 V_b 固定不变，因此发射结正向偏置 U_{BE} 将随之降低，使基极偏置电流 I_B 减小，从而抑制了 I_E 和 I_c 因温度升高而增大的趋势，达到稳定静态工作点 Q 的目的。上述过程是一种自调节作用，可以写成：

温度 $T\uparrow \rightarrow I_E(I_c)\uparrow \rightarrow V_E\uparrow \rightarrow U_{BE}\downarrow \rightarrow I_B\downarrow \rightarrow I_c\downarrow$

从上述过程看出，这种放大电路之所以能够保持工作点稳定，关键有两点：一是通过 R_{b1} 和 R_{b2} 的分压使 V_b 保持恒定；二是让电流 $I_E(I_c)$ 通过 R_e 产生 V_e 来抵消一部分偏压 U_{BE}。用这种方法把输出量引回到输入端来达到稳定的目的，这是一种反馈的方法，R_e 称为反馈电阻，它起到了稳定 I_c 的作用，因此这种电路又称为分压式电流负反馈偏置电路。

另外，由于放大电路其他方面的要求限制，I_{B1}、I_{B2} 不宜过大。如果 I_{B1} 过大，所选 R_{b1}、R_{b2} 必定很小，这样不仅会使电源功率消耗很大，而且对输入的交流信号有很大分流作用，将使电压放大倍数下降。其次，V_b 过高必然使发射极电位 V_e 也很高，在 V_{CC} 一定的情况下，势必使 U_{CE} 相对减小，从而减小了放大电路的动态工作范围。基于上述原因，放大电路不但要满足静态工作点稳定这个基本要求，同时还要兼顾放大倍数、电源消耗等其他方面的要求。

例 7.2　图 7.25 所示电路中，已知：$R_{B1} = 10\text{k}\Omega$，$R_{B2} = 20\text{k}\Omega$，$V_{CC} = 12\text{V}$，$\beta = 37.5$，$R_E = 2\text{k}\Omega$，$R_C = 2\text{k}\Omega$。求：(1)电路的静态工作点；(2)电压放大倍数。

解　(1)

$$V_b \approx \frac{R_{B1}}{R_{B1}+R_{B2}}V_{CC} = \frac{10}{10+20}\times 12\text{V} = 4\text{V}$$

$$I_c \approx I_E = \frac{V_b - U_{BE}}{R_E} = \frac{4-0.7}{2}\text{mA} = 1.65\text{mA}$$

$$I_B = I_c/\beta = \frac{1.65}{37.5}\text{mA} = 0.044\text{mA}$$

$$U_{CE} \approx V_{CC} - I_c(R_C + R_E) = [12 - 1.65\times(2+2)]\text{V} = 5.4\text{V}$$

(2)电压放大倍数和固定偏置电路相同

$$r_{be} = 300 + (1+\beta)\frac{26}{I_E} \approx 300 + \frac{26}{I_B} = (300 + \frac{26}{0.044})\Omega \approx 891\Omega$$

空载时：$R_L' = R_C$

$$A_u = -\beta\frac{R_C}{r_{be}} = -37.5\times\frac{2000}{891} \approx -84.2$$

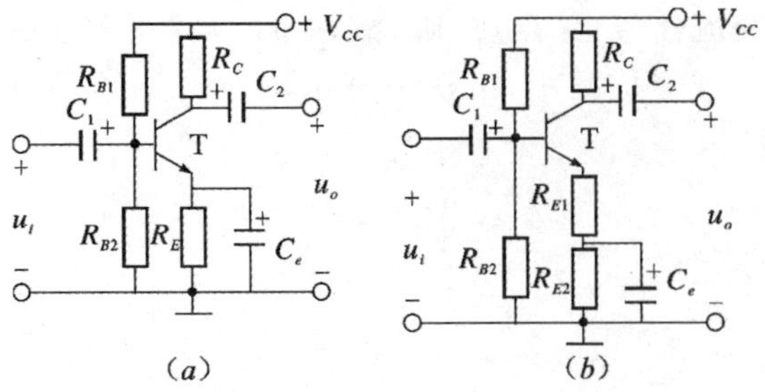

图 7.25 具有射极旁路电容的共射极放大电路

7.2.5.3 射极旁路电容 C_e 的作用

在图 7.25 电路图中，由于 R_E 的接入，虽然带来了稳定工作点的益处，却使放大倍数下降了，且 R_e 越大，下降得越多。如果在 R_E 上并联一个大容量的电容 C_e（低频电路取几十微法到几百微法），便可有效地提高放大倍数，如图 7.25(a)所示。由于 C_e 对交流信号容抗很小，可看作短路，因此对交流而言，仍可看作发射极接地。所以 C_e 被称为射极旁路电容。根据电路需要，还可将 R_E 分成两部分（R_{E1}、R_{E2}），在交流的情况下 R_{E2} 被 C_e 短路，以兼顾静态工作点和电压放大倍数的不同要求，如图 7.25(b)所示。

7.2.6 射极输出器

7.2.6.1 电路的组成

如图 7.26 所示是共集电极电路及共集电极电路的微变等效电路。这种电路的特点是三极管的集电极作为输入、输出的公共端，故称为共集电极电路。共集电极电路是从发射极输出，所以又称射极输出器。

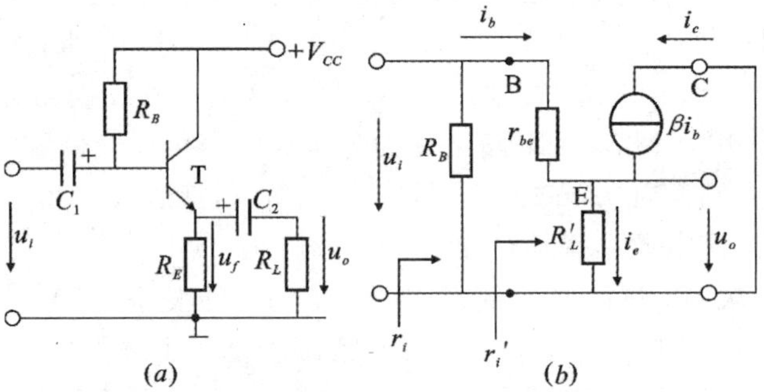

图 7.26 共集电极电路

(a)电路；(b)微变等效电路

7.2.6.2 射极输出器的特性

(1)电压放大倍数 A_u

由图 7.26(b)微变等效电路可以得到：

$$A_u = \frac{U_o}{U_i} = \frac{(1+\beta)R_L'}{r_{be}+(1+\beta)R_L'} \tag{7.30}$$

式中 $R_L' = R_E // R_L$。一般 $(1+\beta)R_L' \gg r_{be}$，故 A_u 值近似为 1。正因为输出电压接近输入电压，两者的相位差又相同，故射极输出器又称射极跟随器。

射极输出器虽然没有电压放大作用，但由于 $I_E = (1+\beta)I_B$，所以仍具有电流放大和功率放大作用。

(2)输入电阻 r_i

由图 7.26(b)得出：

$$r_i = R_B // r_i' = R_B // [r_{be} + (1+\beta)R_L'] \tag{7.31}$$

由上式可见,射极输出器的输入电阻是由偏置电阻 R_B 与基极回路电阻$[r_{be}+(1+\beta)R_L']$并联而得,其中$(1+\beta)R_L'$可认为是射极的等效负载电阻 R_L'折算到基极回路的电阻。射极输出器的输入电阻通常为几十千欧到几百千欧,要比共射极放大电路的输入电阻大得多。

(3)输出电阻 r_o

由于 $u_o \approx u_i$,当 u_i 一定时,输出电压 u_o 基本上保持不变,表明射极输出器具有恒压输出的特性,故其输出电阻较低。

若不计信号源内阻 R_S,则有:

$$r_o \approx \frac{r_{be}}{\beta} \tag{7.32}$$

上式表明,射极输出器的输出电阻是很小的,通常为几欧至几十欧。

由于射极输出器的输入电阻很大,向信号源吸取电流很小,所以常用作多级放大电路的输入级。由于它的输出电阻小,具有较强的带负载能力,且具有较大的电流放大能力,故常用作多级放大电路的输出级(功放电路)。此外,利用其 r_i 大、r_o 小的特点,还常常将其接于两个共射极放大电路之间,作为缓冲(隔离)级,以减小后级电路对前级的影响。

7.3 多级放大电路

单级放大器的放大倍数一般为几十倍左右,而实际的输入信号往往很微弱(毫伏级或微伏级)。为了推动负载工作,必须由多级放大电路对微弱信号连续放大。图 7.27 为多级放大电路的组成框图。

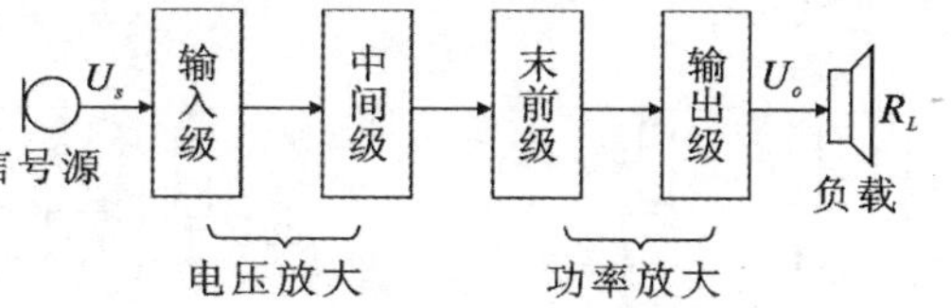

图 7.27　多级放大电路的组成框图

7.3.1 级间耦合方式

耦合方式是指级与级之间的连接方式。常用的耦合方式有阻容耦合、变压器耦合、直接耦合等。

7.3.1.1　阻容耦合方式

图 7.28 为阻容耦合的两级放大电路。两级之间用电容 C_2 连接。由于电容有隔直作用,切断了两级放大电路之间的直流通道,因此,各级的静态工作点互相独立、互不影响,使电路的设计、调试都很方便。这是阻容耦合方式的优点。对于交流信号的传输,若选用足够大容量的耦合电容,则交流信号就能顺利传送到下一级。

7.3.1.2　变压器耦合方式

图 7.29 是变压器耦合方式的两级放大电路。它的输入电路是阻容耦合,而第一级的输出是通过变压器与第二级的输入相连的,第二级的输出也是通过变压器与负载相连的,这种级间通过变压器相连的耦合方式称为变压器耦合放大器。

变压器也能起到隔直流的作用,而且还能改变电压和改变阻抗,这对放大电路特别有意

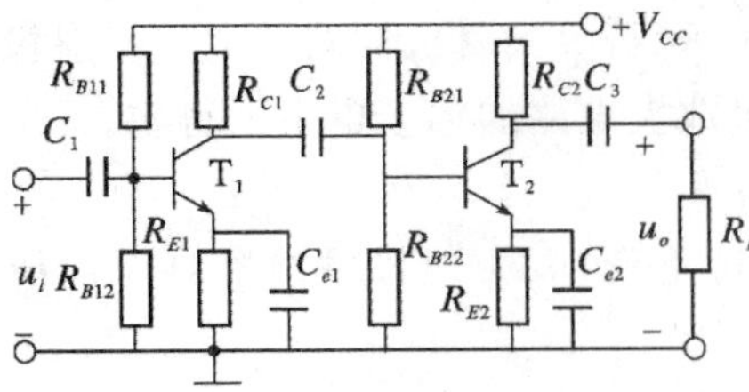

图 7.28 阻容耦合方式

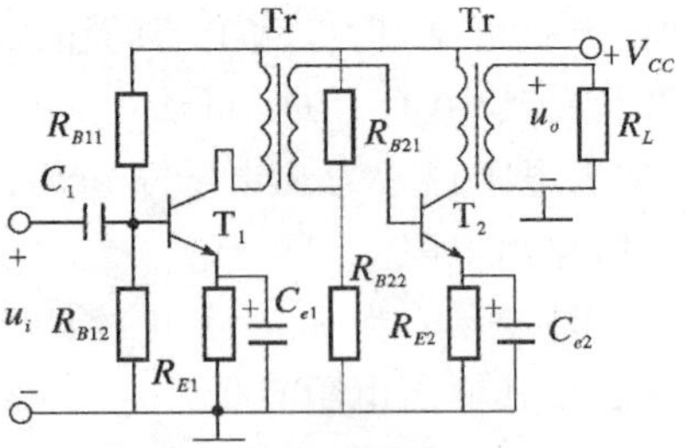

图 7.29 变压器耦合方式

义。如在功率放大器中，为了得到最大的功率输出，往往要求放大器的输出阻抗等于最佳负载阻抗，即所谓阻抗匹配，这时如果采用变压器输出就能得到满意的效果。

7.3.1.3 直接耦合方式

直接耦合就是把前级放大器的输出端直接(或经过电阻)接到下一级放大电路的输入端，如图 7.30(a)所示。但如果简单地把两个基本放大电路直接连接起来，放大器是不能正常工作的。在图 7.30(a)中，为了满足三极管 T_1 的电压偏置和处于合适的工作点，$U_{be}\approx0.7V$，$V_{c1}>1V$，这样，T_2 将进入饱和区；同样，满足了 T_2 的偏置和工作点，T_1 也不能正常工作。要使得前后两级都能正常放大，就必须考虑它们工作点的相互影响，要有特殊偏置电路。

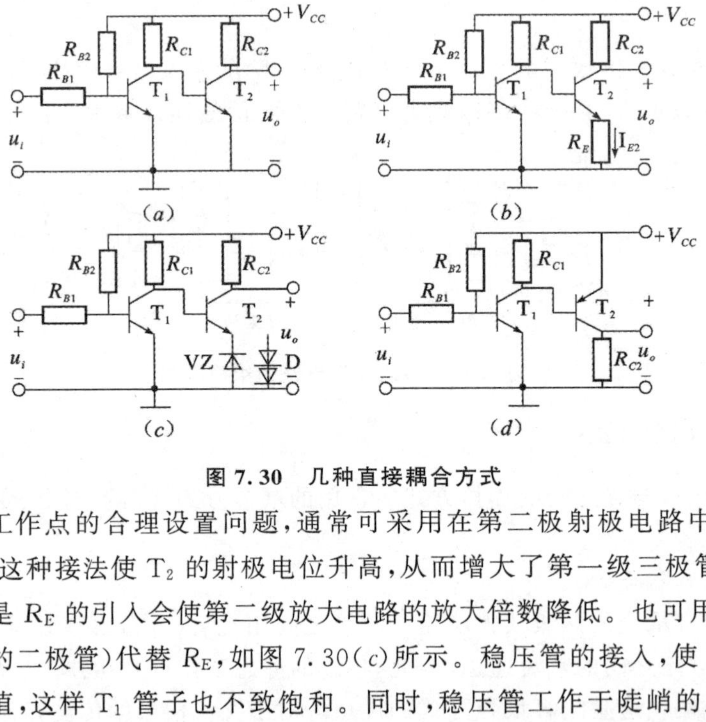

图 7.30 几种直接耦合方式

为解决级间工作点的合理设置问题，通常可采用在第二极射极电路中接入电阻 R_E，如图 7.30(b) 所示，这种接法使 T_2 的射极电位升高，从而增大了第一级三极管的 U_{CE} 值和信号的动态范围。但是 R_E 的引入会使第二级放大电路的放大倍数降低。也可用稳压管 VZ(或串联几个正向工作的二极管)代替 R_E，如图 7.30(c)所示。稳压管的接入，使 T_2 的发射极电位升高了一个稳压值，这样 T_1 管子也不致饱和。同时，稳压管工作于陡峭的反向击穿特性上，动态电阻很小，对于变化信号相当于短路，所以第二级的电压放大倍数也不至于降低。还可用 NPN 型管和 PNP 型管互补使用，如图 7.30(d)所示。在直接耦合放大电路中，若仅采用一种 NPN 型管，则各级放大电路中集电极的电位逐级升高，使后级放大电路的集电极电位接近正电源电压 V_{CC} 值，降低了输出电压的动态范围(易产生截止失真)，所以级数受限制。而图 7.30(d)中，NPN 型管集电极电位的升高，被 PNP 型管集电极电位的降低所补偿，这种互补作用，使得各级工作点都得到合理安排。

7.3.2　多级放大电路的电压放大倍数

因为多级放大器是多级串联逐级连续放大，所以总的电压放大倍数是各级放大倍数的乘积，即：

$$A_u = A_{u1} \cdot A_{u2} \cdot A_{u3} \cdot \cdots \cdot A_{un} \tag{7.33}$$

因此，求多级放大器的增益时，首先必须求出各级放大电路的增益。求单级放大电器的增益已在前面讲述，这里所不同的是需要考虑各级之间有如下的关系：后级的输入电阻是前级的负载电阻，前级的输出电压是后级的输入信号，空载输出电压为信号源电压。

至于多级放大器的输入电阻和输出电阻，就把多级放大器等效为一个放大器，从输入端看放大器得到的电阻为输入电阻，从输出端看放大器得到的电阻为输出电阻。

例 7.3　两级阻容耦合放大电路如图 7.31 所示。已知电路参数 $V_{CC}=9V$，$R_{B11}=60k\Omega$，$R_{B12}=30k\Omega$，$R_{C1}=3.9k\Omega$，$R_{E11}=300\Omega$，$R_{E12}=2k\Omega$，$\beta_1=40$，$R_{B21}=60k\Omega$，$R_{B22}=30k\Omega$，$R_{C2}=2k\Omega$，$R_L=5k\Omega$，$R_{E2}=2k\Omega$，$\beta_2=50$，$C_1=C_2=C_3=10\mu F$，$C_{e1}=C_{e2}=47\mu F$。试求：(1)放大电路的静态工作点；(2)放大电路的交流性能指标 A_u、R_i 及 R_o。

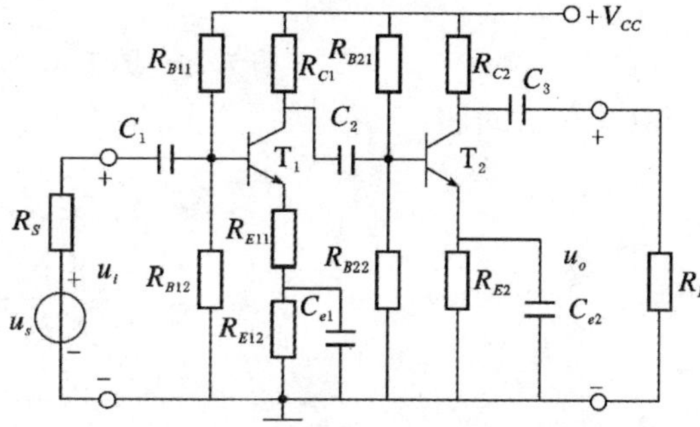

图 7.31　两级阻容耦合放大电路

解　(1)T_1 电路的静态工作点：

$$U_{B1} \approx V_{CC}\frac{R_{B12}}{R_{B12}+R_{B11}} = 9\times\frac{30}{60+30}V = 3V$$

$$I_{C1} \approx I_{E1} = \frac{U_{B1}-U_{BE1}}{R_{E11}+R_{E12}} = \frac{3-0.7}{0.3+2}mA = 1mA$$

$$U_{CE1} = V_{CC} - I_{C1}R_{C1} - I_{E1}(R_{E11}+R_{E12}) \approx V_{CC} - I_{C1}(R_{C1}+R_{E11}+R_{E12})$$
$$= [9-1\times(3.9+0.3+2)]V = 2.8V$$

T_2 电路的静态工作点：

$$U_{B2} \approx V_{CC}\frac{R_{B22}}{R_{B21}+R_{B22}} = 9\times\frac{30}{60+30}V = 3V$$

$$I_{C2} \approx I_{E2} = \frac{U_{B2}-U_{BE2}}{R_{E2}} = \frac{3-0.7}{2}mA = 1.65mA$$

$$U_{CE2} = V_{CC} - I_{C2}R_{C2} - I_{E2}R_{E2} \approx V_{CC} - I_{C2}(R_{C2}+R_{E2})$$
$$= [9-1.65\times(2+2)]V = 2.4V$$

(2)先画出本例电路的微变等效电路如图 7.32 所示。

$$r_{be1} = 300 + (1+\beta_1)\frac{26}{I_{E1}} = (300+41\times\frac{26}{1})k\Omega = 1.37k\Omega$$

$$r_{be2} = 300 + (1+\beta_2)\frac{26}{I_{E2}} = (300+51\times\frac{26}{1.65})k\Omega = 1.1k\Omega$$

$$A_{u1} = \frac{-\beta_1 R'_{L1}}{r_{be1}+(1+\beta_1)R_{E11}}$$

其中　$$R'_{L1} = R_{C1} /\!/ R_{i2} = R_{C1} /\!/ R_{B21} /\!/ R_{B22} /\!/ r_{be2}$$

$$=\frac{1}{\frac{1}{3.9}+\frac{1}{60}+\frac{1}{30}+\frac{1}{1.1}}\text{k}\Omega\approx 0.8\text{k}\Omega$$

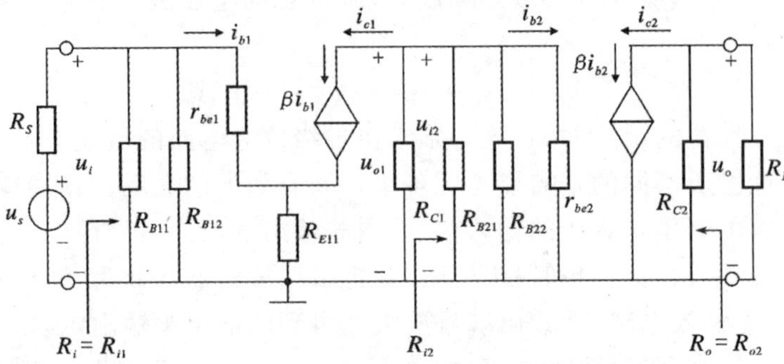

图 7.32　图 7.31 所示电路的微变等效电路

代入上式可得：

$$A_{u1}=\frac{-40\times 0.8}{1.37+41\times 0.3}=-2.34$$

$$A_{u2}=\frac{-\beta_2 R'_{L2}}{r_{be2}}=\frac{-\beta_2(R_{C2}/\!/R_L)}{r_{be2}}$$

$$=-\frac{50\times 2/\!/5}{1.1}=-65$$

总的电压放大倍数为：

$$A_u=A_{u1}\cdot A_{u2}=(-2.34)\times(-65)=152$$

多级放大电路的输入电阻就是输入级的输入电阻。在本例中：

$$R_i=R_{i1}=R_{B11}/\!/R_{B12}/\!/[r_{be1}+(1+\beta_1)R_{E11}]$$

$$=\frac{1}{\frac{1}{60}+\frac{1}{30}+\frac{1}{1.37+(1+40)\times 0.3}}\text{k}\Omega\approx 8.12\text{k}\Omega$$

多级放大电路的输出电阻是末级的输出电阻。在本例中：

$$R_o=R_{o2}=R_{C2}=2\text{k}\Omega$$

7.4　功率放大电路

功率放大电路与电压放大电路没有本质的区别。它们都是利用放大器件的控制作用，把直流电源供给的功率按输入信号的变化规律转换给负载，只是功率放大电路的主要任务是使负载得到尽可能大的不失真信号功率。

7.4.1　OCL 互补对称功率放大电路

7.4.1.1　乙类互补对称功率放大器

采用正、负电源构成的互补对称功率放大电路称为 OCL 电路，如图 7.33(*a*)所示，T_1 和 T_2 分别为 NPN 型管和 PNP 型管，两管的基极和发射极分别连接在一起，以增强带负载的能力。两管都无偏置电路，以便工作在乙类。信号从基极输入，从发射极输出，R_L 为负载直接耦合，这类电路称 OCL 电路，采用双电源供电形成推挽工作方式。要求两管特性相同，且 $V_c = V_e$。

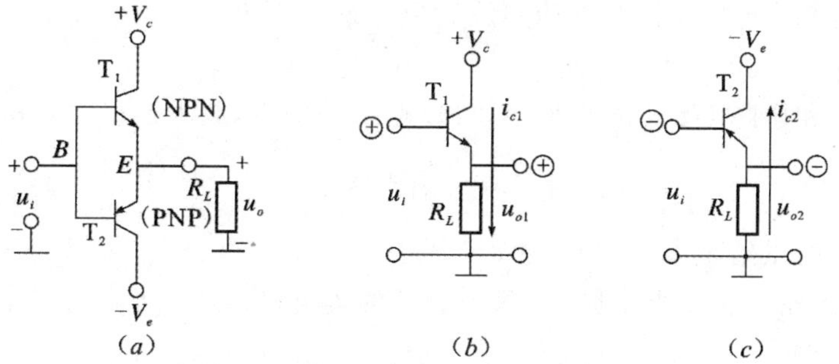

图 7.33　双电源 OCL 互补对称功率放大电路

(*a*)基本电路；(*b*) u_i 正半周，T_1 导通；(*c*) u_i 负半周，T_2 导通

电路处于静态，即 $u_i=0$ 时，T_1 和 T_2 均处于零偏置，两管的 I_{BQ}、I_{CQ} 均为零，因此输出电压 $u_o=0$，此时电路不消耗功率。

当放大电路有正弦信号 u_i 输入时，在 u_i 正半周，T_2 因发射结反偏而截止，T_1 正偏而导通，V_c 通过 T_1 向 R_L 提供电流 i_{c1}，如图 7.33(*b*)所示，产生输出电压 u_o 的正半周。在 u_i 负半周，T_1 因发射结反偏而截止，T_2 正偏而导通，$-V_e$ 通过 T_2 向 R_L 提供电流 i_{c2}，如图 7.33(*c*)所示，产生输出电压 u_o 的负半周。由此可见，由于 T_1、T_2 管轮流导通，相互补足对方缺少的半个周期，R_L 上仍能得到与输入信号波形相接近的电流和电压，如图 7.34 所示。由图 7.33(*b*)、图 7.33(*c*)可见，互补对称放大电路是由两个射极输出器所组成，所以输出电压 u_o 的大小基本上与输入电压 u_i 的大小相等。又因为射极输出器输出电阻很低，所以，互补对称放大电路具有较强的负载能力，即它能向负载提供较大的功率，实现功率放大作用，所以把这种电路称为 OCL 互补对称功率放大电路。

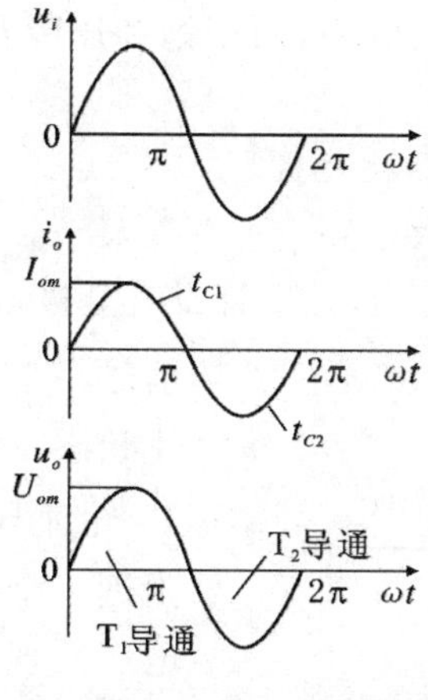

图 7.34　OCL 互补对称功率放大电路电流、电压波形

(1)输出功率 P_o

输出电流 i_o 和输出电压 u_o 有效值的乘积，就是功率放大电路的输出功率，即：

$$P_o = \frac{I_{om}}{\sqrt{2}} \frac{U_{om}}{\sqrt{2}} = \frac{1}{2} I_{om} U_{om} \tag{7.34}$$

或

$$P_o = \frac{1}{2}\frac{U_{om}}{R_L}U_{om} = \frac{U_{om}^2}{2R_L} \qquad (7.35)$$

由图 7.34 可知,OCL 互补对称功率放大电路最大不失真输出电压的幅度为:

$$U_{om} = V_c - U_{ce(sat)} \approx V_c \qquad (7.36)$$

式中,三极管的饱和压降 $U_{ce(sat)}$ 通常很小,可以略去。所以,放大器最大输出功率为:

$$P_{om} = \frac{U_{om}^2}{2R_L} \approx \frac{V_c^2}{2R_L} \qquad (7.37)$$

(2)直流电源的供给功率

由于两个管子轮流工作半个周期,每个管子的集电极电流的平均值为:

$$I_{C1} = I_{C2} = \frac{1}{2\pi}\int_0^{\pi} I_{Cm}\sin\omega t d(\omega t) = \frac{I_{Cm}}{\pi} \qquad (7.38)$$

因为每个电源只提供半周期的电流,所以两个电源供给的总功率为:

$$P_{DC} = I_{C1}V_c + I_{C2}V_e = 2I_{C1}V_v = \frac{2V_c I_{Cm}}{\pi} \qquad (7.39)$$

得到最大输出功率时,直流电源供给功率为:

$$P_{DC} = \frac{2V_C^2}{\pi R_L} \qquad (7.40)$$

(3)效率

效率是负载获得的信号功率 P_o 与直流电源供给功率 P_{DC}之比,一般情况下的效率:

$$\eta = \frac{P_o}{P_{DC}} = \frac{\pi}{4}\cdot\frac{{U_{om}}^2}{{V_c}^2} \qquad (7.41)$$

OCL 互补对称功放电路的最高效率为:

$$\eta_m = \frac{\pi}{4}\cdot\frac{(V_c - U_{ce(sat)})^2}{{V_c}^2} \approx \frac{\pi}{4} = 78.5\% \qquad (7.42)$$

实用中,放大电路很难达到最大效率,由于饱和压降及元件损耗等因素,OCL 推挽放大电路的效率仅能达到 60%左右。

7.4.1.2 甲乙类互补对称功率放大器

(1)甲乙类双电源互补对称放大电路

在乙类互补功率放大器中,由于 T_1、T_2 管没有基极偏流,静态时 $U_{BEQ1} = U_{BEQ2} = 0$,当输入信号小于晶体管的死区电压时,管子仍处于截止状态。因此,在输入信号的一个周期内,T_1、T_2 轮流导通时形成的基极电流波形在过零点附近一个区域内出现失真,从而使输出电流和电压出现同样的失真,这种失真称为“交越失真”,如图 7.35 所示。

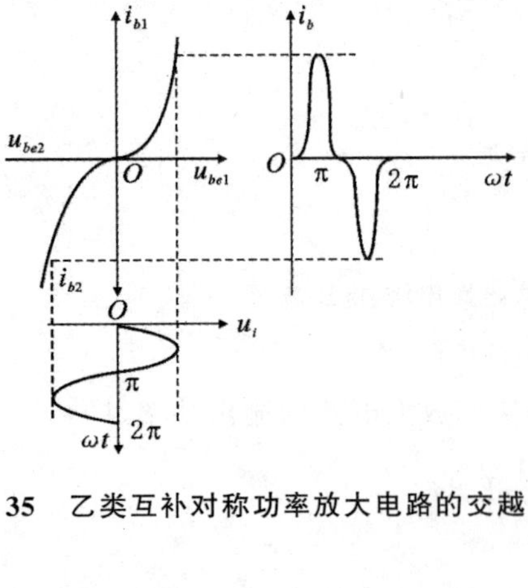

图 7.35 乙类互补对称功率放大电路的交越失真

为了消除交越失真,可分别给两只晶体管的发射结加很小的正偏压,使两管在静态时均处于微导通状态,两管轮流导通时,交替得比较平滑,从而减小了交越失真。

图 7.36(a)所示电路在 T_1、T_2 基极间串入二极管 T_3、T_4，利用 T_5 管的静态电流流过 T_3、T_4 产生的压降作为 T_1、T_2 管的静态偏置电压。这种偏置方法有一定的温度补偿作用，因为这里的二极管都是由三极管的基极和集电极短接而成，当 T_1、T_2 两管的 U_{BE} 随温度升高而减小时，T_3、T_4 两管的发射结电压降也随温度的升高相应减小。

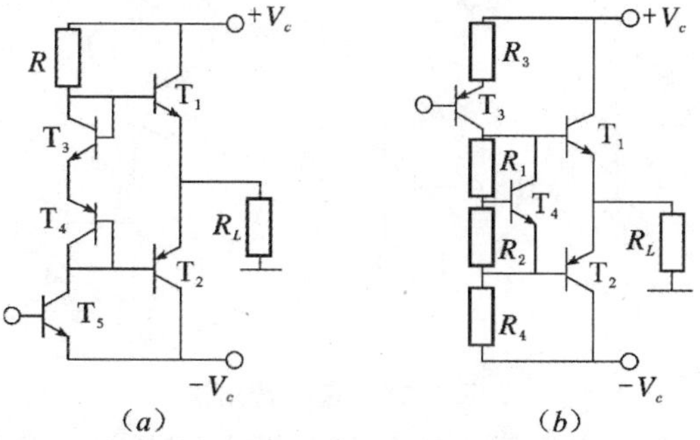

图 7.36　甲乙类互补对称功率放大电路

(a)利用二极管进行偏置的电路；(b)利用 U_{BE} 扩大电路进行偏置的电路

图 7.36(a)所示电路偏置电压不易调整，而在图 7.36(b)中，设流入 T_4 的基极电流远小于流过 R_1、R_2 的电流，则由图可求出：

$$U_{ce4} \approx \frac{U_{be4}}{R_2}(R_1 + R_2) \tag{7.43}$$

U_{ce4} 是用以供给 T_1、T_2 两管的偏置电压。由于 U_{be4} 基本为一固定值(0.6～0.7V)，只要适当调节 R_1、R_2 的比值，就可改变 T_1、T_2 两管的偏压值。

(2)复合管互补对称放大电路

互补对称放大电路要求输出管为一对特性相同的异型管，这往往很难实现，在实际电路中常采用复合管来实现异型管的配对。

所谓复合管，就是由两只或两只以上的三极管按照一定的连接方式，组成一只等效的三极管。复合管的类型与组成该复合管的第一只三极管相同，而其输出电流、饱和压降等基本特性，主要由最后的输出三极管决定。图 7.37 所示为由两只三极管组成复合管的四种情况，图(a)、(b)为同型复合，图(c)、(d)为异型复合，可见复合后的管型与第一只三极管相同。

复合管的电流放大系数近似为组成该复合管的各三极管 β 值的乘积，其值很大。由图 7.37(a)可得：

$$\beta = \frac{i_c}{i_b} = \frac{i_{c1} + i_{c2}}{i_{b1}} = \frac{\beta_1 i_{b1} + \beta_2 i_{b2}}{i_{b1}} = \frac{\beta_1 i_{b1} + \beta_2 (1 + \beta_1) i_{b1}}{i_{b1}} = \beta_1 + \beta_2 + \beta_1 \beta_2 \cong \beta_1 \beta_2 \tag{7.44}$$

图 7.38 所示是由复合管组成的甲乙类互补对称放大电路。图中 T_1、T_3 同型复合等效为 NPN 型管，T_2、T_4 异型复合等效为 PNP 型管。由于 T_1、T_2 是同一类的 NPN 管，它们的输出特性可以很好地对称，通常把这种复合管互补电路称为准互补对称放大电路。图中 D_5、D_6、D_7、R_P 构成输出级偏置电路，用以克服交越失真。T_1 与 T_2 管发射极电阻 R_{E1}、R_{E2}，一般为 0.1～0.5Ω，它除具有直流负反馈作用提高电路工作的稳定性外，还具有过流保护作用。T_4 管发射极所接电阻 R_4 是 T_3、T_4 管的平衡电阻，可保证 T_3、T_4 管的输入电阻对称。R_3、R_4 为穿透电流的泄放电阻，用以减小复合管的穿透电流，提高复合管的温度稳定性。T_8、R_{B1}、R_{B2}、R_1 等组成前置电压放大级，R_{B1} 接至输出端 E 点，构成负反馈，可提高电路工作点的稳定性。

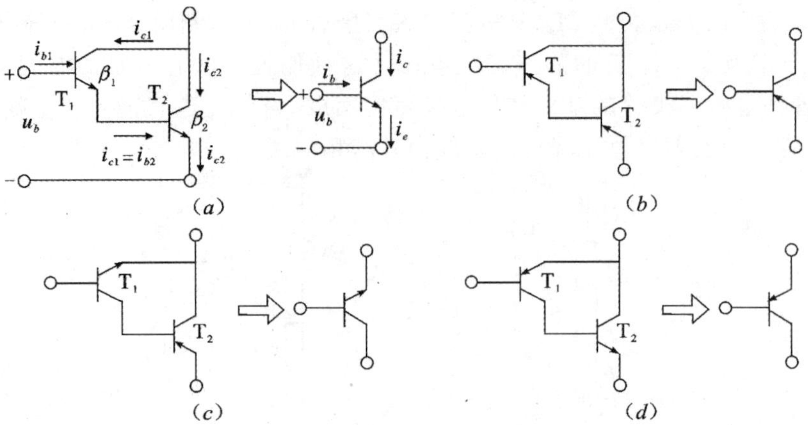

图 7.37　复合管接法

(*a*)NPN 同型复合;(*b*)PNP 同型复合;(*c*)NPN、PNP 异型复合;(*d*)PNP、NPN 异型复合

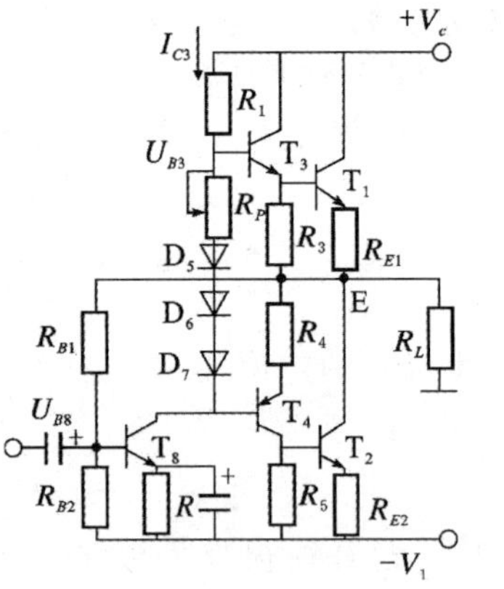

图 7.38　复合管互补对称放大电路

例如,某种原因使得 U_e 升高,则 $U_E\uparrow\rightarrow U_{B8}\uparrow\rightarrow I_{B8}\uparrow\rightarrow I_{C8}\uparrow\rightarrow U_{B3}\downarrow\rightarrow U_E\downarrow$,可见,引入负反馈可使 U_E 趋于稳定。同时 R_{B1}、R_{B2} 也引入了交流负反馈,从而使放大电路的动态性能指标得到改善。

7.4.2　OTL 互补对称功率放大电路

以上介绍的互补对称放大电路均采用双电源供电,但在实际应用中,有些场合只能有一个电源,这时可采用单电源供电方式,如图 7.39 所示,它在互补对称放大电路输出端接上一个大容量的电容器 C。为使 T_1、T_2 管工作状态对称,要求它们的发射极 E 点静态时对地电压为电源电压的一半,一般只要合理选择 R_{B1}、R_{B2} 的数值,就可以使得 $V_e=V_c/2$。这样,静态时电容 C 上也充有 $V_c/2$ 的直流电压。这种电路简称为 OTL 电路。

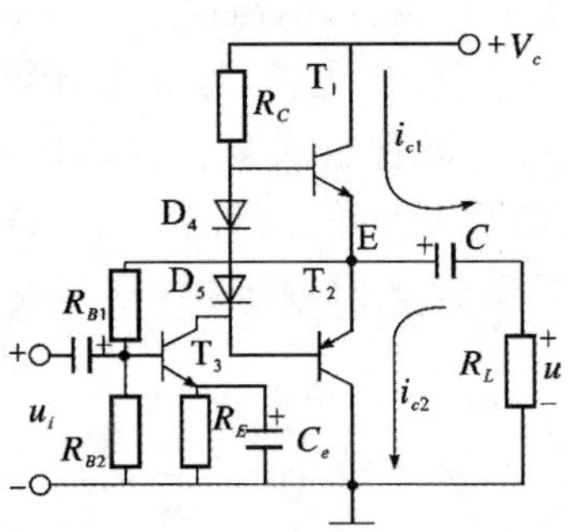

图 7.39　甲乙类单电源互补对称放大电路

当输入正弦信号 u_i 时,在负半周,T_1 导电,有电流通过负载 R_L,同时向 C 充电,由于电容上有 $V_c/2$ 的直流压降,因此 T_1 管的工作电压实际上为 $V_c/2$。在信号的正半周,T_2 导电,则已充电的电容器 C 起着负电源($-V_c/2$)的作用,通过负载 R_L 放电。只要选择时间常数 R_LC 足够大(比信号的最长周期大得多),就可以保证电容 C 上的直流压降变化不大。

在 OTL 电路中有关输出功率、效率、管耗等指标的计算与 OCL 电路相同,但 OTL 电路中每只晶体管的工作电压仅为 $V_c/2$,因此在应用 OCL 电路的有关公式时,应用 $V_c/2$ 取代 V_c。

7.4.3　集成功率放大电路

集成功率放大器具有输出功率大、外围连接元件少、使用方便等优点,目前使用越来越广泛。它的品种很多,本节主要以 TDA2030A 音频集成功率放大器为例加以介绍。

7.4.3.1　TDA2030A 音频集成功率放大器简介

TDA2030A 是目前使用较为广泛的一种音频集成功率放大器，与其他功率放大器相比，它的引脚和外部元件都较少。

TDA2030A 的电器性能稳定，并在内部集成了过载和热切断保护电路，能适应长时间连续工作。由于其金属外壳与负电源引脚相连，因而在单电源使用时，金属外壳可直接固定在散热片上并与地线（金属机箱）相接，无须绝缘，使用很方便。

TDA2030A 的内部电路如图 7.40 所示（其中 D 为二极管）。TDA2030A 使用于收录机和有源音箱中，作为音频功率放大器，也可用于其他电子设备中的功率放大。因其内部采用的是直接耦合，亦可以用作直流放大。外引脚的排列如图 7.41 所示。

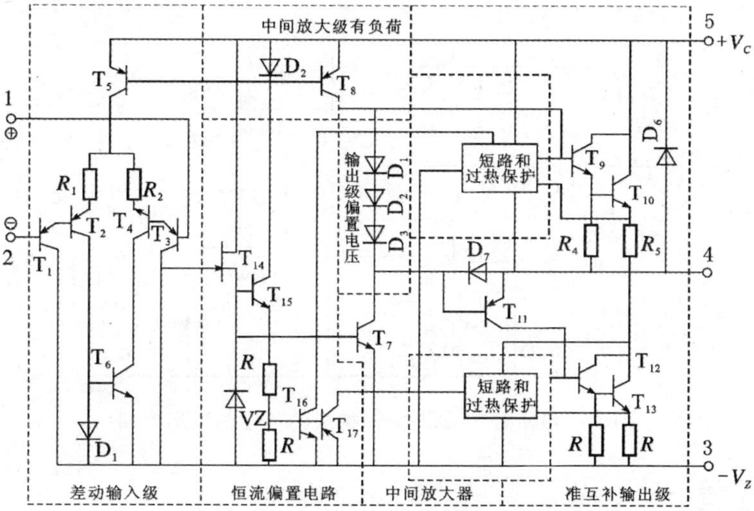

图 7.40　TDA2030A 集成功率放大器的内部电路

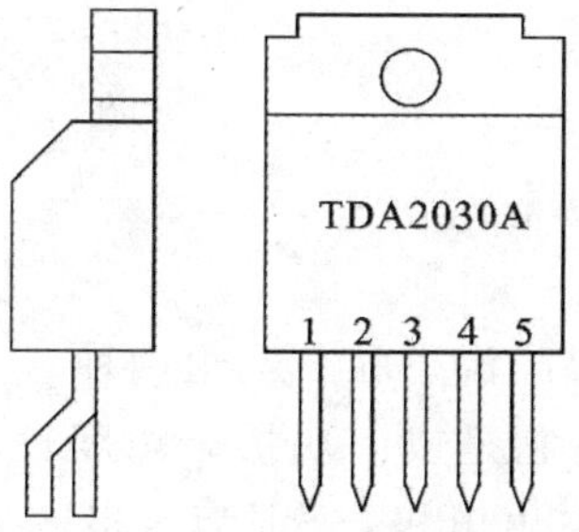

图 7.41　TDA2030A 引脚排列及功能

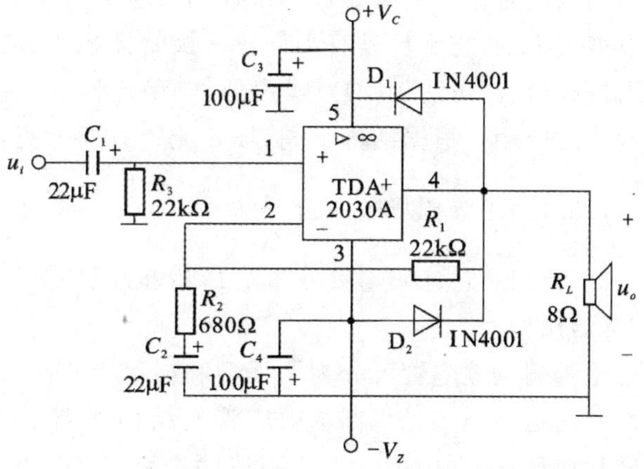

图 7.42　由 TDA2030A 构成的功放电路

7.4.3.2　TDA2030A 集成功效的典型应用

（1）双电源应用电路

图 7.42 电路是双电源时 TDA2030A 的典型应用电路。输入信号 u_i 由同相端输入，R_1、R_2、C_2 构成交流电压串联负反馈，因此，闭环电压放大倍数为：

$$A_{uf}=1+\frac{R_1}{R_2}=33$$

为了保持两输入端直流电阻平衡，使输入级偏置电流相等，选择 $R_1=R_3$。D_1、D_2 起保护作用，用来泄放 R_L 产生的感生电压，将输出端的最大电压钳位在($V_C+0.7V$)和($-V_C-0.7V$)上。C_3、C_4 为去耦电容，用于减少电源内阻对交流信号的影响。C_1、C_2 为耦合电容。

(2)单电源应用电路

对仅有一组电源的中、小型录音机的音响系统，可采用单电源连接方式，如图 7.43 所示。由于采用单电源供电，故同相输入端用阻值相同的 R_1、R_2 组成分压电路，使 K 点电位为 $V_C/2$，经 R_3 加至同相输入端。在静态时，同相输入端、反相输入端和输出端皆为 $V_C/2$。其他元件作用与双电源电路相同。

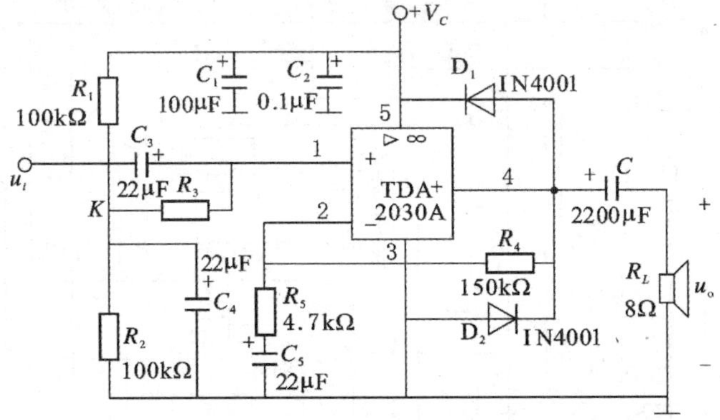

图 7.43　由 TDA2030A 构成的单电源应用电路

7.5　场效应管

场效应管是利用电场效应来控制其电流大小的半导体三极管。它是在 20 世纪 60 年代逐渐发展起来的，它不仅具有半导体三极管体积小、质量轻、耗电省、寿命长等特点，而且还有输入阻抗高(最高可达 $10^5\Omega$)、噪声低、热稳定性好、抗辐射能力强和制造工艺简单等优点，因此得到广泛应用。根据结构不同，场效应管有两大类：绝缘栅场效应管和结型场效应管。

7.5.1　绝缘栅场效应管

7.5.1.1　绝缘栅场效应管的结构和原理

(1)结构

绝缘栅场效应管可分为增强型和耗尽型两类，每一类又有 N 沟道和 P 沟道两种。

N 沟道增强型绝缘栅场效应管的结构如图 7.44(a)所示，它是以一块掺杂浓度较低的 P 型硅片作衬底，利用扩散工艺制造两个 N 型区，并用金属铝引出电极，分别为源极 S 和漏极 D。绝缘栅场效应晶体管又称金属-氧化物-半导体场效应管(MOSFET)，简称 MOS 管。当栅极和源极之间不加电压时，两个 N 型区之间没有形成导电沟道，属增强型。图 7.44(b)是 N 沟道增强型 MOS 管的符号。

(2)N 沟道增强型 MOS 管的工作原理

①导电沟道的建立

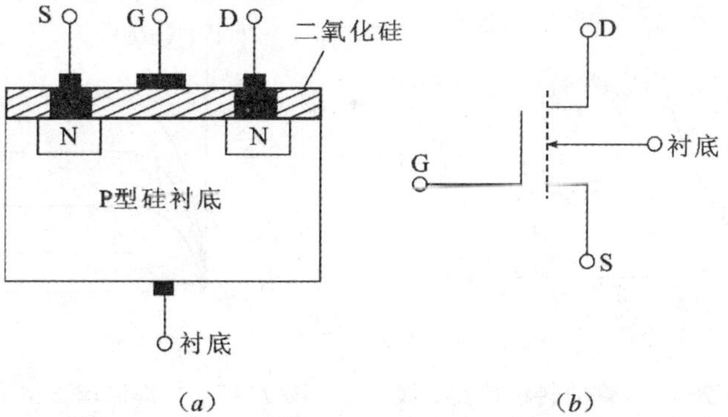

图 7.44　N 沟道增强型 MOS 管的结构与符号

(*a*)结构；(*b*)符号

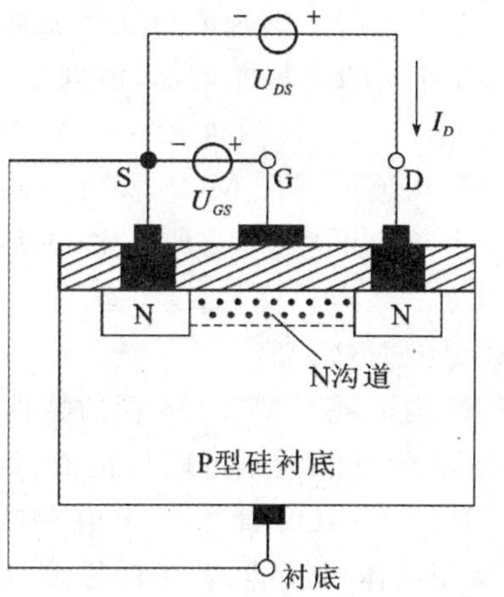

图 7.45　N 沟道增强型 MOS 管的工作原理

在图 7.45 中，如果在栅极和源极之间加正向电压 U_{GS}，便会产生一个垂直于P型硅表面的纵向电场，由于二氧化硅绝缘层很薄，因此即使 U_{GS} 很小，也会产生很强的电场强度(可达 $10^5 \sim 10^6$V/cm)。P型硅衬底中的电子受到电场力的吸引到达表层，除填补空穴形成负离子的耗尽层外，还在靠近绝缘层那一面形成一个N型层，如图 7.45 所示，通常称它为反型层，它就是沟通源区和漏区的N型导电沟道。栅源电压 U_{GS} 正值越大，半导体表面吸引的电子越多，形成的导电沟道越宽。形成导电沟道后，在漏极电压 U_{DS} 的作用下，将产生漏极电流 I_D，从而管子导通。

②栅源电压 U_{GS} 对漏极电流 I_D 的控制作用

在一定的漏极电压 U_{DS} 下，使管子由不导通变为导通的临界栅源电压称为开启电压，用 $U_{GS(th)}$ 表示。在外加一定的漏源电压 U_{DS} 的情况下，栅源电压 U_{GS} 越大，形成的导电沟道越宽，导电沟道的电阻就越小，对应的漏极电流 I_D 越大。因此可通过改变 U_{GS} 的数值来控制漏极电流 I_D。

7.5.1.2　N 沟道增强型 MOS 管的特性曲线

图 7.46 和图 7.47 分别是N沟道增强型 MOS 管的转移特性曲线和输出特性曲线。

所谓转移特性，就是输入电压 U_{GS} 对输出电流 I_D 的控制特性。在一定的漏源电压下，使增强型 MOS 管形成导电沟道，产生漏极电流。显然，只有 $U_{GS} > U_{GS(th)}$ 时，栅源电压才对漏极电流有控制作用。

输出特性表示在 U_{GS} 一定时，I_D 与 U_{DS} 之间的关系。与晶体三极管类似，它也有三个区域。

(1)截止区

截止区是指 $U_{GS} < U_{GS(th)}$ 的区域，图 7.46 中的 $U_{GS(th)}$ 为 2V。由于这时还未形成导电沟道，因此 $I_D \approx 0$。

(2)可变电阻区

可变电阻区是指 U_{DS} 较小时与纵轴之间的区域。这时导电沟道已形成，I_D 随 U_{DS} 的增大

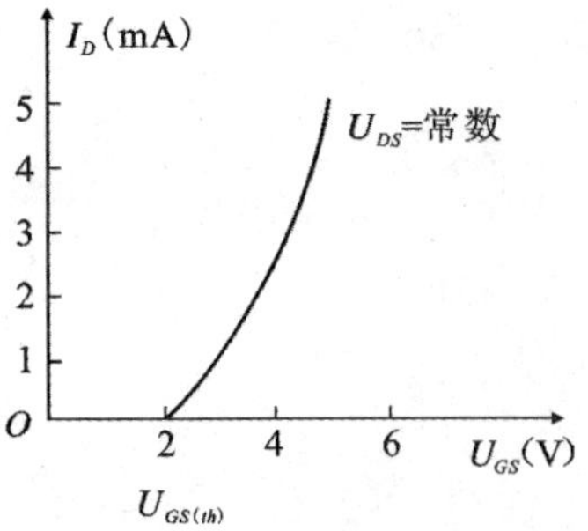

图 7.46 N 沟道增强型 MOS 管的转移特性曲线

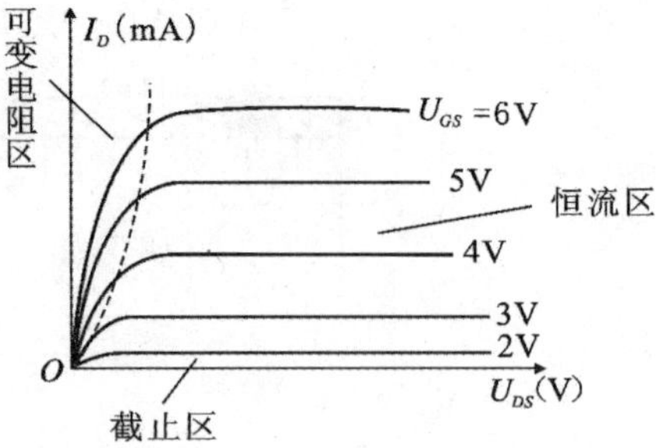

图 7.47 N 沟道增强型 MOS 管的输出特性曲线

而增大。由于导电沟道的电阻大小随 U_{GS} 而变，故称为可变电阻区。

(3)恒流区——线性放大区

当 U_{DS} 增大到脱离可变电阻区时，I_D 不再随 U_{DS} 的增大而增大，I_D 趋于恒定值。但 I_D 的大小随 U_{GS} 的增加而增加，体现了场效应晶体管 U_{GS} 控制 I_D 的放大作用。

7.5.1.3 N 沟道耗尽型 MOS 管

N 沟道耗尽型 MOS 管与增强型 MOS 管的结构相似，不同的是在制造时已在绝缘层中掺入了大量的正离子，它所产生的纵向电场即使在 $U_{GS}=0$ 时，也能吸引足够的电子形成 N 型导电沟道。这样只要 $U_{GS}>0$ 就有 I_D 产生。这种当 $U_{GS}=0$ 时就有导电沟道的场效应晶体管，称为耗尽型 MOS 管。

N 沟道耗尽型 MOS 管的特性曲线和符号如表 7.1 所示。从转移特性可以看出，耗尽型 MOS 管的栅源电压可以是正值、负值或零，使用时灵活性较大。

P 沟道 MOS 管和 N 沟道 MOS 管的区别在于作为衬底的半导体材料的类型相反，即它是用 N 型硅作衬底的，若是耗尽型，则绝缘层中掺入的是负离子。注意使用时，U_{GS}、U_{DS} 的极性与 N 沟道 MOS 管相反。

表 7.1 列出了各种场效应管的符号、电压极性及特性曲线，可供使用时参考。

表 7.1 各种场效应管的符号、电压极性、转移特性和输出特性

结构种类	工作方式	符号	电压极性		转移特性	输出特性
			U_{GS}	U_{DS}		
绝缘栅N型	耗尽型	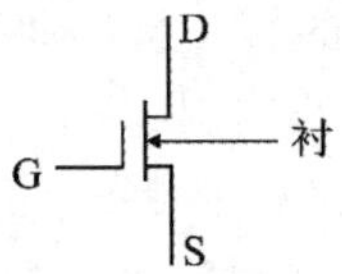	− ○ +	+	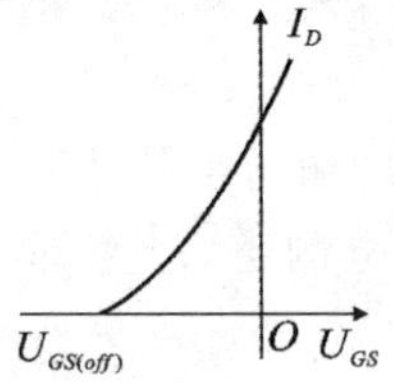	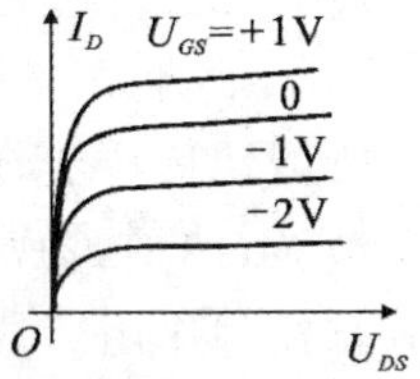
	增强型	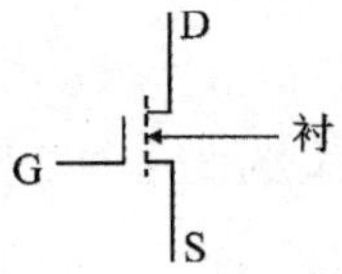	+	+	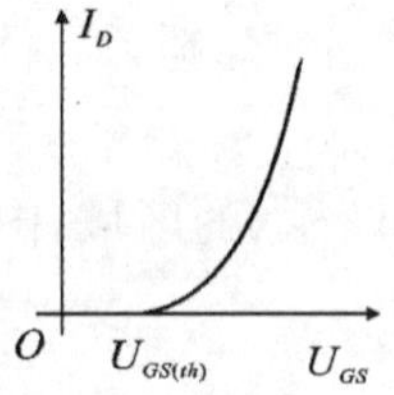	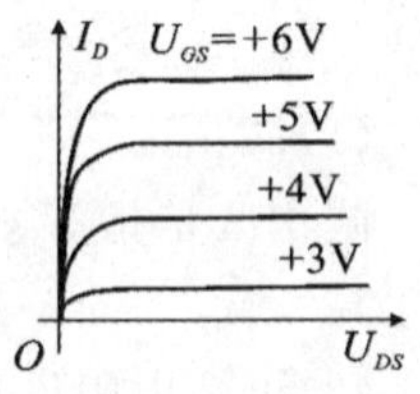

续表 7.1

结构种类	工作方式	符　　号	电压极性		转移特性	输出特性
			U_{GS}	U_{DS}		
绝缘栅P型	耗尽型	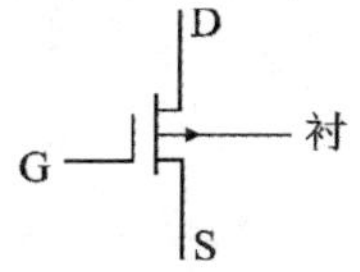	＋ ○ －	－	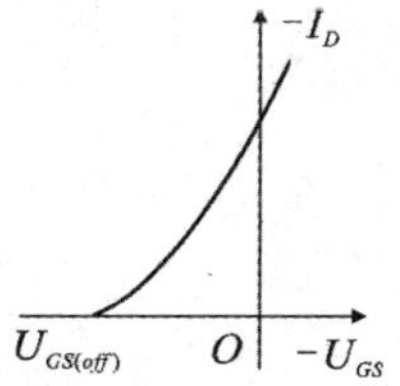	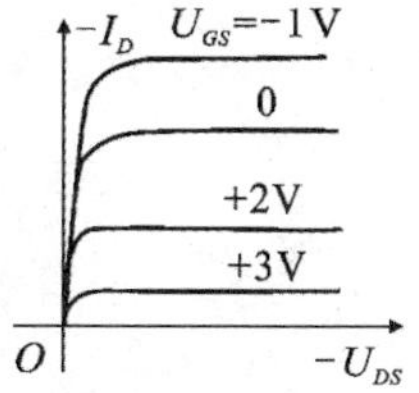
	增强型	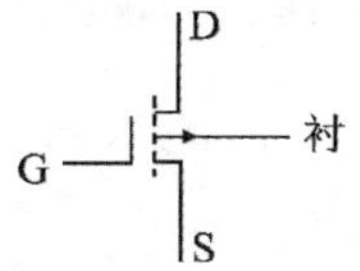	－	－	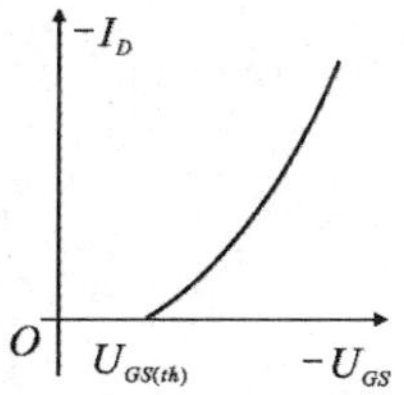	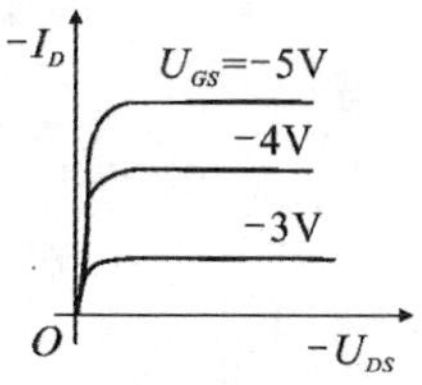
结构P沟道	耗尽型	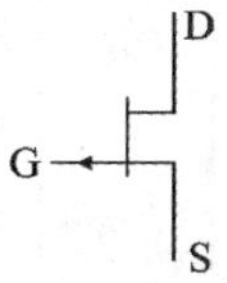	＋	－	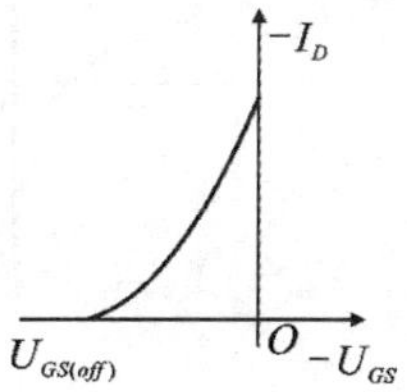	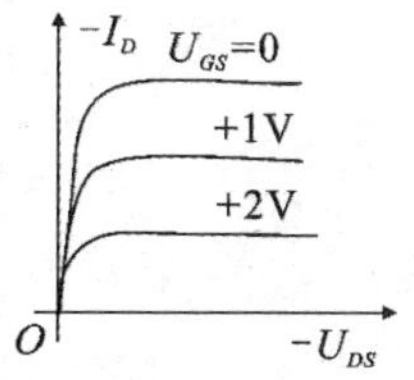
结构N沟道	耗尽型	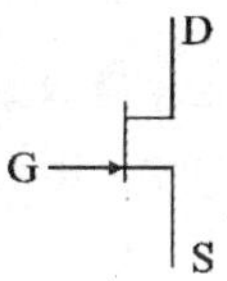	－	＋	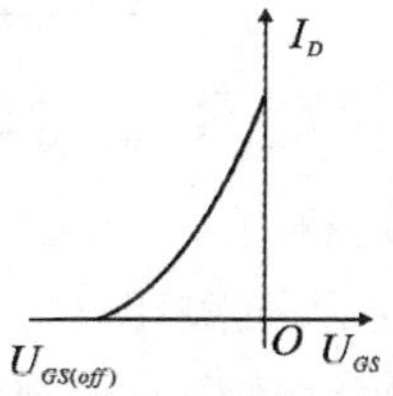	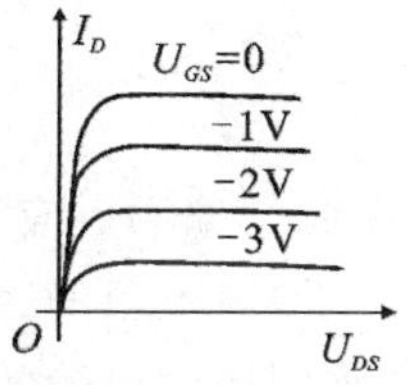

7.5.2　结型场效应管

7.5.2.1　结型场效应管的结构

结型场效应管是把一块 N 型半导体材料两边扩散高浓度的 P 型区，形成两个 PN 结，如图 7.48(*a*)所示。两个 P 型区引出两个电极并连在一起称为栅极 G，在 N 型本体材料的两端各引出一个电极分别称为源极 S 和漏极 D。它的符号如图 7.48(*b*)所示。其中箭头的方向表示栅结正向偏置时，栅极电流的方向由 P 指向 N，故从符号上可以识别 D、S 之间是 N 沟道。

按照同样的方法，可以制成 P 沟道结型场效应管。

7.5.2.2　结型场效应管的工作原理

N 沟道结型场效应管的工作原理如图 7.49 所示。当 $U_{GS}=0$ 时，在一定的 U_{DS} 作用下会产生一个电流 I_D，该电流称为饱和漏电流，用 I_{DSS} 表示。当 U_{GS} 反偏电压增大时，两个 PN 结的宽度逐渐加宽，导电沟道变窄，沟道的电阻值增大，对应的电流 I_D 逐渐减小。当 U_{GS} 反偏电压增大到一定的数值时，即等于夹断电压 $U_{GS(off)}$，两个 PN 结相遇，导电沟道消失，此时 $I_D=$

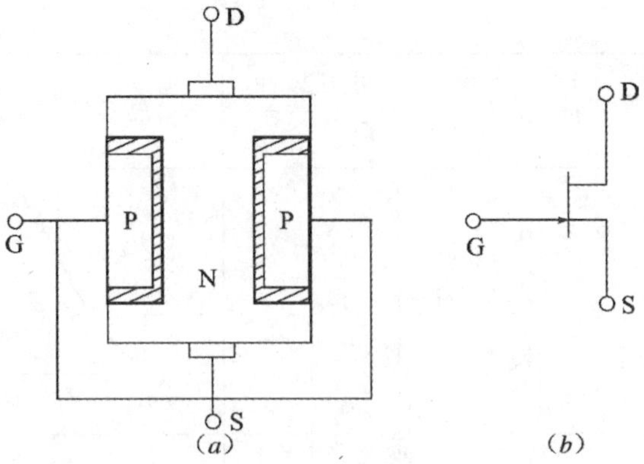

图 7.48 N 沟道结型场效应管的结构和符号

(a)结构;(b)符号

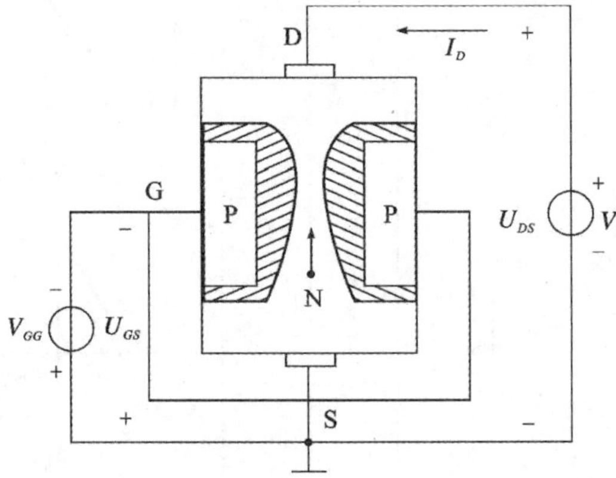

图 7.49 N 沟道结型场效应管的工作原理图

0。因此结型场效应管是利用外加电压 U_{GS} 来改变 PN 结的宽度(PN 结内电场的变化),即改变导电沟道电阻的大小,从而实现对漏极电流 I_D 的控制。

结型场效应管的符号、特性曲线都在表 7.1 中列出,其参数与耗尽型 MOS 管相似。

结型场效应管使用时要特别注意栅源之间应加反偏电压,以保证有高的输入阻抗。

小 结

半导体三极管由两个 PN 结构成,它利用微小电流的变化对集电极的大电流进行控制,从而实现放大功能。三极管工作在放大区,发射结正向偏置,集电结反向偏置。

为了使放大电路能正常工作,必须给三极管设置合适的静态工作点。确定工作点的方法,可以通过放大电路的直流通路进行近似估算,也可以用图解法直观而形象地求出。为了保证不失真的最大动态范围,静态工作点的位置应该大致设在交流负载线的中点。放大电路的静态工作点容易受温度的影响发生改变,因此,对于放大电路不仅要设置合适的静态工作点,而且还必须在电路上采取措施来稳定静态工作点。分压式偏置放大电路在较大的温度变化范围内具有很好的稳定性。

多级放大电路中，阻容耦合是常用的级间连接方式。它的特点是各级直流通路互不影响，分析计算简便，在一定的频率范围内能保证信号顺利地由前级送到后级。多级放大电路的总电压放大倍数等于各级放大倍数的乘积。

功率放大器要求输出足够大的功率，这样输出电压和电流的幅度都很大。对它的要求为输出功率大，效率高，非线性失真小，并应保证三极管安全可靠地工作。乙类互补对称功率放大电路效率高，达78.5%，但存在着交越失真。在实际中多采用甲乙类互补对称电路，它可有效地消除交越失真，效率也较高。集成功率放大电路具有功耗低、失真小、效率高、安装调试方便等优点，使用日趋广泛。

场效应晶体管是一种高输入阻抗的电压控制器件，有绝缘栅型和结型两大类。场效应晶体管放大电路有共源、共漏及共栅三种组态。分析方法与三极管放大电路类似。应用方面，凡是普通三极管可以使用的场合，原则上都可使用场效应晶体管器件，但要注意场效应晶体管的单级效益较低。

思考题与习题

7.1　放大电路的静态和动态各指的是什么状态？静态工作点指的是什么？

7.2　放大电路为什么要设置静态工作点？什么叫饱和失真？什么叫截止失真？

7.3　指出图7.50所示电路中，哪些能进行正常放大，哪些不能，并简要说明原因。

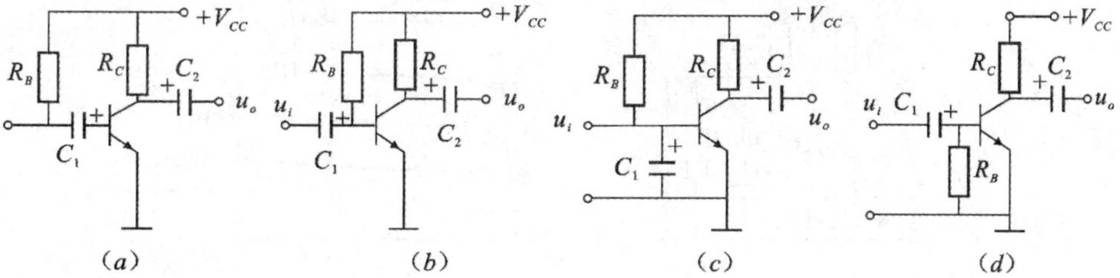

图7.50

7.4　试比较共射极放大电路的输入电阻 r_i 与三极管的输入电阻 r_{be}。

7.5　某放大器不带负载时，测得其输出端开路电压 $U'_o=1.5V$，而带上负载电阻5.1kΩ时，测得输出电压 $U_o=1V$，求该放大器的输出电阻 r_o。

7.6　改变 R_C 和 V_{CC} 对放大器的直流负载线有什么影响？

7.7　放大电路静态工作点不稳定的原因是什么？试分析分压式偏置放大电路稳定工作点的原理。

7.8　共集电极放大电路有何特点？为什么既可将它用作放大器的输入级又可用作放大器的输出级，有时也可将它作中间级使用？

7.9　某三级放大电路，若测得 $A_{u1}=10$，$A_{u2}=100$，$A_{u3}=50$，试求总的电压放大倍数。

7.10　多级放大电路的耦合方式及其特点是什么？

7.11　功率放大电路与电压放大电路的异同点是什么？其常见类型有哪些？

7.12　放大电路如图7.51所示，调整电位器改变 R_B 的阻值，就能调整放大器的静态工作点。试估算：(1)如果要求 $I_C=2mA$，问 R_B 值应多大？(2)如果要求 $U_{CE}=3V$，问 R_B 值又应多大？

7.13　在图7.52(*a*)所示电路图中，若选用的三极管T为3DG6型，其输出特性曲线如图7.52(*b*)所示，设电路中的电源 $V_{CC}=12V$，$R_B=510k\Omega$，$R_C=2k\Omega$。试在输出特性曲线上作直流负载线，并从图上求静态工作点Q，算出Q点附近的 β 值。

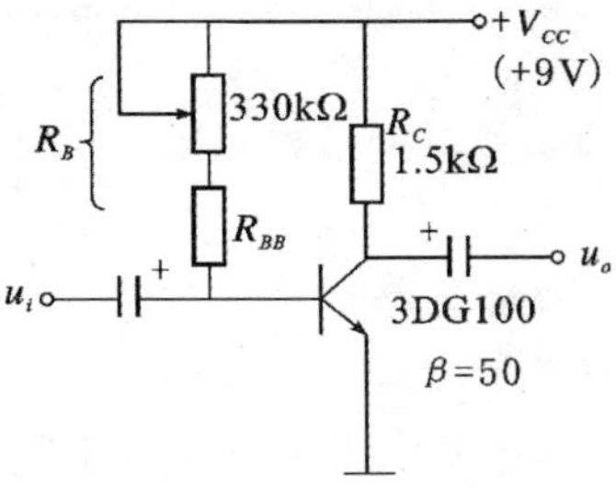

图 7.51

7.14 如在图 7.52(*a*)所示的放大电路中，已知 $V_{CC}=20V$，$R_B=200k\Omega$，$R_C=2k\Omega$，$\beta=50$，$R_L=2k\Omega$。试估算：(1)该放大电路的静态工作点；(2)画出其简化的微变等效电路；(3)计算 A_u、R_i、R_o。

7.15 分压式偏置稳定电路如图 7.53 所示，已知三极管为 3DG100，$\beta=40$，$U_{BE}=0.7V$。(1)估算静态工作点 I_c 和 U_{ce}。(2)如果 R_{B2} 开路，此时电路工作状态有什么变化？(3)如果换用 $\beta=80$ 的三极管，对静态工作点有多大影响？

7.16 分压式偏置放大电路和晶体管的输出特性曲线如图 7.53 所示。(1)求输入电阻 R_i。(2)分别用计算法和图解法求 Q 值。(3)估算本

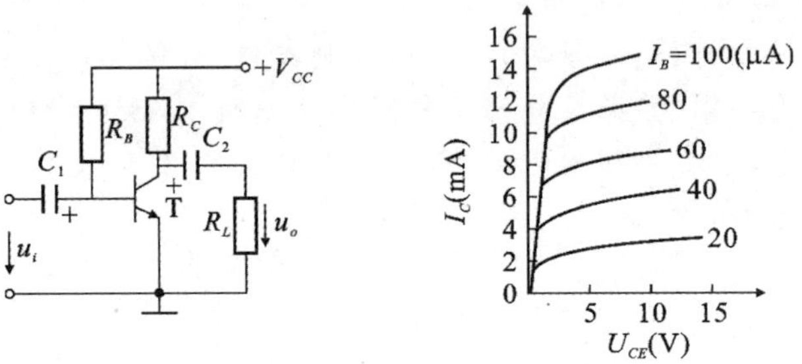

(*a*) (*b*)

图 7.52

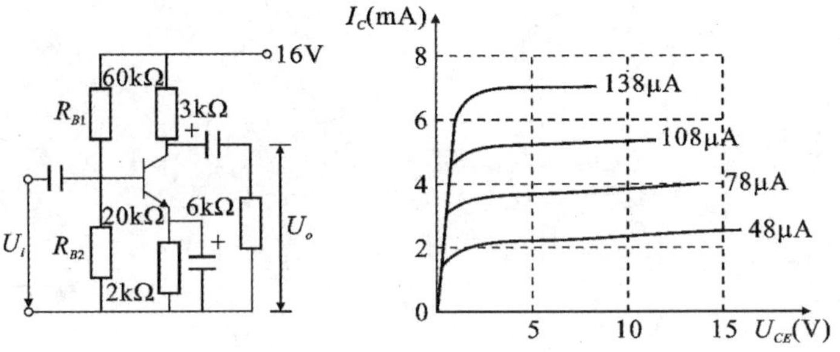

(*a*) (*b*)

图 7.53

电路可能输出电压最大不失真幅度。(4)此电路静态工作点设置得是否合理？如何进一步提高输出电压的最大不失真幅度？

7.17 图 7.54 所示电路能够输出一对幅度大致相等、相位相反的电压。试求各个输出端的输出电阻 R_{o1} 和 R_{o2} 的值(设三极管的 $\beta=100$，$r_{be}=1k\Omega$)。

7.18 射极输出器电路如图 7.55 所示。已知三极管的 $\beta=100$，$U_{BE}=0.7V$。试求：(1)静态工作电流 I_C；(2)电压放大倍数 A_u；(3)输入电阻和输出电阻。

7.19 图 7.56 为一两级直接耦合放大电路，已知经调节 R_{B1} 后的第二级静态输出电压 $U_o=3V$，图中三极管 $U_{BE}=0.7V$，$\beta_1=40$，$\beta_2=20$。试求：(1)当 $u_i=0$(短路)时，两级的静态工作点 I_{C1}、I_{C2}、U_{CE1} 及 U_{CE2}；(2)电压放大倍数 A_{u1}、A_{u2} 及 A_u；(3)偏流电阻 R_{B1} 的值。

7.20 图 7.57 为一复合跟随器电路(又称达林顿电路)，设三极管的 $\beta_1=\beta_2=50$，$r_{be1}=r_{be2}=1.2k\Omega$，试求：(1)输入电阻；(2)输出电阻。

7.21 图 7.58 为两级 NPN 与 PNP 管互补的直接放大电路，它由正、负两个电源供电，两管都工作在共射组态，能够得到合适的静态工作点和输出电平。已知 $\beta_1=\beta_2=100$，$r_{be1}=r_{be2}=4k\Omega$，试求：(1)电压放大倍数；(2)源电压放大倍数；(3)电路的输入电阻和输出电阻。

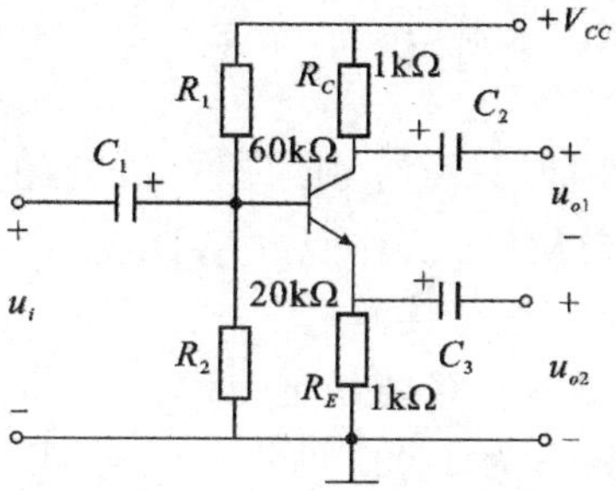

图 7.54

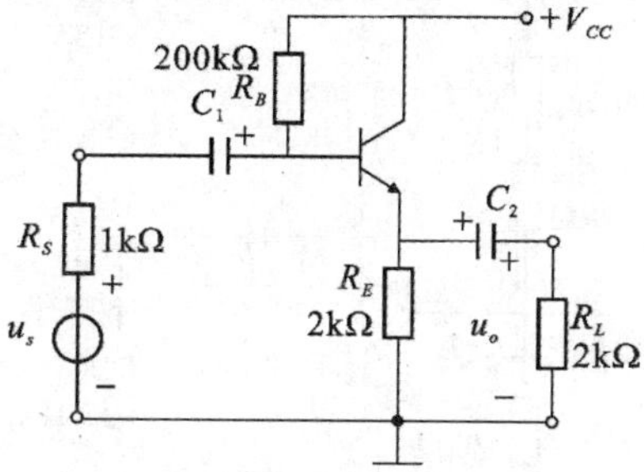

图 7.55

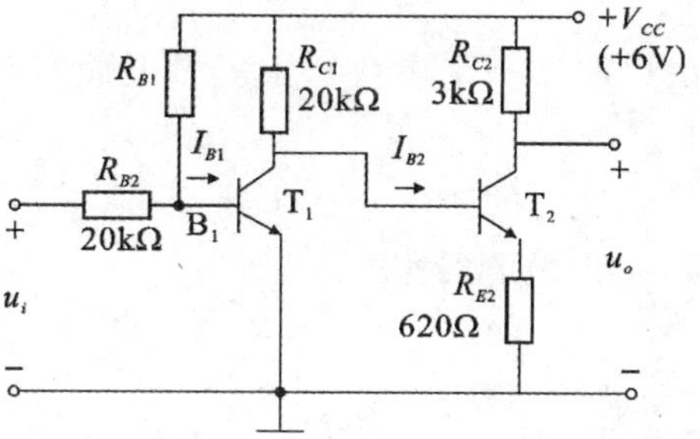

图 7.56

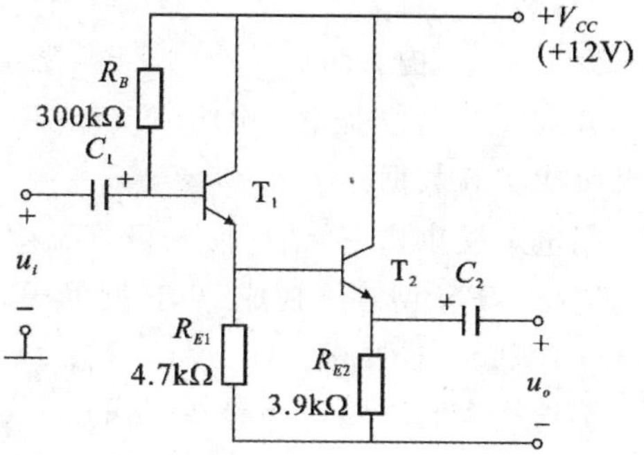

图 7.57

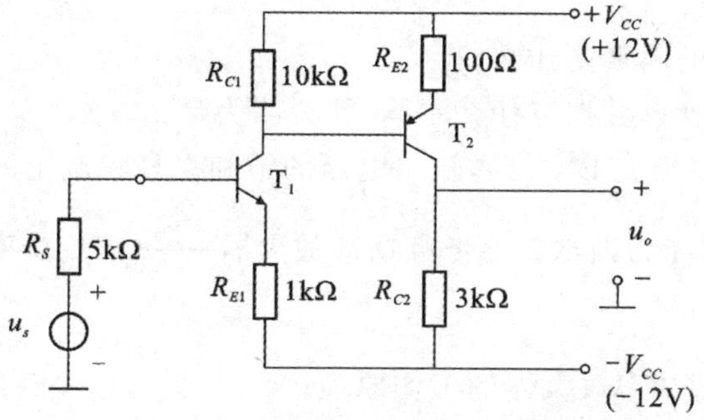

图 7.58

实践与能力训练一　分压偏置共发射极放大器

(1)实验目的

①了解工作点漂移的原因及稳定措施；

②熟练掌握静态工作点的测量与调整方法；

③了解小信号放大器的放大倍数、动态范围与静态工作点的关系。

(2)实验仪器设备

实验板 1 块、电阻(1kΩ 1 只、2kΩ 2 只、10kΩ 1 只、5.1kΩ 1 只)、电容(10μF 2 只、100μF 1 只)、三极管(3DG6)1 只、示波器 1 台、万用表 1 只、电流表 1 只、电位器(100kΩ)1 只。

(3)实验内容与步骤

①稳定静态工作点的原理。

实验测试电路如图 7.59。利用 R_{B1}、R_{B2} 的分压作用固定基极电压 U_B，按图 7.59 中的数值选择电阻和电源，接通电路后记录 U_B 的数值。

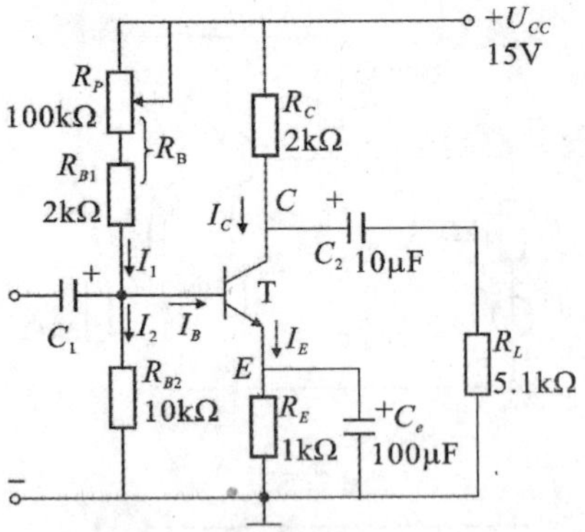

图 7.59

②通过 R_E 的作用，限制 I_C 的改变，使工作点保持稳定。

对静态工作点的测量，只要分别测出三极管的三个电极对地电位，便可求得静态工作点 I_{CQ}、U_{CEQ}、U_{BEQ} 的大小。或用电流表和电压表直接测量。

③改变电路参数，观察是否能稳定工作。

在电路输入端加频率为 1kHz 的正弦信号，用示波器观察输出波形的变化。增大输入信号，并调整静态工作点，使输出波形达到最大而不失真，计算电压放大倍数并记录。

分别改变电位器 R_P，电阻 R_C、R_E 和电源值（每次仅改变一个参数），重复做上面实验，并记录每次实验数据。

用电烙铁烘烤三极管，使三极管温度升高，观察 I_{CQ}、U_{CEQ}的变化。

④把 NPN 型管子换成 PNP 型管子，调整电源极性，再做上面实验。

(4)实验报告要求

①根据实验电路计算静态工作点，以便与实验数据进行比较。

②自己设计实验表格，填写实验数据。

(5)思考题

①静态工作点稳定的因素是什么？

②比较实验数据与计算数据有什么不同，并说明为什么。

③三极管由 NPN 型换成 PNP 型，输出电压的饱和失真和截止失真的波形是否相同？

实践与能力训练二　低频功率放大器——OTL 功率放大器

(1)实验目的

①进一步理解 OTL 功率放大器的工作原理；

②学会 OTL 电路的调试及主要性能指标的测试方法。

(2)实验仪器设备与器件

+5V 直流电源、函数信号发生器、双踪示波器、交流毫伏表、直流电压表、直流毫安表、频率计、晶体三极管 3DG6(9011)/3DG12(9013)/3CG12(9012)、晶体二极管 IN4007、8Ω 扬声器、电阻器、电容器若干。

(3)实验内容与步骤

按图 7.60 连接实验电路，将输入信号旋钮旋至零（$u_i=0$），在电源进线中串入直流毫安表，电位器 R_{W2}置最小值，R_{W1}置中间位置。接通+5V 电源，观察毫安表指示，同时用手触摸输出级管子，若电流过大，或管子温升显著，应立即断开电源检查原因（如 R_{W2}开路，电路自激，或输出管性能不好等），如无异常现象，可开始调试。

①调节输出端中点电位 V_1：调节电位器 R_{W1}，用直流电压表测量 1 点电位，使 $V_1=\frac{1}{2}V_C$。

②调整输出级静态电流及测试各级静态工作点：调节 R_{W2}，使 T_2、T_3 管的 $I_{C2}=I_{C3}=$ 5～10mA。从减小交越失真角度而言，应适当加大输出级静态电流，但该电流过大，会使效率

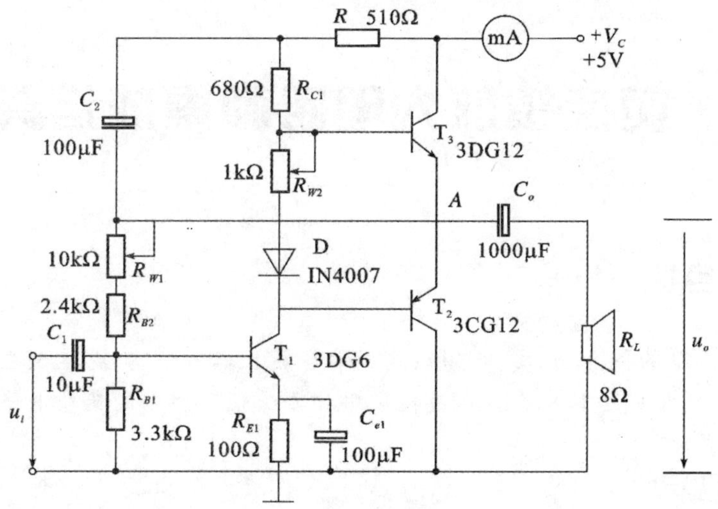

图 7.60　OTL 功率放大器实验电路图

降低，所以一般以 5～10mA 为宜。由于毫安表是串在电源进线中，因此测得的是整个放大器的电流，但一般 T_1 的集电极电流 I_{C1} 较小，从而可以把测得的总电流近似当作末级的静态电流。如要准确得到末级静态电流，则可从总电流中减去 I_{C1} 之值。

调整输出级静态电流的另一方法是动态调试法。先使 $R_{W2}=0$，在输入端接入 $f=1$kHz 的正弦信号。逐渐加大输入信号的幅值，此时，输出波形应出现较严重的交越失真(注意：没有饱和与截止失真)，然后缓慢增大 R_{W2}，当交越失真刚好消失时，停止调节 R_{W2}，恢复 $u_i=0$，此时直流毫安表读数即为输出级静态电流。一般数值也应为 5～10mA，如过大，则要检查电路。

输出级电流调好以后，测量各级静态工作点，记入表 7.2。

表 7.2　数据表

	T_1	T_2	T_3
U_B(V)			
U_C(V)			
U_E(V)			

③测量 P_{om}：输入端接 $f=1$kHz 的正弦信号 u_i，输出端用示波器观察输出电压 u_o 波形。逐渐增大 u_i，使输出电压达到最大不失真输出，用交流毫伏表测出负载 R_L 上的电压 U_o，则 $P_{om}=\frac{U_o^2}{R_L}$。

④测量 η：当输出电压为最大不失真输出时，读出直流毫安表中的电流值，此电流即为直流电源供给的平均电流 I_{DC}(有一定误差)，由此可近似求得 $P_{DC}=V_C I_{DC}$，再根据上面测得的 P_{om}，即可求出：$\eta=\frac{P_o}{P_{DC}}=\frac{\pi}{4}\frac{U_{om}{}^2}{V_C{}^2}$。

(4)实验报告要求

①整理实验数据，计算静态工作点、最大不失真输出功率 P_{om}、效率 η 等，并与理论值进行比较；

②分析自举电路的作用；

③讨论实验中发生的问题及解决办法。

单元 8　负反馈放大电路和集成运算放大器

知识目标

负反馈放大电路的概念、分类和作用；集成运算放大器的结构、特点及主要参数；理想运算放大器的分析方法；集成运算放大器在线性应用和非线性应用中的典型电路。

技能目标

了解负反馈的概念；掌握理想运算放大器的基本分析方法；掌握集成运算放大器主要线性应用和非线性应用电路。

8.1　负反馈放大电路

8.1.1　反馈的基本概念

在放大电路正常工作时，将放大电路输出量的一部分或者全部，通过特定的电路送回到放大电路的输入回路来，以改变放大电路的某些性能，这种方法称为反馈。

如图 8.1 所示，放大电路可看做由基本放大电路和反馈电路组成。若反馈信号削弱了原输入信号，则称这种反馈为负反馈；若反馈信号增强了原输入信号，则称这种反馈为正反馈。

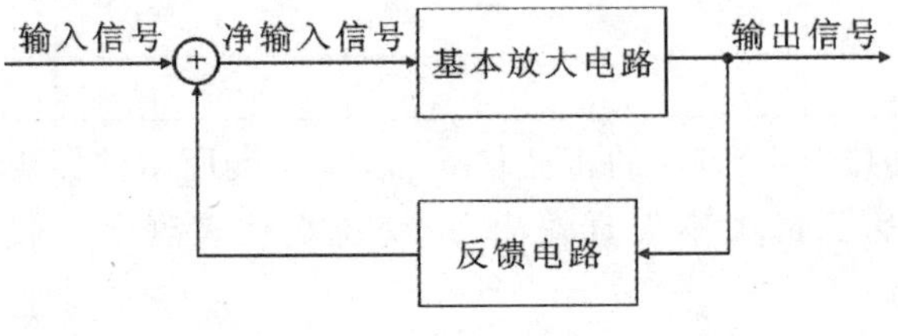

图 8.1　反馈放大电路的方框图

负反馈在放大电路中具有重要的作用。根据反馈信号的形态，可以分为电压负反馈和电流负反馈；根据反馈信号与输入信号的叠加方式，可以分为串联负反馈和并联负反馈。故负反馈可分为电压串联负反馈、电压并联负反馈、电流串联负反馈、电流并联负反馈四种组态，如图 8.2 所示。

8.1.2　负反馈的作用

在放大电路中引入负反馈后，会对放大电路的性能产生很大影响，放大电路的性能会得到较大改善。

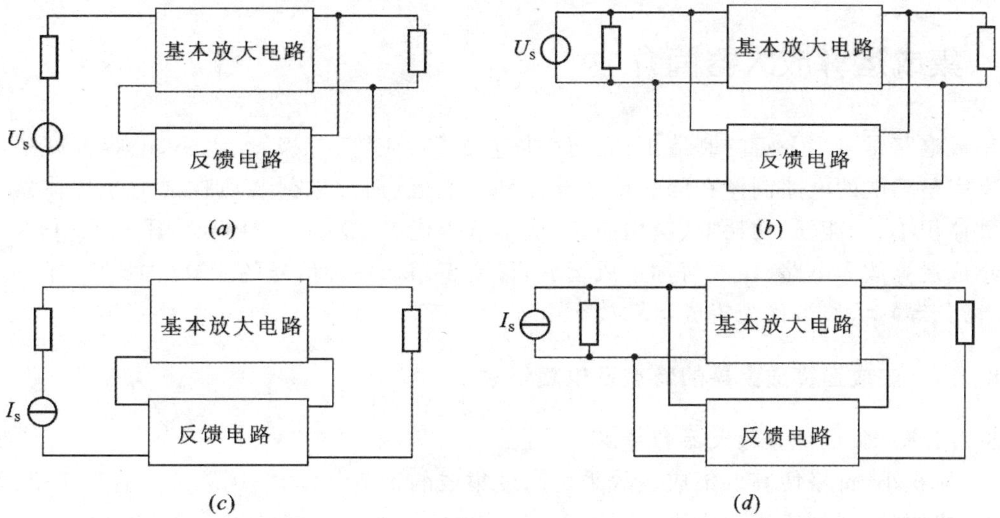

图 8.2　负反馈的四种组态

(a)电压串联负反馈电路；(b)电压并联负反馈电路；(c)电流串联负反馈电路；(d)电流并联负反馈电路

(1)降低放大倍数

因电路中引入了负反馈，使真正加载到放大电路的信号被削弱，从而使得输出电压下降，电压放大倍数也下降。

(2)稳定放大倍数

放大电路因环境温度变化、电源电压变化等各种原因，其电压放大倍数 A_u 会发生变化，使电压放大倍数不稳定。加入负反馈后，由于上述各种原因引起的电压放大倍数的变化就比较小，即放大倍数比较稳定。

若电路中因某种原因，造成晶体管的电流放大系数 β 下降，引起放大电路的电压放大倍数 A_u 下降，则反馈电压 U_f 也下降，使净输入电压 U_{be} 增加，引起输出电压 U_o 增加，从而使得电路的电压放大倍数 A_u 变化不大。

$$\beta\downarrow \longrightarrow U_o\downarrow$$

$$\beta\downarrow \longrightarrow U_f\downarrow \rightarrow U_{be}\uparrow \rightarrow U_o\uparrow$$

（电压放大倍数变化不大）

(3)改善波形失真

放大电路由于工作点选择不合适，或者输入信号过大，都会引起信号波形的失真。若在放大电路中引入了负反馈，可将失真后的信号引回输入端，使净输入信号发生某种程度的改变，从而使得输出信号的失真减小。

(4)对放大电路输入电阻、输出电阻的影响

因引入了负反馈电路，放大电路的输入电阻和输出电阻会发生改变。串联负反馈会使输入电阻增大，并联负反馈会使输入电阻减小；电压负反馈会使输出电阻减小，电流负反馈会使输出电阻增大。

8.2 集成运算放大器简介

集成电路是采用一定的制造工艺，将晶体管、场效应管、二极管、电阻、电容等许多元件组成具有完整功能的电路制作在同一块半导体基片上，然后加以封装所构成的半导体器件。具有元件体积小、功能强、功耗低、应用简单、成本低等优点，被广泛应用在电子技术中。

集成运算放大电路(以下简称集成运放)最初多用于各种信号的运算(如比例、求和、求差、积分、微分等)上，故被称为集成运算放大电器。

8.2.1 集成运算放大器的特点及电路组成

8.2.1.1 集成运算放大器的特点

(1)体积小，价格便宜。集成运放采用高度集成的工艺制作，一块芯片上有上千个元件，体积小，价格便宜，得到广泛的应用。

(2)放大倍数高。集成运放内部采用多级放大电路，使电路具有很高的电压放大倍数(可达到 10^5 倍)。

(3)抗干扰能力强。集成运放能减小干扰信号对放大电路的影响。

8.2.1.2 集成运算放大器的电路组成

集成运放实质是一个具有很高放大倍数、直接耦合的多级放大电路。实际的集成运放有许多不同的型号，其电路组成也各不相同，但大体都可分为输入级、中间级、输出级和用于改善电路参数的偏置电路四个部分。

输入级一般采用差分放大电路，目的是减小放大电路的零点漂移、提高输入阻抗、减小干扰对电路的影响；中间级的主要作用是放大电压，使集成运放有足够高的电压放大倍数；输出级一般采用输出阻抗低的射极输出器，以增强集成运放的带负载能力，同时提高输出功率。

8.2.1.3 差分放大电路

集成运放电路的输入级一般采用具有双端输入的差分放大电路，这个放大电路具有较高的输入电阻，同时对干扰信号具有很强的抑制能力。

(1)电路的组成和抵制零点漂移原理

零点漂移指当放大电路输入信号为零(即没有交流电输入)时，由于受温度变化、电源电压不稳等因素的影响，静态工作点发生变化，并被逐级放大和传输，导致电路输出端电压偏离原固定值而上下漂动的现象。具有抑制零点漂移作用的双端输入差分放大电路如图 8.3 所示。

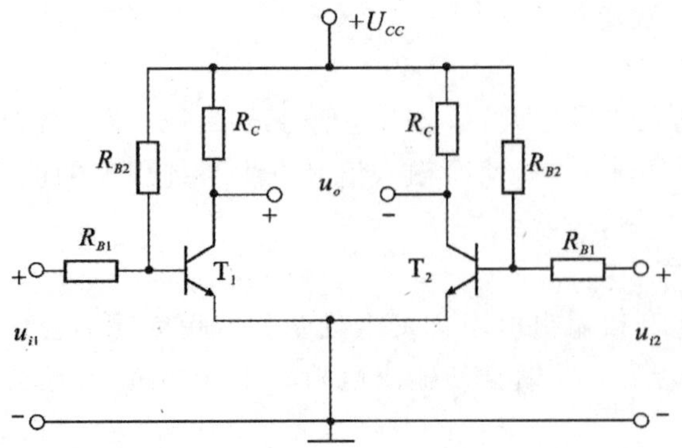

图 8.3 基本差分放大电路

差分放大电路由两个结构相同、参数相同的晶体管组合在一起。信号电压由两管基极输入，输出电压为两管集电极电压之差。电路处于静态时，两个输入端的输入信号为 0，则两管集电极电位相等，故输出电压 $u_o=\Delta u_{c1}-\Delta u_{c2}=0$。当温度变化时，虽然两个三极管的集电极电位都发生了变化，但这个变化是一样的，因此，输出电压没有变化，即零点漂移被抑制。

(2)差模输入和差模电压放大倍数

从差分放大电路的两个输入端输入的信号，大小相等，极性相反，即 $u_{i1}=-u_{i2}$，称为差模输入电压，用 u_{id} 表示。若设 $u_{i1}>0$，$u_{i2}<0$，则 u_{i1} 使得晶体管 T_1 的集电极电流增大，集电极电位降低了 Δu_{c1}，u_{i2} 使得晶体管 T_2 的集电极电流减小，集电极电位增高了 Δu_{c2}。若两个单管放大电路的电压放大倍数为 A_{u1}，差模放大倍数为 A_d，则：

$$\Delta u_{c1}=\frac{1}{2}A_{u1}\Delta u_{id},\quad \Delta u_{c2}=-\frac{1}{2}A_{u1}\Delta u_{id}$$

放大电路输出电压的变化量为：

$$\Delta u_o=\Delta u_{c1}-\Delta u_{c2}=A_{u1}\Delta u_{id}$$

则差分放大电路的差模放大倍数为：

$$A_d=\frac{\Delta u_o}{\Delta u_{id}} \tag{8.1}$$

由式(8.1)可知，差分放大电路在差模输入方式下，其电压放大倍数和单管电压放大电路的电压放大倍数大小是一样的。

(3)共模输入和共模抑制比

加载差分放大电路的两个输入信号电压大小相等，且极性相同，即 $u_{i1}=u_{i2}$，称为共模输入电压，用 u_{ic} 表示。在共模输入方式下，共模电压放大倍数用 A_c 表示。因共模信号对两个晶体管的影响是一样的，故两个晶体管的集电极电位一直保持一致，从两个晶体管集电极取出的输出电压仍为零，故差分放大电路对共模信号有较强的抑制能力。而一般的干扰多为共模信号，故也可以说，差分放大电路具有较强的抗干扰能力。

对差分放大电路而言，对差模信号的电压放大倍数越大越好，对共模信号的电压放大倍数则越小越好。为表示差分放大电路对差模信号的放大能力和对共模信号的抑制能力，常用共模抑制比 K_{CMR} 来表示，即：

$$K_{CMR}=20\lg\left|\frac{A_d}{A_c}\right|\ (\text{dB}) \tag{8.2}$$

共模抑制比说明了差分放大电路对零点漂移抑制的能力。K_{CMR} 越大，则集成运放对零点漂移的抑制能力越强。

8.2.2　集成运算放大器的主要参数

8.2.2.1　集成运放的符号

集成运算放大器的符号如图 8.4(*a*)所示，图 8.4(*b*)为常见集成运算放大器外形图，双排扁平封装双运放，型号如 CB555。

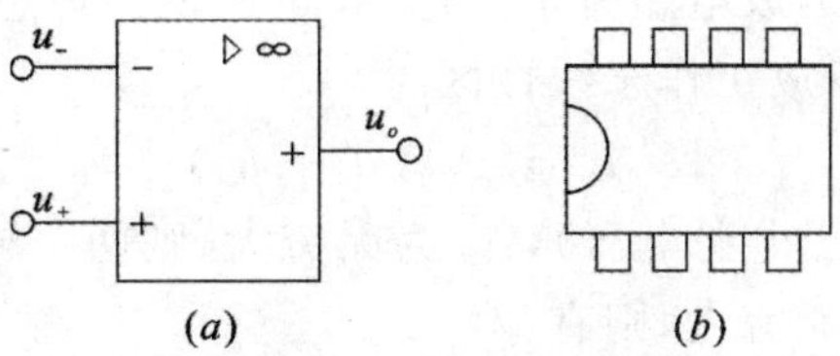

图 8.4　集成运算放大器的符号和外形图

(a)集成运算放大器的符号；(b)常见集成运算放大器外形图

8.2.2.2　集成运放的主要参数

(1)开环电压放大倍数 A_{u0}

开环电压放大倍数指集成运放在没有外接反馈电路时，输出电压和输入电压的比值。这个值越大，精度越高。

(2)共模抑制比 K_{CMR}

共模抑制比表示集成运放的差模电压放大倍数 A_d 和共模电压放大倍数 A_c 的比值。

(3)开环输入电阻 r_i

开环输入电阻指集成运放在开环时，输入电压的变化与由它引起的输入电流变化之比。r_i 越大，表明由信号源引入的电流越小，精度越高。

(4)开环输出电阻 r_o

开环输出电阻指集成运放的输出级输出电阻，这个输出电阻越小，表明运放带负载的能力越强。高质量的运算放大器输出电阻可以小于 100Ω。

(5)输入失调电压 U_{io}

输入失调电压指当输入信号为零时，为保证输出端输出的电压为零，而在输入端所加的补偿电压。这个补偿值越小，集成运放的性能越好。

(6)最大输出电压 U_{opp}

最大输出电压指能使输出电压和输入电压失真不超过允许值时的最大输出电压，也可以用峰-峰值表示。这个电压不可能超过电源电压值。

8.2.2.3　集成运放的电压传输特性

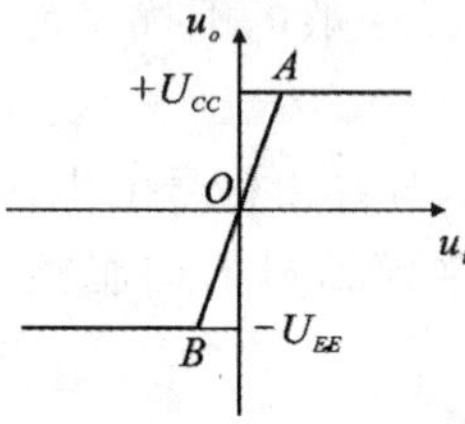

图 8.5　集成运放的电压传输特性曲线

表示输入电压和输出电压之间的关系曲线称为集成运放的电压传输特性曲线，如图 8.5 所示。它有三个运行区：A、B 两点间为线性运行区，当集成运放工作在线性运行区时，输出电压与输入电压成正比；A、B 点以外区域称为正、负饱和区，集成运放工作在饱和区时，输出电压不再与输入电压成正比。

8.2.3　理想运算放大器及其分析依据

把理想化的集成运放称为理想运放。其理想化条件是：

①共模抑制比 $K_{CMR}\to\infty$；

②差模输入电阻 $r_i\to\infty$；

③开环输出电阻 $r_o\to 0$；

④开环电压放大倍数 $A_{u0}\to\infty$。

在实际应用和分析集成运放电路时，可将实际运放视为理想运放，以简化分析。

根据上述条件，当理想运放工作于线性区时：

$$u_o = A_{u0}(u_+ - u_-)$$

而 u_o 为一有限值(不可能大于电源电压)，A_{u0} 为无穷大，则两个输入端输入的电压几乎相等。

再由于差模输入电阻为无穷大，则有：

$$u_+ \approx u_- \tag{8.3}$$

$$i_+ = i_- \approx 0 \tag{8.4}$$

可见，当理想运放工作于线性区时，同相输入端与反相输入端的电位相等，流进同相输入端和反相输入端的电流为 0。$u_+ \approx u_-$ 是指同相输入端和反相输入端两个电位点短路，但是由于没有电流，所以称为虚短路，简称虚短；而 $i_+ = i_- \approx 0$ 表示流入两个输入端的电路断开了，但是实际上没有断开，所以称为虚断路，简称虚断。

8.3　集成运算放大器的应用

8.3.1　集成运算放大器的线性应用

8.3.1.1　反相比例运算电路

反相比例运算放大电路又叫反相放大器，如图 8.6 所示。输入电压 u_i 经 R_1 加到集成运放的反相输入端，输出电压 u_o 经 R_F 反馈至反相输入端，形成深度的电压并联负反馈，集成运放工作在线性区。其同相输入端经 R_2 接地。

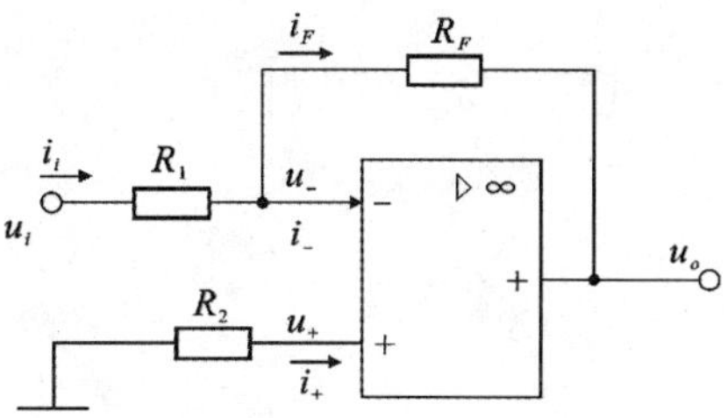

图 8.6　反相比例运算放大电路

因流过 R_2 的电流为零，其两端没有电压降，由“虚短”得：

$$u_+ \approx u_- = 0$$

由“虚断”得：

$$i_+ = i_- \approx 0$$

$$i_i = i_F$$

即：

$$\frac{u_i - u_-}{R_1} = \frac{u_- - u_o}{R_F}$$

整理后，得到：

$$u_o = -\frac{R_F}{R_1} u_i \tag{8.5}$$

由此可见，输出电压与输入电压的比例关系是 $-\frac{R_F}{R_1}$，因此，反相比例运算电路的电压放大倍数

$$A_f = \frac{u_o}{u_i} = -\frac{R_F}{R_1} \tag{8.6}$$

由式(8.6)可知，电压放大倍数只取决于电阻 R_F 和 R_1 之比，而与集成运放内部各参数无关。电压放大倍数为负值表明这是反相放大器。

电阻 R_2 为平衡电阻，是为了保证与集成运放输入级差动放大器输入端负载对称，使电路达到静态平衡。其值为 $R_2 = R_F // R_1$。

例 8.1　在图 8.6 中，已知 $R_F = 50\text{k}\Omega$，$R_1 = 10\text{k}\Omega$，求电压放大倍数 A_f。若输入电压 $u_i = 1\text{V}$，求输出电压 u_o。

解

$$A_f = -\frac{R_F}{R_1} = -\frac{50}{10} = -5$$

$$u_o = u_i \cdot A_f = -5 \times 1\text{V} = -5\text{V}$$

8.3.1.2 同相比例运算电路

如果输入信号从同相输入端引入，这种运算放大电路称为同相输入运算电路。

如图 8.7 所示，是同相比例运算放大电路。输入电压 u_i 经 R_2 加到集成运放的同相输入端，其反相输入端经 R_1 接地。输出电压 u_o 经 R_F 和 R_1 分压后，取 R_1 上的分压作为反馈信号加到集成运放的反相输入端，形成深度的电压串联负反馈。

R_2 为平衡电阻，其值为 $R_2 = R_F // R_1$。

由“虚短”和“虚断”可得：

$$i_i = i_F$$

即：

$$\frac{0 - u_-}{R_1} = \frac{u_- - u_o}{R_F}$$

因 $u_+ \approx u_- = u_i$，则

$$u_o = \left(1 + \frac{R_F}{R_1}\right) u_i \tag{8.7}$$

电压放大倍数

$$A_f = 1 + \frac{R_F}{R_1} \tag{8.8}$$

电压放大倍数只与电阻 R_F 和 R_1 有关。

若使电阻 $R_F = 0$ 或 $R_1 = \infty$(开路)，就得到如图 8.8 所示的电路。此电路的电压放大倍数 $A_f = 1$，表明 $u_o = u_i$，输出电压等于输入电压，把这个电路称为电压跟随器。

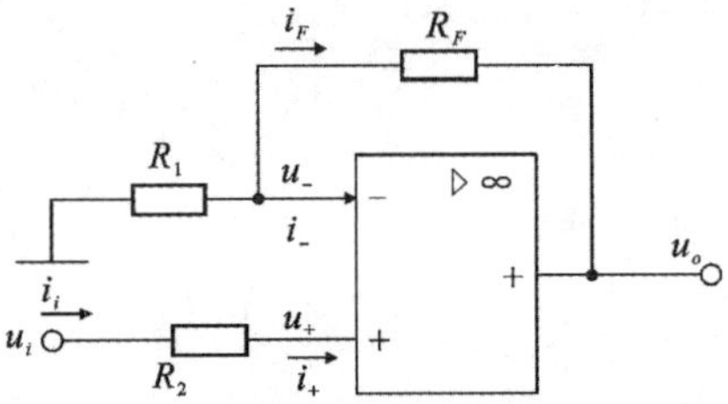

图 8.7 同相比例运算放大电路

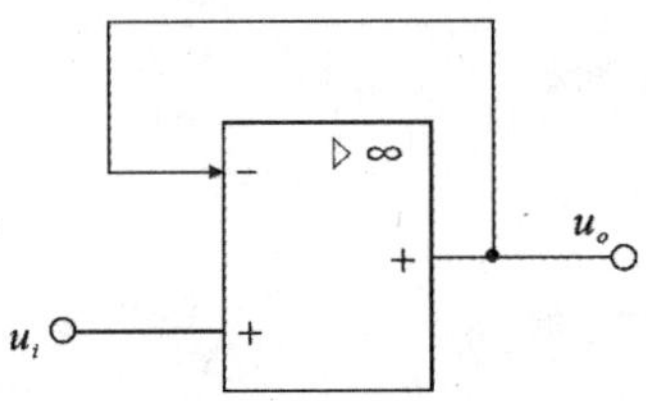

图 8.8 电压跟随器

8.3.1.3 加法运算电路

加法运算电路的功能是对若干输入信号求和。如图 8.9 所示，在反相比例运算电路的基础上，在反相输入端加三个输入信号 u_{i1}、u_{i2} 和 u_{i3}。同相输入端加一个电阻 R_4，用于保持输入电路的对称。$R_4 = R_1 // R_2 // R_3 // R_F$。

由 $u_+ \approx u_- = 0$，$i_+ = i_- \approx 0$，可得到：

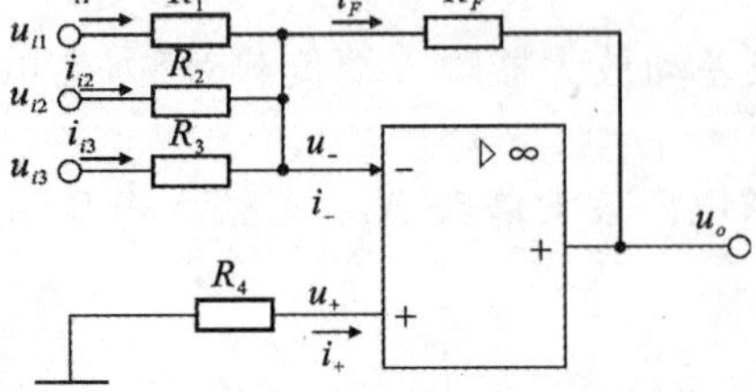

图 8.9 加法器

$$i_F = i_{i1} + i_{i2} + i_{i3} = \frac{u_{i1}}{R_1} + \frac{u_{i2}}{R_2} + \frac{u_{i3}}{R_3}$$

则有：

$$u_o = -i_F R_F = -(i_1 + i_2 + i_3) R_F$$

$$= -\left(\frac{R_F}{R_1} u_{i1} + \frac{R_F}{R_2} u_{i2} + \frac{R_F}{R_3} u_{i3}\right) \tag{8.9}$$

式中，若令 $R_1 = R_2 = R_3 = R$ 时，有：

$$u_o=-\frac{R_F}{R}(u_{i1}+u_{i2}+u_{i3})$$

若再令 $R_F=R$,则有：

$$u_o=-(u_{i1}+u_{i2}+u_{i3})$$

上式表明,输出电压等于各输入电压之和;负号表示输出电压与输入电压反相。

同相比例运算也可构成加法运算电路,如图 8.10 所示。该电路的输入与输出关系是：$u_o=\frac{R_F}{R_1}u_{i1}+\frac{R_F}{R_2}u_{i2}$,电路中 $R_F /\!/ R_3=R_1 /\!/ R_2$。

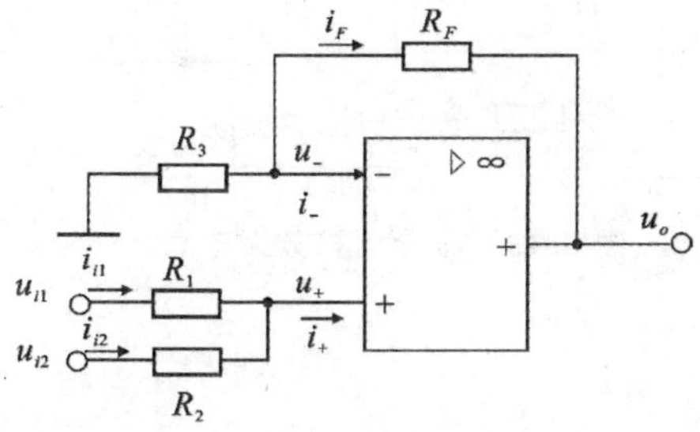

图 8.10　同相加法运算电路

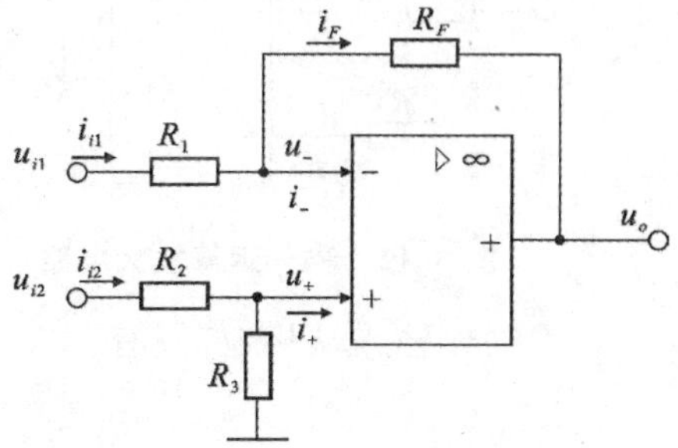

图 8.11　减法运算电路

8.3.1.4　减法运算电路

利用双端输入可以进行减法运算。如图 8.11 所示,电路所完成的功能是对反相输入端和同相输入端的输入信号进行比例减法运算。

根据集成运算放大器的“虚断”和“虚短”可知,$u_+\approx u_-$,$i_+=i_-\approx 0$,可得：

$$u_o=\left(1+\frac{R_F}{R_1}\right)\cdot\frac{R_3}{R_2+R_3}u_{i2}-\frac{R_F}{R_1}u_{i1} \tag{8.10}$$

对上式,若令 $R_1=R_2$,$R_F=R_3$ 时,则有：

$$u_o=\frac{R_F}{R_1}(u_{i2}-u_{i1})$$

再令 $R_F=R_1$,则：

$$u_o=u_{i2}-u_{i1}$$

可见,输出电压等于两个输入电压之差,实现了减法运算。

8.3.1.5　积分运算电路

积分运算电路是模拟计算机及积分型模数转换等电路的基本单元。它除能够实现积分运算外,还可以在充放电过程中实现延时、定时及各种波形的产生。

电容器通过电阻接通直流电压 U 时,电容会被充电,电容电压逐渐上升,但电容电压并不随时间线性增长。因为电容电压正比于电容充电电流对时间的积分,随着充电时间的增长,充电电流不断减小,输出电压呈指数规律上升。

如果采用集成运放组成的积分电路,就可以实现恒流充电,从而提高积分电压的线性度。如果能使电路的输出电压与电容两端的电压成正比,电路的输入电压与流过电容的电流成正比,则输出电压和输入电压即可成为积分运算关系。

在反相比例运算放大器中,流过反馈电阻的电流与输入电压成正比,若将反馈电阻换成电容,就形成一个基本的积分电路,如图 8.12 所示。这个电路的输出电压和输入电压的关系可以用下面的式子表示。

$$u_o=-\frac{1}{RC}\int u_i\mathrm{d}t \qquad (8.11)$$

8.3.1.6 微分运算电路

微分运算电路是积分运算电路的逆运算，输出电压与输入电压成微分关系。将积分运算电路的 R 和 C 互换位置，就组成了一个基本微分运算电路，如图 8.13 所示。

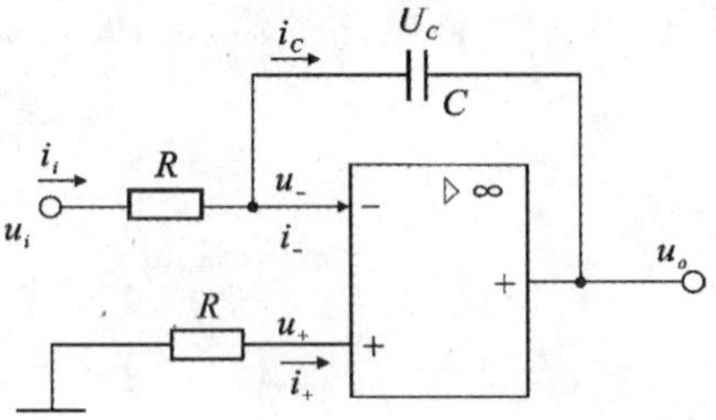

图 8.12 积分运算放大电路

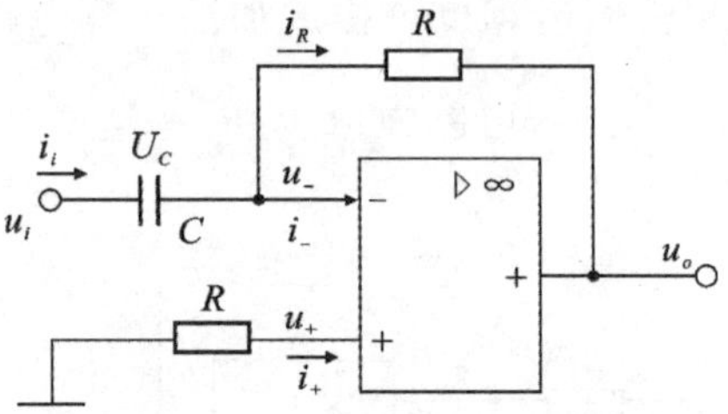

图 8.13 微分运算放大电路

因同相输入端接地，故有：

$$u_o=-i_RR=-RC\frac{\mathrm{d}u_i}{\mathrm{d}t} \qquad (8.12)$$

由上式可知，微分运算电路的输出电压和输入电压成微分关系。

8.3.2 集成运算放大器的非线性应用

电压比较器用于将输入电压与基准电压进行大小比较，并将比较结果以高电平或低电平的形式输出。这样，比较器输入的是连续变化的模拟信号，而输出的是数字电压波形。电压比较器经常应用在波形变换、信号发生、模/数转换等电路中。

当运算放大器工作于开环状态时，由于开环电压放大倍数很高，即使输入端有一个非常微小的差值信号，也会使集成运放达到饱和，所以运算放大器工作在非线性区。

图 8.14 是基本电压比较器的电路和电压传输特性。电路在反相输入端接入信号，在同相输入端加上参考电压 u_R。

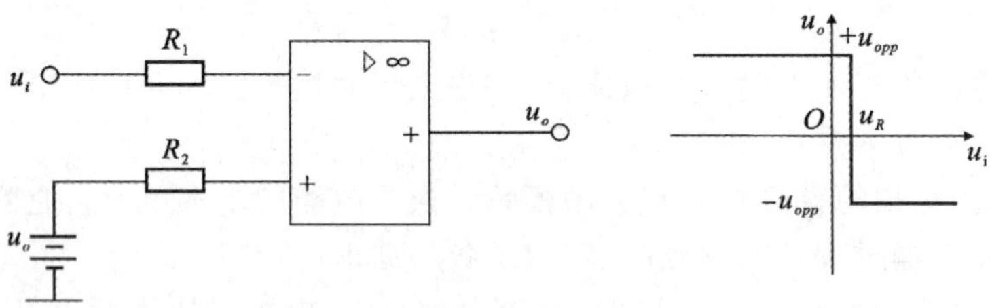

(a) (b)

图 8.14 电压比较器

(a)电路图；(b)电压传输特性

由理想集成运放的特点可知：

当输入电压 $u_i>u_R$ 时，$u_o=-u_{opp}$；

当输入电压 $u_i<u_R$ 时，$u_o=u_{opp}$。

如果把 R_2 左端接地，即参考电压为零时，输入信号与零电压进行电压比较，则电路称为过零比较器(图 8.15)。过零比较器能将输入的正弦波转换成矩形波，如图 8.16 所示。

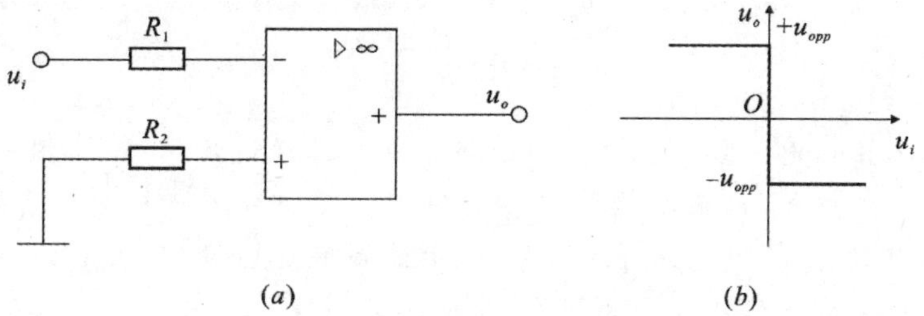

图 8.15　电压过零比较器

(a)电路图;(b)电压传输特性

基本电压比较器电路比较简单,当输入电压受干扰在基准电压值附近有波动时,将会引起输出电压的跳变,可能致使电路的执行电路产生误动作。并且,电路的灵敏度越高越容易产生跳变现象。为了提高电路的抗干扰能力,常常采用滞回电压比较器。

滞回电压比较器电路如图 8.17 所示,在电路中,引入一个正反馈。这样,作为基准电压的同相输入端电压不再固定,而是随输出电压而变,运放工作在非线性区。

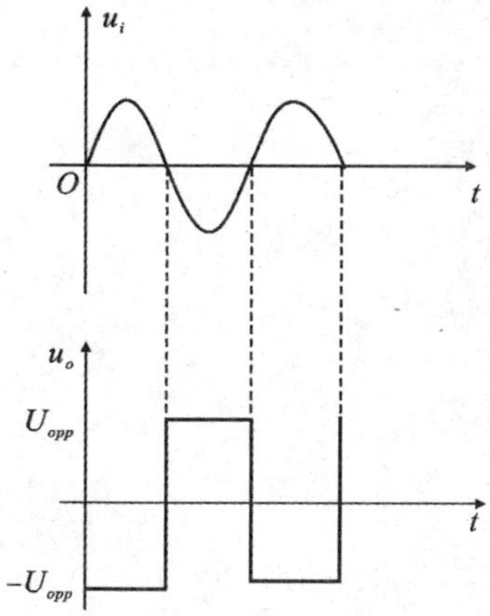

图 8.16　过零比较器波形图

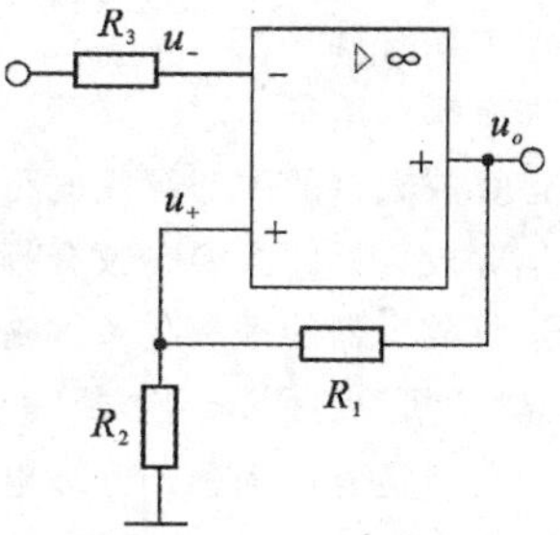

图 8.17　滞回电压比较器

显然,同相输入端电压:

$$u_+ = \frac{R_2}{R_1 + R_2} u_o$$

由于电路引入了正反馈,运放工作于非线性状态。稳态时,u_o 可以是高电平 U_{OH} 或低电平 U_{OL},故 u_+ 有相应的两个值。

$$u_{+1} = \frac{R_2}{R_1 + R_2} U_{OH} = U_{th1}$$

$$u_{+2} = \frac{R_2}{R_1 + R_2} U_{OL} = U_{th2}$$

设输出电平为正值,即为 U_{OH} 时,对应的阈值电压为 U_{th1}。当 u_i 由负值连续向正值增大到 U_{th1} 时,u_o 必将从 U_{OH} 向下跳变到 U_{OL},这时的阈值电压立即变成 U_{th2},避免了电路因灵敏问题而引起的误跳变。电路的电压传输特性如图 8.18 所示。

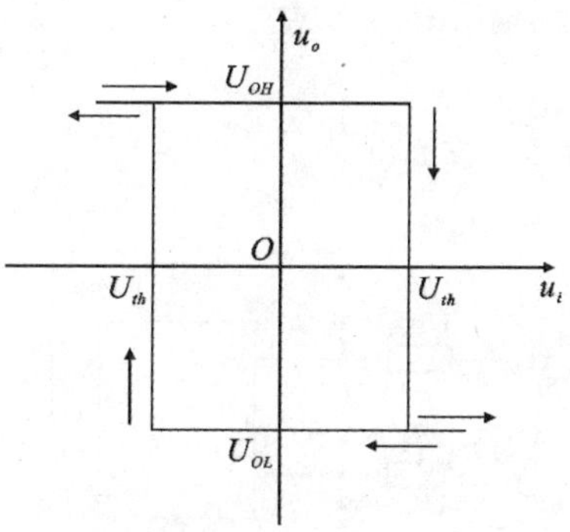

图 8.18　滞回电压比较器的电压传输特性

小　结

反馈是指把输出电压或输出电流的一部分或全部通过反馈网络，用一定的方式回送到放大电路的输入回路，以影响输入电量的过程。反馈分为正反馈和负反馈两种形式。负反馈有电压串联负反馈、电压并联负反馈、电流串联负反馈、电流并联负反馈四种组态。负反馈对放大电路的性能有重大的影响。

集成运算放大器是利用集成电路工艺制成的，具有高放大倍数的直接耦合放大器，它主要由输入级、中间级和输出级等部分组成。差分放大电路解决了放大电路的零点漂移问题，集成运算放大器的输入级都采用差分放大电路来组成。

在分析运算放大电路的各种应用电路时，常把运算放大电路理想化，即开环电压放大倍数无穷大、开环输入电阻无穷大、共模抑制比无穷大。

集成运算放大电路的主要应用可以分为线性应用和非线性应用两种。线性应用需要引入深度负反馈。在分析和计算理想运放的线性应用电路时，主要利用"虚短"和"虚断"两个特性。

思考题与习题

8.1　反馈的类型有哪些？

8.2　负反馈有哪些组态？

8.3　集成运算放大器的主要组成电路有哪些？

8.4　集成运算放大器的主要参数有哪些？各有什么特点？

8.5　集成运算放大器的理想化条件是什么？

8.6　什么是"虚短"？什么是"虚断"？

8.7　已知一集成运算放大器的开环电压放大倍数为 10^4，其最大输出电压为±12V，在开环状态下，当输入电压 $u_i=0$ 时，输出电压 $u_o=0$，试求：(1)输入电压等于±0.8mV 时，输出电压为多少？(2)输入电压等于±1.2mV 时，输出电压为多少？(3)输入电压等于±1.5mV 时，输出电压为多少？

8.8　在图 8.19 所示电路中，已知输入 $u_i=-1$V，运算放大电路开环电压放大倍数 $A_{UO}=10^5$，求输出电压 u_o 及运算放大电路的输入电压 u_{12} 各为多少？

8.9　如图 8.7 所示，已知 $R_1=10$kΩ，$R_F=50$kΩ，$u_i=60$mV，求 u_o、R_2。

8.10　如图 8.9 所示，已知 $R_1=10$kΩ，$R_2=20$kΩ，$R_3=30$kΩ，$R_F=60$kΩ，根据图 8.20 的输入电压图，画出输出电压图。

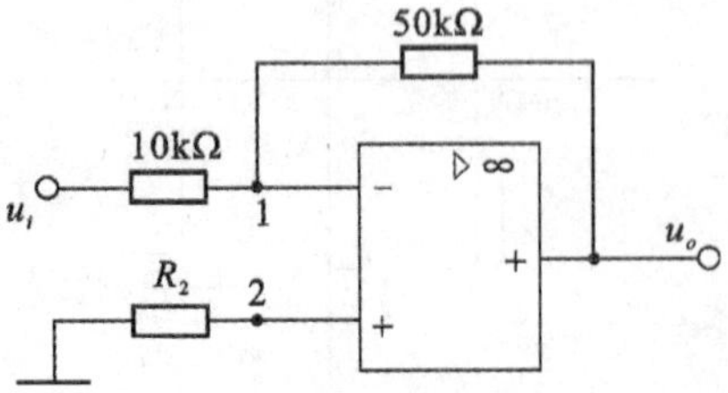

图 8.19

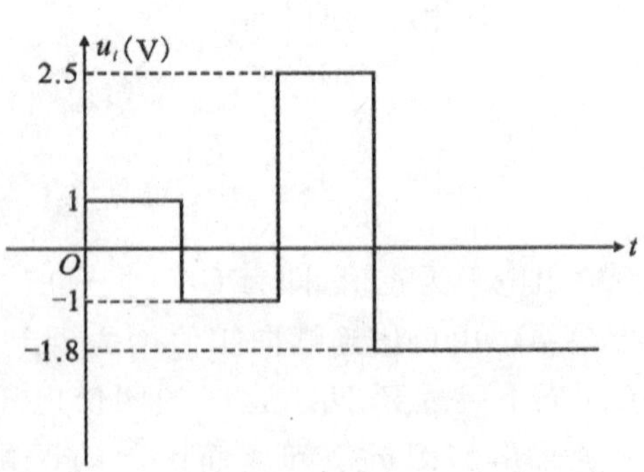

图 8.20

8.11　如图 8.10 所示，已知 $R_1=10\text{k}\Omega$，若 $u_o=u_{i1}+2u_{i2}$，求 R_2、R_3、R_F。

8.12　电路如图 8.21 所示，求电路放大倍数 A_f。

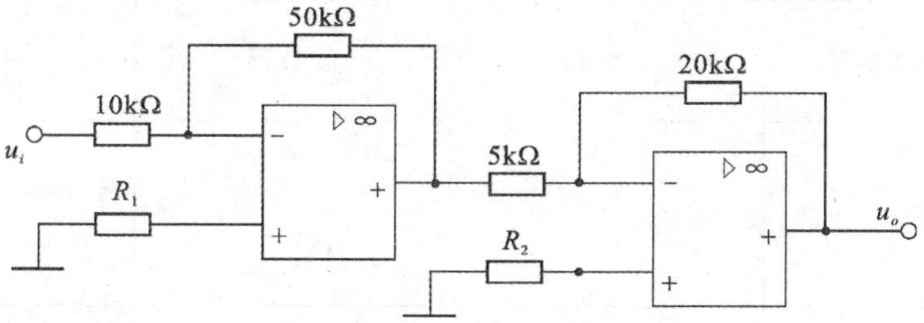

图 8.21

8.13　电路如图 8.22 所示，求电路放大倍数 A_f。

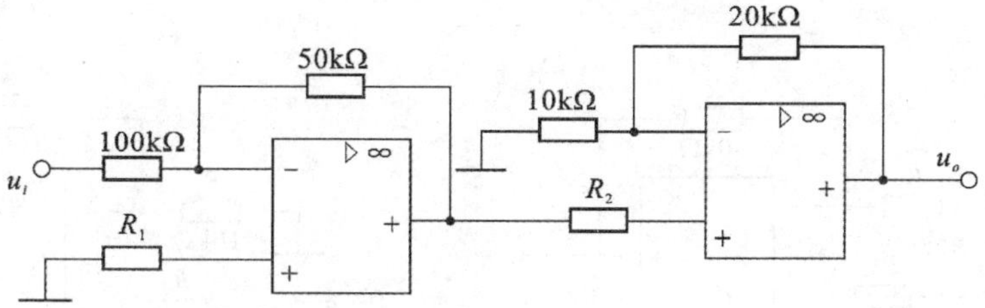

图 8.22

8.14　电路如图 8.23 所示，求电路放大倍数 A_f。

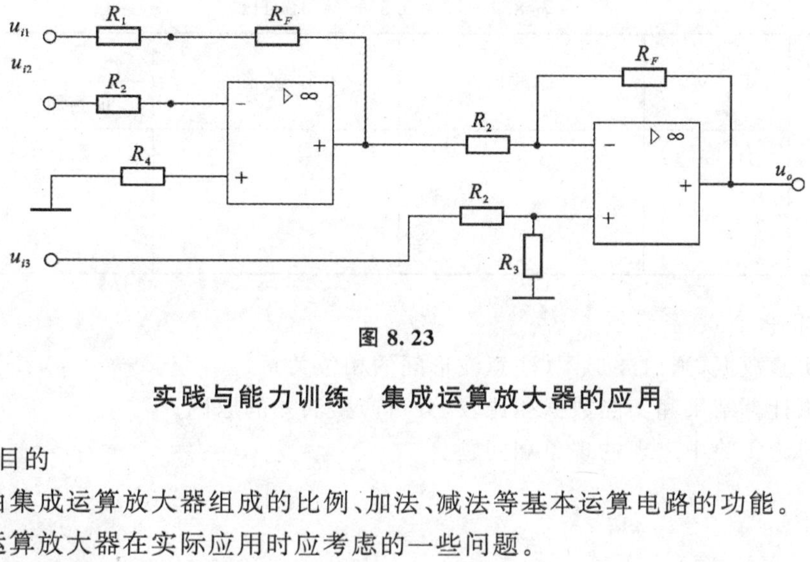

图 8.23

实践与能力训练　集成运算放大器的应用

(1)实验目的

①研究由集成运算放大器组成的比例、加法、减法等基本运算电路的功能。

②了解运算放大器在实际应用时应考虑的一些问题。

(2)实验仪器设备

±12V 直流电源一台，函数信号发生器一台，万用表一块，集成运算放大器 μA741 一片，电阻器、电容器若干。

(3)实验内容与步骤

①反相比例运算电路

a. 按图 8.24 连接实验电路，接通±12V 电源，输入端对地短路，进行调零和消振。

b. 输入 $f=100\text{Hz}$，$U_i=0.5\text{V}$ 的正弦交流信号，测量相应的 U_o，并用示波器观察 u_o 和 u_i

的相位关系，记入表 8.1。

表 8.1 $U_i=0.5V,f=100Hz$

$U_i(V)$	$U_o(V)$	u_i 波形	u_o 波形	A_u	
				实测值	计算值
0.5					

②同相比例运算电路

按图 8.25 连接实验电路。实验步骤与条件同内容①反相比例运算电路，将结果记入表 8.2。

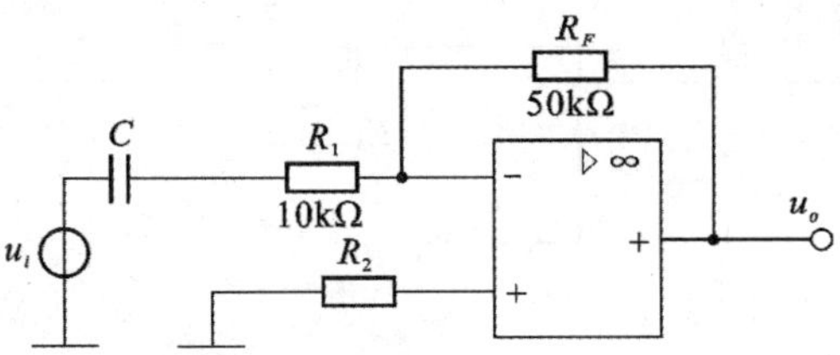

图 8.24

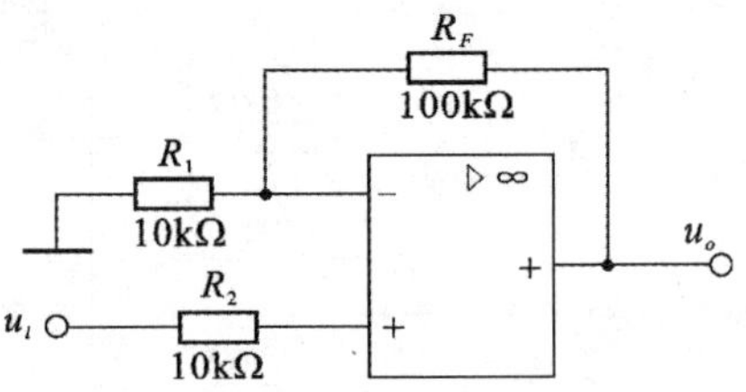

图 8.25

表 8.2 $U_i=0.5V,f=100Hz$

$U_i(V)$	$U_o(V)$	u_i 波形	u_o 波形	A_u	
				实测值	计算值
0.5					

(4)实验报告要求

①整理实验数据，画出波形图(注意波形间的相位关系)。

②将理论计算结果和实测数据相比较，分析产生误差的原因。

③分析讨论实验中出现的现象和问题。

单元 9　晶闸管及其应用

知识目标

晶闸管的基本结构、工作原理、伏安特性和主要参数；单相半波整流电路和单相全波整流电路的电路组成、工作原理、分析计算方法、元件的选用。

技能目标

具有对晶闸管应用电路进行分析计算和正确选择元器件的能力。

9.1　晶闸管

9.1.1　晶闸管的结构

晶闸管的外形如图 9.1 所示。它有三个引出极：阳极 A、阴极 K 和门极 G（又称控制极）。螺栓式晶闸管中，螺栓是阳极 A 的引出端，并利用它与散热器紧固；平板式晶闸管则由两个彼此绝缘的散热器把晶闸管夹紧在中间，由于两面都能散热，因而 200A 以上的晶闸管常采用平板式；小功率晶闸管采用塑封式，其上部的金属片用螺栓与散热片紧密接触，以利于散热。

晶闸管的内部结构由 PNPN 四层半导体构成，所以有三个 PN 结 J_1、J_2、J_3。阳极 A 从 P_1 层引出，阴极 K 由 N_2 层引出。普通晶闸管的内部结构和符号如图 9.2 所示。普通晶闸管的型号是 KP 型。

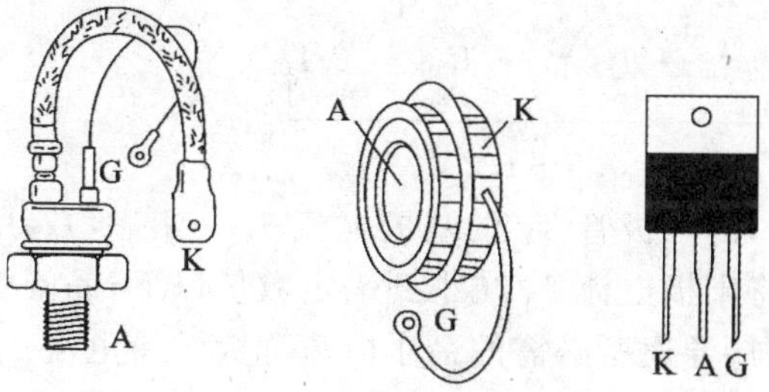

(a)　(b)　(c)

图 9.1　晶闸管的外形

(a)螺栓式；(b)平板式；(c)压膜塑封式

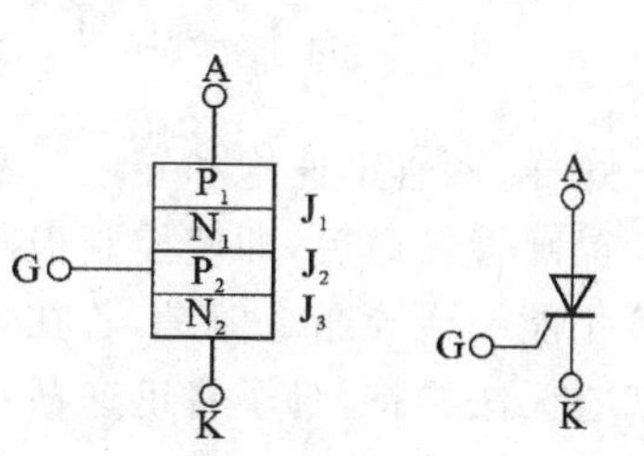

(a)　(b)

图 9.2　晶闸管的内部结构和符号

(a)内部结构；(b)符号

9.1.2　晶闸管的工作原理

晶闸管的工作原理可通过图 9.3 所示电路进行晶闸管的导通关断实验来说明。主电路的 U_{AK} 通过双刀双掷开关 S_1 与灯泡 H_L 串联，接到晶闸管阳、阴极上，形成主电路。晶闸管阳、阴两极间的电压称阳极电压，流过晶闸管阳极的电流称为阳极电流。门极电源 U_{GK} 经双刀双掷开关 S_2 加到门极与阴极之间，形成触发电路（控制电路），门极与阴极间的电压称为门极电压，流过门极的电流称为门极电流。实验结果如下：

①晶闸管在反向阳极电压作用下，无论门极为何种电压，它都处于关断状态；

②晶闸管同时在正向阳极电压与正向门极电压作用下，才能导通；

③已经导通的晶闸管在正向阳极电压作用下，门极将失去控制作用；

④晶闸管在导通状态下，当阳极电流减小接近于零时，晶闸管关断。

以上结论说明，晶闸管像二极管一样，具有单向导电性，晶闸管电流只能从阳极流向阴极。若加反向阳极电压，晶闸管处于反向阻断状态，只有很小的反向电流。但晶闸管与二极管不同，它还具有正向导通的可控性。当仅加上正向阳极电压时，元件还不能导通，这时处于正向阻断状态；只有同时还加上正向门极电压并形成足够的门极电流时，晶闸管才能正向导通；而且一旦导通后，撤去门极电压，导通状态仍能维持。

晶闸管之所以具有上述特性，是由其内部结构决定的。晶闸管可以等效看成由 NPN 型和 PNP 型两只晶体管组成。如图 9.4 所示。每只管子的基极都与另一只管子的集电极相连。

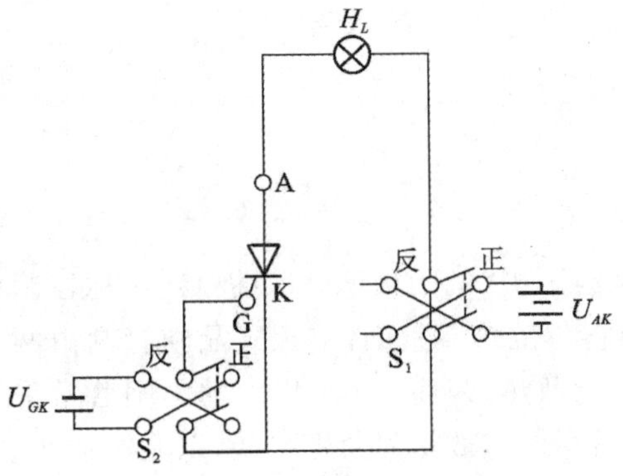

图 9.3 晶闸管导通关断实验电路

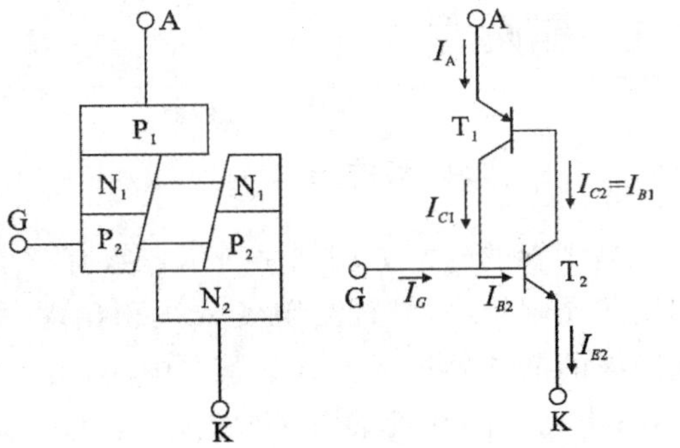

图 9.4 晶闸管等效电路

当晶闸管加上正向阳极电压时，一旦有门极电流注入，将形成强烈的正反馈，反馈过程如下：

$$I_G\uparrow \rightarrow I_{B2}\uparrow \rightarrow I_{C2}(=\beta_2 I_{B2})\uparrow \rightarrow I_{B1}\uparrow \rightarrow I_{C1}(=\beta_1 I_{B1})\uparrow$$

这样，两管迅速饱和导通。晶闸管导通后，$U_{AK}=0.6\sim1.2\text{V}$。

晶闸管导通后，即使控制极与外电路断开，因三极管 T_2 的基极电流 $I_{B2}=I_{C1}\approx I_A$，所以晶闸管仍能维持导通。但是，若在导通过程中，将阳极电流 I_A 减小到一定数值以下，晶闸管的导通状态无法维持，管子将迅速截止。晶闸管维持导通所必需的最小电流称为维持电流 I_H。

9.1.3 晶闸管的主要参数

要正确使用晶闸管，不仅需要了解晶闸管的工作原理及工作特性，更重要的是要了解晶闸管的主要参数的含义，现就经常提到的阳极主要参数介绍如下：

(1)额定电压 U_{Tn}

当门极断开，元件处在额定结温时，所测定的正向不重复峰值电压 U_{DSM}、反向不重复峰值电压 U_{RSM} 各乘 0.9 所得的数值，分别称为元件的正向阻断重复峰值电压 U_{DRM} 和反向阻断重

复峰值电压 U_{RRM}。至于正反向不重复的峰值电压和相应的转折电压 U_{BO} 与击穿电压 U_{RO} 的差值，一般由晶闸管生产厂家自定。

所谓元件的额定电压 U_{Tn}，是指 U_{DRM} 和 U_{RRM} 中的较小值，再取相应标准电压等级中偏小的电压值。例如，晶闸管实测 $U_{DRM}=736V$，$U_{RRM}=820V$，取两者其中偏小的数值 736V，按标准电压等级只能取 700V 作为晶闸管的额定电压，700V 即 7 级。

若晶闸管额定电压的瞬时值超过反向击穿电压，就会造成元件永久性损坏；若超过正向转折电压，元件就会误导通。同时元件的耐压性能还会随着结温升高或散热条件恶化而下降，因此，晶闸管的额定电压应为元件在工作电路中可能承受到的最大瞬时值电压的 2～3 倍较安全，即：

$$U_{Tn} = (2 \sim 3)U_{TM}$$

(2)额定电流 $I_{T(AV)}$

在室温为 40℃和规定的冷却条件下，元件在电阻性负载的单相工频正弦半波、导通角不小于 170°的电路中，当结温不超过额定结温且稳定时所允许的最大通态平均电流，称为额定通态平均电流 $I_{T(AV)}$。将此电流按晶闸管标准系列取相应的电流等级，称为元件的额定电流。

由于晶闸管的额定电流以工作波形的平均值定义，而选管时根据有效值相等的原则，这样在选择晶闸管的额定电流时，需要做电流波形的平均值与有效值的换算。对于定义中的正弦半波电流波形，设电流最大值为 I_m，则电流平均值 $I_{T(AV)}$、电流有效值 I_T 分别为：

$$I_{T(AV)} = \frac{1}{2\pi}\int_0^{\pi} I_m \sin\omega t \mathrm{d}(\omega t) = \frac{I_m}{\pi} \tag{9.1}$$

$$I_T = \sqrt{\frac{1}{2\pi}\int_0^{\pi} (I_m \sin\omega t)^2 \mathrm{d}(\omega t)} = \frac{I_m}{2} \tag{9.2}$$

由式(9.1)、式(9.2)可得：

$$I_T = \frac{\pi}{2} I_{T(AV)} = 1.57 I_{T(AV)} \tag{9.3}$$

例如，对于一只额定电流 $I_{T(AV)}=100A$ 的晶闸管，按式(9.3)可知其允许的电流有效值应为 157A。因此按照实际电流波形计算其有效值后，再除以 1.57 作为选择晶闸管的额定电流的依据。考虑到实际装置的散热条件和可能的过载现象，应留有 1.5～2 倍的裕度。

(3)通态平均电压(管压降)$U_{T(AV)}$

当元件流过正弦半波的额定电流平均值和稳定的额定结温时，元件阳极与阴极之间电压降的一周平均值称为管压降 $U_{T(AV)}$。管压降越小，表明元件耗散功率越小，管子质量越好。

以上三个阳极主要参数是选购晶闸管的主要技术数据。按标准，普通晶闸管型号命名含义如下：

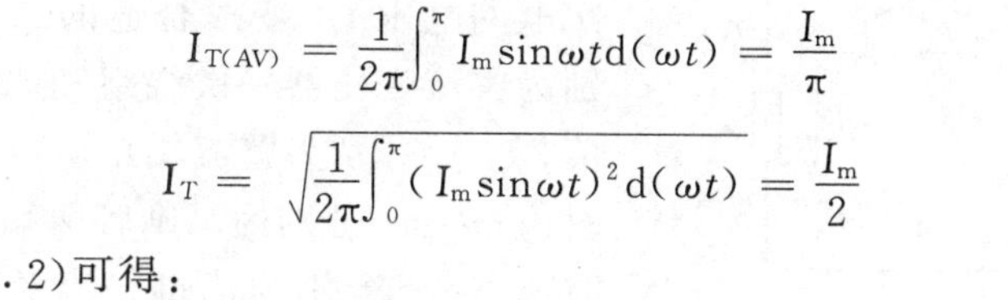

例如，KP200—5E，表示该元件是额定电流为 200A，额定电压为 500V，管压降为 0.7～0.8V 的普通晶闸管。

(4)其他参数

维持电流 I_H:在室温和门极断开时,元件从较大的通态电流降至刚好能保持元件导通所必需的最小通态电流称维持电流 I_H。

擎住电流 I_L:晶闸管加上触发电压就导通,去除触发电压,要使管子仍然维持导通,所需要的最小阳极电流称为擎住电流 I_L。

对同一个管子来说,通常擎住电流 I_L 比维持电流 I_H 大数倍。

9.2 整流电路

9.2.1 单相半波可控整流电路

9.2.1.1 电阻性负载

电炉、电焊及白炽灯等均属于电阻性负载。电阻性负载的特点是:负载两端电压波形和流过的电流波形相似,其电流、电压均允许突变。

图 9.5(*a*)为单相半波电阻性负载可控整流电路,由晶闸管 VT、负载电阻 R_d 及单相整流变压器 Tr 组成。后者用来变换电压,使不合适的一次电网电压 U_1 变成合适的二次电压 U_2。u_1、u_2 分别为整流变压器一次绕组和二次绕组正弦电压瞬时值;u_d、i_d 分别为整流输出电压瞬时值和负载电流瞬时值;u_T、i_T 分别为晶闸管两端电压瞬时值和电流瞬时值;i_1、i_2 分别为流过整流变压器一次绕组和二次绕组电流的瞬时值。

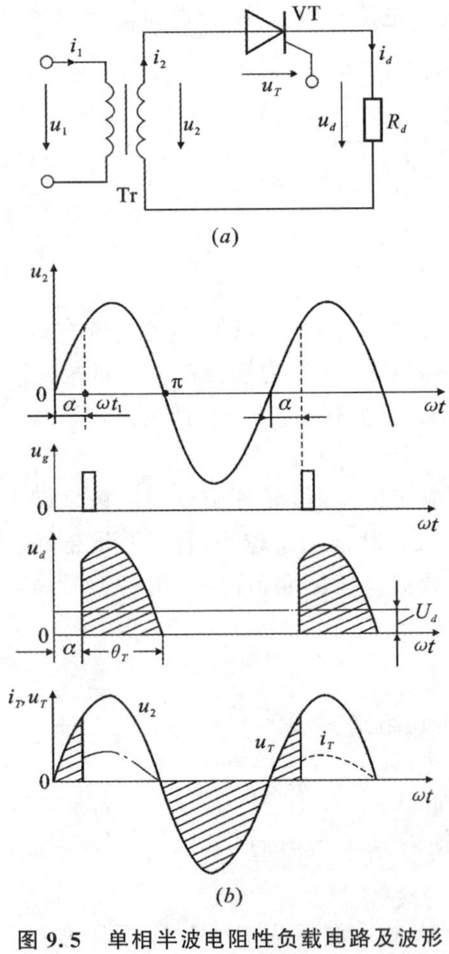

图 9.5 单相半波电阻性负载电路及波形

(*a*)电路;(*b*)波形

交流电压 u_2,通过 R_d 施加到晶闸管的阳极和阴极两端,在 0～π 区间的 ωt_1 之前,晶闸管虽然承受正向电压,但因触发电路尚未向门极送出触发脉冲,所以晶闸管仍保持阻断状态,无直流电压输出。

在 ωt_1 时刻,触发电路向门极送出触发脉冲 u_g,晶闸管被导通。若管压降忽略不计,则负载电阻 R_d 两端的电压波形 u_d 就是变压器二次电压 u_2 的波形,流过负载的电流 i_d 波形与 u_d 相似。由于二次绕组、晶闸管以及负载电阻是串联的,故 i_d 波形也就是 i_T 及 i_2 的波形,如图 9.5(*b*)所示。

在 $\omega t=\pi$ 时,u_2 下降到零,晶闸管阳极电流也下降到零而被关断,电路无输出。

在 u_2 的负半周即 π～2π 区间,由于晶闸管承受反向电压而处于反向阻断状态,负载两端电压 u_d 为零。u_2 的下一个周期情况同上所述,循环往复。

在单相半波可控整流电路中,从晶闸管开始承受正向电压到触发脉冲出现所经历的电角度称为控制角(亦称移相角)(Shift Angle),用 α 表示。晶闸管在一周期内导通的电角度称为导通角(Conduction Angle),用 θ_T 表示,如图 9.5(*b*)所示。

在单相半波可控整流电路阻性负载中 α 的控制范围为 $0\sim\pi$,对应的 θ_T 导通范围是 $0\sim\pi$,两者关系为 $\alpha+\theta_T=\pi$。从图 9.5(*b*)波形可知,改变移相角 α,输出整流电压 u_d 波形和输出直流电压平均值 U_d 大小也随之改变,α 减小,U_d 就增大,反之,U_d 就减小。

各电量计算公式如下。

①负载上直流平均电压 U_d 与平均电流 I_d

负载上直流平均电压 U_d 为:

$$U_d = \frac{1}{2\pi}\int_\alpha^\pi \sqrt{2}U_2\sin\omega t\mathrm{d}(\omega t) = \frac{\sqrt{2}U_2}{2\pi}(1+\cos\alpha) = 0.45U_2\,\frac{1+\cos\alpha}{2} \tag{9.4}$$

$$\frac{U_d}{U_2} = 0.45\,\frac{1+\cos\alpha}{2} \tag{9.5}$$

由式(9.4)可知,输出直流电压平均值 U_d 与整流变压器二次侧交流电压 U_2 和控制角 α 有关。当 U_2 给定后,当 $\alpha=0$ 时,则 $U_{do}=0.45U_2$ 为最大输出直流平均电压。当 $\alpha=\pi$ 时,则 $U_d=0$。只要控制触发脉冲送出的时刻,U_d 就可以在 $0\sim0.45U_2$ 之间连续可调。

工程上为了计算简便,有时不用式(9.4)进行计算,而是按式(9.4)先作出表格和曲线,供查阅计算,如图 9.6 所示。

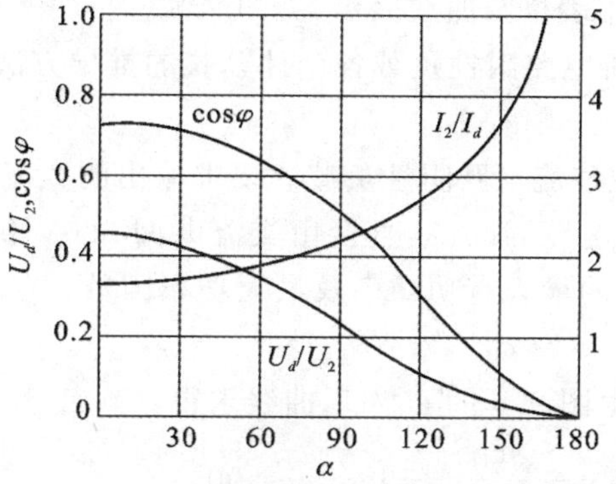

图 9.6　单相半波可控整流电压、电流及功率因数与控制角的关系

流过负载电流的平均值为:

$$I_d = \frac{U_d}{R_d} \tag{9.6}$$

②负载上电压有效值 U 与电流有效值 I

在计算选择变压器容量、晶闸管额定电流、熔断器以及负载电阻的有功功率等时,均须按有效值计算。

根据有效值的定义,U 就是 u_d 波形的均方根值,即:

$$U = \sqrt{\frac{1}{2\pi}\int_\alpha^\pi(\sqrt{2}U_2\sin\omega t)^2\mathrm{d}(\omega t)} = U_2\sqrt{\frac{\pi-\alpha}{2\pi}+\frac{\sin2\alpha}{4\pi}} \tag{9.7}$$

而电流有效值为:

$$I = \frac{U}{R_d} \tag{9.8}$$

③晶闸管电流有效值 I_T 与管子两端可能承受的最大正反向电压 U_{Tm}

在单相半波可控整流电路中，晶闸管与负载串联，所以负载电流的有效值也就是通过晶闸管电流的有效值，其关系为：

$$I_T = I = U/R_d \tag{9.9}$$

由图 9.5(b)中 u_T 波形可知，晶闸管可能承受的正反向峰值电压为：

$$U_{TM} = \sqrt{2}U_2 \tag{9.10}$$

由式(9.3)与式(9.6)可得

$$\frac{I_T}{I_d} = \frac{I}{I_d} = \frac{I_2}{I_d} = \frac{\sqrt{\pi\sin2\alpha + 2\pi(\pi - \alpha)}}{\sqrt{2}(1 + \cos\alpha)} \tag{9.11}$$

根据式(9.11)也可先作出表格与曲线(见图 9.6)，这样便于工程查算。例如，知道了 I_d，就可按设定的控制角 α 查表或曲线，求得 I_T、I 等值。

④功率因数 $\cos\varphi$

$$\cos\varphi = \frac{P}{S} = \frac{UI}{U_2 I} = \sqrt{\frac{1}{4\pi}\sin2\alpha + \frac{\pi - \alpha}{2\pi}} \tag{9.12}$$

从式(9.12)看出，$\cos\varphi$ 是 α 的函数，$\alpha=0$ 时 $\cos\varphi$ 最大为 0.707，可见单相半波可控整流电路尽管是电阻性负载，但由于存在谐波电流，变压器最大利用率也仅有 70%，α 愈大，$\cos\varphi$ 愈小，设备利用率就愈差。

$\cos\varphi$ 与 α 的关系也可用表格与曲线表示，见图 9.6。

以上单相半波可控整流电路阻性负载各个计算式的推导方法同样适用于其他单相可控整流电路。

例 9.1 单相半波可控整流电路阻性负载。要求输出的直流平均电压为 50～92V 之间连续可调，最大输出直流平均电流为 30A，直接由交流电网 220V 供电，试求：(1)控制角 α 应有的可调范围。(2)负载电阻的最大有功功率及最大功率因数。(3)选择晶闸管型号规格(安全余量取 2 倍)。

解 (1)由式(9.4)或由图 9.6 的 U_d/U_2 曲线求得：

当 $U_d=50$V 时，$\cos\alpha=\dfrac{2\times50}{0.45\times220}-1\approx0$，$\alpha=90°$

当 $U_d/U_2=92/220=0.42$ 时，$\alpha\approx30°$

(2)$\alpha=30°$时，输出直流电压平均值最大为 92V，这时负载消耗的有功功率也最大，由式(9.11)、式(9.12)或查图可求得：

$$I = 1.66 \times I_d = 1.66 \times 30\text{A} = 50\text{A}$$

$$\cos\varphi \approx 0.693$$

$$P = I^2 R_d = (50^2 \times \frac{92}{30})\text{W} = 7667\text{W}$$

(3)$\alpha=30°$时，流过晶闸管的电流有效值最大为 50A，晶闸管的额定电流为：

$$I_{T(AV)} = 2 \times \frac{I_{TM}}{1.57} = 2 \times \frac{50}{1.57}\text{A} = 64\text{A}，取\ 100\text{A}$$

晶闸管的额定电压为：

$$U_{Tn} = 2U_{TM} = 2 \times \sqrt{2} \times 220\text{V} = 622\text{V}，取\ 700\text{V}$$

故选择 KP100—7。

9.2.1.2　电感性负载

工业上如电动机的励磁线圈、滑差电动机电磁离合器的励磁线圈以及输出串接平波电抗器(Filter Reacter)的负载等,都属于此类负载。电感性负载不同于电阻性负载,为了便于分析,通常将电阻与电感分开。

单相半波可控整流电感性负载如图 9.7(*a*)所示。

在 $0\leqslant\omega t<\omega t_1$ 区间,u_2 虽然为正,但晶闸管无触发脉冲不导通,负载上的电压 u_d、电流 i_d 均为零。晶闸管承受着电源电压 u_2,其波形如图 9.7(*b*)所示。

当 $\omega t=\omega t_1=\alpha$ 时,晶闸管被触发导通,电源电压 u_2 突加在负载上,由于电感性负载电流不能突变,电路需经一段过渡过程,此时电路电压瞬时值方程如下:

$$u_2 = L_d\frac{\mathrm{d}i_d}{\mathrm{d}t} + i_d R_d = u_L + u_R$$

在 $\omega t_1<\omega t\leqslant\omega t_2$ 区间,晶闸管被触发导通后,由于 L_d 作用,电流 i_d 只能从零逐渐增大。到 ωt_2 时,i_d 已上升到最大值,$\mathrm{d}i_d/\mathrm{d}t=0$,所以 $u_L=0$,$u_2=i_dR_d=u_R$。这期间电源 u_2 不仅要向负载 R_d 供给有功功率,而且还要向电感线圈 L_d 供给磁场能量的无功功率。

在 $\omega t_2<\omega t\leqslant\omega t_3$ 区间,由于 u_2 继续在减小,i_d 也逐渐减小,在电感线圈 L_d 作用下,i_d 的减小总是要滞后于 u_2 的减小。这期间 L_d 两端感生的电动势方向是阻碍 i_d 的减小,如图 9.7(*b*)所示。负载 R_d 所消耗的能量,除电源电压 u_2 供给外,还有部分是由电感线圈 L_d 所释放的能量供给。这区间的电路电压瞬时值方程如下:

$$u_2 + L_d\frac{\mathrm{d}i_d}{\mathrm{d}t} = i_d R_d$$

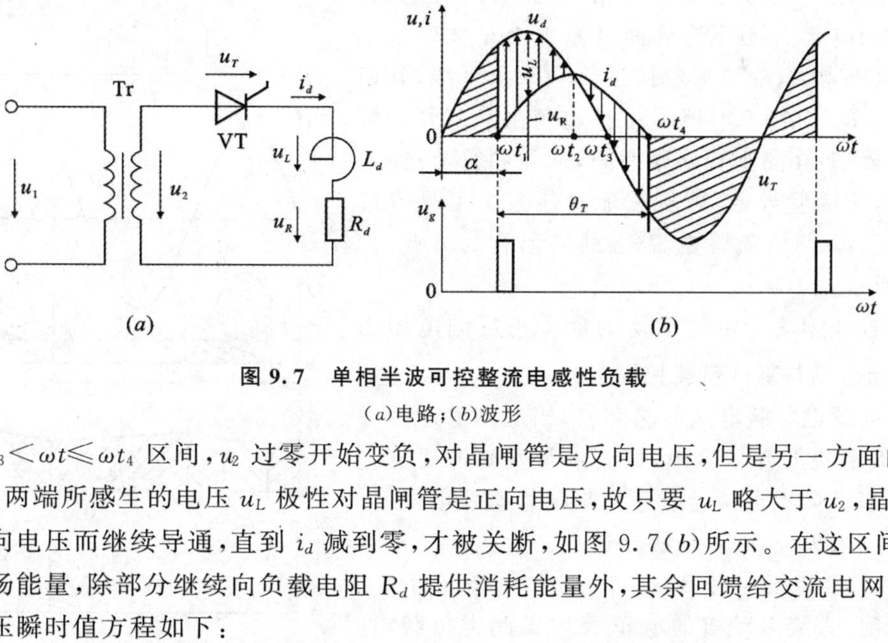

图 9.7　单相半波可控整流电感性负载

(*a*)电路;(*b*)波形

在 $\omega t_3<\omega t\leqslant\omega t_4$ 区间,u_2 过零开始变负,对晶闸管是反向电压,但是另一方面由于 i_d 的减小在 L_d 两端所感生的电压 u_L 极性对晶闸管是正向电压,故只要 u_L 略大于 u_2,晶闸管仍然承受着正向电压而继续导通,直到 i_d 减到零,才被关断,如图 9.7(*b*)所示。在这区间 L_d 不断释放出磁场能量,除部分继续向负载电阻 R_d 提供消耗能量外,其余回馈给交流电网 u_2。此区间电路电压瞬时值方程如下:

$$u_L = L_d\frac{\mathrm{d}i_d}{\mathrm{d}t} = u_2 + i_d R_d$$

当 $\omega t=\omega t_4$ 时,$i_d=0$,即 L_d 磁场能量已释放完毕,晶闸管被关断。下个周期又周而复始。

如图 9.7(*b*)可见,由于电感的存在,使负载电压 u_d 波形出现部分负值,其结果为负载直

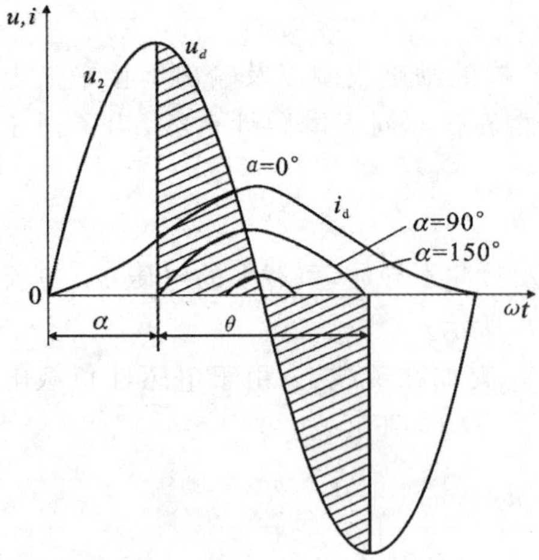

图 9.8 大电感时,不同 α 负载电压和电流的波形

流电压平均值 U_d 减小。电感愈大,u_d 波形的负值部分占的比例愈大,使 U_d 减少愈多。当电感 L_d 很大时(一般 $X_L \geqslant 10R_d$ 时,就认为是大电感),对于不同控制角 α,晶闸管的导通角 $\theta_T \approx 2\pi - 2\alpha$,电流 i_d 波形如图 9.8 所示。这时负载上得到的电压 u_d 波形正负面积接近相等,直流电压平均值几乎为零。由此可见,单相半波可控整流电路用于大电感负载时,不管如何调节控制角 α,U_d 值总是很小,平均电流 $I_d = U_d/R_d$ 也很小,如不采取措施,电路无法满足输出一定直流平均电压的要求。

为了使 u_2 过零变负时能及时地关断晶闸管,使 u_d 波形不出现负值,又能给电感线圈 L_d 提供续流的旁路,可以在整流输出端并联一个二极管,如图 9.9 所示。由于该二极管的作用是为电感负载在晶闸管关断时提供续流回路,故将此二极管简称续流管,用 VD 表示。

在接有续流管的感性负载单相半波可控整流电路中,当 u_2 过零变负时,此时续流管承受正向电压而导通,晶闸管因承受反向电压而关断,i_d 就改经续流管而继续流动。续流期间的 u_d 波形为续流管的压降,可忽略不计。所以 u_d 波形与电阻性负载相同。但是 i_d 的波形就大不相同,因为对大电感,流过负载的电流 i_d 不但连续而且基本上是波动很小的直线,电感愈大,i_d 波形愈接近于一条水平线,其值为 $I_d = U_d/R_d$,如图 9.9 所示。I_d 电流由晶闸管和续流二极管分担:在晶闸管导通期间,从晶闸管流过;晶闸管关断,续流管导通,就从续流管流过。可见流过晶闸管电流 i_T 与续流管电流 i_D 的波形均为方波,如图 9.9所示。

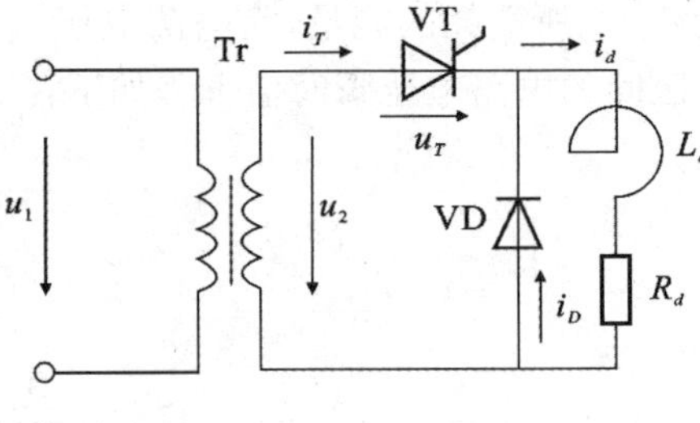

图 9.9 有续流管的单相半波可控整流电路及波形

晶闸管和续流管可能承受的最大正反向电压为 $\sqrt{2}U_2$,移相范围与阻性负载相同为0～π。

由于电感性负载电流不能突变,当晶闸管触发导通后,阳极电流上升较缓慢,故要求触发脉冲要宽些(约 20°),以免阳极电流尚未升到晶闸管擎住电流时,触发脉冲已消失,晶闸管无法导通。

9.2.1.3 反电动势负载

蓄电池、直流电动机的电枢等均属此类负载,这类负载特点是含有直流电动势 E,它的极性对电路中晶闸管是反向电压,故称反电动势负载,如图 9.10(a)所示。

在 $0 \leqslant \omega t < \omega t_1$ 区间,u_2 虽然是正向但由于反电

动势 E 大于电源电压 u_2，晶闸管仍受反向电压而处在反向阻断状态。负载两端电压 u_d 等于本身反电动势 E，负载电流 i_d 为零。晶闸管两端电压 $u_T = u_2 - E$，波形如图 9.10(*b*)所示。

在 $\omega t_1 \leqslant \omega t < \omega t_2$ 区间，u_2 正向电压已大于反电动势 E，晶闸管开始承受正向电压，但尚未被触发，故仍处于正向阻断状态，u_d 仍等于 E，i_d 为零。$u_T = u_2 - E$ 的正向电压波形如图 9.10(*b*)所示。

当 $\omega t = \omega t_2 = \alpha$ 时，晶闸管被触发导通，电源电压 u_2 突加在负载两端，所以 u_d 波形为 u_2，流过负载电流 $i_d = (u_2 - E)/R_a$。由于元件本身导通，所以 $u_T = 0$。

在 $\omega t_2 < \omega t < \omega t_3$ 区间，由于 $u_2 > E$，晶闸管导通，负载电流 i_d 仍按 $i_d = (u_2 - E)/R_a$ 规律变化。由于反电动势内阻 R_a 很小，所以 i_d 呈脉冲波形，具有底部窄、脉动大的特点。u_d 仍为 u_2 波形，如图 9.10(*b*)所示。

当 $\omega t = \omega t_3$ 时，由于 $u_2 = E$，i_d 降到零，晶闸管被关断。

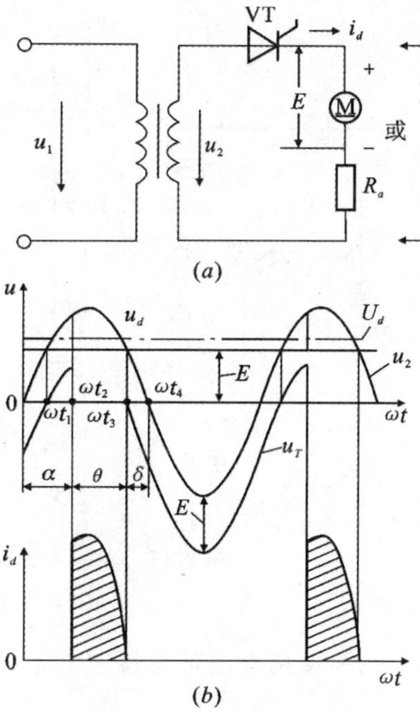

图 9.10　单相半波反电动势负载电路及波形

在 $\omega t_3 < \omega t \leqslant \omega t_4$ 区间，虽然 u_2 还是正向，但其数值比反电动势 E 小，晶闸管承受反向电压被阻断。当 u_2 由零变负时，晶闸管承受着更大的反向电压，其最大反向电压为 $\sqrt{2}u_2 + E$。应该注意，这区间晶闸管已关断，输出电压 u_d 不是零而是等于 E，其负载电流 i_d 为零，所以波形如图 9.10(*b*)所示。

综上所述，反电动势负载的特点是：电流呈脉冲波形，底部窄，脉动大。如要供出一定的平均电流，其波形幅值必然很大，有效值亦大，这就要增加可控整流装置和直流电动机的容量。另外，换向电流大，容易产生火花，电动机振动厉害。尤其是断续电流会使电动机机械特性变软。为了克服这些缺点，常在负载回路人为地串联一个所谓平波电抗器 L_d，来减小电流的脉动和延长晶闸管导通的时间。

反电动势负载，串接平波电抗器后，整流电路的工作情况与大电感性负载相似。电路与波形如图 9.11(*a*)、图 9.11(*b*)所示。只要所串入的平波电抗器的电感量足够大，使整流输出电压 u_d 中所包含的交流分量全部降落在电抗器上，则负载两端的电压基本平整，输出电流波形也就平直，这样就大大改善了整流装置和电动机的工作条件。电路的各电量与电感性负载相同，I_d 值应按下式求得：

$$I_d = \frac{U_d - E}{R_a} \tag{9.13}$$

图 9.11(*c*)为串接的平波电抗器 L_d 的电感量不够大或电动机轻载时的波形。i_d 波形仍出现断续，断续期间 $u_d = E$，波形出现台阶，但电流脉动情况比不串 L_d 时有很大改善。对小容量直流电动机，因对电源影响较小，且电动机电枢本身的电感量较大，故有时也可以不串平波电抗器。

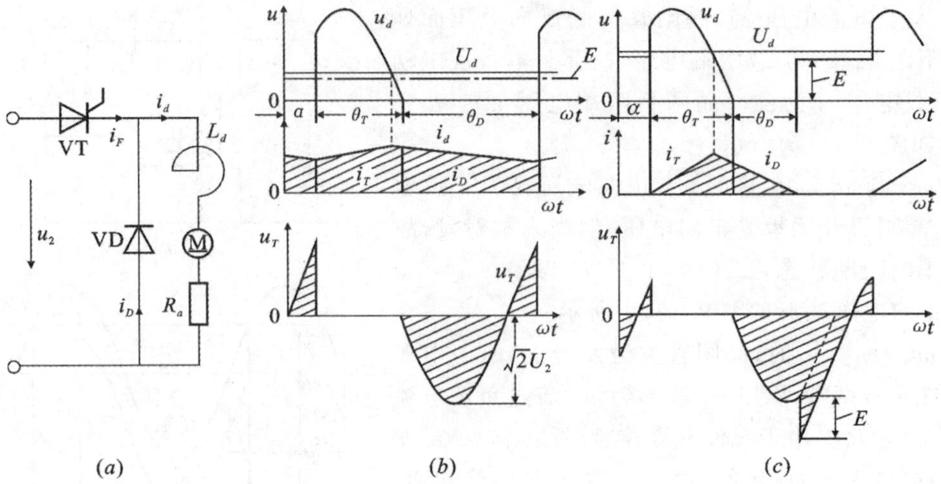

图 9.11 单相半波反电动势串接平波电抗器后的电路与波形

(a)电路;(b) i_d 连续时波形;(c) i_d 断续时波形

9.2.2 单相全波可控整流电路

单相半波可控整流电路虽具有线路简单、投资小及调试方便等优点,但因整流输出具有直流电压脉动大、设备利用率不高等缺点,所以一般仅适用于对整流指标要求不高、小容量的可控整流装置。存在以上缺点的原因是:交流电源 u_2 在一个周期中,最多只能半个周期向负载供电。为了使交流电源 u_2 的另一半周期也能向负载输出同方向的直流电压,既减少输出电压 u_d 波形的脉动,又能提高输出直流电压平均值,需采用本节要介绍的单相全波可控整流电路。

9.2.2.1 电阻性负载

如图 9.12(a)所示,从电路形式上看,它相当于由两个电源电压相位错开 180°的两组单相半波可控整流电路并联而成,所以又称单相双半波可控整流电路。

电路中晶闸管 VT_1 与 VT_2 是轮流工作的。在电源电压 u_2 正半周 α 时刻,触发电路虽然同时向两管的门极送出触发脉冲,但 VT_2 由于承受反向电压不能导通,而 VT_1 承受正向电压而导通。负载电流方向如图上实线所示。电源电压 u_2 过零变负时,VT_1 关断。在电源电压 u_2 负半周同样 α 时刻,VT_2 被触发导通。负载电流方向如图上虚线所示。这样,负载两端可控整流电压 u_d 波形是单相半波可控整流电压波形相同的两块,如图 9.12(b)所示。

晶闸管承受的电压,在 u_2 正半周 VT_1 未导通前,u_{T1} 为 u_2 正向波形。当 $\alpha=90°$时,晶闸管承受到最大正向电压为 $\sqrt{2}u_2$。在 u_2 过零变负时,VT_1 被关断而 VT_2 还未导通,这时 VT_1 只承受 u_2 反向电压。一旦 VT_2 被触发导通时,VT_1 就承受到 $2\sqrt{2}u_2$。

由于单相全波可控整流输出电压 u_d 在一个周期内输出两个波头,所以输出电压平均值为单相半波的两倍,输出电压有效值是单相半波的 $\sqrt{2}$ 倍,功率因数为原来的 $\sqrt{2}$ 倍。其计算公式如下:

$$U_d = 2\times 0.45U_2\,\frac{1+\cos\alpha}{2}$$

$$= 0.9U_2\,\frac{1+\cos\alpha}{2} \qquad (9.14)$$

$$U=\sqrt{2}U_2\sqrt{\frac{1}{4\pi}\sin 2\alpha+\frac{\pi-\alpha}{2\pi}}$$

$$=U_2\sqrt{\frac{1}{2\pi}\sin 2\alpha+\frac{\pi-\alpha}{\pi}} \qquad (9.15)$$

$$\cos\varphi=\sqrt{\frac{1}{2\pi}\sin 2\alpha+\frac{\pi-\alpha}{\pi}} \qquad (9.16)$$

晶闸管电流有效值及可能承受到的最大正反向电压分别为：

$$I_T=\frac{I}{\sqrt{2}}=\frac{1}{\sqrt{2}}\frac{U}{R_d}=\frac{U_2}{R_d}\sqrt{\frac{1}{4\pi}\sin 2\alpha+\frac{\pi-\alpha}{2\pi}}$$

$$U_{Tm}=-2\sqrt{2}U_2\sim+\sqrt{2}U_2$$

电路要求的移相范围为 0～π，与单相半波相同。而触发脉冲间隔为 π，不同于单相半波。

9.2.2.2　电感性负载

单相半波可控整流带大电感负载，如果不并接续流二极管，无论如何调节移向角 α，输出整流电压 u_d 波形的正负面积仍几乎相等，负载直流平均电压 U_d 均接近于零。单相全波可控整流带大电感负载情况就截然不同，如图 9.13(a)可看出，单相全波可控整流电路感性负载不接续流管时，有效移相范围只能是 0～π/2。

为了扩大移相范围，不让 u_d 波形出现负值并使输出电流更平稳，可在电路负载两端并接续流二极管，如图 9.13(b)电路所示。

接续流管后，α 的移相范围可扩大到 0～π。α 在这一区间内变化，只要电感量足够大，输出电流 i_d 就可保持连续且平稳。在电源电压 u_2 过零变负时，续流管承受正向电压而导通，此时晶闸管因承受反向电压被关断。这样 u_d 波形与电阻性负载相同，如图 9.13(b) 波形所示。i_d 电流是由晶闸管 VT_1、VT_2 及续流管 VD 三者相继轮流导通而形成的。晶闸管两端电压波形与带电阻性负载时相同。

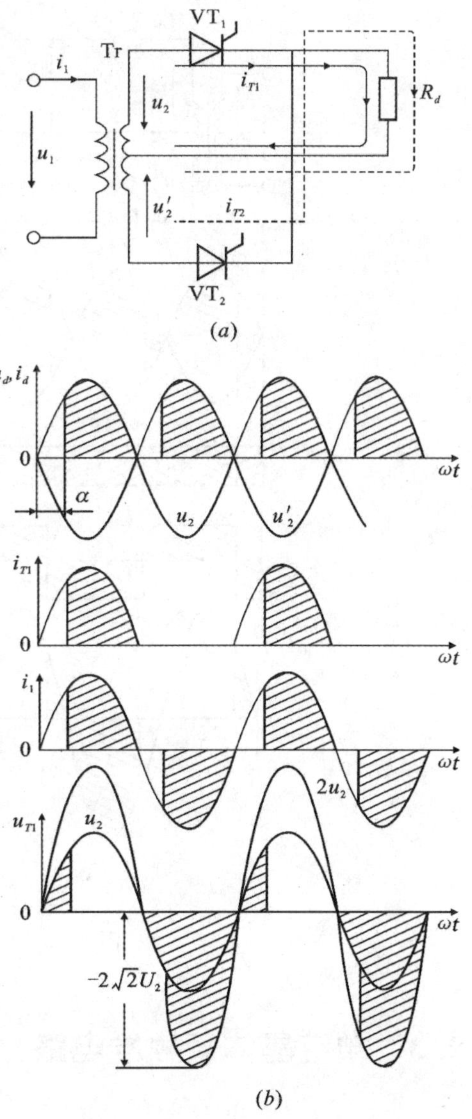

图 9.12　单相全波电阻负载可控整流

(a)电路；(b)波形

单相全波可控整流电路，具有输出电压脉动小、平均电压大以及整流变压器没有直流磁化等优点。但该电路一定要配备有中心抽头的整流变压器，且变压器二次侧抽头的上下绕组利用率仍然很低，最多只能工作半个周期，变压器设置容量仍未充分利用，其次晶闸管承受电压高，可达 $2\sqrt{2}U_2$，元件价格昂贵。为克服以上缺点，可采用单相全控桥式电路。

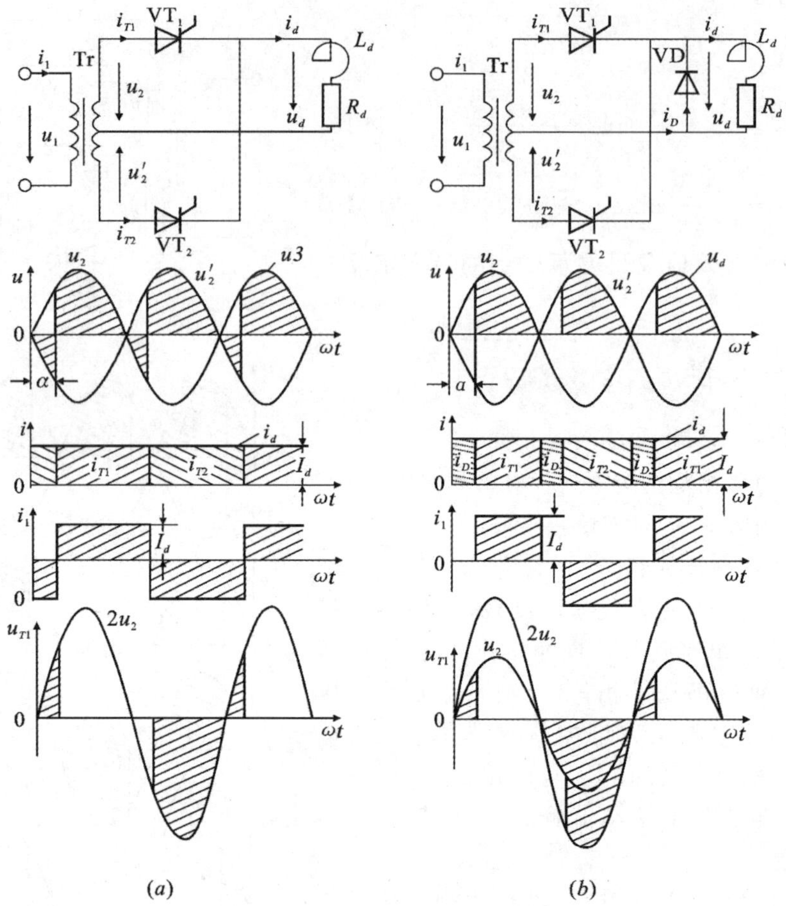

(a) (b)

图 9.13 单相全波大电感负载电路与波形

(a)不接续流管;(b)接续流管

9.3 单结晶体管触发电路

9.3.1 单结晶体管的结构及特性

9.3.1.1 结构和符号

单结管是单结晶体管(UJT)的简称,又称为双基极晶体管。它的内部结构和符号如图 9.14所示。在一个 N 型硅片上下两端各引出一个电极:下边的称为第一基极 b_1,上边的称为第二基极 b_2(故称双基极晶体管),在硅片的另一侧靠近 b_2 的部位掺入 P 型杂质,引出电极,称为发射极 e,发射极与 N 型硅片间构成一个 PN 结,故称单结管。符号如图 9.15 所示。

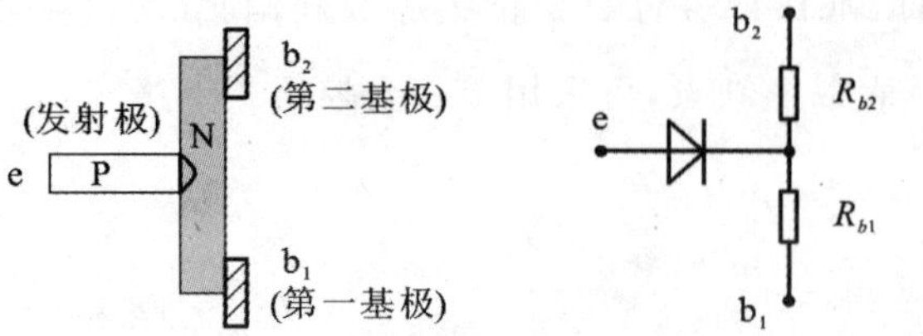

图 9.14 单结管的结构

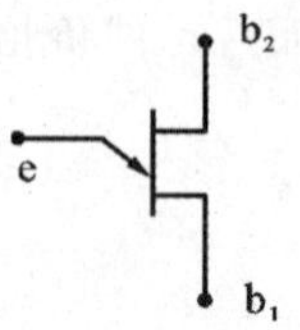

图 9.15 单结管的符号

9.3.1.2　单结管等效电路及特性曲线

单结管的等效电路如图 9.16 所示，外接实验用电源 E_b 及 E_e。图 9.17 是单结管的伏安特性曲线，分为截止区、负阻区和饱和区，特性曲线中的 P 点称为峰点，V 点称为谷点。自 PN 结 A 点至两个基极 b_1、b_2 之间的等效电阻分别为 R_{b1}、R_{b2}。当接上电源 E_B 后，A 点电压为 $U_A=\frac{R_{b1}}{R_{b1}+R_{b2}}U_{bb}=\eta U_{bb}$，其中 $\eta=\frac{R_{b1}}{R_{b1}+R_{b2}}$ 称为单结管的分压比，其数值主要与管子的结构有关，一般在 0.3～0.9 之间。E_e 为加在发射极回路的可调电源。

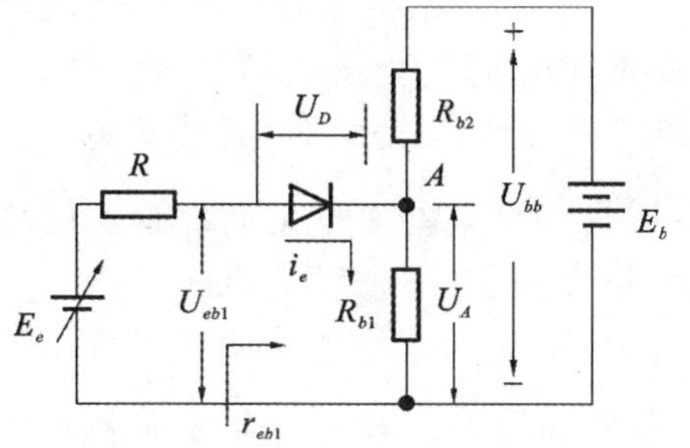

图 9.16　单结管的等效电路

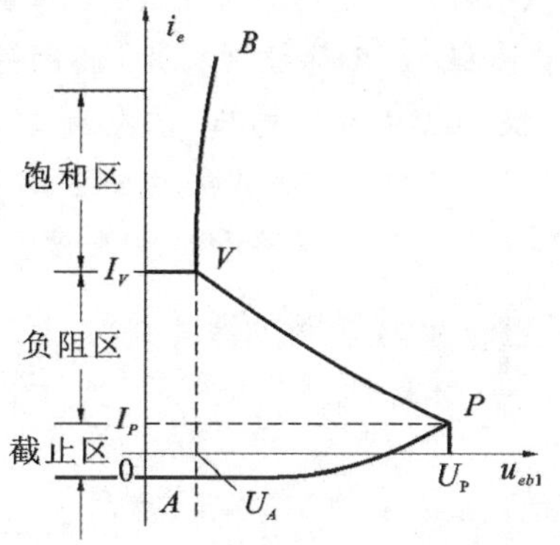

图 9.17　单结晶体管的伏安特性

单结晶体管工作原理为：

(1)当 U_{eb1} 从零开始增加且低于 $U_P=U_D+U_A$(U_D 为 PN 结的死区电压)时，PN 结处于反向偏置，仅有反向电流流过 PN 结，R_{b1} 呈现很大的电阻，单结管处于截止状态，见特性曲线 AP 段。

(2)当 $U_{eb1}=U_P=U_D+U_A$ 时，PN 结承受正向电压，从 P 区向 N 型硅片注入的空穴与电子复合，使 R_{b1} 急剧减小，I_e 迅速增加，发射极电压 U_{eb1} 随着 I_e 的增加而减小，呈现出负阻特性，见特性曲线 PV 段。

(3)当 I_e 上升，U_{eb1} 下降到 U_V 时，若使 I_e 继续增大，U_{eb1} 略有上升，但上升不明显，呈现出饱和特性，见特性曲线 VB 段。

由上分析可见：$U_{eb1}<U_P$ 时单结管截止，$U_{eb1}=U_P$ 时单结管导通，导通后 $U_{eb1}<U_V$ 时又恢复截止。

9.3.2　单结晶体管触发电路

单结晶体管触发电路如图 9.15 下半部分所示，其波形如图 9.18 所示，输出触发脉冲电压 u_g，同时供给两个晶闸管，但每半周只对一个晶闸管起触发作用。

u_2 经桥式电路整流后得到全波整流电压 u_{o1}，再转换为梯形波 u_Z 作为触发电路的同步电源。

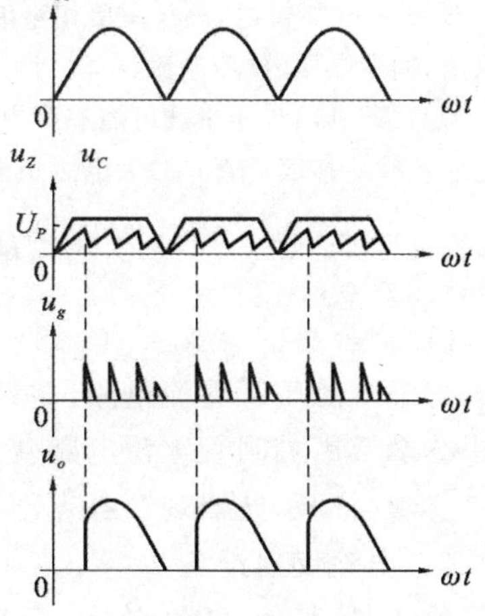

图 9.18　单结晶体管触发电路的波形

在每个半周期内，第一次电容 C 由 0 开始充电，当电容电压 $u_c=U_P$(单结晶体管峰点电压)时单结晶体管导通，随后电容迅速向小电阻 R_1 放电，在 R_1 上形成一个尖脉冲电压。当放电到 $u_c = U_V$（单结晶体管谷点电压）时单结晶体管截止。然后又由 U_V 开始充电，如此反复，直到电源电压减小到 0，结束半个周期，$u_C = 0$，从而获得一系列的尖脉冲电压 u_g，但只有第一个脉冲起到触发晶闸管的作用，一旦晶闸管被触发导通，后面的脉冲不再起作用。

小结

晶闸管的内部结构由 PNPN 四层半导体构成，有三个 PN 结，三个引出极：阳极 A、阴极 K 和门极 G（又称控制极）。晶闸管同时在正向阳极电压与正向门极电压作用下，才能导通。晶闸管元件过电压、过电流能力较差，在使用时，应在额定参数范围内使用，选择额定电流时应考虑 1.5～2 倍的安全裕量，选择额定电压时应考虑 2～3 倍的安全裕量。

单相半波整流电路和单相全波整流电路对不同负载时的工作原理分析情况不同。单相半波整流电路带电阻性负载时：$U_d = \dfrac{0.45U_2(1+\cos\alpha)}{2}$，单相全波整流电路带电阻性负载时：$U_d = \dfrac{0.9U_2(1+\cos\alpha)}{2}$。

单结管是单结晶体管（UJT）的简称，又称为双基极晶体管。在单结晶体管触发电路中利用了单结管负阻特性和 RC 充放电特性，可通过改变可调电阻，改变电容充放电的快慢，使输出的脉冲前移或后移，从而改变控制角，控制晶闸管触发导通的时刻，达到控制输出电压的目的。

思考题与习题

9.1 晶闸管的正常导通条件是什么？导通后流过晶闸管的电流大小取决于什么？负载上电压平均值与什么因素有关系？晶闸管关断的条件是什么？如何实现？关断后阳极电压又取决于什么？

9.2 在可控整流电路中，若负载是纯电阻，试问电阻上的电压平均值与电流平均值的乘积是否等于负载消耗的功率？为什么？

9.3 某电阻负载要求 0～24V 直流电压，最大电流 $I_d = 30$A，如使用 220V 交流直接供电或用整流降压变压器 $U_2 = 60$V 供电，都采用单相半波可控整流电路，是否都能满足负载要求？试比较两种供电方案晶闸管导通角、额定电压、额定电流、电源与变压器二次侧功率因数以及对电源容量的要求。

9.4 试画出单相半波可控整流电路，$\alpha = 60°$ 时如下三种情况下的 u_d、i_T 和 u_T 波形。(1)电阻性负载；(2)大电感负载不接续流管；(3)大电感负载接续流管。

实践与能力训练 单相桥式晶闸管整流电路

(1)实验目的

①了解晶闸管整流电路、单结晶体管触发电路中各元件的作用。

②学习用晶闸管整流电路获得可调直流电压的方法。

③学会用示波器观察各点间的电压波形。

(2)实验仪器设备

示波器；其他元器件如图 9.19 所示。

(3)实验内容与步骤

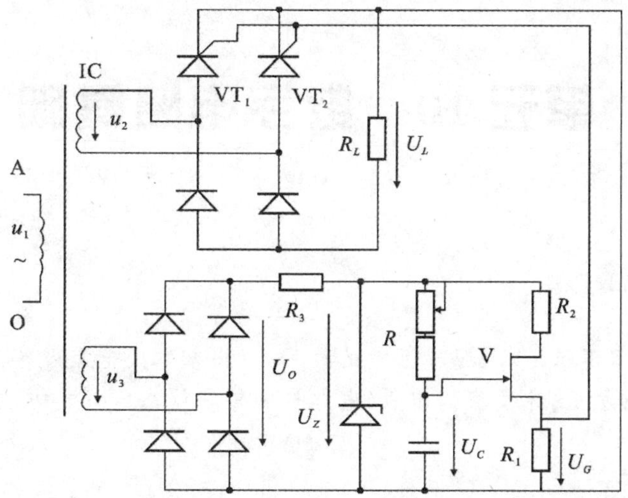

图 9.19　单结晶体管触发电路触发的单相桥式晶闸管整流电路

①对照实验原理图 9.19,熟悉主电路和单结晶体管触发电路后,根据电路图连线。

②经指导老师检查无误后通电,用示波器观察波形。

③将示波器观察到的触发电路各点波形及半控桥电阻负载波形画入表 9.1 中。

④调节触发电路电位器上的电压,观察波形的变化。

表 9.1　各被测电压的波形

被测电压波形	
正弦交流电压 u_2	
整流电压 U_O	
稳压管电压 U_Z	
电容电压 U_C	
触发脉冲电压 U_G	
输出电压 U_L	

(4)实验报告要求

①将实验仪器名称和型号写在报告中。

②画出用示波器观测出的各电压波形。

单元 10　数字电路基础

知识目标

数制与码制;基本逻辑运算;逻辑函数的表示方法;基本门电路及集成逻辑门电路的结构、工作原理、真值表;触发器、计数器的组成,电路输入输出状态的分析方法。

技能目标

掌握数字电路基本知识,理解各种门电路及触发器的基本工作原理,能够建立简单逻辑电路解决实际问题。

10.1　数字电路概述

10.1.1　数字信号与数字电路

数字电路处理的是数字信号。数字信号与模拟信号不同,它是指在时间和幅值上都是离散的信号。也就是说它们的变化在时间上是不连续的,只发生在一系列离散的时间上,而数值的大小和每次的增减变化都是某一数量单位的整数倍。例如,刻度尺的读数、数字显示仪表的显示值及各种电路的输入、输出信号等。最常用的数字信号是用电压的高、低分别表示两个离散数值 1 和 0。

对数字信号进行传输、处理的电子线路称为数字电路。数字电路根据逻辑功能的不同特点,可以分成两大类,一类叫组合逻辑电路(简称组合电路),另一类叫作时序逻辑电路(简称时序电路)。组合逻辑电路由与门、或门、非门等基本逻辑门组成,在逻辑功能上的特点是任意时刻的输出仅仅取决于该时刻的输入,与电路原来的状态无关,常用组合电路有编码器和译码器等。而时序逻辑电路在逻辑功能上的特点是任意时刻的输出不仅取决于当时的输入信号,而且还取决于电路原来的状态,或者说时序逻辑电路具有记忆和存储功能,触发器就是组成这类逻辑部件的基本单元,常用时序电路有计数器和寄存器等。

10.1.2　数制和码制

10.1.2.1　数制

表示数值大小的各种计数方法称为计数体制,简称数制。

(1)十进制

十进制是人们十分熟悉的计数体制。它用 0～9 十个数字符号,按照一定的规律排列起来表示数值大小。实际上任何一个十进制数都可以用一多项式来表示。例如,3657 这个数可以写成：

$$3657 = 3 \times 10^3 + 6 \times 10^2 + 5 \times 10^1 + 7 \times 10^0$$

从这个十进制数的表达式中，可以看出十进制的特点：

①每一位数是 0～9 十个数字符号中的一个。

②每一个数字符号在不同的数位代表的数值不同。即使同一数字符号在不同的数位上代表的数值也不同。各数位 1 所表示的值称为该位的权，它是 10 的幂。

③十进制计数规律是“逢十进一”。因此，十进制数右边第一位为个位，记作 10^0；第二位为十位，记作 10^1；第三、四、…、n 位依次类推记作 10^2、10^3、…、10^{n-1}。

所以，对于十进制数的任意一个 n 位的正整数都可以用下式表示：

$$[N]_{10} = a_{n-1} \times 10^{n-1} + a_{n-2} \times 10^{n-2} + \cdots + a_1 \times 10^1 + a_0 \times 10^0 = \sum_{i=0}^{n-1} a_i \times 10^i \qquad (10.1)$$

式中，a_i 为第 i 位的系数，它为 0～9 十个数字符号中的某一个数；10^{i-1} 为第 i 位的权；$[N]_{10}$ 中下标 10 表示 N 是十进制数。

(2)二进制

二进制是在数字电路中应用最广泛的计数体制。它只有 0 和 1 两个符号。在数字电路中实现起来比较容易，只要能区分两种状态的元件即可实现，如灯泡的亮与暗，开关的接通与断开等。

二进制采用两个数字符号，所以计数的基数是 2。各位数的权是 2 的幂，它的计数规律是“逢二进一”。

n 位二进制整数 $[N]_2$（或 $[N]_B$）的表达式为：

$$[N]_2 = a_{n-1} \times 2^{n-1} + a_{n-2} \times 2^{n-2} + \cdots + a_1 \times 2^1 + a_0 \times 2^0 = \sum_{i=0}^{n-1} a_i \times 2^i \qquad (10.2)$$

式中 $[N]_2$ 表示二进制数；a_i 为第 i 位的数，只能取 0 和 1 的任一个；2^i 为第 i 位的权。

例 10.1　一个二进制数 $[N]_2 = 10101000$，试求对应的十进制数。

解　$[N]_2 = [10101000]_2 = [1 \times 2^7 + 1 \times 2^5 + 1 \times 2^3]_{10} = [128 + 32 + 8]_{10} = [168]_{10}$

由上例可见，十进制数 $[168]_{10}$，用了 8 位二进制数 $[10101000]_2$ 表示。如果十进制数数值再大些，对应的二进制数的位数就更多，这既不便于书写，也容易出错。因此，在数字电路中，也经常采用八进制数和十六进制数。

(3)八进制

在八进制数中，有 0～7 个数字符号，计数基数为 8，计数规律是“逢八进一”，各位数的权是 8 的幂。n 位八进制整数 $[N]_8$（或 $[N]_Q$）表达式为：

$$[N]_8 = a_{n-1} \times 8^{n-1} + a_{n-2} \times 8^{n-2} + \cdots + a_1 \times 8^1 + a_0 \times 8^0 = \sum_{i=1}^{n-1} a_i \times 8^i \qquad (10.3)$$

例 10.2　求八进制数 $[N]_8 = [250]_8$ 所对应的十进制数。

解　$[N]_8 = [250]_8 = [2 \times 8^2 + 5 \times 8^1 + 0 \times 8^0]_{10} = [128 + 40]_{10} = [168]_{10}$

(4)十六进制

在十六进制中，计数基数为 16，有十六个数字符号：0、1、2、3、4、5、6、7、8、9、A、B、C、D、E、F。计数规律是“逢十六进一”。各位数的权是 16 的幂，n 位十六进制数 $[N]_{16}$（或 $[N]_H$）表达式为：

$$[N]_{16} = a_{n-1} \times 16^{n-1} + a_{n-2} \times 16^{n-2} + \cdots + a_1 \times 16^1 + a_0 \times 16^0 = \sum_{i=0}^{n-1} a_i \times 16^i \quad (10.4)$$

例 10.3 求十六进制数$[N]_{16}=[A8]_{16}$所对应的十进制数。

解 $[N]_{16}=[A8]_{16}=[10\times16^1+8\times16^0]_{10}=[160+8]_{10}=[168]_{10}$

从以上例题可以看出,用八进制数和十六进制数表示同一个数值,要比二进制简单得多。因此,书写计算机程序时,广泛应用八进制和十六进制。

表 10.1 表示几种常用数制对照表。

表 10.1 几种常用数制对照表

十进制	0	1	2	3	4	5	6	7	8	9	10	11	12	13	14	15
二进制	0	1	10	11	100	101	110	111	1000	1001	1010	1011	1100	1101	1110	1111
八进制	0	1	2	3	4	5	6	7	10	11	12	13	14	15	16	17
十六进制	0	1	2	3	4	5	6	7	8	9	A	B	C	D	E	F

10.1.2.2 *不同进制数之间的相互转换*

同一个数可以用不同的进位制表示,一个数从一种进制转换成另一种进制,称为数制转换。

由前面例题可知,只要将二进制、八进制、十六进制数按各位权展开,并把各位的加权系数相加,即得相应的十进制数。下面介绍其他数制之间的转换方法。

(1)十进制数转换成二进制数

将十进制数转换成二进制数采用除 2 取余法(即商余法),步骤如下:

①把给出的十进制数除以 2,余数为 0 或 1 就是二进制最低位 a_0。

②把第一步得到的商再除以 2,余数即为 a_1。

③以此类推,继续相除,记下余数,直到商为 0,最后余数即为二进制数最高位。

例 10.4 将十进制数$[168]_{10}$转换成二进制数。

解

除数	被除数	余数	
2	168	0	即:$a_0=0$ —— 最低位
2	84	0	$a_1=0$
2	42	0	$a_2=0$
2	21	1	$a_3=1$
2	10	0	$a_4=0$
2	5	1	$a_5=1$
2	2	0	$a_6=0$
2	1	1	$a_7=1$ —— 最高位
	0		

即:$[168]_{10}=[10101000]_2$

(2)二进制与八进制之间的相互转换

因为三位二进制数正好表示 0～7 八个数字,所以一个二进制数转换成八进制时,只要从最低位开始,每三位分为一组,每组都对应转换为一位八进制数。若最后不足三位时,可在前面加 0,然后按原来的顺序排列就得到八进制数。注意分组时以小数点为界,小数点后不足三位时在最右面加 0 即可。

例 10.5 试将二进制数$[110101000]_2$转换成八进制数。

解
110　101　000
↓　↓　↓
6　5　0

即：$[110101000]_2=[650]_8$

反之，如果八进制数转换成二进制数，只要将每位八进制数写成对应的三位二进制数，按原来的顺序排列起来即可。

(3)二进制数与十六进制数之间的相互转换

因为四位二进制数正好可以表示 0～F 十六个数字，所以转换时可以从最低位开始，每四位二进制数分为一组，每组对应转换为一位十六进制数。最后不足四位时可以在前面加 0，然后按原来的顺序排列起来即为十六进制数。注意分组时应以小数点为界，小数点后不足四位的在右面加 0 即可。

反之，十六进制数转换成二进制数，可将十六进制数的每一位，用对应的四位二进制数来表示。

10.1.2.3　二—十进制(BCD)码

BCD 码是用一组四位二进制码来表示一位十进制数的编码方法。四位二进制码有十六种组合，从中任取十种组合代表 0～9 十个数。因此，四位二进制码可编制出多种 BCD 码。常用的编码有以下几种。

①8421 码：8421 码是最常用的一种自然加权 BCD 码。其各位的权分别是 8、4、2、1，故称为 8421 码。每个代码的各位之和就是它所表示的十进制数。

②2421 码：它们从高位到低位各位的权分别是 2、4、2、1，故称为 2421 码。

③余三码：这种代码所组成的四位二进制数，正好比它代表的十进制数多 3，故称为余三码。

表 10.2 为几种常用的二—十进制码。

表 10.2　几种常用的二—十进制码

	8421	2421(A)	2421(B)	5421	余三码	格雷码
0	0 0 0 0	0 0 0 0	0 0 0 0	0 0 0 0	0 0 1 1	0 0 0 0
1	0 0 0 1	0 0 0 1	0 0 0 1	0 0 0 1	0 1 0 0	0 0 0 1
2	0 0 1 0	0 0 1 0	0 0 1 0	0 0 1 0	0 1 0 1	0 0 1 1
3	0 0 1 1	0 0 1 1	0 0 1 1	0 0 1 1	0 1 1 0	0 0 1 0
4	0 1 0 0	0 1 0 0	0 1 0 0	0 1 0 0	0 1 1 1	0 1 1 0
5	0 1 0 1	0 1 0 1	1 0 1 1	1 0 0 0	1 0 0 0	0 1 1 1
6	0 1 1 0	0 1 1 0	1 1 0 0	1 0 0 1	1 0 0 1	0 1 0 1
7	0 1 1 1	0 1 1 1	1 1 0 1	1 0 1 0	1 0 1 0	0 1 0 0
8	1 0 0 0	1 1 1 0	1 1 1 0	1 0 1 1	1 0 1 1	1 1 0 0
9	1 0 0 1	1 1 1 1	1 1 1 1	1 1 0 0	1 1 0 0	1 0 0 0
	8 4 2 1	2 4 2 1	2 4 2 1	5 4 2 1		

二—十进制是介于二进制和十进制之间的计数方法，转换非常方便。例如，将十进制数 369 转换成二—十进制(8421 码)。

3　　6　　9
↓　　↓　　↓
0011 0110 1001

即：$[369]_{10}=[001101101001]_{8421BCD}$

反之，二—十进制转换成十进制数，也是采用分组的方法，自右向左每四个数码为一组，若最后不足四位可在左边加 0。

10.2 基本逻辑门电路

逻辑表示事物的前因后果之间所遵循的规律，即反映事物的因果关系。表示这种因果关系的数学形式称为逻辑函数。例如，二极管的导通和截止、照明电路中开关的闭合与断开，是事物相互对立又互相联系的两个状态。为了描述这两个对立的逻辑状态，采用仅有两个取值的变量来表示，称这种二值变量为逻辑变量。

二值逻辑的基本逻辑关系只有三种：与逻辑、或逻辑和非逻辑。在逻辑代数中，相应地也有三种基本逻辑运算："与"运算、"或"运算和"非"运算。其他的逻辑运算，都是通过这三种基本运算实现的。

在数字电路中，能够实现逻辑运算的电路就叫逻辑门电路。因为最基本的逻辑运算可以归结为"与"运算、"或"运算和"非"运算三种，所以最基本的逻辑门电路就是与门、或门和非门。

10.2.1 与逻辑及与门电路

10.2.1.1 与逻辑

若决定某一事件的所有条件都具备，这件事才会发生，否则这件事就不发生，这样的逻辑关系称为"与逻辑"。

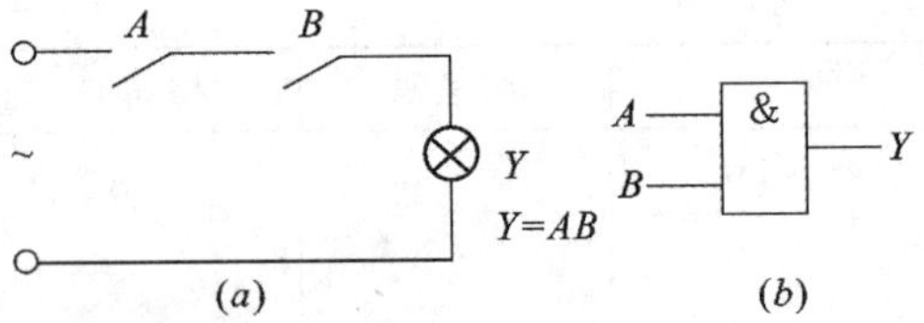

图 10.1　与逻辑电路和与逻辑符号

(a)逻辑电路；(b)逻辑符号

例如，图 10.1(a)中，只有开关 A 和 B(条件)都闭合，灯泡 Y(结果)才会亮，只要有一个或两个断开，灯泡就不会亮，这种逻辑关系，就是与逻辑。其逻辑符号如图 10.1(b)所示。

把 A 和 B 两个逻辑变量的全部可以取值及进行运算的全部可能结果列成表，如表 10.3 所示，这样的表格称为真值表。从真值表可以看出，与逻辑输入与输出的关系为：有 0 出 0，全 1 出 1。其逻辑函数表达式如下：

$$Y = AB$$

表 10.3　与逻辑真值表

A	B	Y
0	0	0
0	1	0
1	0	0
1	1	1

10.2.1.2　二极管与门

图 10.2 是二极管与门电路及逻辑符号。图中 A、B 是输入信号，Y 是输出信号。

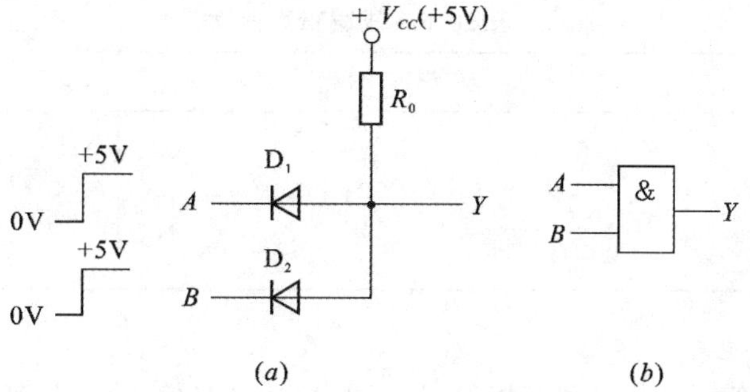

图 10.2　二极管与门电路及逻辑符号

(a)二极管与门电路；(b)逻辑符号

$U_A=U_B=0$，D_1、D_2 均正向导通，因为 $U_{D_1}=U_{D_2}=0.7V$，所以 Y 被钳位在 0.7V，即：$U_Y=U_A+U_{D_1}=0+0.7=0.7V$；$U_A=0$，$U_B=+5V$，$D_1$ 优先导通，使 $U_Y=0.7V$，D_2 承受反向电压，所以 D_2 处于截止状态，即：$U_Y=0.7V$；$U_A=+5V$，$U_B=0$，这时 D_2 优先导通，D_1 截止，输出为低电平，即 $U_Y=0.7V$；$U_A=U_B=+5$ V，D_1、D_2 都处于正向导通状态，此时 $U_Y=U_A+U_{D_1}=5+0.7=5.7V$。

将上述各种输入和输出分析结果列成表格，称为功能表，见表 10.4。由表 10.4 可知，只有 A、B 都是高电平时，输出 Y 才是高电平，否则就是低电平。即"有低出低，全高出高"。

表 10.4　与门功能表

U_A(V)	U_B(V)	U_Y(V)	U_A(V)	U_B(V)	U_Y(V)
0	0	0.7	+5	0	0.7
0	+5	0.7	+5	+5	5.7

对于表 10.4，若用 0 表示低电平，1 表示高电平，则根据上面输入和输出的电平关系，可得二极管与门的真值表，如表 10.5 所示。由真值表可知，输出函数 Y 和变量 A、B 之间是与逻辑关系，故称与门。它的输出函数 Y 的逻辑表达式为：

$$Y = AB \tag{10.5}$$

表 10.5　与门真值表

A	B	Y	A	B	Y
0	0	0	1	0	0
0	1	0	1	1	1

10.2.2　或逻辑及或门电路

10.2.2.1　或逻辑

若决定某一事件结果的几个条件中，只要有一个或一个以上条件具备时，这件事就会发生，否则就不会发生，这种逻辑关系称为"或逻辑"。其逻辑电路和逻辑符号如图 10.3 所示。

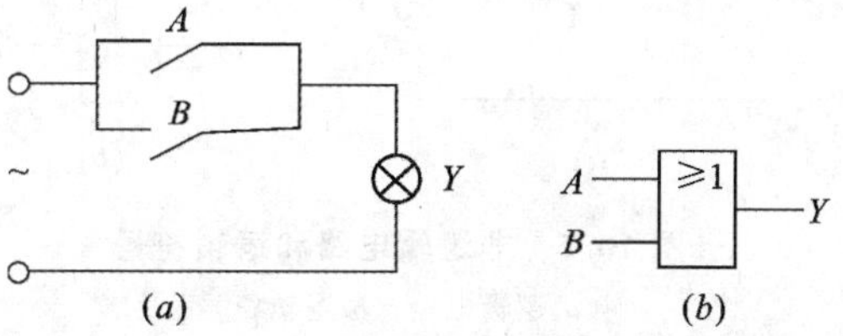

图 10.3　或逻辑电路和逻辑符号

(a)逻辑电路；(b)逻辑符号

或逻辑的真值表如表 10.6 所示，从真值表可以看出，或逻辑输入与输出关系为：有 1 出 1，全 0 出 0。其逻辑函数表达式如下：

$$Y = A + B \tag{10.6}$$

表 10.6 或逻辑真值表

A	B	Y
0	0	0
0	1	1
1	0	1
1	1	1

10.2.2.2 或门电路

图 10.4 为二极管或门电路和逻辑符号。图中 A、B 是输入信号，Y 是输出信号。

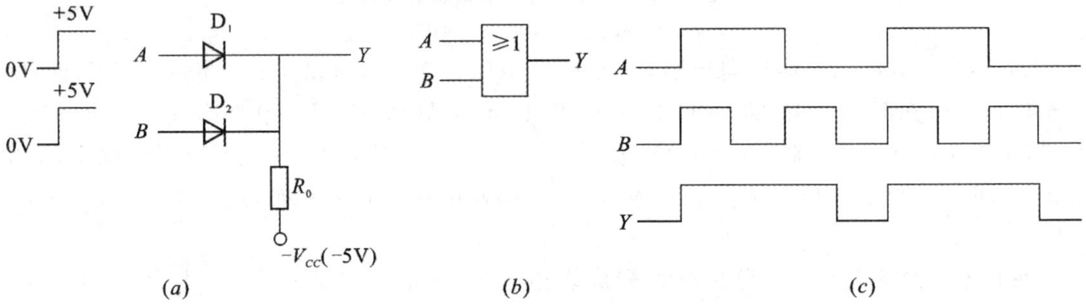

图 10.4 二极管或门电路及逻辑符号、波形图

(a)二极管或门电路；(b)逻辑符号；(c)波形图

由图 10.4 所示电路，根据输入电平不同的取值，可列出表 10.7 所示功能表。由表 10.7 可知，或门电路具有“有高出高，全低出低”的规律。

表 10.7 或门功能表

U_A(V)	U_B(V)	U_Y(V)	U_A(V)	U_B(V)	U_Y(V)
0	0	−0.7	+5	0	+4.3
0	+5	+4.3	+5	+5	+4.3

10.2.3 非逻辑及非门电路

10.2.3.1 非逻辑

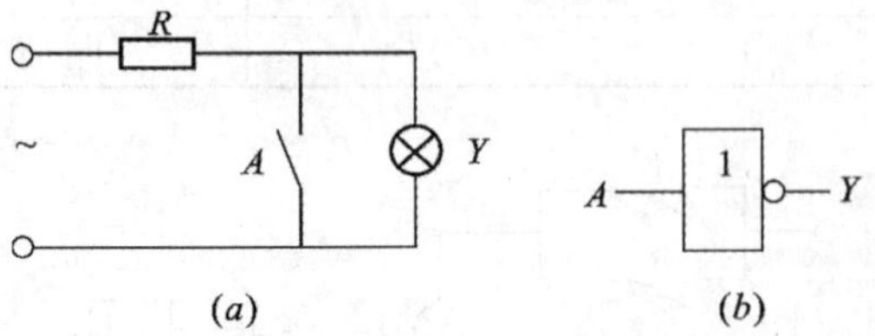

图 10.5 非逻辑电路和逻辑符号

(a)逻辑电路；(b)逻辑符号

如果条件与结果的状态总是相反，则这样的逻辑关系称为“非逻辑”。如开关闭合则灯暗，而开关打开则灯亮，其逻辑电路和逻辑符号如图 10.5所示。

非逻辑的真值表如表 10.8 所示。其逻辑函数表达式如下：

$$Y = \overline{A} \tag{10.7}$$

表 10.8　非逻辑真值表

A	Y
0	1
1	0

10.2.3.2　非门(反相器)电路

图 10.6 为典型三极管开关电路。

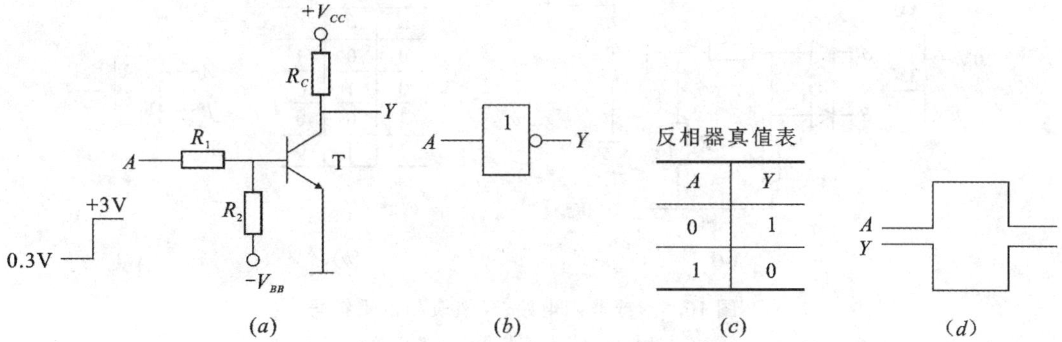

图 10.6　非门电路、逻辑符号、真值表、波形图

(*a*)逻辑电路;(*b*)逻辑符号;(*c*)真值表;(*d*)波形图

通过设计合理的参数,使三极管只工作在饱和区和截止区。当输入信号 A 为低电平0.3V 时,三极管截止,输出 Y 为高电平 V_{CC};当输入信号 A 为高电平 3V 时,三极管饱和导通,输出 Y 为低电平 0.3V。所以输入和输出就是反相关系,称为非门或反相器。

10.2.4　复合门电路

10.2.4.1　与非门电路

在二极管与门输出端接一个反相器,就构成如图 10.7 所示的与非门电路。由前面对与门和非门的分析可知与非门的逻辑功能,即“有低出高,全高出低”。其真值表和逻辑符号如图 10.7 所示。波形图可根据与门和非门波形图自行画出。

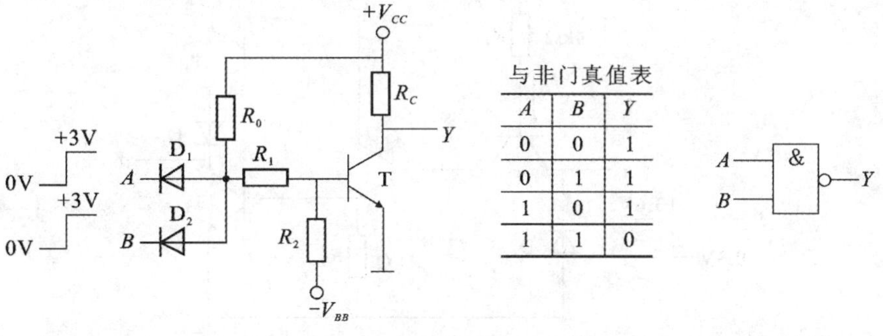

图 10.7　与非门电路、真值表和逻辑符号

(*a*)逻辑电路;(*b*)真值表;(*c*)逻辑符号

与非门逻辑表达式为:

$$Y = \overline{AB} \tag{10.8}$$

10.2.4.2 或非门电路

在二极管或门的输出端接一个反相器，就构成如图 10.8 所示的或非门。由前面对或门和非门的分析可知或非门的逻辑功能，即“有高出低，全低出高”。其真值表和逻辑符号如图 10.8所示。

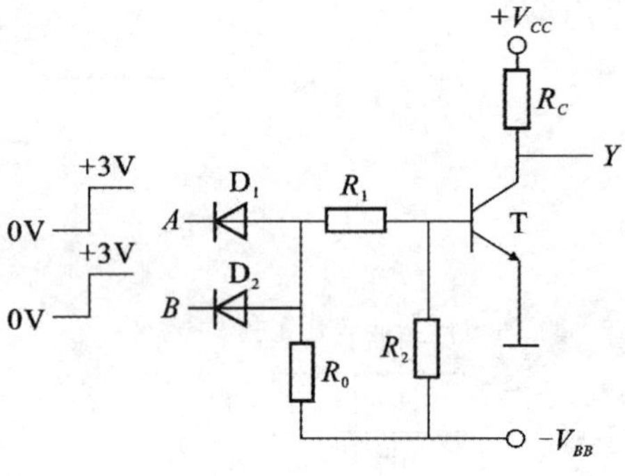

(a)

或非门真值表

A	B	Y
0	0	1
0	1	0
1	0	0
1	1	0

(b)

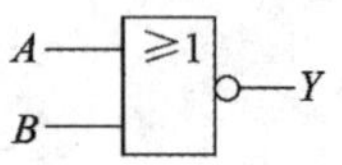

(c)

图 10.8 或非门电路、真值表和逻辑符号

(a)逻辑电路；(b)真值表；(c)逻辑符号

或非门逻辑表达式为：

$$Y = \overline{A + B} \tag{10.9}$$

10.3 集成逻辑门电路

10.3.1 TTL 反相器

10.3.1.1 电路组成

图 10.9 为 74LS00 反相器电路。它由三部分组成。

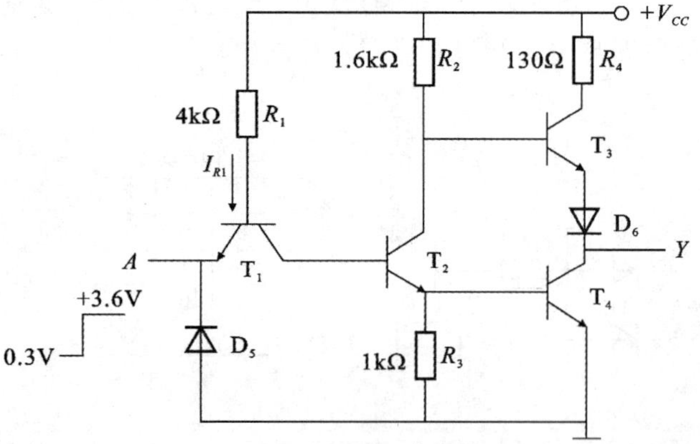

图 10.9 74LS00 **系列反相器**

输入级：由 T_1、R_1 和 D_5 组成。D_5 为输入保护二极管，在正常情况下，输入电压 u_i 在 0.3～3.6V之间变化，D_5 始终处于反偏状态，相当于开路；当输入端出现负向干扰电压时，可以起到抑制作用，即保证输入电平低于－0.7V 时，防止 T_1 发射极电流过大，从而起到保护作用。

中间级：由 T_2、R_2 和 R_3 组成倒相级。从 T_2 集电极和发射极输出相反的信号。

输出级：由 T_3、T_4、D_6 和 R_4 组成。这种结构的特点是降低输出级静态损耗和提高带负载能力。

10.3.1.2 工作原理

输入端 A 为低电平 0.3V。在图 10.9 中，T_1 管发射极为低电平 0.3V 时，发射结正向导通，I_{R1} 较大，T_1 的基极电位被钳位在 1V，而 T_1 集电极回路电阻 R_2 和 T_2 的 b、c 反相电阻之和，其值非常大，故 I 很小，即 T_1 处于深饱和状态，饱和压降为 $U_{CE1}=0.1V$。此时

$$U_{C1} = U_1 + U_{CE1} = (0.3 + 0.1)V = 0.4V$$

因此，T_2 处于截止状态，则 $I_{C2}=0$，$I_{E2}=0$，T_4 基极电位等于 0，所以 T_4 也是截止的。由于 T_2 截止，u_{C2} 接近 $+V_{CC}$，因而使 T_3 和 D_6 处于导通状态，这时输出电平为

$$U_{OH} = V_{CC} - U_{BE2} - U_{D6} = (5 - 0.7 - 0.7)V = 3.6V$$

即输出为高电平。

输入为高电平 3.6V 时，V_{CC} 通过 R_1 向 T_1 注入基极电流，通过 T_1 集电极向 T_2 注入基极电流，使 T_2 导通。T_2 发射极电流又为 T_4 提供基极电流，使 T_4 导通。这时 T_1 基极被钳位在 2.1V，即

$$U_{B1} = U_{BC1} + U_{BE2} + U_{BE4} = 2.1V$$

这时，因为 $U_{E1}=3.6V$，$U_{C1}=1.4V$，$U_{B1}=2.1V$，所以 T_1 处于倒置工作状态。由于 T_2 饱和导通，其集电极电压：

$$U_{C2} = U_{BE4} + 0.3V = 1V$$

这个电压不足以使 T_3 和 D_6 管两个 PN 结导通，所以 T_3 和 D_6 均截止。因 T_4 由 T_2 送入足够大的基极电流，而 $I_{C4}=I_{E3}=0$，即 T_4 处于深饱和状态，输出为低电平 U_{OL}。

由以上分析可知，输入和输出之间为非逻辑关系，即：

$$Y = \overline{A}$$

由于 T_2 的集电极和发射极输出一个互补的信号，所以 T_3 和 T_4 总有一个导通一个截止，这样就有效地降低了输出级的静态损耗，并提高了驱动负载的能力。

10.3.2 TTL 与非门

TTL 与非门电路如图 10.10 所示。它与图 10.9 所示反相器不同的是 T_1 管采用了多发射极三极管。

多发射极三极管有多个发射极，一个基极，一个集电极，把发射结和集电结等效成二极管，则 T_1 可画成如图 10.11 所示形式。不难看出 D_A、D_B 和 R_1 组成与门电路，并通过 U_{C1} 把信号送给 T_2 的基极，所以多发射极三极管实现与逻辑功能。

由图 10.10 可知，只要 A、B 中有一个接低电平，则 T_1 必有一个发射结导通，并将 T_1 的基极电位钳位在 1V（设 $U_{1L}=0.3V$，$U_{BE}=0.7V$）。这时 T_2、T_4 均截止，输出为高电平 U_{OH}。只有当 A、B 同时为高电平时，T_2 和 T_4 才同时导通，输出为低电平 U_{OL}。即输出 Y 和输入 A、B 之间为与非逻辑关系。

$$Y = \overline{AB}$$

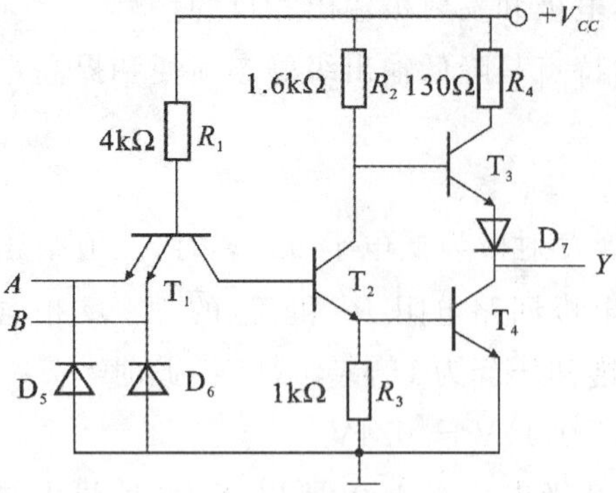

图 10.10　TTL 与非门

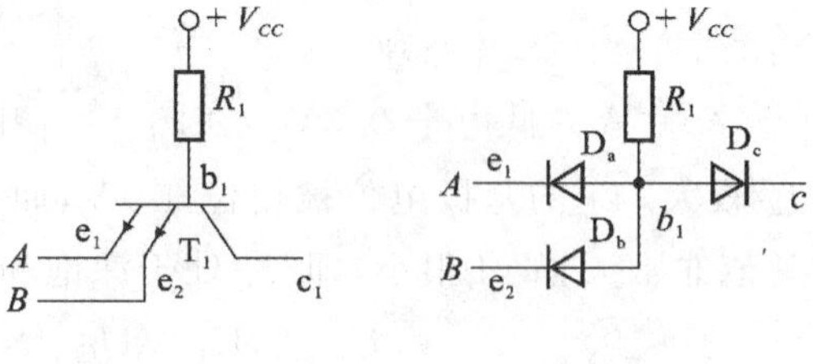

(*a*)　　　　(*b*)

图 10.11　多发射极三极管及其等效电路

(*a*)多发射极三极管;(*b*)等效电路

同理,也可以用类似的结构构成 TTL 或门、或非门、与或非门、OC 门等。这里不再一一介绍。集成门电路的符号与分立元件门电路完全相同。一般 TTL 集成电路的结构如图 10.12所示。

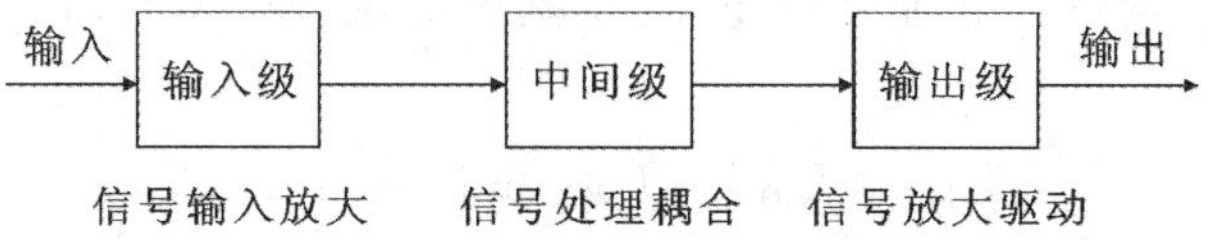

图 10.12　一般 TTL 集成电路结构框图

10.4　逻辑代数的基本公式和规则

逻辑代数是英国数学家乔治·布尔(George Boole)在 19 世纪中叶(1848 年)研究思维规律时首先提出来的,因此又称其为布尔代数。1938 年布尔代数首次用于电话继电器开关电路的设计,所以又称它为开关代数。

逻辑代数是研究因果关系的一种代数,和普通代数类似,可以写成下面的表达形式:

$$Y = F(A, B, C, D)$$

逻辑变量 A、B、C 和 D 称为自变量,Y 称为因变量,描述因变量和自变量之间的关系称为逻辑函数。但它有与普通代数不同的两个特点:

第一,不管是变量还是函数,其值只有"0"和"1"两个,且这两个值不表示数值的大小,只表示事物的性质、状态等。在逻辑电路中,通常规定 1 代表高电平,0 代表低电平,是正逻辑。如果规定 0 代表高电平,1 代表低电平,则称为负逻辑。在以后如不专门声明时,指的都是正逻辑。

第二,逻辑函数只有三种基本运算,它们是与运算、或运算和非运算。

逻辑函数可以用逻辑表达式、逻辑电路、真值表、卡诺图等方法表示。

10.4.1　基本公式

逻辑代数的基本公式对于逻辑函数的化简非常有用。大部分逻辑代数的基本公式的正确性是很明显的。

(1) 0-1 律　　$A+1=1$　　　　$A \cdot 0=0$

(2) 自等律　$A+0=0$　　$A\cdot 1=A$

(3) 互补律　$A\cdot \overline{A}=0$　　$A+\overline{A}=1$

(4) 交换律　$A+B=B+A$　　$A\cdot B=B\cdot A$

(5) 结合律　$A+(B+C)=(A+B)+C$　　$A\cdot(B\cdot C)=(A\cdot B)\cdot C$

(6) 分配律　$A+B\cdot C=(A+B)\cdot(A+C)$　　$A\cdot(B+C)=A\cdot B+A\cdot C$

$(A+B)\cdot(A+C)=A+BC$

(7) 吸收律　$A+A\cdot B=A$　　$A\cdot(A+B)=A$

$A+\overline{A}\cdot B=A+B$　　$A\cdot(\overline{A}+B)=A\cdot B$

(8) 重迭律　$A+A=A$　　$A\cdot A=A$

(9) 反演律　$\overline{A\cdot B}=\overline{A}+\overline{B}$　　$\overline{A+B}=\overline{A}\cdot\overline{B}$

(10) 还原律　$\overline{\overline{A}}=A$

(11) 包含律　$AB+\overline{A}C+BC=AB+\overline{A}C$

证明：

$$\begin{aligned}AB+\overline{A}C+BC&=AB+\overline{A}C+BC(A+\overline{A})\\&=AB+\overline{A}C+ABC+\overline{A}BC\\&=AB+\overline{A}C\end{aligned}$$

10.4.2　运算规则

逻辑代数有三个重要的运算规则，即代入规则、反演规则和对偶规则，这三个规则在逻辑函数的化简和变换中是十分有用的。

(1)代入规则：将逻辑等式中的一个逻辑变量用一个逻辑函数代替，逻辑等式仍然成立。使用代入规则，可以轻而易举地证明许多等式，扩大基本公式的应用范围。

(2)反演规则：如果将逻辑函数 F 的表达式中所有的“·”都换成“+”，“+”都换成“·”，“1”都换成“0”，“0”都换成“1”，原变量都换成反变量，反变量都换成原变量，所得到的逻辑函数就是 F 的反函数。利用反演规则可以很容易地写出一个逻辑函数的反函数，如求逻辑函数 $F=AB+CD$ 的非，根据反演规则有：$\overline{F}=(\overline{A}+\overline{B})\cdot(\overline{C}+\overline{D})$。

(3)对偶规则：如果将逻辑函数 F 的表达式中所有的“·”都换成“+”，“+”都换成“·”，常量“1”都换成“0”，“0”都换成“1”，所得到的逻辑函数就是 F 的对偶式，记为 F'，如果两个逻辑函数相等则对偶式也相等。利用对偶规则可以使逻辑函数证明简单化。

10.5　译码器和编码器

10.5.1　译码器

所谓译码是将二进制代码的特定数字或其他信息辨别出来，并输出相应形式的电信号，完成这一功能的数字电路部件称为译码器。

译码器按其功能特点分为通用译码器和显示译码器。通用译码器是将代码转换成电路输出状态的译码器，其代表产品是二～四线译码器和四～十线译码器，这两种译码器的应用十分广泛。

10.5.2 二～四线译码器

二～四线译码器的输入端为 2 个，输出端为 $2^2=4$ 个，图 10.13 为二～四线译码器逻辑电路。由图可得二～四线译码器的输入与输出关系，见表 10.9。二～四线译码器的典型产品有 74LS139，T156 等。

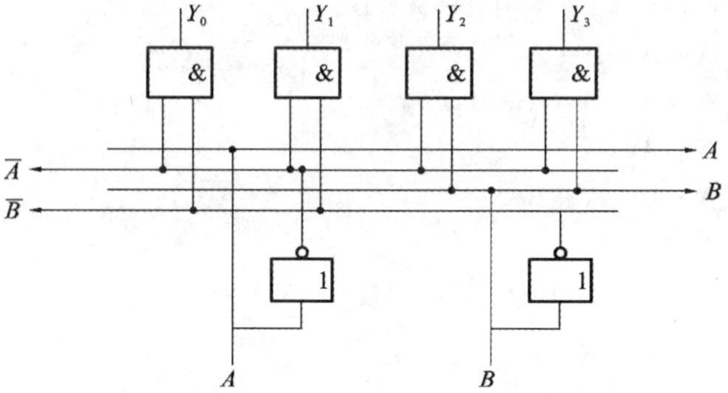

图 10.13 二～四线译码器逻辑电路

表 10.9 二～四线译码器输入与输出关系表

输入		输出			
A	B	Y_0	Y_1	Y_2	Y_3
0	0	1	0	0	0
0	1	0	0	1	0
1	0	0	1	0	0
1	1	0	0	0	1

10.5.3 四～十线译码器

四～十线译码器可将四位二进制 BCD 码译成十进制数，即从输入端输入四位二进制 BCD 码，在其输出端代表 0～9 中某个数的电路状态。

10.5.4 字段显示译码器

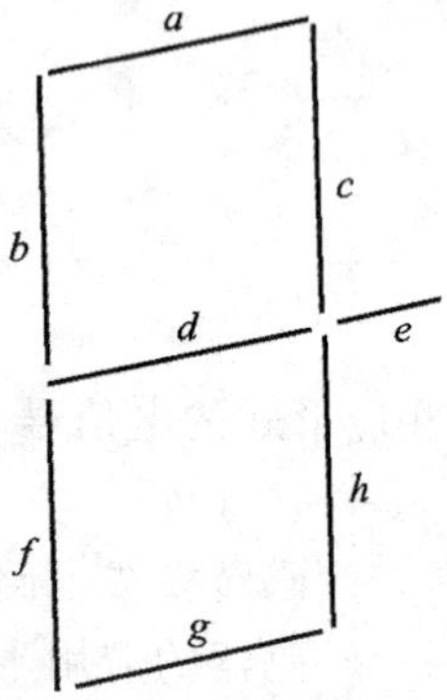

图 10.14 分段式字形分布

数码显示的一种常见方式是分段显示。分段式数码由分布在同一平面上的若干段发光字形线段组成，如图 10.14 所示。为了将代码所表示的十进制数字显示出来，必须通过译码器使其对应的数字段点亮。例如，8421 码的 0011 代码，对应十进制数为 3，则译码器应使 a、c、d、g、h 五段点亮，因此译码器的几个输出端应有确定的信号输出，这是字段显示译码器的主要特点。字段译码器有七段和八段译码器等。8421 十进制编码的字段控制要求见表 10.10，七段译码器的字段控制要求，只比八段的少了一段，其他完全相同。

中规模集成译码器八段的有 C302 和 C305 等，七段的有 T337 和 C306 等。常用的数字显示器件有辉光数码管、荧光数码管、发光二极管(LED)、显示器和液晶显示器(LCD)等。

表 10.10　八段译码器的段控制要求

代码 Q4	Q3	Q2	Q1	字段 / 十进制数	a	b	c	d	e	f	g	h
0	0	0	0	0				×	×			
0	0	0	1	1	×	×		×	×	×	×	
0	0	1	0	2		×			×			×
0	0	1	1	3		×			×	×		
0	1	0	0	4	×					×	×	
0	1	0	1	5			×		×	×		
0	1	1	0	6			×		×			
0	1	1	1	7		×		×	×	×	×	
1	0	0	0	8					×			
1	0	0	1	9					×	×		

注：×表示该段灭

10.5.5　编码器

所谓编码，就是以若干 0 和 1 按一定的编排规则组成不同的代码来表示被传送的数字或符号，也可以说是赋予每个代码以一定的含义。编码是译码的反过程。执行编码功能的器件称为编码器。

10.6　触发器

由与门、或门、非门等基本逻辑门组成的组合逻辑电路是没有记忆功能的，在数字电路和计算机系统中，需要具有记忆和存储功能的逻辑部件，触发器就是组成这类逻辑部件的基本单元。触发器在某一时刻的输出不仅和当时的输入状态有关，而且还与在此之前的电路状态有关。即当输入信号消失后，触发器的状态被保持(记忆)，直到再输入信号后它的状态方可能变化。因而，触发器和基本逻辑电路、组合逻辑电路相比较最大的区别是触发器具有记忆功能，通常应用于将瞬时变化状态转换为恒定状态。

10.6.1　基本 RS 触发器

10.6.1.1　电路组成

将两个与非门的输入端与输出端交叉耦合就组成一个基本 RS 触发器，如图 10.15(*a*)所示，其中 $\overline{R}$、$\overline{S}$ 是它的两个输入端，非号表示低电平触发有效，Q、$\overline{Q}$ 是它的两个输出端，基本 RS 触发器的逻辑符号如图 10.15(*b*)所示。

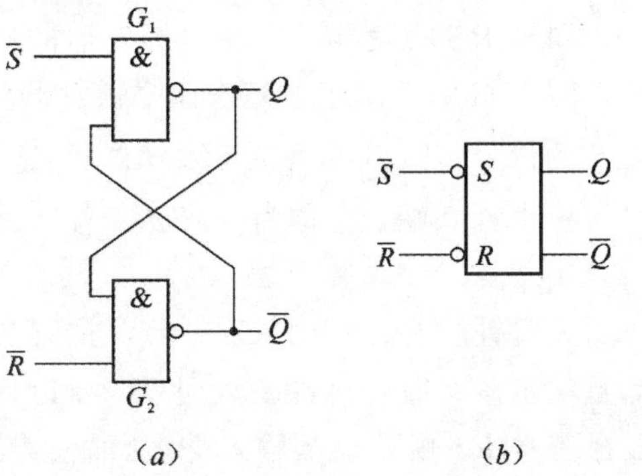

图 10.15　基本 RS 触发器

(*a*)逻辑电路；(*b*)逻辑符号

10.6.1.2　逻辑功能

基本 RS 触发器的两个输出端 Q 和 $\overline{Q}$ 的状

态相反，通常规定 Q 端的状态为触发器的状态。Q 端为 1 时，称触发器为 1 态；Q 端为 0 时，称触发器为 0 态。根据 $\overline{R}$、$\overline{S}$ 的不同输入组合，可以得出基本 RS 触发器的逻辑功能。

$\overline{R}=1$，$\overline{S}=1$，触发器保持原状态不变。$\overline{R}=1$，$\overline{S}=1$ 时，若触发器处于 0 态，即 $Q=0$，$\overline{Q}=1$，于是门 G_1 的两个输入 $\overline{S}$、$\overline{Q}$ 均为 1，因此门 G_1 的输出 $Q=0$，即触发器保持 0 态不变。同理，若触发器原来处于 1 态，即 $Q=1$、$\overline{Q}=0$ 时，于是门 G_2 的两个输入 Q、$\overline{R}$ 均为 1，因此门 G_2 的输出 $\overline{Q}=0$，致使 G_1 输出为 1，因此触发器保持 1 态不变。可见，触发器未输入低电平信号时，总是保持原来状态不变，这就是触发器的记忆功能。

$\overline{R}=1$，$\overline{S}=0$，触发器被置为 1 态。由于 $\overline{S}=0$，门 G_1 的输出 $Q=1$，因而门 G_2 的两个输入 Q、$\overline{R}$ 全为 1，则 $\overline{Q}=0$，触发器被置为 1 态，故称 $\overline{S}$ 端为置 1 端。

$\overline{R}=0$，$\overline{S}=1$，触发器被置为 0 态。由于 $\overline{R}=0$，门 G_2 的输出 $Q=1$，因而门 G_1 的两个输入 $\overline{Q}$、$\overline{S}$ 全为 1，则 $Q=0$，触发器被置为 0 态，故称 $\overline{R}$ 端为置 0 端或称为复位端。

$\overline{R}=0$，$\overline{S}=0$，触发器状态不确定。在 $\overline{R}=0$，$\overline{S}=0$ 期间，Q 和 $\overline{Q}$ 同时被迫为 1，因而在 $\overline{R}$、$\overline{S}$ 的低电平触发信号同时消失后，Q 和 $\overline{Q}$ 的状态不能确定，这种情况应当避免，否则会出现逻辑混乱或错误。

综上所述，基本 RS 触发器的逻辑功能如表 10.11 所示。

表 10.11 基本 RS 触发器真值表

输入信号		输出状态	功能说明
$\overline{R}$	$\overline{S}$	Q	
0	0	不定	禁止
0	1	0	置 0
1	0	1	置 1
1	1	Q	保持上一状态(记忆)

10.6.2 同步 RS 触发器

在数字系统中，常由时钟脉冲 CP 来控制触发器按一定的节拍同步动作，即在时钟脉冲到来时输入触发信号才起作用。由时钟脉冲控制的 RS 触发器称为同步 RS 触发器。

10.6.2.1 电路结构

同步 RS 触发器是在基本触发器的基础上增加两个与非门构成的，电路如图 10.16(*a*)所示。图中 G_1、G_2 门组成基本 RS 触发器。G_3、G_4 构成控制门，在时钟脉冲 CP 控制下，将输入 R、S 的信号传送到基本 RS 触发器。$\overline{R}_D$、$\overline{S}_D$ 不受时钟脉冲控制，可以直接置 0、置 1，所以 $\overline{R}_D$ 称为异步置 0 端，$\overline{S}_D$ 称为异步置 1 端。图 10.16(*b*)为同步 RS 触发器逻辑符号。

10.6.2.2 工作原理

无时钟脉冲作用时（CP=0），与非门 G_3、G_4 均被封锁，R、S 输入信号不起作用，触发器维持原状态。有时钟脉冲输入时（CP=1），G_3、G_4 门打开，R、S 输入信号才能分别通过 G_3、G_4 门加在基本 RS 触发器的输入端，从而使触发器翻转。

同步 RS 触发器的真值表见表 10.12，表中 Q^n 表示时钟脉冲作用前触发器的状态，称原状态；Q^{n+1} 表示时钟脉冲作用后触发器的状态，称为现状态。表中“×”表示触发器的状态不定。

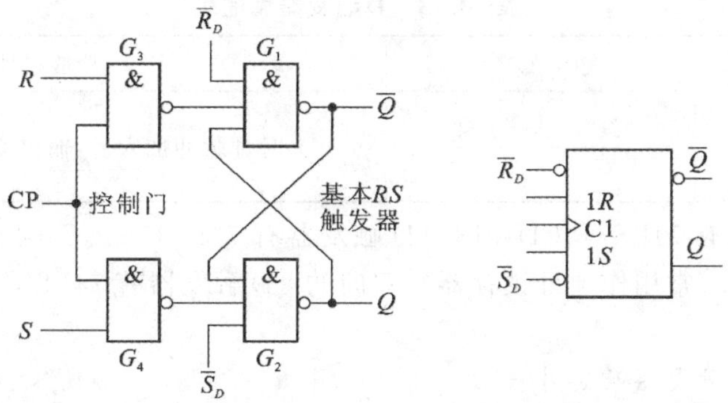

(a)　(b)

图 10.16　同步 RS 触发器

(a)逻辑电路；(b)逻辑符号

表 10.12　同步 RS 触发器真值表

时钟脉冲 CP	输入信号		输出状态 Q^{n+1}	功能说明
	R	S		
0	×	×	Q^n	保持、记忆
1	0	0	Q^n	保持、记忆
1	0	1	1	置 1
1	1	0	0	清 0
1	1	1	不定	禁止

例 10.6　如图 10.17 中的 R 和 S 信号波形，画出同步 RS 触发器 Q 和 $\overline{Q}$ 的波形。

解　设 RS 触发器的初态为 0，当时钟脉冲 CP＝0 时，触发器不受 R 和 S 信号控制，保持原状态不变。只有在 CP＝1 的期间，R 和 S 信号才对触发器起作用。波形如图 10.17 所示。

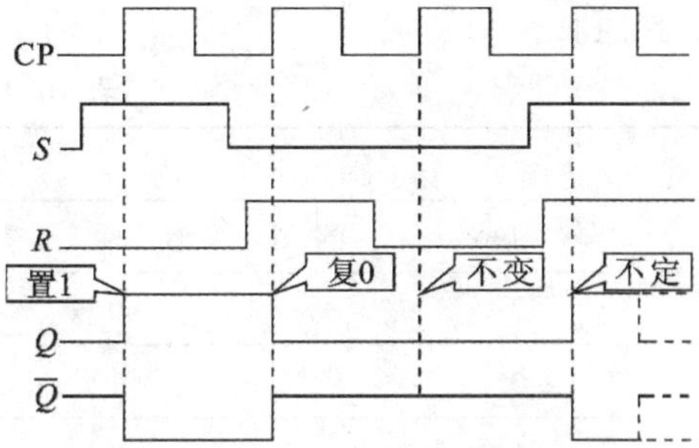

图 10.17　同步 RS 触发器的波形图

10.6.3　触发器逻辑功能概述

前面介绍的 RS 触发器存在不确定状态，为了避免不确定状态，在 RS 触发器的基础上发展了几种不同逻辑功能的触发器，常用的有 JK、D 和 T 触发器。触发方式有电平触发、上升沿触发、下降沿触发三种。

10.6.3.1　D 触发器及芯片

D 触发器只有一个输入端，时钟脉冲未到来时，输入端 D 的信号不起任何作用；只有在 CP 脉冲到来的瞬间，输出端 Q 立即变成与输入端 D 相同的电平，即 $Q^{n+1}=D$。D 触发器真值表如表 10.13 所示。

表 10.13 D触发器真值表

输入 D	输出 Q^{n+1}	功能说明
1	1	时钟脉冲加入后，输出 Q 与输入 D 相同
0	0	

常用 2D 触发器有 74LS74、CD4013，4D 触发器有 74LS175、CC4042、CC4058，8D 触发器有 74LS273、74LS373（常用作地址锁存器），双向的 8D 触发器有 74LS245（常用作双向数据传送控制）。

10.6.3.2 JK 触发器及芯片

如图 10.18 所示，74LS76 为双 JK 触发器，J、K 为输入端，Q、$\overline{Q}$ 为输出端，$\overline{S}_{1D}$、$\overline{S}_{2D}$为置 1 端（低电平有效），$\overline{R}_{1D}$、$\overline{R}_{2D}$为置 0 端（低电平有效），CP_1、CP_2 为时钟触发端（下降沿有效）。其他 JK 触发器有：74LS70、74H72、74LS73、74H71、CC4027、CC4095。

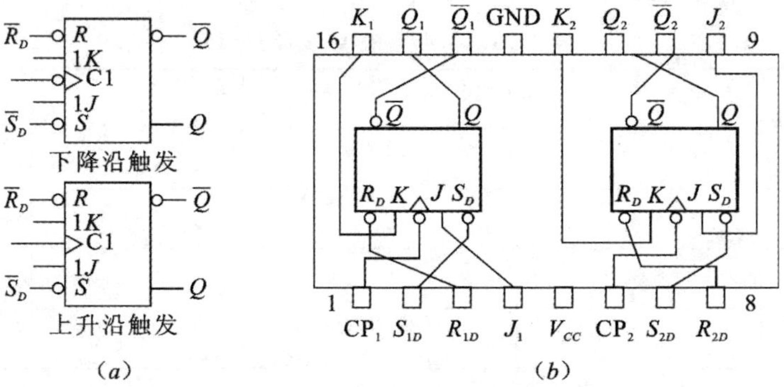

图 10.18 JK触发器逻辑符号及引脚图

(a) JK 触发器逻辑符号；(b) JK 触发器 74LS76 引脚图

JK 触发器不仅可以避免不确定状态，而且增加了触发器的逻辑功能，其真值表见表 10.14。

表 10.14 JK触发器的真值表

输入		输出（次态）	功能说明
J	K	Q^{n+1}	
0	0	Q^n	保持（记忆）
0	1	0	置 0
1	0	1	置 1
1	1	$\overline{Q}^n$	翻转

10.7 计数器

能够对输入脉冲进行计数的电路，称为计数器。计数器不仅可以用来计数，也可用来定时、分频和进行数值计算，用途十分广泛，因此几乎任何一个数字系统都少不了计数器。

计数器种类很多，按贮存数的增减情况可分为加计数、减计数和可逆计数（可加、可减计数)；按计数进位制不同，可分为二进制计数器、十进制计数器和其他进制计数器；按计数器中触发器翻转次序的一致与否，可分为同步和异步两类。同步计数器计数过程中需要翻转的触发器同步翻转。异步计数器工作时，需要翻转的触发器在翻转时间上不一致，是先低位，后高位。同步计数器的工作速度较异步计数器快。

10.7.1　异步二进制加法计数器

加法计数器在计数脉冲作用下，所贮存的数逐次加 1。前面介绍的 T 触发器($T=1$ 时)具有计数功能，即每来一个计数脉冲，状态就翻转一次，因而可用来计数。但一只 T 触发器只能计入一个输入脉冲。设触发器原状态为 0，1 个计数脉冲输入，状态翻转为 1；两个计数脉冲输入，状态又翻转成原状态 0。显然要计入两个计数脉冲就必须用两级 T 触发器。采用两级触发器最多可计入 3 个计数脉冲。采用 4 级触发器，最多可计入 15 个计数脉冲。采用 n 级触发器，最多可计入 2^n-1 个计数脉冲。

图 10.19 是用 JK 触发器构成的 4 位异步二进制加法计数器逻辑图。观察逻辑图可见：

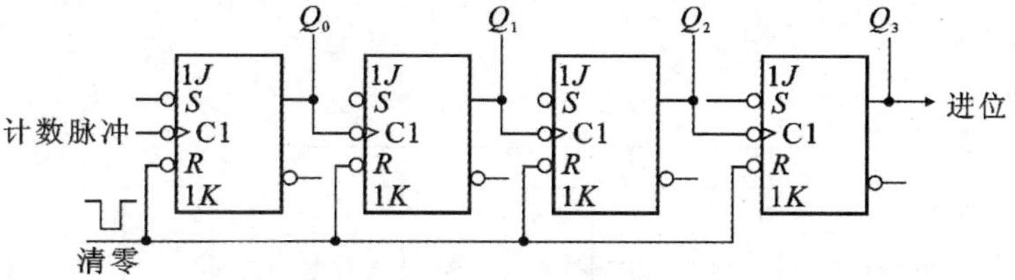

图 10.19　4 位异步二进制加法计数器

①图中 4 只触发器的 J、K 端都接高电平(在 TTL 电路中输入端空置一般默认为输入高电平)，因而都是计数状态，$Q^{n+1}=\overline{Q}^n$；各触发器都是 CP 脉冲下降沿触发。

②各触发器的 CP 脉冲各不相同。计数脉冲从最低位触发器 CP 端输入。相邻两触发器中，低位触发器的 Q 端接高位触发器的 CP 端。这样当低位触发器的 Q 端由 1 变 0 时，即产生负跳变时，就使相邻高位触发器发生翻转，从而实现进位。由于上述电路进位时，是在低一位触发器翻转以后，高一位再翻转的，故称为异步计数器。

设图 10.19 电路初始状态为 0000，即 $Q_3Q_2Q_1Q_0=0000$，按上述分析，可逐一求得：在 CP 计数脉冲作用下，第 1 个 CP 脉冲后，Q_0 翻转，状态为 0001；第 2 个 CP 脉冲后，Q_1、Q_0 翻转，状态为 0010；第 3 个 CP 脉冲后，Q_0 翻转，状态为 0011；第 4 个 CP 脉冲后，Q_2、Q_1、Q_0 翻转，状态为 0100；……；第 8 个 CP 脉冲后，Q_3、Q_2、Q_1、Q_0 翻转，状态为 1000；……；第 15 个 CP 脉冲后，状态为 1111；第 16 个计数脉冲后，状态为 0000，同时 Q_3 向高位产生一个进位脉冲。由上可

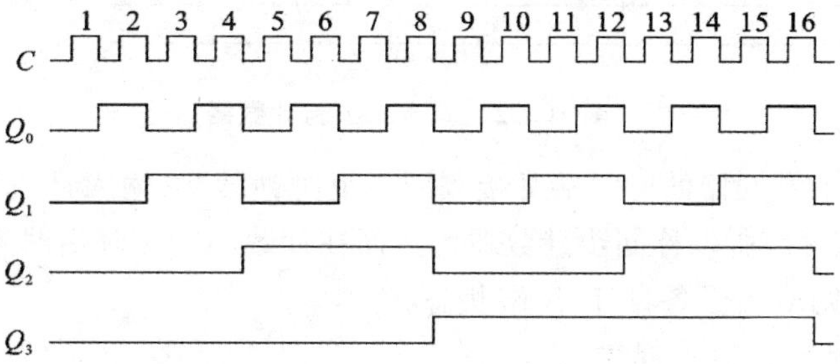

图 10.20　4 位二进制加法计数器波形图

见，在计数脉冲作用下，计数器状态按二进制加法规律更新，故为二进制加法计数器。图 10.20 为 4 位二进制加法计数器波形图。

由波形图可见，输出端 Q_0、Q_1、Q_2、Q_3 分别得到二进制（对时钟脉冲二分频）、四进制（对时钟脉冲四分频）、八进制（对时钟脉冲八分频）、十六进制（对时钟脉冲十六分频）的计数器。

10.7.2 异步二进制减法计数器

图 10.21 是异步 4 位二进制减法计数器逻辑图。图中 J、K 端省略未画出（J、K 都为 1）。与图 10.19 对照可见，它们也都是由 JK 触发器构成，并接成计数形式，而且都是下降沿触发。区别在于，加法器是以低位的 Q 端接相邻高位的 CP 端，实现进位；而减法器则是以低位的 $\overline{Q}$ 端接相邻高位的 CP 端，实现借位。按二进制减法法则：1－1＝0，10－1＝01，当低位为 1 时输入一个计数脉冲，状态翻转为 0，$\overline{Q}$ 由 0 翻转为 1，因为是正跳变，高位触发器的状态保持，从而实现 1－1＝0；当低位为 0 时，输入一个计数脉冲，低位 Q 由 0 翻转为 1，而 $\overline{Q}$ 则由 1 翻转为 0，这是负跳变，该负跳变信号使相邻高位触发器状态翻转，从而实现了 10－1＝01，即实现了借位。

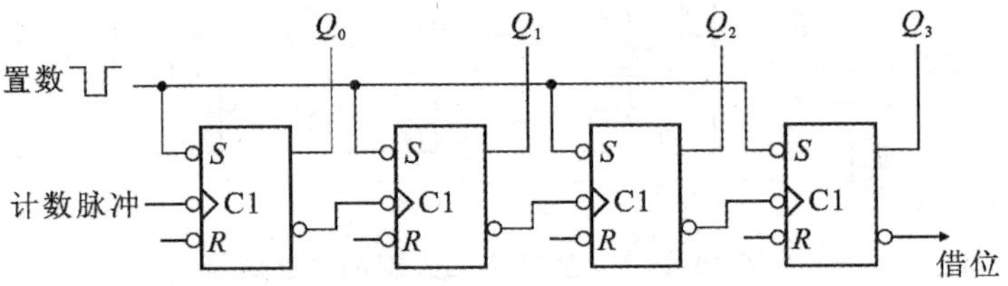

图 10.21 4 位异步二进制减法计数器

10.7.3 同步二进制计数器

图 10.22 是 4 位同步二进制加法计数器逻辑图。

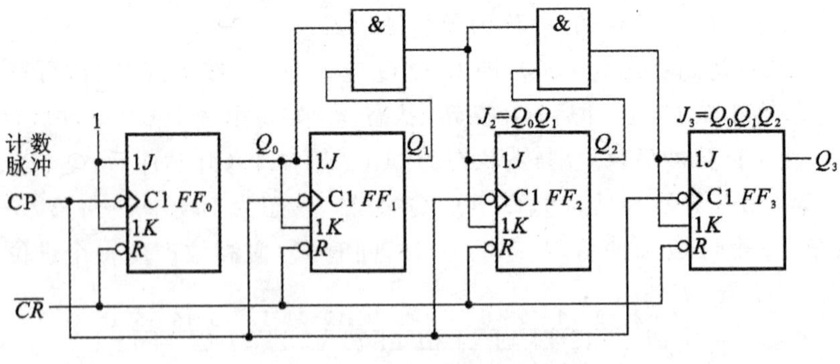

图 10.22 同步二进制计数器

从图中可见，4 个触发器的时钟端都接收同一个时钟脉冲（输入计数脉冲），因此各触发器的翻转动作将同时进行，所以称同步计数器。然而在计数脉冲下降沿时刻，各触发器状态是翻转、保持、置 0、置 1 则取决于各自 J、K 端状态。

四个触发器的翻转有以下规律：

① FF_0 每输入一个计数脉冲，状态就翻转一次。

②FF_1 是在 $Q_0=1$ 时触发翻转，即 FF_0 原为 1，作加 1 计数时，产生进位使高位触发器 FF_1 翻转。

③FF_2 是在 Q_0、Q_1 同时为 1 时触发翻转，即 FF_0、FF_1 原均为 1，作加 1 计数时，产生进位使 FF_2 触发器翻转。

④FF_3 是在 Q_0、Q_1、Q_2 同时为 1 时触发翻转，即 FF_0、FF_2 原均为 1，作加 1 计数时，产生进位使 FF_3 翻转为 1。

10.7.4 同步十进制计数器

十进制计数器是每输入 10 个计数脉冲，状态就循环一次的计数器。十进制加法计数器也有同步、异步两种不同工作方式。下面介绍同步十进制加法计数器。

对于 8421BCD 码而言，当计数脉冲从第 1 到第 9 依次输入时，计数器状态应从 0001 变到 1001，这与二进制加法计数器完全相同。而当第 10 个计数脉冲输入时，计数器应恢复到初始状态 0000，并向前产生一个进位脉冲。可见，十进制加法计数器与四位二进制加法计数器的主要区别就在于要清除 6 种多余状态。十进制计数器电路就是在四位二进制计数器的基础上，加上适当的反馈控制电路，使得第 10 个计数脉冲到来时，计数器跳过多余的状态，返回到初始状态，并产生进位脉冲。

图 10.23 是 8421BCD 码同步十进制加法计数器逻辑图。由图可见，计数脉冲同时加到各触发器 CP 端，因而是同步计数器。

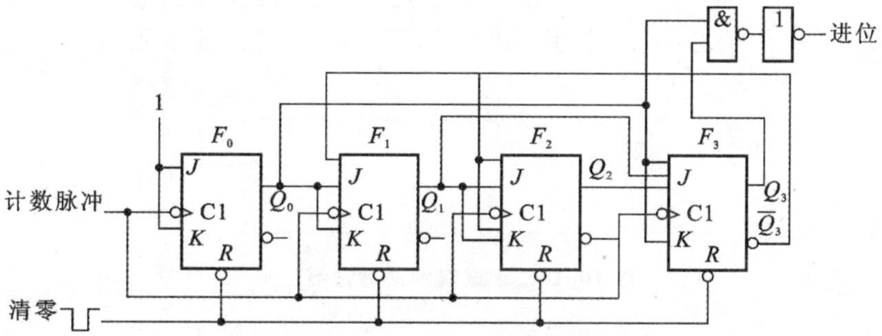

图 10.23 同步十进制加法计数器

由逻辑图写出各触发器 J、K 端表达式：

F_0 $J_0=K_0=1$

F_1 $J_1=Q_0\overline{Q}_3, K_1=Q_0$

F_2 $J_2=K_2=Q_1Q_0$

F_3 $J_3=Q_2Q_1Q_0, K=Q_0$

设计数器初始状态 $Q_3Q_2Q_1Q_0=0000$，由于第 1～7 个计数脉冲期间，保持 $Q_3=0, \overline{Q}_3=1$，因此，F_0～F_2 各 J、K 表达式与同步二进制计数器相同，因此在第 1～7 输入计数脉冲作用下，计数器状态依次出现 0001、0010、0011、0100、0101、0110、0111。

在 $Q_3Q_2Q_1Q_0=0111$ 状态下，各触发器 J、K 端表达式及动作情况分析如下：

F_0 $J_0=K_0=1$ 翻转

F_1 $J_1=Q_0\overline{Q}_3=1, K_1=Q_0=1$ 翻转

F_2 $J_2=K_2=Q_1Q_0=1$ 翻转

F_3 $J_3=Q_2Q_1Q_0=1, K=Q_0=1$ 翻转

分析得新状态为1000，此状态对应着输入第8个计数脉冲。

再以1000为原状态分析新状态可得：

F_0 $J_0=K_0=1$ 翻转

F_1 $J_1=Q_0\overline{Q_3}=0, K_1=Q_0=0$ 保持

F_2 $J_2=K_2=Q_1Q_0=0$ 保持

F_3 $J_3=Q_2Q_1Q_0=0, K=Q_0=0$ 保持

分析得新状态为1001，此状态对应着输入第9个计数脉冲。

以1001为原状态，分析新状态可得：

F_0 $J_0=K_0=1$ 翻转

F_1 $J_1=Q_0\overline{Q_3}=0, K_1=Q_0=1$ 置0

F_2 $J_2=K_2=Q_1Q_0=0$ 保持

F_3 $J_3=Q_2Q_1Q_0=0, K=Q_0=1$ 置0

分析得新状态为0000，此对应着输入第10个计数脉冲。可见输入第10个计数脉冲时，状态返回，完成一个计数周期，同时由C产生一个进位脉冲。图10.24是同步十进制加法计数器波形图。

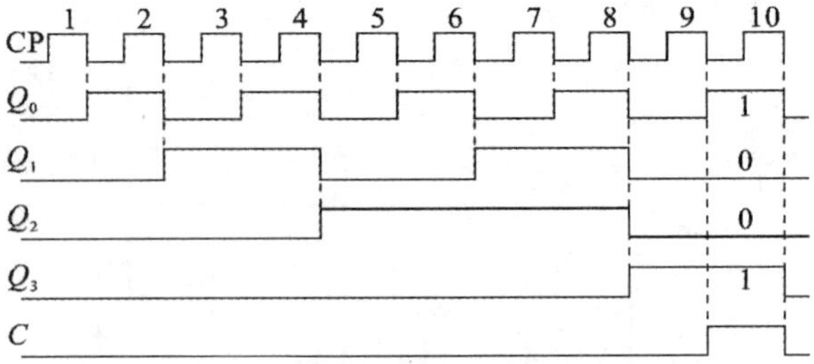

图10.24 十进制加法计数器波形图

10.8 寄存器

在数字电路中，经常需要一种逻辑部件把参与运算的数码或运算结果暂时存起来，然后根据需要取出来进行必要的处理和运算，这种用来暂存一下数码的逻辑部件称为寄存器。凡是具有记忆功能的触发器都能寄存数码。一个触发器只能存放一位二进制数码，n个触发器就可以存放n位二进制数。

寄存器按其功能不同，可分为数码寄存器和移位寄存器。

10.8.1 数码寄存器

数码寄存器是并行输入并行输出的寄存器。图10.25是由D触发器组成的四位数码寄存器，其工作原理如下：

首先在清零端Cr加一负脉冲，使各触发器置0态，清除寄存器中原有数码，准备接受新的数码。若要寄存数码“1101”，先把待存数码置入各个相应的输入端，使$D_4=1$、$D_3=1$、$D_2=0$、

$D_1=1$,然后在寄存指令端 CP 加一正脉冲,数码便并行存入寄存器,而使 $Q_4=1$、$Q_3=1$、$Q_2=0$、$Q_1=1$。因为 D 触发器的状态由其 D 端的电平来决定,所以事先不用清零也可以。

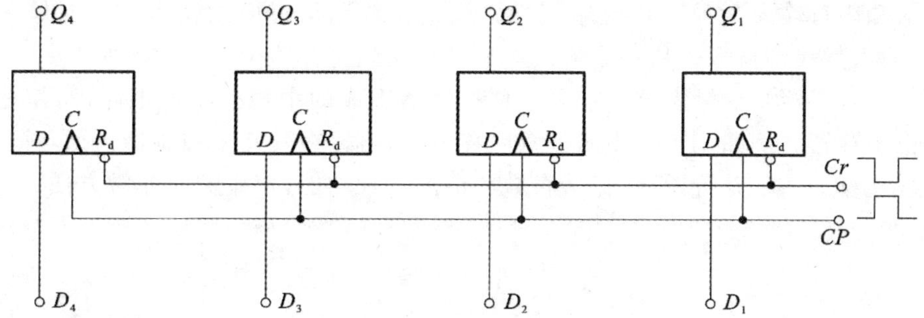

图 10.25 四位数码寄存器

常用的中规模集成数码寄存器有四位、八位等多种类别。例如,四位数码寄存器有 T451、T3175 等,八位数码寄存器有 T4373、T4377 等。

10.8.2 移位寄存器

移位寄存器除了具有存放数码的功能外,还具有使数码在寄存器中单向移位(左移或右移)或双向移位(既能左移也能右移)的功能。移位是一种重要的逻辑功能,在进行二进制加法计算、乘法计算以及在一些输入、输出电路中都需要这种移位功能。下面以左移寄存器为例说明移位寄存器的工作原理。

图 10.26 是由 D 触发器组成的左移位寄存器,左边触发器的输入端 D 依次接到右边触发器的输出端 Q,待存数码 N 由右边最低位触发器 F_1 的输入端 D_1 输入。若寄存器的数码为"1101",则可按移位脉冲(即时钟脉冲)的工作节拍从高位到低位依次送到 D_1 端。设寄存器的初始状态为"0000"。第一个待存数码为 1,所以 $D_1=1$,当第一个移位脉冲的上升沿到来时,F_1 翻转为 1 ,其他触发器状态不变,寄存器的状态变为"0001",第二个待存数码为 1,所以 $D_1=1$,而 $D_2=Q_1=1$,当第二个移位脉冲的上升沿到来时,寄存器变为"0011"状态。第三个待存数码为 0,所以 $D_1=0$,而 $D_2=1$、$D_3=1$,在第三个移位脉冲作用下,寄存器变为"0110"状态。第四个待存数码是 1,所以 $D_1=1$,而 $D_2=0$,$D_3=1$,$D_4=1$,在第四个移位脉冲作用下,寄存器变为"1101"状态。由此可见,经过四次移位就把一串数码 1101 从右向左移入寄存器中。

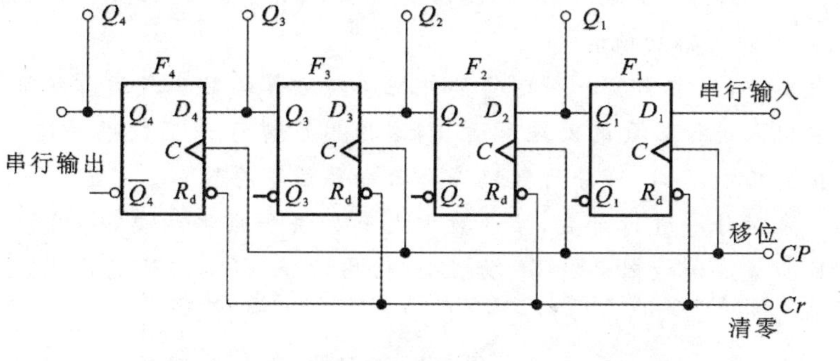

图 10.26 用 D 触发器组成的四位左移寄存器

如果从 $Q_4 \sim Q_1$ 端取出数码,称为并行输出。若从 Q_4 端取出数码,则为串行输出,这时,需要再输入四个移位脉冲,所存的数码"1101"便从 Q_4 端逐位取出。

综上所述，从寄存器中取出数码有并行输出和串行输出两种方式，并行输出的数码在对应的输出端上同时出现；而串行输出的数码在末位输出端逐位出现。寄存器存放数码的方式也有并行输入和串行输入两种。并行输入方式就是将数码从对应的输入端同时输入到寄存器中，而串行输入方式则将数码从一个输入端逐位输入到寄存器中。

集成移位寄存器是由触发器再加上一些控制器组成的中规模集成电路，常用的有四位和八位的移位寄存器。例如，T453为四位双向移位寄存器，在其几个控制器上加不同的电平，可以分别实现左移、右移、并行置数、保持存数和清除五种功能，使用起来非常方便。

小　结

在日常生活中，常采用十进制，除此之外，还有二进制、八进制、十六进制等。数字电路中主要应用二进制。二进制数基数为2，只有0和1两个数字符号，计数规律是"逢二进一"，在数字电路中，它不但可以表示数，而且还可以表示特定的逻辑事件，8421码用四位二进制代码代表0～9十个十进制数字，它与二进制数本质是不同的。

逻辑代数是研究因果关系的一种代数，变量和函数的值只有"0"和"1"两个，且不表示数值的大小。逻辑函数可以用逻辑表达式、逻辑电路、真值表、卡诺图等方法表示。

三种基本逻辑运算与、或、非是逻辑运算的基础，由它们可以组合成一系列复合逻辑运算，如与非、或非、与或非等。

门电路是数字电路系统的最基本单元，不同的门电路具有不同的逻辑功能。最基本的是"与""或""非"三种，由这三种基本门电路的不同组合可构成多种复合门。TTL电路具有工作速度高、带负载能力强、抗干扰性能好等特点，常用的TTL门电路有反相器、与非门、或非门等。

所谓译码是将二进制代码的特定数字或其他信息辨别出来，并输出相应形式的电信号。完成这一功能的数字电路部件称为译码器。译码器按其功能特点分为通用译码器和显示译码器。编码是译码的反过程。执行编码功能的器件称为编码器。

触发器同门电路一样也是构成数字电路的最基本的逻辑单元电路，它的基本特征是：输入信号触发使其处于0或1两种稳态之一，输入信号去掉后该状态能一直保留下来，直到再输入信号后状态才可能变化，故称触发器是有记忆功能的单元电路。RS触发器具有置1、置0、保持的逻辑功能。JK触发器具有置0、置1、保持、计数的逻辑功能。D触发器具有置0、置1的逻辑功能。

在数字电路中，经常需要一种逻辑部件把参与运算的数码或运算结果暂时存起来，然后根据需要取出来进行必要的处理和运算，这种用来暂存一下数码的逻辑部件称为寄存器。寄存器按其功能不同，可分为数码寄存器和移位寄存器。

计数器用来对脉冲进行计数，按计数方式有加法和减法两类，常用的有二进制、十进制计数器。目前集成计数器品种多、功能全、价格低廉，得到广泛的应用。

思考题与习题

10.1　将下列二进制数转换成十进制数。

$(1011)_B$；$(10010010)_B$；$(1010101)_B$；$(111000)_B$。

10.2　将下列十进制数转换成二进制数。

$(8)_D$；$(25)_D$；$(168)_D$；$(32)_D$。

10.3　完成下列数制之间的转换。

(1)$(256)_D$=(　　$)_Q$=(　　$)_H$；(2)$(101011)_B$=(　　$)_D$=(　　$)_Q$=(　　$)_H$。

10.4　二极管、三极管用于数字电路与用于模拟电路有什么不同？

10.5　试举例说明分立元件构成的与门、或门和非门的工作原理。

10.6　画出与门、或门、非门、与非门、或非门、异或门和与或非门的逻辑符号，写出真值表及输出表达式。

10.7　触发器的记忆功能指的是什么？计数功能指的是什么？

10.8　试分述 RS、JK、D 触发器的逻辑功能，列出真值表。

10.9　JK 触发器 J、K、CP 波形如图 10.27 所示。试画出主 JK 触发器 Q、$\overline{Q}$ 波形（设初始状态 Q=0）。

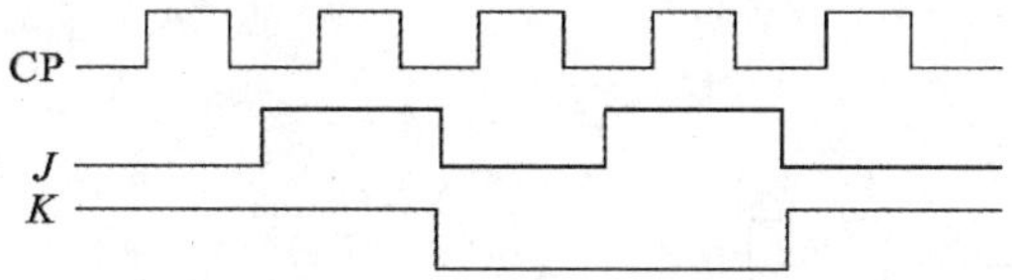

图 10.27　习题 10.9 附图

10.10　什么是计数器？如何分类？

实践与能力训练　集成逻辑门电路

(1)实验目的

①认识集成门电路 74LS00、74LS86 及其管脚排列。

②熟悉门电路的逻辑功能及测试方法。

③进一步熟悉常用仪器的使用方法。

(2)实验仪器设备

交流毫伏表，数字万用表，数字实验箱。

(3)实验内容及步骤

①测与非门的逻辑功能：在实验箱上找到 74LS00，输入高低电平，用万用表测试输出电压并将测试结果填入表中。

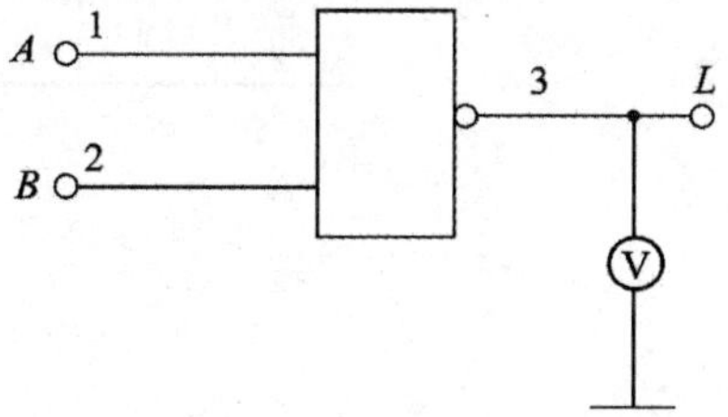

输入		输出	
A	B	电压(V)	逻辑状态
0	0		
0	1		
1	0		
1	1		

②用与非门组成其他的逻辑门电路

与门电路：

$L=AB=\overline{\overline{AB}}$

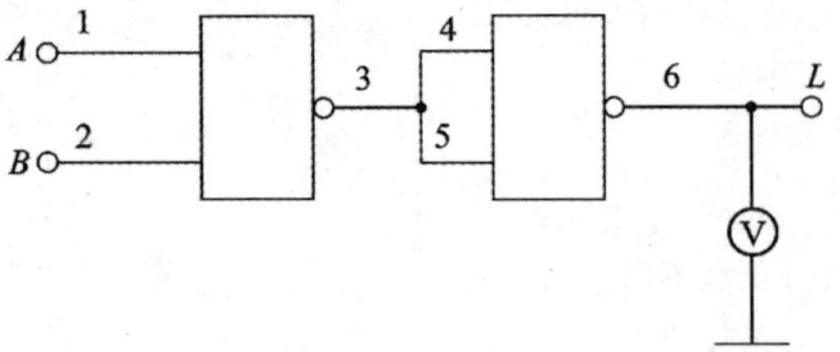

输　入		输　出
A	B	逻辑状态
0	0	
0	1	
1	0	
1	1	

或门电路：

$L=A+B=\overline{\overline{A}\cdot\overline{B}}$

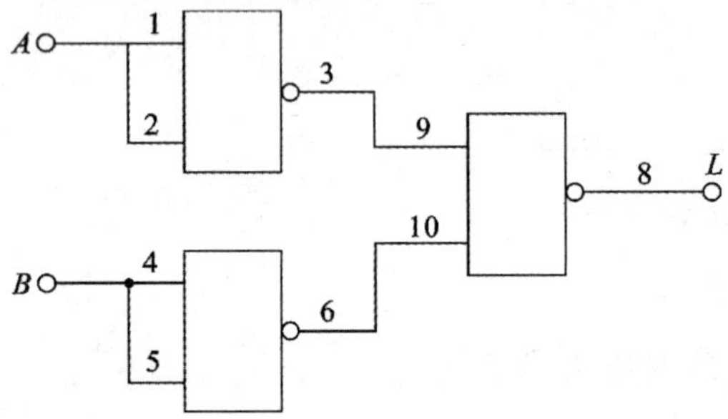

输　入		输　出
A	B	逻辑状态
0	0	
0	1	
1	0	
1	1	

或非门电路：

$L=\overline{A+B}=\overline{\overline{\overline{A}\cdot\overline{B}}}$

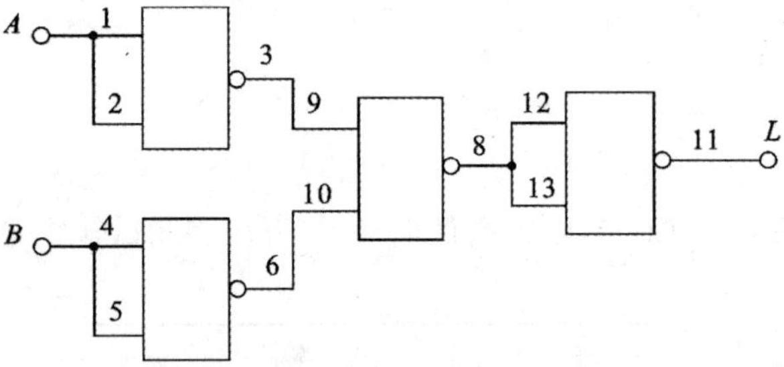

输　入		输　出
A	B	逻辑状态
0	0	
0	1	
1	0	
1	1	

(4)实验报告要求

画出逻辑电路，整理实验数据，按要求填写真值表。

附　　录

附录Ⅰ　常用阻容元件标称值

工厂生产的电阻阻值和云母、瓷介电容的容量，应符合国家规定的标称值系列。即表中所列值的 10^n 倍，其中 n 为正整数、负整数或零。

系列	允许误差	标称值												
E24	±5%	1.0	1.1	1.2	1.3	1.5	1.6	1.8	2.0	2.2	2.4	2.7	3.0	3.3
		3.6	3.9	4.3	4.7	5.1	5.6	6.2	6.8	7.5	8.2	9.1		
E12	±10%	1.0	1.2	1.5	1.8	2.2	2.7	3.3	3.9	4.7	5.6	6.8	8.2	
E6	±20%	1.0	1.5	2.2	3.3	4.7	6.8							

附录Ⅱ　电阻器的色标符号

用色点或色环标志的电阻器，其阻值、精度的意义如下：

外形	A B C 色环表示	A B C D 色环表示	Ⓐ Ⓑ Ⓒ 色点表示	
颜色	第一位数	第二位数	倍乘数	允许误差
棕	1	1	10^1	—
红	2	2	10^2	—
橙	3	3	10^3	—
黄	4	4	10^4	—
绿	5	5	10^5	—
蓝	6	6	10^6	—
紫	7	7	10^7	—
灰	8	8	10^8	—
白	9	9	10^9	—
黑	0	0	10^0	—
金	—	—	10^{-1}	±5%
银	—	—	10^{-2}	±10%
无色	—	—	—	±20%
符号	A	B	C	D

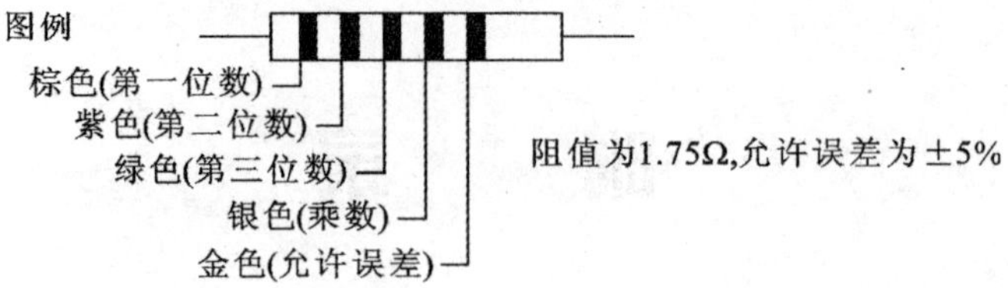

附录Ⅲ 半导体器件型号意义(GB 249—74)

第1部分		第2部分		第3部分				第4部分	第5部分
用数字表示器件的电极数目		用字母表示器件的材料和极性		用字母表示器件的类型				用数字表示器件序号	用字母表示规格号
符号	意义	符号	意义	符号	意义	符号	意义		
2	二极管	A	N型锗材料	P V	普通管 微波管	D	低频大功率管 (f_a<3MHz, P_c≥1W)		
		B	P型锗材料	W C	稳压管 参量管				
		C	N型硅材料	Z L	整流管 整流堆	A	高频大功率管 (f_a≥3MHz, P_c≥1W)		
		D	P型硅材料	S N U	隧道管 阻尼管 光电器件				
3	三极管	A	锗材料PNP型	K	开关管	T	晶闸管		
		B	锗材料NPN型	X	低频小功率管 (f_a<3MHz, P_c<1W)	B FH JG	雪崩管 复合管 激光器件		
		C	硅材料PNP型						
		D	硅材料NPN型	G	高频小功率管 (f_a≥3MHz, P_c<1W)				
		E	化合物材料						

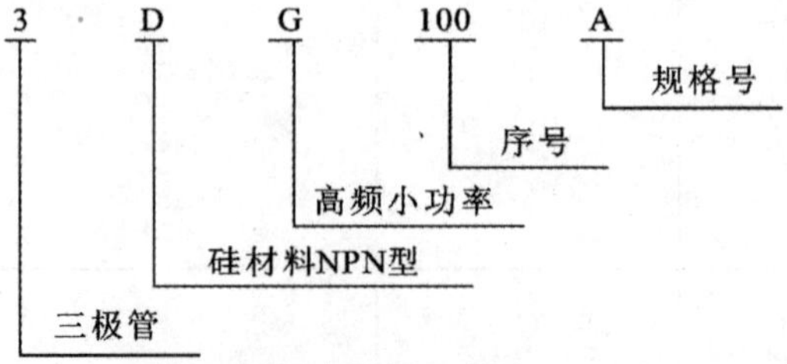

例：高频小功率NPN硅管

附录Ⅳ　几种常用半导体器件的主要参数①

1. 整流二极管

型号	旧型号	最大整流电流 I_F(A)	正向压降(平均值)U_F(V)	铝散热片规格
2CZ50		0.03	≤1.2	
2CZ51		0.05		
3CZ52A～H	2CP10～20	0.10	≤1.0	
2CZ53C～K	2CP21～28	0.3		
2CZ54B～G	2CP33A～I	0.5		
2CZ55C～M	2CZ11A～J	1		60mm×60mm×1.5mm
2CZ56C～K	2CZ12A～H	3	≤0.8	80mm×80mm×1.5mm
2CZ57C～M	2CZ13B～K	5		100cm^3
2CZ58	2CZ10	10		200cm^3
2CZ59	2CZ20	20		400cm^3
2CZ60	2CZ30	50		600cm^3

注：①部标硅整流二极管最高反向工作电压 U_{RM} 的规定如下所列：

分挡标志	A	B	C	D	E	F	G	H	J	K	L
U_{RM}(V)	25	50	100	200	300	400	500	600	700	800	900

2. 硅稳压管

型号	稳定电压 U_Z(V)	稳压电流 I_Z(mA)	最大工作电流 I_{Zmax}(mA)	动态电阻 Ω	最大耗散功率 P_{Zmax}(mW)	电压温度系数 C_{TV}(%℃)
2CW72	7.0～8.8	5	29	≤6	250	7
2CW73	8.5～9.5		25	≤10		8
2CW74	9.2～10.5		23	≤12		
2CW75	10～11.8		21	≤15		9
2CW76	11.5～12.5		20	≤18		
2DW280	5.8～6.6	10	80		200	5
2DW281	6.0～6.3					
2DW282						
2DW283						
2DW284						
2DW285						

3. 低频小功率锗管

型号	集电极最大耗散功率 P_{CM}(mW)	集电极最大允许电流 I_{CM}(mA)	最高允许结温度 T_{jm}(℃)	共发射极电流放大系数 $h_{FE}(\bar{\beta})$	$h_{FE}(\bar{\beta})$ 色标分挡	电极排列图
3AX31M	125	125	75	80～400	30～40(橙)	1
3AX31A				40～180	40～50(黄)	
3AX31B					55～80(绿)	
3AX31C					80～120(蓝)	
3AX31D					120～180(紫)	
3AX31E					180～270(灰)	
3AX31F					270～400(白)	
3BX31M	125	125	75	80～400	同上	1
3BX31A				40～180		
3BX31B						
3BX31C						

4. 低频大功率锗管

型号	集电极最大耗散功率 P_{CM}(W)	集电极最大允许电流 I_{CM}(A)	最高允许结温度 T_{jm}(℃)	共发射极电流放大系数 $h_{FE}(\bar{\beta})$	$h_{FE}(\bar{\beta})$ 色标分挡	电极排列图
3AD50AB 3AD50AC	10①	3	90	20～140	20～30(棕) 30～40(红) 40～60(橙) 60～90(黄) 90～140(绿)	7
3AD51A 3AD51B 3AD51C	10②	2	90	20～140		2

注:①加 120mm×120mm×4mm 散热板;

②加 120mm×120mm×3mm 散热板。

5. 低频大功率硅管

型号	集电极最大耗散功率 P_{CM}(W)	集电极最大允许电流 I_{CM}(A)	最高允许结温度 T_{jm}(℃)	共发射极电流放大系数 $h_{FE}(\bar{\beta})$	$h_{FE}(\bar{\beta})$ 色标分挡	电极排列图
3DD101A 3DD101B	50	5	175	≥20	20～40(棕) 40～80(红) 80～120(橙) >120(黄)	7
3DA101A 3DA101B 3DA101C	7.5	1	175	≥10 ≥15 ≥15		2

6. 高频小功率硅管

型号	集电极最大耗散功率 P_{CM}(mW)	集电极最大允许电流 I_{CM}(mA)	最高允许结温度 T_{jm}(℃)	共发射极电流放大系数 $h_{FE}(\bar{\beta})$	$h_{FE}(\bar{\beta})$ 色标分挡	电极排列图
3DG100A 3DG100B 3DG100C 3DG100D	100	20	150	≥30	30～60(红) 50～110(绿) 90～160(蓝) >150(白)	3 4 5 6
3DG182A 3DG182B 3DG182C 3DG182D	700	300	175	≥20	15～25(红) 25～40(橙) 40～55(黄) 55～80(绿) 80～120(蓝) 120～180(紫)	4

注：常用晶体管电极排列图。

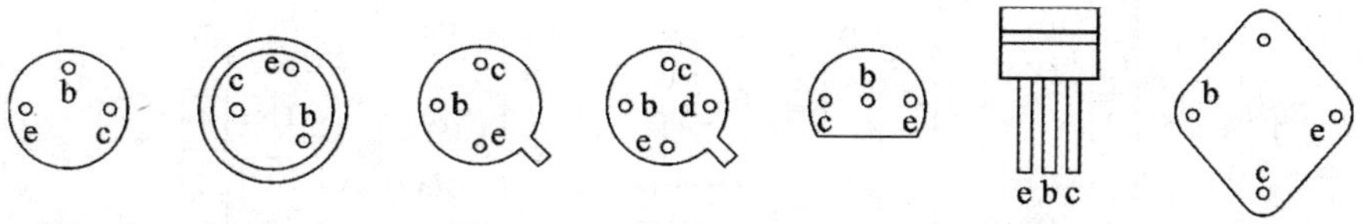

图1　图2　图3　图4　图5　图6　图7

附录Ⅴ　国内外模拟集成电路常见产品代号

代　号	产品出处
CF	国标草案集成运算放大器
F	部标集成运算放大器
5G	上海生产集成运算放大器
LM	美国国家半导体公司
AN	日本松下电子工业株式会社
μA	美国仙童公司
MC	美国摩托罗拉公司
CA	美国无线电公司

附录Ⅵ 通用运算放大器外引线图

符号含义：

IN₋——反相输入端　V⁺——正电源端　GND——地端

IN₊——同相输入端　V⁻——负电源端　COMP——补偿端

OUT——输出端　OA——失调调整端　BI——偏置端

通用Ⅰ型运放 F001

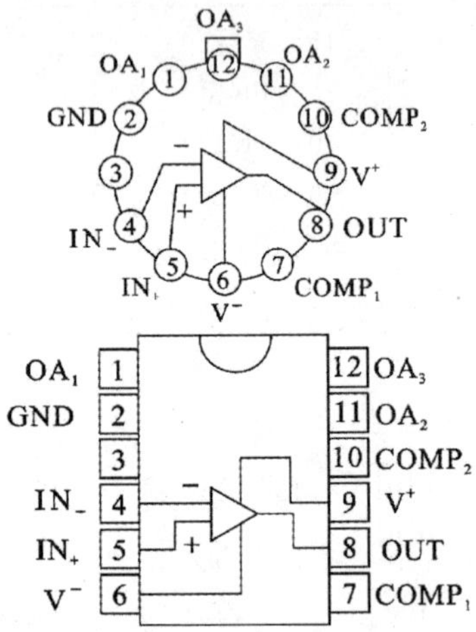

通用Ⅰ型运放 F002

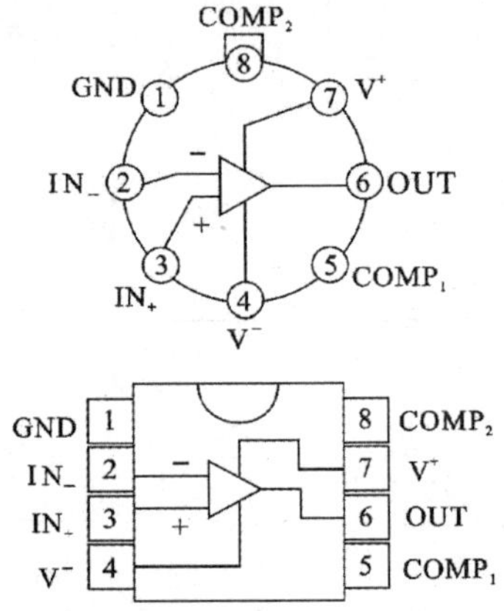

通用Ⅱ型运放 F003

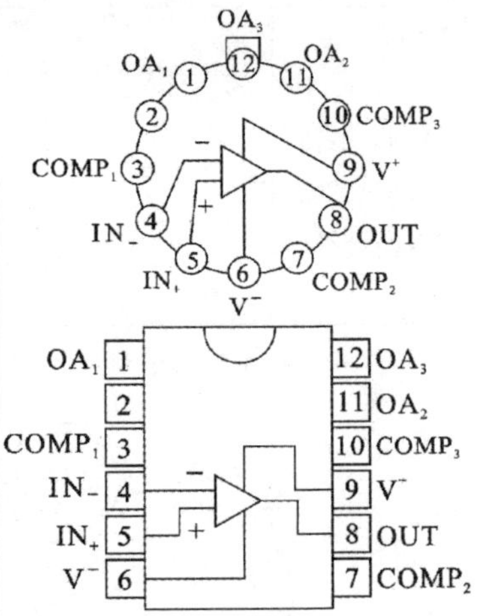

通用Ⅱ型运放 F004

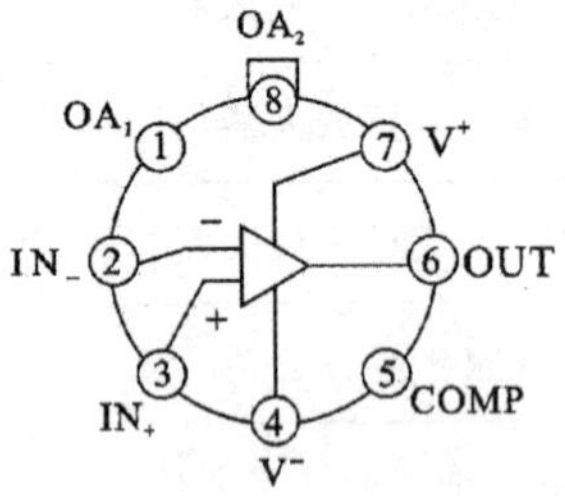

通用Ⅱ型运放 F005

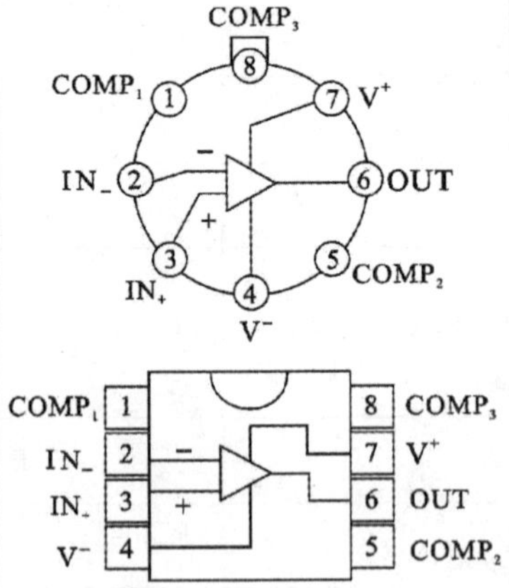

通用Ⅲ型运放 F006

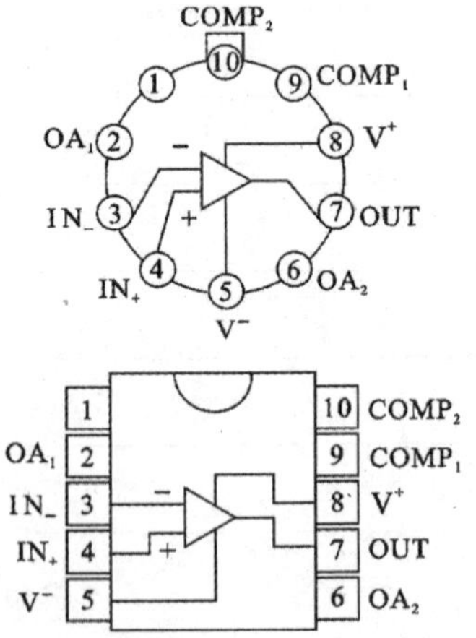

续附录Ⅵ

通用Ⅲ型运放 F007	低功耗运放 F011	低功耗运放 F013
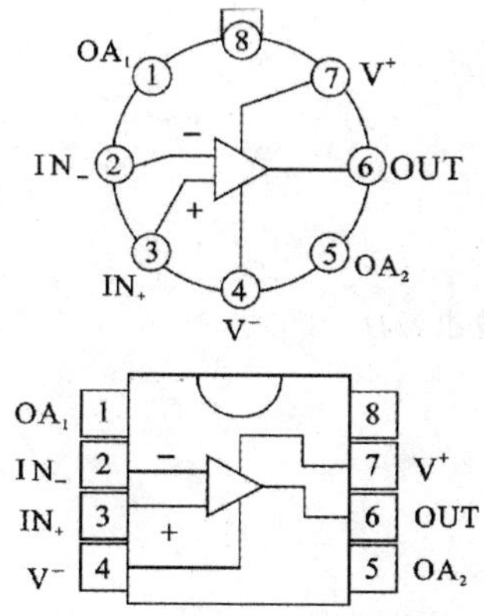	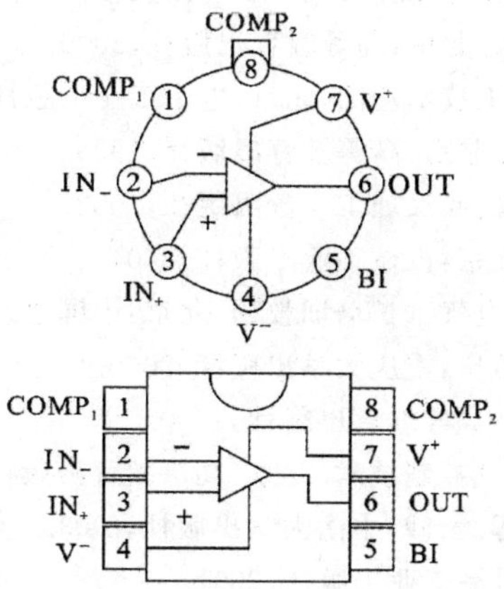	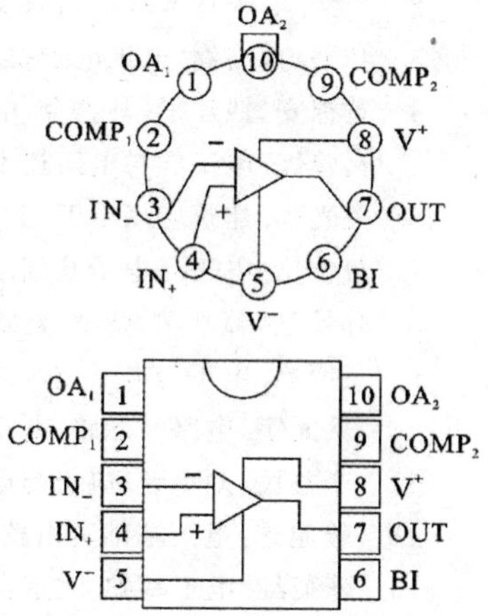

参考文献

1　于昆伦.电工技术基本知识及技能.北京:机械工业出版社,2006.
2　李文.电子技术基本知识及技能.北京:机械工业出版社,2006.
3　林平勇,高嵩.电工电子技术.北京:高等教育出版社,2000.
4　黄锦安,钱建平,马鑫金.电工技术基础.北京:电子工业出版社,2004.
5　秦曾煌.电工学与电工技术.北京:高等教育出版社,1999.
6　关光福.建筑应用电工.武汉:武汉理工大学出版社,2003.
7　董传岱.电工与电子基础.北京:机械工业出版社,2004.
8　孙景芝,韩永学,柴秋.建筑电气工长培训教程.北京:中国建筑工业出版社,2005.
9　王明昌.电工与电子技术.重庆:重庆大学出版社,2000.
10　蔡元宇.电路与磁路.北京:高等教育出版社,2000.
11　李益民,刘小春.电机与电气控制技术.北京:高等教育出版社,2006.
12　赖旭芝.电工基础实用教程.长沙:中南大学出版社,2003.
13　陈菊红.电工基础.北京:机械工业出版社,2001.
14　裴涛.电工与电子技术基础.北京:中国建筑工业出版社,2005.
15　付植桐.电子技术.北京:高等教育出版社,2001.
16　莫正康.半导体变流技术.北京:机械工业出版社,2004.
17　韩永学.建筑电气施工技术.北京:中国建筑工业出版社,2004.